KB201748

민주주의의 쇠퇴

:미국시민생활의변모

테다 스카치폴 지음
강승훈 옮김

한울
아카데미

Diminished Democracy

From Membership to Management in American Civic Life

by Theda Skocpol

Copyright © 2003 by the University of Oklahoma press, Norman, OK., USA.
Korean translation copyright © 2010 Hanul Publishing Group
Korean edition published by arrangement with the University of Oklahoma Press.
All rights reserved.

이 책의 한국어판 저작권은 University of Oklahoma press와의 독점계약으로
도서출판 한울에 있습니다.
저작권법에 의해 한국 내에서 보호를 받는 저작물이므로 무단전재 및 복제를 금합니다.

이 도서의 국립중앙도서관 출판시도서목록(CIP)은 e-CIP홈페이지(http://www.nl.go.kr/ecip)
에서 이용하실 수 있습니다. (CIP제어번호: CIP2010001904)

빌과 마이클에게

민 주적 국가에서는 사람들과의 결합 방식을 아는 것이 지혜의 기본 조건이며 그 밖의 모든 진보는 그 진보에 의존한다.

민주정치란 국민들에게 가장 유능한 정부를 제공하는 것이 아니다. 하지만 그것은 가장 유능한 정부조차 실현할 수 없는 것들을 제공한다. 사회 전체에 끊임없는 활동력과 에너지를 파급하며, 이러한 활력은 민주정치 없이는 결코 존재할 수 없는 것이다.

정치는 수많은 결사를 존재하게 할 뿐 아니라 거대한 결사들을 창출한다. 사회생활에서 하나의 이해관심이 다수의 사람을 자연스럽게 하나의 공동행동으로 이끄는 일은 매우 드물다. …… 정치적 장에서…… 결사의 보편적 가치는 오직 거대한 결사의 경우에서만 명확해질 수 있다. …… 정치적 결사는 다수의 사람을 동시에 자신의 경계 밖으로 끌어낸다. 본래의 연령이나 지능, 재산에 따른 거리감이 적지 않더라도…… 그들이 한 번 만나게 되면 다시 재회할 수 있는 방법은 늘 존재한다. ……

정치적 결사는 수업료 없는 위대한 학교인 동시에 국민 모두가 결사의 일반이론을 학습하는 장이라고 간주해야 한다.

— 알렉시스 드 토크빌, 『미국의 민주주의』 중에서

　　지금까지 살면서 여러 좋은 일이 있었지만, 오클라호마 대학에 칼 앨버트 연방의회조사연구센터(Carl Albert Congressional Research and Studies Center)를 설립한 것만큼 자랑스럽게 생각되는 일은 없었으며, 이 센터의 줄리안 로스봄(Julian J. Rothbaum) 특별기념강의에서 행한 강연만큼 만족스러운 일은 없었다. 이 시리즈는 줄리안 로스봄을 기념하여 아이린(Irene) 부인과 그의 아들 조엘 잔코브스키(Joel Jankowsky)가 창설한 오클라호마 대학의 영구기금에 의한 프로그램의 일환이다.*

　　줄리안 로스봄은 오클라호마 남동부에서 보냈던 소년 시절부터 나의 절친한 벗이자 오랜 기간 오클라호마 주 시민사업의 지도자였다. 로스봄은 두 차례에 걸쳐 오클라호마 대학 이사로 재직했으며, 주 고등교육평의원도 역임했다. 그는 1974년 대학의 가장 명예로운 특별유공표창을 수상했고, 1986년에는 오클라호마 명예의 전당에 헌액되었다.

　　로스봄의 강의 시리즈는 대의정치, 민주주의와 교육, 그리고 공공적

---

* 이 책은 ‘줄리안 로스봄 강의 시리즈’ 제8권으로 기획되었다. — 옮긴이

사업에 대한 시민 참여와 같은 주제, 즉 줄리안 로스봄이 전 생애에 걸쳐 관계해왔던 가치에 바치는 것이다. 오클라호마 대학과 오클라호마 주, 그리고 미국에 대한 그의 헌신은 로스봄 강의 시리즈를 통한 가치에 대한 존경의 표시이다. 이 시리즈에 포함되는 이 책은 미국 민주주의의 이해를 위한 영속적 공헌인 것이다.

제46대 미연방의회 하원의장
칼 앨버트(Carl B. Albert)

모든 것은 1990년대 중반에 시작되었다. 당시 필자는 어떤 직감을 추적하기 위해 동료들과 함께 소규모 연구팀을 결성했다. 그 직감이란 연구자나 평론가들이 상정하던 것보다 훨씬 규모가 큰 것으로, 과거 미국에 지역을 초월한 자발적 멤버십 결사들이 존재하던 것은 아닌가 하는 의문이었다. 오늘날 미국의 민주적 건전함에 관한 논의가 과거에 관한 잘못된 가정에 근거한다는 생각이 필자의 뇌리를 스쳤지만 확신은 없었다. 우리 연구팀은 연구비도 부족했거니와 미국 역사상 출현했던 최대 규모의 자발적 결사들에 관하여 자료에 근거한 목록일람을 마련하고 그에 대한 상세한 사실(또는 이 거대 결사들 중에서 어느 정도가 실재했는지)을 밝히기 위해 발족했으면서도 2~3년이면 족할 작업으로 여겼다. 몇 년 후에 하버드 대학의 '시민 참여에 관한 프로젝트(the Civic Engagement Project)'는 과거 회원 수가 한 번이라도 성인 인구의 1%를 넘은 적이 있는 거대 멤버십 결사가 약 60개라는 사실을 밝혀냈다. 그때까지 필자와 동료들은 일군의 조사를 진행하면서 크고 작은 여러 종류의 자발적 결사가 출현하고 성장한 궤적을 추적했으며, 미국 시민 볼런티어주의가 변모한 형태를 ― 서로 다른 형태의 조직들의 흥망이라는 렌즈를 통해서 ― 이해하는 데 집중했다.

이처럼 필자는 늘 훌륭한 동료들과 대학원생, 그리고 학부생들의 협력과 더불어 오랫동안 미국의 자발적 결사에 관해 수많은 조사를 해왔다. '시민 참여에 관한 프로젝트' 공동연구자들과 필자는 놀랄 만큼 많은 사실을 접했을 뿐 아니라, 과거 미국 민주주의의 풍요로움에 관하여 지금까지 발견하지 못했거나 경시해왔던 단편들을 추적하며 즐거워했다. 우리는 하버드 대학의 와이드너 도서관은 물론 학외의 여러 장소를 돌아다녔다. 또한 지금은 노년이 된 자발적 결사의 많은 임원들이 고증에 많은 도움을 준 덕에 대규모 자발적 결사의 기록을 발굴하여 매우 흥미로운 역사적 경과에 관해서 학습할 수 있었다. 이러한 결사들 중에는 예를 들면 오드펠로스나 굿템플결사에서부터 그랜지나 부인클럽총연합, 그리고 동방의 별과 로열무스결사처럼 오늘날 고등교육기관의 중심에서는 거의 접해볼 수 없는 단체들이 존재했다. 예전 고등교육을 받은 미국인들은 이러한 계급횡단적인 자발적 연합체의 일원이거나 지도자였을 가능성이 있다. 우리는 미국의 시민 볼런티어주의가 변화되는 형태를 조사하면서 이 같은 사실을 배웠지만 현재의 많은 사람들은 그에 대해 잘 알지 못한다.

필자는 연구를 하는 데 가장 친밀한 협력자였던 마셜 갠즈와 지아드 먼슨, 제니퍼 오서, 베일리스 캠프, 조슬린 크롤리, 레이첼 콥, 케이시 크로프스태드에게 특히 감사를 전하고 싶다. 그 밖에 많은 분들도 '시민 참여에 관한 프로젝트' 연구팀의 일원으로서 또는 조사 데이터의 입수자 및 분석자로서 중요한 공헌을 해주었다. 이제 그 동료들의 이름을 남기는 것으로 나의 기쁨을 전한다. 루스 아퀼레라, 데이비드 얼 앤더슨,

글랜 베스머, 크리스천 브루넬리, 샌디 청, 수잔 크로포드, 질리안 디커트, 앤 마리 플로리스, 크리스틴 고스, 줄리아 그린, 잔나 한센, 앤드루 카크, 오리트 켄트, 메이어 케스튼바움, 아리안 리아조스, 션 맥키, 레지나 머카도, 로버트 믹키, 지지 패리스, 아니타 렌튼, 줄리아 러빈, 엘리자베스 리비키, 카메론 셸던, 안드레아 셰퍼드, 브라이언 실링로, 데이비드 시우, 마이클 스워츠, 줄리안느 언셀, 카레이바니 산카라판디안, 미란다 월센, 그리고 크리스틴 위이시너. 이 명단에서 미처 언급하지 못한 분들에게 필자의 부주의함에 대해 용서를 구한다.

미국의 자발적 결사의 역사에 관한 조사 데이터를 쓸 수 있게 해준 데이비드 베이토와 데이비드 파헤이, 제럴드 갬, 로버트 퍼트넘에게 감사한다. 또한 고문서를 보관하고 있던 많은 이들과 결사 소속 역사가들, 자발적 결사의 직원들, 특정 결사를 연구하고 있는 독립 연구가들에게 특히 감사를 표하고 싶다. 필자와 공동연구자들은 회원의 경향이나 결사의 역사를 조사하는 과정에서 그들의 협조를 받았다. 예를 들면 매사추세츠 주 퀸시에 있는 피시아스기사단의 최고 비서관인 앨버트 샐츠먼은 작은 단체 사무실에서 나와 밖에서 일하고 있지만, 몇 번에 걸친 우리의 방문에 흔쾌히 응해주었으며 사무실에 보관된 오래된 상자들에 담긴 귀중한 문서의 자유로운 열람을 허락해주었다. 또한 동방의 별 본부가 있는 워싱턴의 총비서관인 베티 브리그스를 방문한 적이 있는데, 방문 후 그녀는 친절하게도 1876년부터 3년마다 출간되는 보고서 전질을 '시민 참여에 관한 프로젝트'와 하버드 대학 도서관에 기증해주었다. 이외에도 집필 과정에서 특별히 언급해야 할 다음 분들의 협력에 감사를 드린다. 빌과 지니 비티(부인기독교금주동맹), 조안느 벤슨(소아마비구제기금), 수잔 브로스넌(콜럼비아기사단), 크리스 코블(크리스천 인디버를 연구 중), 존 컨캐넌(고대히베르니아단), 로버트 콕스(미국재향군인회), 줄리 클루델(그린피스), 더글러스 플레이저(전미자동차노조), 에드너 글래스(레드맨지위향상동맹 및 포카혼타스의 딸들), 에이브러햄 홀츠만(타운센드운동을 연구 중), 마이크 켈리(엘크스자선보호회), 제인 킨즈만(미국 적십자), 저니스 클란(루터파구제회), 레이먼드 로더트(환경보호단체를 연구 중), 자넷 마혼(성당회), 스티븐 멀로(독립 오드펠로스 결사, 매사추세츠 주), 윌리엄 무어(메이슨을 연구 중), 그렉 네이글(보이스카우트), 번 폴(해외종군군인회), 로버트 프라우드리(메이슨봉사단), 조 레일리(매사추세츠 기독교연합), 밥 레이놀드(미국노동총동맹 산업별조합회의), 앤서니 스나이너(전미우애회의), 신시아 스완슨(부인클럽연합), 마크 타버트(전국유산박물관), 로저 탈버트(전미그랜지), 바바라 바이처(여성국제볼링협회 및 미국볼링협회), 브라이언 윌리엄스(미국 적십자), 조이스 라이트(피시아스의 자매), 로버트 지거(산업별조합회의를 연구 중). 조사에 협력해주신 모든 분에게 감사드린다. 꼼꼼히 열거한다고 했지만 본의 아니게 빠트린 분에게는 용서를 구한다.

이 책은 또한 고전수집가와 미국 이베이(Ebay) 인터넷 옥션을 통해 만난 분들에게도 빚을 졌다. 흔히 보기 어려운 귀한 회원배지는 플로리다와 뉴욕의 짐 버켈에게 구입했으며, 우드맨우애회의 사진과 정보는 콜로라도의 짐 다벤포트에게 제공받았다. 그리고 미주리의 존 카네스는 귀중한 우애회 의식 원고를 제공해주었다. 특별히 감사를 드린다.

책이라는 것이 원래 필자 혼자 컴퓨터와 씨름하면서 만들어지는 것은 아니다. 반복되는 지적 충돌 — 전문가 회의나 리서치 워크숍, 초빙강의 등 — 과정에서 완성되는 것이기도 하다. 이 책은 오클라호마 대학 칼 앨버트 센터가 주최한 1999년 여름 로스봄 강의로 처음 출발했다. 당시

센터 소장이었던 론 피터스와 그의 동료들은 필자가 오클라호마 대학에 머물렀을 때 무척 따뜻하게 환대해주었다. 그에 대해 깊은 감사를 드린다. 또한 당시 오클라호마 대학 총장 데이비드 보렌을 비롯하여 줄리안 로스봄와 조엘 잔코브스키를 만나는 영광을 누렸고, 강의가 끝난 후에 오클라호마 주를 여행하면서 책의 집필에 이용한 고문서의 일부를 발견하기도 했다.

필자는 오클라호마에서 강의를 마친 뒤 유럽을 비롯해 캘리포니아와 미국의 여러 중심지에서 이 책에 관한 다양한 논의를 나누고 증거를 발표할 기회를 가졌다. 그곳에 모여 필자의 이야기에 귀를 기울여준 모든 청중에게 감사를 전한다. 그때 받은 질문이나 조언은 이 연구를 진행하는 데 매우 유용했다. 특히 하버드 대학 미국정치연구 워크숍에 감사드린다. 참가자들과 나눈 의견은 이 책의 구상을 구체화하는 과정에서 많은 도움이 되었다. 그리고 많은 친우와 동료들이 이 연구에 개인적 지원과 지적 격려를 아끼지 않았다. 특히 엘렌 피츠패트릭과 모리스 피오리나, 엘리노어 오스트롬, 폴 피어슨, 시드니 버바에게 많은 빚을 졌다. 로버트 퍼트넘은 유익한 정보를 제공하고 논의를 자극하는 지적 원천이었다. 사실 우리는 몇 가지 결정적 논점에서 서로 의견을 달리한다. 하지만 이와 같이 전미어머니회의(PTA)와 엘크스에 관한 데이터를 나누며 즐겁게 담소를 나눌 수 있는 대학이 또 어디에 있겠는가?

이 책의 기초를 이루는 조사는 몇 년에 걸쳐 많은 단체의 재정적 지원을 받아 이루어졌다. 그중에는 베텔스만 재단과 럿셀세이지 재단, 퓨 자선재단, 존 & 캐서린 맥아더 재단, 그리고 하버드 대학 웨더헤드 국제문제센터 및 어린이 연구프로그램이 포함되어 있다. 특히 미국 시민생활에 관한 몇 가지 중요한 조사를 지원한 포드 재단에 감사를 전한다. 그리고 이러한 시도 과정을 통해 긴밀한 협력을 아끼지 않은 포드 재단의 직원 콘스탄스 뷰케넌의 우정과 지적 지원에 깊은 감사를 전한다.

오클라호마 대학 출판부의 다른 동료들과 더불어 장 우르타도와 메리언 스튜어트, 세일러 버그는 원고를 정리하는 과정에서 주도적 역할을 담당해주었다. 더불어 감사를 드린다. 필자의 조수인 하버드 대학 사회학부의 어비 펙과 정치학부 미국정치연구센터의 릴리아 헬펀 스미스 역시 다양한 면에서 중요한 공헌을 해주었다. 그들 덕분에 필자는 다른 프로젝트를 동시에 진행할 수 있었다.

남편인 빌 스카치폴과 사랑하는 아들 마이클 앨런 스카치폴에게 이 책을 바치고 싶다. 아들의 이름은 평생 남북전쟁광이었던 나의 아버지 앨런 바론으로부터 따왔다. 남북전쟁이 주된 주제인 이 책을 아버지가 필시 마음에 들어 할 것이라고 믿는다. 빌 스카치폴은 미국에 관한 문헌과 자료에 대한 나의 애정을 공유해주었으며, 윌리엄 더진의 묘를 발견하자마자 그 의미를 이해한 사람이기도 하다. 마이클은 우리와 미국의 미래 ― 민주주의가 번영하게 될 미래 ― 를 연결시켜줄 존재이다.

매사추세츠 주 캠브리지에서

테다 스카치폴

민주주의의 쇠퇴

차례

1

워런 더진의 묘비
미국 시민민주주의의 이해

미국 메인(Maine) 주 노스 러벌(North Lovell)의 구불구불하고 좁은 길을 따라 1.5킬로미터 이상 내려가면 작은 강에 이른다. 나무가 즐비하게 늘어선 그 강변에는 작은 공동묘지가 있다. 이곳에 윌리엄 워런 더진(William Warren Durgin)도 고요히 잠들어 있다. 메인 주 서쪽에 치우쳐 위치하는 키저 레이크(Kezar Lake)와 뉴햄프셔 주 화이트 산맥 기슭에 펼쳐진 구릉과 맞닿은 산림지대, 암벽으로 둘러싸인 들판과 작은 촌락들이 점점이 있는 이 농촌지역의 분위기는 인생의 대부분을 이곳에서 보내고 생을 마감한 — 1839년 12월 18일에 태어나 1929년 1월 27일 90세를 일기로 사망했다 — 선량한 농민이자 산림감독원, 실패공(spoolmaker)이었던 그에게 실로 걸맞았다.[1]

하지만 유달리 높고 큰 화강암 석판 묘비에 새겨진 그의 비문을 보면 놀라움을 감출 수 없다. 그 비문에는 더진이 "에이브러햄 링컨(Abraham Lincoln)과 함께 종군했던 사람으로서 링컨 대통령의 유골을 일리노이 주 스프링필드로 이송하는 의장병"이었고 "납골을 보좌했다"라는 생전의 위대한 순간을 전하고 있기 때문이다. 남북전쟁 중 4년에 걸쳐 북군으로 참전한 뒤 더진 상사는 관을 이송하는 8명의 의장병 중 한 사람으로 발탁되었다. 그중에는 출중한 장교 외에도 "연령이나 병역 기간, 그리고 링컨 대통령의 유해를 생지인 일리노이 주 스프링필드까지 호위하는 데 적합한 무훈을 기준으로 선택된……"[2] 4명의 상사가 포함되어 있었다. 더진은 관을 널받침까지 운반하는 것을 보좌했고, 링컨 대통령의 장례를 치르는 스프링필드까지 호위했다. 유해를 실은 특별열차는 비애에 잠긴 채 수도인 워싱턴DC에서 스프링필드까지, 그리고 볼티모어, 해리스버그, 필라델피아, 뉴욕, 올버니, 버펄로, 클리블랜드, 콜럼버스, 시카고, 인디애나폴리스를 달렸다. 더진은 수십 년이 지난 후 그가 사망하기 1년 전 기자와 인터뷰할 때까지도 이 모든 이야기를 생생하게 기억했다.[3]

링컨의 유해 이송자로서의 군무만으로는 부족했는지 비문에서 그의 출생일과 사망일 밑에는 '남북전쟁재향군인회(GAR) 지휘관'이라는 글자가 선명하게 새겨져 있었다. '남북전쟁재향군인회'란 남북전쟁 이후 결성된 북군 퇴역군인들의 모임으로, 더진은 지역 지부장으로 선출된 적도 있다. 또한 그 밑에는 그가 소속되었던 단체로 보이는 'P. of H.'라는 문구가 새겨져 있었다. 이 조직은 농민공제조합(Patrons of Husbandry), 즉 그랜지(Grange: 농업협동조합)이다. 더진은 노스 러벌의 키저 레이크 그랜지 440호의 일원이었을 것이다. 더욱이 묘비 윗부분에는 가늘고 긴 세 잎의 리본이 장방형으로 얽혀 늘어져 있다. 즉, 워런 더진은 미국의 주요한 우애결사인 오드펠로스독립결사(IOOF: Independent Order of Odd Fellows)의 일원인 동시에, 노스 러벌의 크레센트 지부 25호의 일

민주주의의 쇠퇴

원이었다.[4]

필자가 처음 워런 더진의 묘비에 주목한 것은 남편인 빌 스카치폴(Bill Skocpol)이 메인 주 서쪽의 시골길을 운전하던 중에 어느 한 남자의 생애가 새겨진 묘비를 발견하고 나서였다.[5] 그에 대한 호기심으로 우리는 러벌 지역사학회에서 많은 정보와 자료를 수집했다. 나중에 필자가 직접 그 묘비를 찾았을 때는 더진의 일화에 담긴 수많은 미국 시민 역사의 면모에 놀라지 않을 수 없었다.

그 한 가지로 묘비에 기록된, 결사에 가입한다는 것의 의미가 그간 얼마나 변화했는지 알 수 있었다. 수십 년이 지난 지금의 관점에서 숲을 비추는 햇빛 사이로 드문드문 서 있는 묘비들을 가만히 보면, 더진이 에이브러햄 링컨의 관 이송자로서의 군 경력에 관해 영원히 남기고 싶었던 이유를 금방 알아챌 수 있을 것이다. 그렇지만 그렇게 중요한 전시의 임무에 왜 남북전쟁재향군인회나 그랜지 또는 오드펠로스와의 관계가 추가되었을까? 필자는 명예롭게도 필자가 주도적 역할을 맡았던 두 학회, 미국정치학회(APSA)와 미국역사사회과학회(SSHA)의 회원이라는 것을 매우 소중하게 생각한다. 그러나 그렇다고 필자의 묘비에 'APSA'나 'SSHA'라고 새겨 넣는 것은 상상하기 어렵다. 워런 더진은 필자가 직감적으로 이해하기에는 어려운 시민적 세계의 일원이었던 것이고, 또 그러한 세계에서는 결사의 일원이었다는 것 자체가 명예롭고 매우 중요한 의미를 지녔던 것이다.

또 다른 생각도 들었다. 더진의 묘를 찾기 전에 필자는 가난한 농부이자 노동자이기도 했던 초라한 한 남자가 당시 가장 특권적이고 거대한 세력을 자랑하던 자발적 결사의 일원이자 실제로 거기서 중책을 맡았다는 사실을 이해하고자 미국의 자발적 결사의 역사에 관해 상당히 많은 조사를 했다. 남북전쟁재향군인회와 그랜지, 오드펠로스라는 이름이 나오는 것은 더진의 묘비에 국한된 것이 아니다. 1900년을 전후로 수십년간 이와 같은 자발적 결사의 이름은 메인 주에서 선출된 미국 연방상·하원의원 또는 주 정부의 선출 공직자로 근무한 실업가와 부유한 농민, 교양 있는 전문가들의 전기 속에도 자랑스럽게 등장하곤 한다.[6] 게다가 매우 도시적이고 국제적인 매사추세츠 주의 지도자들 역시 이와 같은 결사를 빈번하게 언급했다. 실제로 전국의 정부 내외 엘리트들은 이러한 결사의 일원임을 공개적으로 밝혔다.[7]

곧 알게 되겠지만 오드펠로스와 남북전쟁재향군인회, 그랜지는 미국 역사상 최대 규모이며 가장 자발적인 회원들이 운영하는 결사단체였다. 이 결사체들을 포함한 그 밖의 많은 자발적 결사는 미국에서 조직된 연방 공화정에서 영감을 받은 시민 조직자들이 결성했다. 이러한 과정에서 그들은 미국의 통치제도를 모델로 단체를 조직하고 전국 각지로 확산되는 대규모 연합체를 창설했던 것이다. 각 지역 지부들은 대표를 보내 주와 전국 조직 산하에 결집했다. 1860년대 남북전쟁에서 북군이 승리한 것은 자발적 결사의 발전이라는 면에서 중요한 분수령이었다. 이 큰 전쟁 때문에 워런 더진의 묘비에 장식된 단체와 마찬가지로 계급횡단(cross-class)적인 자발적 연합체가 형성되어 전국으로 확대된 새로운 세력이 되었기 때문이다.

남북전쟁의 종군과 더불어 거대한 자발적 결사의 일원이었다는 사실. 더진의 묘비에서 알아낸 이러한 사실은 단순한 개인사를 넘어 상징적 의미관계를 지닌다. 미국의 지도자들이 지원병이나 구원망을 결집해서 북군을 원조할 때 했던 것처럼, 미국 최대 규모의 자발적 결사들은 계급을 초월해 친교를 도모했다. 이 결사들은 선량한 남성과 여성(때로는 그랜지의 경우처럼 양쪽 모두)을 그들이 그 구성원이기도 했던 민주적 공화정과 닮은꼴의 — 또한 그 정치체제에 영향력을 지닌 — 대규모 포괄적 결사로 결집하는 것을 목표로 했다. 그 결과 워런 더진을 포함해 소박한 삶을 살던 수백만 명의 사람들 역시 가장 특권적이고 유력한 시민들을 일원으로 하는 자발적 결사에 입회할 수 있었으며 어렵지 않게 간부가 되기도 했다. 물론 여러 결사들이 생기고 없어졌지만, 이 계급횡단적 멤버십은 19세기 중반에서 20세기 중반까지 미국 시민생활의 대부분을 특징짓는 것이었다.

시민세계의 변모

그러나 지금 미국의 시민생활은 크게 변화했다! 20세기 초 미국에서는 워런 더진과 같은 비천한 농민이 상류 실력자들의 자발적인 전국 결사에 그 이전처럼 소속되는 것은 거의 생각할 수도 없다. 회원들이 자발적으로 운영하는 영향력 있는 전국 조직들은 지금도 건재하지만, 그들은 대부분 전문가 집단(필자 역시 회원으로서 활발하게 활동하고 있는 APSA나 SSHA처럼)이다. 미국의 시민생활은 또 다른 의미에서도 뚜렷하게 변모했다. 계급횡단적인 자발적 연합체가 영향력을 행사하던 시기의 전국적인 공공생활은 이제 지부나 회원도 없이 전문적으로 운영되는 애드보커시 그룹들(advocacy groups)에 독점되었을 뿐이다. 또한 주나 지역 수준의 '자발적 집단'은 대부분 유급 직원을 고용해 자원봉사사업을 조정하는 비영리단체이다. 오늘날 우리의 시민세계에서는 워런 더진 같은 사람들을 다양한 사회적 배경을 지닌 이들로 구성된 자발적 결사 — 교회는 별개이지만 – 의 활동적 일원이라기보다는 비영리단체의 고객 혹은 자애로운 후원 회비 납부자로 묘사하는 것이 더 쉽다.

또한 다른 변화도 일어나고 있는 듯하다. 미국인으로서 지고한 행위 – 워런 더진의 남북전쟁 종군 – 가 자발적 결사에 대한 적극적 참가와 밀접하게 관계된다고는 이제 생각되지 않는다. 그리고 우리는 더진이 회원이었던 남북전쟁재향군인회나 그랜지라는 정치적으로 활발하고 계급의 구분을 초월한 자발적 결사의 위업을 더는 강조하지 않는다. (더진은 남북전쟁의 보훈연금 수급자이며, 또한 남북전쟁재향군인회는 모든 북군 출신의 퇴역군인의 이익을 위해서 정치적으로 선동했다.) 최근 수년간의 경향으로는, 미국에서 가장 유명하고 활발한 담론 활동을 유지하는 정치가나 연구자, 평론가들이 "자발적 집단은 적극적으로 중앙정부와 **거리를 두면서** – 또는 정치와 분리되어 – 크게 번영하고 있다"고 입을 모은다. 시민에 의한 적극적 참여를 받아들이는 정부의 정치적 원천에 대한 과소평가는 연구자나 온건한 평론가 사이에서는 그렇게 두드러지지 않지만, 보수적 정치평론가 사이에서는 매우 노골적이다. 크리스토퍼 빔 (Christopher Beem)이 여러 방면에서 지적하는 비평에서처럼, 모든 형태의 동시대 저자들은 지역 커뮤니티를 문제 삼아 "정부 활동, 그리고 대규모 정치조직 활동"이 건전한 시민사회에서 "적합하지 않을뿐더러 자칫하면 유해한 것"[8]이라고 생각할 정도이다.

로버트 퍼트넘(Robert D. Putnam)은 그의 유명한 저서 『사회적 자본과 민주주의(Making Democracy Work)』(1993)와 『나 홀로 볼링(Bowling Alone)』 (2000)에서 동시대 어느 연구자 못지않게 시민 참여(civic engagement)에 관한 이해를 구체화했다.[9] 퍼트넘에 따르면 가족의 소풍이나 마을의 볼링연맹이 바로 그 적극적 시민 참여의 원천이다. 그가 사용하는 핵심 개

민주주의의 쇠퇴

넘인 '사회자본(social capital)'은 사회적·정치적 신뢰와 모든 종류의 대인적 사회관계 — 가족·친구·이웃과의 비공식적 관계로 조직된 집단에 계속 참여하는 것에 이르기까지 — 를 포함한다. 대면적 교류를 반복하는 관계이기는 하지만, 그의 '사회자본'적 측면에서는 잘 네트워크화된 지역 커뮤니티가 최고점으로 채택된다. 이는 그러한 지역에서 사람과 사람의 반복된 교류가 중심 위치를 자주 점하기 때문이다. 퍼트넘은 상호작용적 결합을 다른 모든 사회적·정치적 활동 형태보다 중시하는데, 그러한 교류가 신뢰와 협력을 촉진한다고 믿었기 때문이다. 대면적 집단 교류가 활발한 국가에서 국민들은 더 건강해지고 정부와 경제는 더 효율적으로 구축된다는 것이다.[10]

마이클 샌들(Michael Sandel), 진 베스키 엘스테인(Jean Bethke Elshtain), 윌리엄 골스턴(William Galston)과 같은 온건한 공동체주의자*와 자유주의자의 시민사회론은 퍼트넘과 다소 차이가 있지만, 지역 커뮤니티와 가족·친구·이웃 간의 교류를 특별하게 다룬다는 점에서는 일치한다. 샌들의 주요 저작인 『민주주의의 불만(Democracy's Discontent)』(1996)에서도 건전한 시민생활은 제퍼슨적 표현을 통해 지역 커뮤니티의 한 측면으로 묘사된다. 여기에서 중앙정부를 공화주의적 미덕으로 볼 때 적합하지 않을뿐더러 자칫하면 유해한 것으로 다룬다.[11] 마찬가지로 엘스테인이 공동의장을 맡고 있는 전국적 위원회인 '시민사회회의(Council on Civil Society)'의 최종보고서는 미국의 시민성이 퇴조한 주요 원인으

---

* communitarian. 존 롤스의 자유주의(liberalism)에 대항해 공동체(community)의 가치를 중시하는 정치사상을 공동체주의(communitarianism)라고 일컬으며, 특히 20세기 후반 미국을 중심으로 발달한 공동체주의에 입각한 논자를 공동체주의자라고 부른다. — 옮긴이

로 가족생활 쇠약과 지역 커뮤니티 붕괴, 개인적 책임 기준 저하를 꼽으며 이를 공공연하게 비난했다.[12] 이 보고서에는 정부나 정치가 거의 등장하지 않는다. 그리고 정부와 정치는 건전한 시민생활을 묘사하는 데서도 예외로 취급하며, 쇠퇴 목록은 골스턴이 조정자 역할을 담당하는 또 다른 최근의 전미위원회 보고서에도 등장한다.[13]

정치나 정부와 시민의 적극 참여를 분리하려는 시도는 현대의 미국 보수주의자들 사이에서 격렬하게 전개되고 있다. 그 대다수가 일종의 제로섬 개념을 고집하고 있기 때문이다. 이러한 사고에서는 정부가 사회에 '개입'할수록 시민의 참여는 소극적이 된다. 몇몇 드문 예외[≪위클리 스탠더드(Weekly Standard)≫에 모인 지식인들처럼]를 제외하고 현대 미국 보수주의자들은 건전한 시민사회에 대해 적극적인 연방정부를 유해한 것으로 묘사했다. 영향력이 강한 진술 가운데 정치이론가인 마이클 조이스(Michael S. Joyce)와 윌리엄 샴브라(William A. Schambra)는 자유주의적(=혁신적)인 '전국적 커뮤니티라는 비전'과 그와 더불어 거대화되는 '대규모이며 중앙집권화된 연방정부'를 '자연적' 시민 커뮤니티의 주된 적(敵)으로 묘사했다. 그들은 이러한 시민 커뮤니티가 지역 외의 정부를 포섭하지 않아도 사회문제를 스스로 해결할 수 있는 자립적인 가족이나 인접 지구, 지역의 민족적·자발적 집단에 뿌리를 내리고 있다고 믿는다.[14] 이와 마찬가지로 피터 드러커(Peter Drucker)는 '밑으로부터의 자발적인 집단 활동'과 '위로부터 조직된 정부 활동의 집단주의'를 대비하고 있으며, 조지 윌(George Will)은 그만의 독특한 화법으로 자발적 집단을 '연방정부의 대군'과 싸우는 마을의 '소부대(little platoons)'라고 불렀다.[15]

이처럼 오해를 불러일으키기 쉬운 신념은 2001년 9월 11일의 테러공격 직후, 미국의 인식과 희망의 현저한 변화와 충돌했다. '9·11'은 과거의 전쟁 발발 시기와 마찬가지로 애국주의와 전 국민의 동지의식을 급격히 확장·가속화했다. 미국인들은 곧 연방정부에 대한 신뢰를 되찾았고 공공의 노력을 공유하는 데 열의를 보였다.[16] 더욱이 9·11 이후, 일부 지도자들은 새로운 실업자 지원 사회보장 프로그램과 테러, 전국적 경제불황이라는 동시적 사건이 초래한 희생의 분담을 요구했다. 그러한 강력한 요구는 또한 부시 정권이 미국의 모든 젊은이를 대상으로 새롭고 의무적인 국민봉사 프로그램을 강력하게 요구함으로써 국가적인 시민성 회복을 추진하기 위한 기회를 장악할 것을 대통령에게 요청했다.[17] 이러한 종류의 연방정부 주도는 그 제안자들의 주장처럼, 다수의 미국 국민에게 활동적·참여적 시민성이라는 새로운 감각을 부여함으로써 애국심을 행동으로 끌어낼 수 있었다.

하지만 부시 대통령은 위기를 맞기 이전과 마찬가지로 그 직후에조차 대담하고 새로운 국내의 사회적 주도권을 신용하지 못했다. 또한 예전의 지도자들이 전쟁을 개시할 때에 보여준 열의와는 다르게 미국의 지도자들은 국내에서 민간인의 활동을 확대하고 시민을 대규모로 동원하는 것을 모두 꺼렸다. 대통령은 결국 9·11 직후 수개월 동안 전국 각지에서 운영되는 연방 공공봉사 프로그램인 아메리코프(AmeriCorps)를 점차 확대할 것을 요구했지만, 대통령의 가장 큰 직접적 메시지는 경제 자극을 목적으로 되도록 소비하라는 강한 촉구였을 뿐이다.[18] 부시는 시민 참여를 권장하기 위해 지역이 노력할 것과, 미국 국민에게 민간자선단체에 기부할 것을 강조했다.[19] 부시 정권의 시민사회 강화를 위한 가장 중요한 과제는, 정부보다는 교회나 지역단체가 자선활동을 통해 가난한 사람과 약자의 수요를 담당할 것을 장려하려는 목적의 '신앙을 기초로 한 이

니셔티브'였다.[20]

알렉시스 드 토크빌(Alexis de Tocqueville)이 만일 오늘날의 미국을 다시 방문한다면, 비정치적인 시민 지역주의(nonpolitical civic localism)가 지나치게 강조되는 모습을 보고 당혹감을 감출 수 없을 것이다. 왜냐하면, 그는 활발하고 민주적인 정부와 정치가 참여적 시민사회를 활성화하고 보완한다고 믿었기 때문이다. 분명 워런 더진은 토크빌이 목격한 민주적 사회가 충분히 발달한 시대의 미국에 살았다. 그때의 '민주정치'는 "사회 전체에 끊임없는 활동력과…… 에너지를 공급하고", '정치적 결사'는 "거기에 와서 국민 누구나 결사의 일반이론을 학습하는 위대한 학교"였던 것이다.[21] 이와는 대조적으로 21세기 초의 미국인은 상실된 민주주의 속에서 더진의 시대와는 비교할 수 없을 정도로 참여적이지 않고 더욱 소수의 사람이 운영하는 시민세계에서 살아간다. 더욱이 성가시게도 많은 이상주의자들은 오늘날 미국인이 직면한 시민의 도전을 오판하고 있다. 그들은 전국적 커뮤니티와 적극적 정부, 민주적 동원이 활발한 시민사회를 창출하고 유지하는 데 매우 중요하다는 사실을 잊고 있다. 과거 미국 민주주의의 진정한 교훈이 우리의 시야에서 점차 모습을 감추고 있는 것이다.

미국 시민민주주의의 고조와 변모

이 책은 미국의 민주주의 정치와 시민 볼런티어주의의 상호작용에 관해 논하고, 미국의 탄생에서 현대까지 결사단체 성립과 시민적 리더십 유형에 관한 조감도를 제공한다. 필자가 제시하는 증거와 주장은 필시 많은 논란을 불러일으킬 것이다. 왜냐하면 필자의 주장은 정치적 좌우 입장에서의 상식적인 사고방식에 도전하고 있기 때문이다.

보수적 견해와는 달리 필자는 미국의 시민 볼런티어주의가 대개 지역적인 것이 아니며 결코 전국적인 정부나 정치와 분리되어 융성한 적도 없었다는 사실을 실증한다. 지역을 초월한 대규모 회원들에 의해 운영되는 집단은 미국 공화국 초기에 그 모습을 드러낸 이후 1820~1960년대에 전국 각지와 국민의 모든 부문으로 확대되었다. 미국인은 친구나 이웃과의 교류를 통해 지역문제를 해결하고 광대한 공화국 내의 다른 시민과 접촉하여 전국적인 문화와 정치를 형성하는 조직력을 키우기 위해서도 자발적 결사에 참가하거나 조직을 이끌었다. 전쟁과 평화시대를 통해 미국의 대표제나 공공정책은 자발적 연합체의 성장을 조장했다. 이후에는 그것이 공공정책의 방향성에 영향력을 발휘하여 자주 정치에 관여했다. 오늘날 보수세력이 무엇을 믿고 싶어 하든 미국에는 민주적 거버넌스와 시민 볼런티어주의가 더불어 발전했던 것이다.

또한 필자는 미국 시민사회가 1960년대 이후 착실하게 민주적이 되어왔다고 믿는 자유주의적 입장에 도전한다. 자유주의자들은 현대 미국 민주주의에서 이룬 거의 모든 건전한 발전을 1960년대의 공민권운동(the Civil Rights Struggles)이나 페미니즘운동, 소수민족의 권리와 공익 목표를 주장하는 다양한 운동으로 귀속하려는 경향이 있다. 물론 이러한 운동들은 중요한 민주적 소망을 표현하고 적극적 참여를 저해하는 장벽을 타파하며 새로운 쟁점을 공적 과제로 제기했다. 그렇지만 1960년대와 1970년대의 이러한 사회운동은 전문가들이 운영하는 결사와 단체가 증가한 반면, 계급횡단적 회원들을 기반으로 하는 결사가 퇴조하는 사회로 국가적인 시민사회를 본의 아니게 재편성하는 요인이 되었다. 현시대에도 시민 활동에 적극적인 미국인은 수많은 단체를 결성하고 있지만 그러한 조직의 가입자들은 점점 줄어들고 있다. 인종과 젠더를 축으로 하는 통합은 강화되는 반면, 계급의 구분을 초월한 연대는 그 세력이 점차 축소되고 있다. 현대 미국의 시민생활을 지배하는 전문가들이 운영하는 조직은, 그들이 그 지위를 빼앗은 1960년대 이전의 멤버십 연합체와 비교하여 몇 가지 중요한 점에서 민주적이지도 않을뿐더러 참여적이지도 않다.

필자가 이렇게까지 단언하면 독자들은 이 책에서 심화된 논의를 지탱하는 증거에 대해 의구심을 품을지도 모른다. 폭넓은 독자층에게 이해하기 쉽고 생생한 이야기를 전달하는 것이 필자에게 중요한 목표이지만, 또한 이 책은 오랜 기간에 걸쳐 독자적인 조사연구에 기초한 실증적이며 엄밀한 본격 학술연구서이기도 하다. 필자는 미국의 과거와 현재 시민생활의 경향을 새롭게 설명하기 위해 수많은 새로운 증거를 사용했다. 우선 제1장에서는 필자의 접근방법을 명료하게 설명하고 장기간에 걸쳐 수집해온 자료의 성격을 제시할 것이다.

필자의 기본적 설명 접근방법은 장기간의 발전을 본격적으로 부각한다는 의미와 더불어 결사단체에 종사하는 생활의 격변을 설명하는 데 도움이 될 것이다. 또한 일어나는 모든 사건에 대해 세심한 주의를 기울인다는 의미에서 역사적인 것이기도 하다. 오늘날 많은 학자와 전문가가 미국 시민사회의 건전함에 관해 논의하고 있다. 일부 분석가(퍼트넘이나 앞에서 언급했던 공동체주의자)들은 현대의 지역집단이나 대면적 사회 연결관계가 쇠퇴하고 있다는 사실을 우려하지만, 한편으로는 오늘날의 이러한 경향을 좀 더 낙관적으로 보면서 1960년대와 1970년대의 새로운 사회운동과 거기에서 생겨난 새로운 애드보커시 그룹의 확산을 중시하는 정치학자인 제프리 베리(Jeffrey Berry)나 사회학자인 데브라 민코프(Debra Minkoff)와 같은 분석가들도 있다.[22] 하지만 필자가 '걱정꾸러기'나 '낙천가'로 부르는 양 진영 모두 입론의 증거로서 근년의 짧은 정보에 의존하는 경향이 있다.[23] 양 진영에게 미국의 장기적인 시민 역사는 단지 보조 역할을 하거나 자기 진영의 배경을 설명하는 도구에 지나지 않는다. '걱정꾸러기'들은 사회조사 자료를 1950년대 이후에 관찰된 미국인의 단체 가입과 참여의 정체를 뒷받침하는 논증으로, 또한 '낙천가'들은 1960년대 이후의 단체 설립 증가를 보여주는 증명서로밖에 사용하지 않는다.

이에 대해 필자는 미국이 멤버십을 기반으로 하는 결사의 조직자와 입회자의 국가가 될 수 있었던 특정한 시기의 사회적·정치적 조건의 의미를 파악하기 위해 미국사의 오랜 과거까지 거슬러 올라가 장기적인 역사 과정을 고찰하려는 것이다. 따라서 전문적으로 운영되는 시민조직의 대두에 박차를 가했던 사회적·정치적·기술적 변화의 결합을 정확하게 제시하기 위해 과거 반세기의 발전 과정을 상세히 조사했다. 필자의 분석에는 역사가 중요한 요소를 점하는데, 이는 역사 그 자체가 원래 흥미 있는 것 – 실제로 그렇다 – 일뿐 아니라, 시야를 역사로 넓힘으로써 시민적 변화의 출현과 철폐라는 특정한 시기의 사회적·제도적 문맥 전체를 더욱 잘 파악할 수 있기 때문이다. 미국이 시민공동체, 즉 멤버십을 기반으로 하는 결사에 열의적인 조직자와 입회자의 국가가 되기까지의 과정과 원인을 우선 정확히 파악하지 않으면 멤버십에서 매니지먼트로 이동하는 최근의 변화를 이해하기가 쉽지 않을 것이다.

필자는 여기에서 역사 과정과 모든 사건의 결합을 진지하게 받아들이는 동시에 **조직**에 초점을 맞추었다. 이 작업은 전국적인 표본조사로 수집된 개인 수준의 태도에 관한 자료에 의존하는 근년의 전형적인 학술 방식과 결별함을 의미하기도 한다. 가브리엘 앨먼드(Gabriel Almond)와 시드니 버바(Sidney Verba)의 『시민문화(The Civic Culture)』(1963)는 미국과 영국, 독일, 이탈리아, 멕시코 등 5개국의 시민적 태도와 행동을 측정하기 위해 전국 표본조사를 이용한, 상상력이 풍부하고 영향력도 지닌 연구였다.[24] 이 연구는 새로운 실증자료를 이용해 전통적인 관찰자들이 오랫동안 논해왔던, 미국인들의 활발한 자발적 결사단체 가입(적어도 1960년대에 그랬듯이)과 역할 수행에 관한 경향을 실증적으로 밝혀냈다. 이러한 선구적인 연구서의 영향은 매우 컸으며, 실제로 사회학자와 정치학자들은 행태주의적 사회과학의 최신 통계적·사회조사적 조사도구에 걸맞도록 앨먼드와 버바가 행했던 시민생활에 관한 질문을 새롭게 정의했다.

이것은 커다란 변화였다. 1830년대에 알렉시스 드 토크빌이 쓴 여행기나 1890년대의 제임스 브라이스 경(Lord James Bryce)에서 1940년대의 아서 슐레진저(Arthur Schlesinger)의 「입회자의 국가 전기(Biography of a Nation of Joiners)」(1944)에 이르기까지, 미국인의 시민생활에 관한 주도적인 분석가들은 넓은 사회적 문맥에서 고찰되는 자발적 조직의 증감에 관해 늘 조사해왔다. 그들은 개개의 다수 시민을 잠재적인 결사단체 입회자로 파악했을 뿐 아니라, 지도자들이 설립한 조직의 종류를 조사하여 시민이 과연 어떠한 종류의 집단에 가입할 수 있었는지를 고찰했다. 하지만 『시민문화』가 출판된 데 이어 컴퓨터와 전국적 표본조사, 치밀한 통계 모델의 활용이 증가한 결과 분석의 초점은 투표나 자발적 집단 가입에 관한 개개인의 태도와 선택에 집중되었다.

설문 자료를 사용한 현대의 행태주의적 연구는 버바와 그의 동료 연구자와 같은 전문가에게 위임되었다. 이로 인해 우리는 다양한 대중행동의 뉘앙스를 포함한 짧은 묘사와 학력, 성별, 인종 등에 의한 시민 참여도 편차를 설명하기 위한 모델의 통계적으로 세련된 검증방식을 얻었다.[25] 하지만 의식조사에 기초한 이러한 조사연구는 실제로 시민적 활동을 촉구하고 그 방향으로 유도하는 지도자나 조직들로부터 외면당했으며, 결과적으로 대중의 활동이 변화하는 유형의 원인과 결과를 구별하기 어렵게 했다. 지속적으로 행해지는 의식조사 ─ 예를 들면 일반사회조사(GSS)나 전국선거조사(NES) ─ 가 전국 표본에 필적할 정도로 같은 질문을 몇 번이고 반복하고, 또 조사 시기를 1970년대 중반에서 1990년대 중반까지 연장해도 조사 대상 기간이 너무 짧고 시기 또한 가까운 탓에 20세기 후반에 발생한 변모의 기원을 해명하기에는 무리가 있었다.

더욱이 조사원이 던지는 질문이 너무 일반적인 면도 있다. 예를 들면 개인이 가입한 자발적 집단 수를 파악했더라도, 단체의 특정한 조직구조나 목적, 사회적 지지 기반에 관해서는 거의 파악할 수 없다. 영향력을 지닌 1960년대 이전의 단체와 매우 다른 종류의 자발적 조직을 시민 지도자가 조직·운영하는 시대 ─ 또한 미국인들이 시민 참여를 통해 의미하는 내용이 예전과는 매우 다른 시대 ─ 에는 모호한 단체 형태를 설정해 단체 소속 여부를 세거나 '커뮤니티 집회' 출석 횟수를 질문해보아도 충분한 결과를 얻을 수 없다. 행태주의모델은 이러한 일반적인 표본조사의 문항에 의존할 수밖에 없으며 그 결과 설명력을 지니지 못한다는 점이 자주 지적되었다. 행태주의모델은 특정한 시기에 누가 어떠한 종류의 단체를 조직화하고 있는지에 관해서 거의 아무것도 제시하지 못한다. 이러한 종류의 모델은 결사단체와 정부의 상호작용에 관한 물음을 무시하고, 미국의 자발적 결사 세계에 보이는 변화 역시 기술하거나 설명하지 못한다.

이 책에서 필자는 말하자면 '역사적 제도론(historical-institutional)'의 시점에서 작업을 진행하고 있으며, 다양한 종류의 자발적 집단을 설립하고 운영하는 지도자의 전략에 영향을 미치는 – 또한 거기에 영향을 받는 – 변화하는 사회적·정치적 조건뿐 아니라 자발적 결사에 초점을 맞춘다.[26] 만일 토크빌이 언급한 것처럼, 미국인들이 민주적 연대와 힘을 산출하는 데 매우 중요한 '결사에 관한 지혜'의 면에서 뛰어났다면, 조직 활동이야말로 시민적인 경향과 변화를 포착할 수 있는 최적의 요점인 것이다. 우리는 집단의 회원 수를 세는 동시에 다양한 시대와 환경 속에서 발전해온 여러 종류의 결사단체를 조사할 필요가 있다. 그리고 미국의 자발적 결사가 오랫동안 어떻게 변화했는지를 설명하고, 그 변화가 우리의 민주주의에 어떠한 영향을 끼쳤는지를 고찰하는 데 노력을 기울여야 할 것이다.

이러한 발전 과정을 추적하기 위해 종교제도와 사회운동, 선거역학의 가치에 관한 역사가나 사회과학자의 기존 연구를 이용할 수 있었다. 또한 필자는 자발적 결사나 시민적 리더십에 관한 독특하고 새로운 자료에 의존한다. 최근 필자와 공동연구자들은 – 하버드 대학의 '시민 참여에 관한 프로젝트'와 공동으로 – 미국사 전체에 걸친 다양한 유형의 자발적 결사의 특징과 발전 과정을 기록했으며, 각 시대마다 거대한 멤버십 결사단체를 더욱 소규모적인 단체와 다른 종류의 시민적 조직과의 관련 속에 자리매김해 보았다. 또한 엘리트층의 시민적 소속의 변화에 관한 새로운 자료를 늘려, 상이한 역사적 시기에 각양각색의 자발적 결사단체를 발족하고 주도한 남녀 시민적 조직자들이 사용한 전략과 모델을 조사했다. 실제로 이 책의 적절한 부분에서 그러한 특정한 자료 설정과 많은 증거의 출처에 관해 언급할 것이다. 특히 필자를 포함한 동료 연구자들은 특정한 형태의 조직에 주목하여 장기간에 걸친 단체의 변화를 추적하고, 일반 시민의 행동을 포함하여 엘리트들의 행동을 검토함으로써 최근 미국의 시민적 변모에 참신한 관점을 제공하는 놀랄 만큼 흥미로운 사실을 발견했다.

책의 구성

이제 이야기와 분석을 시작해보자. 제2장에서는 미국이 어떠한 과정을 통해서 왕성한 시민민주주의로 성장했는지, 어떻게 처음부터 멤버십을 기반으로 하는 자발적 결사 조직자와 입회자의 국가가 되어 대의정부 및 민주적 정치와 밀접하게 공리공존하게 되었는지를 설명할 것이다. 제3장에서는 진귀한 증거의 정보원을 이용해 좀 더 직접적으로 과거를 조사하고, 자발적인 멤버십 결사단체 참여가 회원, 조직자, 미국 대중에게 의미한 바를 고찰할 것이다. 제4장과 제5장에서는 초점을 현대로 옮겨 멤버십을 기반으로 하는 자발적 결사에서 관리적으로 지도되는 애드보커시 그룹이나 시민제도로의 급격한 전환을 이해하기 위해 1960년대 이후 미국의 시민생활을 재편성하여 기술·분석할 것이다.

마지막으로 최근의 시민적 재편성 — 미국을 더 민주적으로 또는 그 반대로 향하게 만든 변화 — 의 역설을 이해한다면, 제6장에 담긴 더욱 커다란 시사점을 검토할 수 있고 제7장에서는 미국의 시민생활을 다시 부흥시키기 위한 방법에 관해 진행 중인 논의에 공헌할 수 있을 것이다. 역사적 전망에서 필자는 현재 유행하는 거짓된 처방의 몰락을 주장할 것이다. 이 책은 워런 더진이 살았던 전형적인 미국 시민민주주의의 모습을 우리 시대에 재발견하는 데 도움이 될 것이며, 더욱 기대되는 개혁을 마음속에 그릴 수 있을 것이다. 역사는 반복되지 않으며 반복되어서도 안 된다. 하지만 우리는 과거 미국의 시민 교향곡과 더불어 좀 더 실제적인 형태로 전진해야 할 미래를 창출할 수 있을 것이다.

2

미국은 어떻게 시민공동체가 되었는가

미국인들은 "연령과 계급, 사상을 불문하고" 끊임없이 단체를 조직해왔으며, 그 시민적 창조성은 오랫동안 찬사를 받아왔다.[1] 아서 슐레진저는 그러한 "자발적 조직이 미국 국민에게 자치에 관한 최상의 교육"을 부여해왔으며, "…… 결사에 가입함으로써 그들은 민주적인 방식을 배웠다"[2]고 언급했다. 볼런티어주의가 미국 민주주의의 중심 요소라고 누구나 오랫동안 생각해왔지만 — 이론과 정책상의 공식성명에 그러한 점이 빈번히 인용되어 왔는데도 — 미국이 실제로 어떻게 조직자와 입회자의 국가가 되었는지에 관해서는 잘 알려지지 않았다. 단지 체계적 지식이 결여된 채 틀에 박힌 이해만 널리 퍼져 있을 뿐이다.

'작은 것이 아름답다'

– 오늘날 널리 받아들여지는 사고방식

현대 미국의 시민적 건전함에 관해 의견을 달리하는 연구자나 평론가들조차 과거에 관한 신화 이미지를 공유한다. 그들은 미국의 시민사회가 지역적이고 친밀한 것으로 표상하고 있으며, 자발적 집단은 원래 상향식(bottom up)의 사방으로 분산된 창조물로서, 지역에 한정된 커뮤니티에서 친밀한 이웃이나 개인적인 친우들에 의해 일괄적으로 조직된 것이라고 상상한다. 지금까지 상식으로, 예전의 자발적 집단은 그 지역을 초월한 거버넌스가 없어도 번영할 만한 여지가 있었다. 시민사회회의가 작성한 최근 보고서는, "사회적 목표를 달성하기 위해 자발적 결사에 의존하는 습성은 미국에서 널리 퍼진 권한의 분배와 분산 양상"에 더해, "사적 종교결사가 우리의 공공윤리를 바른 길로 인도"해주리라는 믿음에서 유래한다고 언급한다. 이 언술에 충분한 증거나 주석은 없지만, 이 회의의 회원들에게는 자명한 것으로 받아들여지는 것 같다.[3] 미국인의 "과거 시민생활은 자급자족성과 단결성을 특징으로 했다. 개인은 가족과 이웃 관계를 통해 굳게 결속되었고, 상부상조하는 자발적 단체의 활동을 나누며 서로 긴밀하게 연결되었다. 이러한 작고 지역적인 인간적 규모의 결사를 통해 미국인은 소속감과 연계의식을 획득했을 뿐 아니라, 현대에는 대체로 정부의 영역이 되어버린 사회와 인간의 모든 문제까지 다루었다"[4]고 마이클 조이스와 윌리엄 샴브라는 오늘날의 평범한 상식을 명확한 표현으로 단언한다.

볼런티어주의와 민주적인 공동체 건설

과거 미국 시민사회의 '작은 것이 아름답다'라는 식의 이해가 오늘날에는 당연한 것으로 여겨질지 모르겠지만, 항상 그래왔던 것만은 아니다. 훨씬 이전의 분석가들은 대부분의 미국 볼런티어주의가 공간적으로 지역을 초월하여 전국적인 민주주의 건설과 밀접하게 연관된다고 믿었다. 오늘날 알렉시스 드 토크빌은 비정치적인 지역제일주의의 대표 논객으로 자주 인용되지만, 그의 대표 저서인 『미국의 민주주의(Democracy in America)』의 「미국인의 시민생활 내 결사 이용에 관해」라는 유명한 장에서 한 가지 구체적 사례가 지적된다. 거기에는 대규모 금주운동이 일어난 1830년대에 "술을 마시지 않겠다고 공적으로 서약한 사람이 10만 명이나 된다"는 내용이 기술되어 있다. "각자가 정부를 상대로 청원 또는 요청"한 것이 아니라, 함께 "절주운동을 후원"하려는 생각을 지녔기에 가능한 일이었다는 것이다.[5] 19세기의 자발적 결사에 관한 이 같은 설명은 1890년대 출간된 『미공화국(The American Commonwealth)』이라는 고전에도 등장한다. 이 책에서 브라이스경은 전국적으로 확대되는 네트워크로서 자발적 결사를 "주(州)와 대통령 선거에도 출현하는 일종의 정치적 조직"이라고 묘사했다. "이러한 결사는 여론을 형성하는 데 큰 영향력이 있다. 왜냐하면 결사는 주의를 환기하고 논의를 고무하며 원칙을 정식화할 뿐 아니라 계획을 제출하고 회원을 독려하거나 자극함으로써 서로 동조하며 정세에 민감한 사람들이 한데 어우러져 큰 성과를 목표로 확대되는 운동이라는 인상을 주기 때문이다."[6]

아서 슐레진저는 1944년 「입회자의 국가 전기」라는 제목으로 발간된 미국역사학회의 대표 연설에서 이러한 성찰을 바탕으로 한 논의를 제기하면서, 민주적 공동체 건설이라는 문맥 속에 미국의 시민 볼런티어주의를 자리매김하고 철저하게 재검토했다. 슐레진저는 "회원 수가 많고 오래 존속했으며 광범위한 지역에 존재하는 자발적 단체"에 초점을 맞춰, "다양한 결사에 중복 가입함으로써 전국의 모든 지역에까지 도달하는 결사의 광대하고 복잡한 모자이크"와 같은 발전상을 묘사했다.[7] 식민지 시대에 자발적으로 결성된 결사단체는 거의 찾아볼 수 없었던 데다가 그마저도 서로 멀리 떨어져 있었고, 대개 그 지역 교회 신도로 얽매였다. 하지만 영국을 상대로 한 독립투쟁은 "각지의 사람들에게 공동 노력에 관한 중요한 교훈을 부여했고", 더욱이 "헌법이 채택되어 집단원리의 적용을 촉진하는 결과를 낳았다".[8]

새로운 결사 모델은 미국 공화정을 민주화하려는 실험이 진행된 격동기인 19세기 초에 구체화되었다. 야심적인 시민 조직자들은 표준적인 방법에 합류했고, "사람의 눈길을 끄는" 단체명을 선정해 "광범위한 대중의 대리자로서…… 파견되었으며", "산하단체를…… 전국 곳곳에 늘려갔다". 결사단체는 "연방정치시스템"에 준하여 조직되었는데, "지역단체는 주 지부 조직과 결합했고, 주 지부 조직은 전국적 기구에 대표자를 파견했다".[9] 그때 남북전쟁이 발생했고, 북군의 승리는 "국민의식의 고양"과 "광범위한 사업을 계획하려는 북군의 노력"을 낳았으며, 결국 19세기 후반의 결사단체 건설에 "강력한 기세"를 부여했다.[10] 전국적인 대의정부를 창설하고 그것을 존속시키려는 투쟁에 영감을 얻은 의욕에 찬 전국적 조직자의 역할을 강조한다는 점에서, 1944년에 슐레진저가 제시한 해석은 미국의 과거 시민생활이 지역제일주의의 성향을 띠었다는 오늘날의 지배적 관점과 날카롭게 대립한다.

오래된 관점에 대한 새로운 증거

우리는 여기에서 오래된 관점이 더 정확하다는 사실을 알 수 있다. 제2장과 제3장에서는 미국의 전형적인 시민적 결사가 지역을 초월한 대규모 네트워크 조직이며 특정한 장소에 한정된 집단이 아니라는 체계적인 증거를 제시할 것이다. 또한 시민 볼런티어주의가 정부 활동이나 민중 정치와 철저하게 관련되었던 다양한 존재 방식을 제시할 것이다. 대중을 동원하는 전쟁이나 포괄적인 공적 사회프로그램은 지역뿐 아니라 전국 규모에서도 시민 볼런티어주의에 영향을 끼쳤으며 그것을 조장해 왔다. 미국 역사상 시민 볼런티어주의와 대담한 공적 사업은 결코 분리될 수 없는 관계였다. 전형적인 자발적 결사(19세기 중반~20세기 중반의 시민 집단에 정착된 멤버십 집단을 지칭한다)는 수천 개의 지역조직과 주나 전국적인 활동인 대표제 거버넌스 센터(governed centers)를 상호 결합하면서 계급횡단적으로 시민들을 결합하는 연합체였다.

미국 볼런티어주의의 역사를 정확하게 서술하는 것과 신뢰할 수 있는 방법으로 이러한 목적에 접근하는 것은 전혀 별개의 문제이다. 미국 역사를 통틀어 자발적 결사의 성쇠와 목적, 형태를 정확하게 서술하기 위한 간편한 참고문헌 — 또는 컴퓨터 디스크 — 은 거의 발견되지 않는다. 일정한 지역과 커뮤니티에 관한 상세한 모노그램을 통해 실제로 많은 사실을 해명할 수 있으며, 중요한 결사나 특정한 집단 범주에 관한 인상을 기록한 역사연구도 존재하기는 한다.[11] 하지만 이 연구들의 부분적인 통찰을 체계적으로 이해하는 것은 그리 쉬운 일이 아니다. 매우 소수의 연구자만이 다양한 형태의 집단이 장소를 초월하여 장기간에 걸쳐 확대되는 과정을 기록해왔을 뿐이다.[12] 이러한 간극을 메우기 위해서 우리 연구그룹은 1790년에서 현재까지 자발적인 멤버십 결사의 기원과 발전 과정을 조사했다.[13] 그리고 그 조사를 통해 얻은 다양한 정보의 출처를 삼각측량 기법으로 분석해 자발적인 전국적 조직과 지역단체의 중복 관계를 발견하고자 했다.

우선 미국사에 출현했던 거대한 결사단체들을 하나도 남김없이 정확하게 기술하려고 애썼다. 정당이나 종파에 관해서는 다른 연구자의 선행 연구가 이미 있었기 때문에, 그 외에 미국 성인 1% 이상이 '회원'이었던 이력이 있는 자발적 결사(개인 회원의 정의는 집단에 따라 서로 다르지만)를 확인하고 기록함으로써 그들의 연구성과를 보완할 수 있을 것이라고 생각했다. 입회 조건으로 성별을 따지는 단체의 경우 미국 성인 남성과 여성의 1%를 기준치로 했다. 그렇지 않은 경우에는 성인 인구의 1%를 기준치로 정했다. 미국의 장기적인 시민사회와 민주주의를 관찰할 것이기 때문에 규모에 관한 기준은 엄격히 준수했다. 거대한 자발적 결사의 기원을 밝히는 작업에서 이러한 목표치는 정당한 것으로 보인다. 이러한 조직들이 정의상 매우 일반적이고 광범위하게 확대되었기 때문이다.

당초 이러한 종류의 결사를 기껏해야 10개나 20개 정도로 추정했다. 장기적 연구 결과 58개의 거대한 단체를 확인할 수 있었다. <표 2-1>은 연도별 일람표이다.[14] 이 표에 기재된 각 조직의 프로필에 관한 완벽한 질적·양적 연구를 위하여, 각 단체 창설자의 설립 의도에 관한 정보와 회원들의 경향, 결사구조, 집단의 활동 내용, 그리고 집단과 정부·정당·종교제도와의 관계에 대한 자료를 수집했다. 이 장에서 집중적으로 다룰 대상은 제2차 세계대전 이전에 설립되어 거대화된 수많은 결사들이다.

〈표 2-1〉 미국의 대규모 멤버십 결사의 역사와 현재

단체명	설립 연도	설립 지역	폐지 연도	전국·주·지방 단위의 소유 여부	직접적 정치 관여 여부	성인 인구의 1% 이상이 회원이던 시기
고대승인프리메이슨	1733년	보스턴				1810년대~현재
오드펠로스독립결사	1819년	볼티모어		○		1840~1950년대
미국금주협회	1826년	보스턴	1865년	○	○	1830~1840년대
성수주일준수증진총연합	1828년	뉴욕	1832년			1830년대
미국노예반대협회	1833년	보스턴	1870년		○	1830년대
레드맨지위향상동맹	1834년	볼티모어		○		1900~1920년대
워싱턴금주협회	1840년	볼티모어	1848년경			1840년대
금주의 아들들	1842년	뉴욕	1970년경	○	○	1840~1850년대
굿템플독립결사	1851년	뉴욕 주 유타카		○	○	1860~1870년대
기독교청년회	1851년	보스턴		○	전쟁 협력	1890년대~현재
미국기계공청년결사	1853년	필라델피아	1970년경	○		1920~1930년대
전미 교원조합	1857년	필라델피아		○		1970년대~현재
피시아스기사단	1864년	워싱턴DC		○		1870~1930년대
남북전쟁재향군인회	1866년	일리노이 주 디케이터	1956년	○		1860~1900년대
엘크스자선보호회	1867년	뉴욕				1900년대~현재
농민공제조합(그랜지)	1867년	워싱턴DC		○	○	1870년대, 1910~1920년대
동방의 별	1868년	뉴욕		○		1910년대~현재
통일노동자고대결사	1868년	펜실베이니아 주 미드빌				1880~1900년대
노동기사단	1869년	필라델피아	1917년		○	1880년대
전미라이플협회	1871년	뉴욕		○	○	1980년대~현재
신적성당귀족단	1872년	뉴욕		○		1910~1980년대
부인기독교금주동맹	1874년	클리블랜드		○	○	1910~1930년대
로열아케이넘	1877년	보스턴		○		1900년대
농민동맹	1877년	텍사스 주 랜파사스	1900년	○	○	1880~1890년대
마카베기사단	1878년	미시간 주 포트 휴론		○		1900~1910년대
크리스천 인데버	1881년	메인 주 포틀랜드		○		1880~1920년대
미국 적십자	1881년	워싱턴DC			전쟁 협력	1910년대~현재
콜럼버스기사단	1882년	코네티컷 주 뉴 헤이븐			전쟁 협력	1910년대~현재
근대우드맨협회	1883년	아이오와 주 라이온스		○		1890~1930년대
흑인농민전국연합 협동조합	1886년	텍사스 주 휴스턴	1892년	○	○	1880~1890년대

단체명	설립 연도	설립 지역	폐지 연도	전국·주·지방 단위의 소유 여부	직접적 정치 관여 여부	성인 인구의 1% 이상이 회원이던 시기
미국노동총동맹(1955년 이후 AFL-CIO)	1886년	오하이오 주 콜럼버스			○	1880년대~현재
미국보호협회	1887년	아이오와 주 클린턴	1911년경	○	○	1890년대
부인전도동맹	1888년	버지니아 주 리치몬드			○	1920년대~현재
로열무스결사	1888년	켄터키 주 루이빌				1910년대~현재
전미부인유권자동맹	1890년	워싱턴DC	1920년	○	○	1910년대
세계우드맨	1890년	네브래스카 주 오마하			○	1900~1930년대
부인클럽총연합	1890년	뉴욕		○	○	1900~1970년대
미국볼링협회	1895년	뉴욕		○		1930년대~현재
전미어머니회의(PTA)	1897년	워싱턴DC		○	○	1920년대~현재
이글스우애회	1898년	워싱턴 주 시애틀		○	○	1900~1980년대
독미국민동맹	1901년	필라델피아	1918년	○	○	1910년대
루터파구제회	1902년	위스콘신 주 애플턴				1970년대
미국자동차협회	1902년	시카고		○	○	1920년대~현재
보이스카우트	1910년	워싱턴DC			전쟁 협력	1930년대~현재
해외종군군인회	1913년	콜로라도 주 덴버		○	○	1940년대~현재
큐 클럭스 클랜단(제2차)	1915년	애틀랜타	1944년	○	○	1920년대
여성국제볼링협회	1916년	미주리 주 세인트루이스		○		1950년대~현재
미국 재향군인회	1919년	미니애폴리스		○	○	1920년대~현재
전미농업국연맹	1919년	시카고		○	○	1920년대, 1940년대~현재
노령연금유한회사 (타운센드운동)	1934년	캘리포니아 주 롱비치	1953년			1930년대
산업조직회의(CIO)	1938년	피츠버그	1955년		○	1930~1950년대
소아마비구제모금	1938년	뉴욕				1950년대
통일감리교부인회	1939년	조지아 주 애틀랜타				1940년대~현재
미국퇴직자협회	1958년	워싱턴DC			○	1970년대~현재
전미생명권리위원회	1973년	미시간 주 디트로이트		○	○	1970년대~현재
음주운전방지어머니회	1980년	새크라멘토, 캘리포니아 주		○	○	1980년대~현재
그린피스USA	1988년	워싱턴DC			○	1990년대
기독교연합	1989년	워싱턴DC		○	○	1990년대~현재

거대한 멤버십 결사에 관한 조사를 통해 우리는 과연 어느 정도의 사실을 새롭게 발견할 수 있을까? 기대 이상의 지식을 얻을 수도 있겠지만, 그러한 종류의 결사들은 전형적인 미국 볼런티어주의의 단순한 장식에 지나지 않았을 가능성도 배제할 수 없다. 오늘날 상식으로 비춰볼 때, 멤버십 단체 대다수는 특수할 뿐 아니라 지역적인 창조물(또는 자신의 지역에 한정되지 않고 주를 초월한 회원들이 존재하는 매우 소규모의 결사)이었을지도 모른다. 최대 규모의 결사를 그 밖의 다른 집단들과의 관계를 통해 자리매김하기 위해서, 우리는 몇 가지 증거를 분석했다. 현시점에는 물론이고 역사적으로 전해지는 단체명부와 편찬자료를 통해 전국적으로 확인되는 결사를 거의 남김없이 추적·조사할 수 있었다. 이와 같은 방법을 통해 거대한 멤버십 결사는 전국적인 관계망이 있는 모든 종류의 집단과의 차이 있는 실체가 드러났다.[15] 또한 미국 내 주요 민족집단이나 소수인종에 관한 자료를 검토함으로써 전체 성인 인구의 1% 이상을 회원으로 유지하기 곤란한 결사의 발전 과정을 상세히 묘사할 수 있었다.[16]

더욱이 열쇠가 되는 중요한 증거의 단계에서 19세기 후반~20세기 전반 시(市)의 단체명부에 게재된 지역적인 자발적 단체를 분석했다.[17] 제럴드 갬(Gerald Gamm)과 로버트 퍼트넘은 1997년에 발표한 선구적인 논문에서, 1840~1940년에 26개 도시로 확장된 지역적인 자발적 단체를 추적했다. 그들은 특정 지방에 치우치지 않고 대상을 선택해 전국적으로 산재된 5개 대도시와 10개 중규모 도시, 11개 소도시에 관해 정기적으로 간행된 지방 단체명부를 이용하여 10년마다 수만 개 단체를 집계했다.[18] 1910년경에 산출된 지방 단체 수는 도시 인구 규모 대비 정점에 달했다. 우리는 갬과 퍼트넘이 검토했던 1910년 시점(또는 가장 가까운 해)의 26개 도시의 단체명부를 재검토해 거기에서 열거된 모든 멤버십 단체의 형태와 조직 규모를 구분했다. 이 단체들은 대체로 순수한 지역조직이었는가, 아니면 지역을 초월한 다양한 종류의 연합체의 일부였는가? 또한 어떠한 종류의 단체가 가장 안정적이었는가? 이러한 문제에 대한 우리의 견해는 분명했다.[19] 공업화 도상이던 미국에 존재한 자발적 단체들은 대부분 전국적 또는 넓은 지역에 걸친 자발적 연합체의 일부였다. 미국인 한 사람당 자발적 단체의 조직률이 최고였던 1910년에 조사한 26개 도시에서 평균적으로 단체의 78%가 종파나 조직 연합체, 거대한 멤버십 연합체(교회나 조합 이외의), 또는 넓은 지역이나 전국으로 확산된 다른 멤버십 연합체의 일부였음이 분명해진 것이다. 교회의 교인들이나 <표 2-1>에서 볼 수 있는 대규모 멤버십 연합체의 지부들은 어떠한 도시에서도, 특히 최소 규모의 도시에서도 두드러졌다. 더욱이 장기간에 걸친 증거들 역시 연방화된 멤버십 결사의 중요한 지위를 확인해준다. 1870~1920년에 교회와 거대 연합체의 지부들이 지역의 자발적 멤버십 단체 중에서 가장 오래 지속되었으며, 전국에 있는 모든 규모의 커뮤니티에서 단체를 통한 시민생활의 안정된 중핵을 형성했다. 필자는 이제부터 이처럼 지역을 초월하여 연방화된 자발적 결사의 기원과 발전에 관해 서술할 것인데, 아마 독자들은 그것이 미국의 결사에 관한 부수적인 요소가 아닌 핵심적인 내용이라는 것을 확신할 수 있을 것이다.

미국 볼런티어주의의 기원

대규모로 조직된 참여적 시민사회는 미국인 대다수가 농장에서 일하거나 소도시에 살았어도 미국의 국민생활이 시작된 시점부터 명확한 형태를 취했다. 독립혁명에서 남북전쟁의 시대를 거쳐 자발적 단체들은 급격히 늘어났으며, 그 연대는 일정한 지역을 횡단하며 형성되었다. 미국의 시민민주주의는 산업혁명이나 대도시가 성립되기 훨씬 이전에 출현했다.

역사가인 리처드 브라운(Richard D. Brown)이 설명하는 것처럼, 자발적으로 결성된 결사단체가 급증하기 이전에 이미 200~400여 가족으로 형성되고 성인 남성의 5분의 1이 농업 이외의 직업에 종사하는 커뮤니티가 존재했다.[20] 하지만 인구통계학만이 미국의 시민적 운명을 형성한 것은 아니다. 1760년 이전에 다수의 커뮤니티가 이 기준을 이미 넘어섰다. 단, 매사추세츠 식민지(현재의 메인 주 대부분을 포함했다)에는 교회를 제외한 자발적 단체가 겨우 20~30개였고, 그 3분의 1 이상은 식민지의 중심으로 유일하게 실질적인 도시인 보스턴에 모여 있었다. 하지만 그러한 상황은 머지않아 큰 변화를 맞이했는데, 독립전쟁 시대를 계기로 자발적 단체는 극적으로 증가했고, 그 속도는 인구 증가의 속도를 넘어섰다. 보스턴에서는 교회나 영리 목적의 단체가 아닌 결사가 1760~1830년까지 70년간 14개에서 135개로 9.6배 증가했다. 보스턴 이외의 지역에서는 24개에서 1,305개로 50배라는 실로 급격한 증가율을 보였다.[21] 이러한 시민사회의 성장은 대부분 미국이 탄생하고 나서 1790년 이후에 일어났다.

브라운의 관찰에 의하면, "식민지 시대의 미국에서는" 선택이나 지역을 초월하는 의식을 동반한 사회양식이 "행정의 중심지이기도 한 항구도시에 매우 한정되어 나타나는 현상"[22]이었다. 이러한 양식은 "직업상 필요에 따라 (영국 식민지의) 중심지와 접촉할 기회가 있었던" 명사(名士)들을 통해서만 미국 대륙의 내륙부에 침투할 수 있었다. 하지만 1830년대가 되자 "지역제일주의(localism)와 섬나라 근성은 도전을 받았다. …… 사람들은 가족과 교회, 마을이라는 오랜 조직 속에 구속되어 있었지만 이제는 다른 관계를 맺게 되었다. …… 가끔 회합이나 집회에 출석하거나 외부인이 정치 캠페인이나 문화운동, 금주운동, 전도협회의 일원으로서 그들을 찾아오면 접촉은 더욱 직접적인 것이 되었다. 그러한 접촉은 더욱 빈번하게 시골 또는 주 조직의 멤버십이나 그러한 활동의 일환이기도 했던 출판물에서 오는 심리적인 것이었다".[23]

시민사회의 전국화

초기 미국의 시민 볼런티어주의가 가장 먼저 집중적이고 급속하게 번영한 곳은 북동부에 위치한 주들이었다. 하지만 이와 같은 현상은 마치 수맥이 트인 것처럼 점점 확장되는 미국의 다양한 사회적 배경을 지닌 많은 사람 사이로 퍼져갔다. 당초에는 프리메이슨이나 교회와 같은 집단만이 지역을 초월한 단체와 공식적으로 결합했지만, 사람들이 자신들이 바라던 바를 앞서 실천한 다른 곳의 경험을 모방하면서 여러 형태의 자발적 노력이 점차 늘어났다.

초기에는 성인 여성의 결사가 지역을 초월하여 조직화되는 경우가 매우 드물었지만, 그와 유사한 여성 자선단체가 여러 도시에 출현했다.[24] 뉴욕에서 결성된 미국여성도덕개혁협회는 지역을 초월한 결사라고 할 만한데, 대서양 연안 중부에 위치하는 주들과 뉴잉글랜드 지방에서 최종적으로 445개의 지원 단체를 형성했다.[25] 그 사이에 남성 운동가들은 커뮤니티 결사의 창설과 운영을 위한 명확한 모델과 교본을 보급했다. 그 대표적 인물이 조사이어 홀부룩(Josiah Holbrook)이었다. 그는 성인교육을 촉진하고 순회강연가들을 후원하는 한편, 신생 '공립' 초등학교와 교사를 지원하겠다는 목표를 이루기 위해 자발적인 지역조직인 '공회당(lyceum)'의 진흥을 도모하고자 여러 지역을 여행하면서 강연과 출판 활동에 힘썼다.[26] 1830~1850년대에 걸쳐 이 조직들은 뉴잉글랜드에서 남부 지역의 북쪽에 있는 주들과 (특히) 미시시피 강을 낀 중서부 지역으로 확대되었다.

같은 시기에 도덕적 개량운동이 크게 일어나 지역과 주 수준에서 수천 개의 관련 결사단체가 생겨났다. 남북전쟁 이전 대표적인 결사였던 금주협회가 좋은 예인데,[27] 1834년까지 미국금주협회(American Temperance Society: ATS) 산하에 동부와 중서부에서 약 5,000개의 지역 지부가 조직되었고 100만 명의 회원을 모집했다. 하지만 조직 형태가 상의하향식이었던 탓에 민중들에 대한 구심력 유지가 곤란해졌으며, 머지않아 인쇄물을 배포하거나 로비 활동을 펴는 전국적인 센터로 전락했다(현대의 전문가 주도 애드보커시 그룹과 유사하게 운영되었다). 1840년대에는 워싱터니언 운동(the Washingtonian crusade)이 노동자계급을 회원으로 모집하고자 노력했다. '술고래들(drunkards)'의 개심을 목표로 하는 이 협회는 지역조직이 한때 1만 개에 달했고 회원도 60만 명을 넘었다.[28] 워싱터니언 운동은 형식에 치우친 전국적 조직을 신뢰하지 않고, 아래로부터의 급진적인 민주주의를 시도했다. (그러한 점에서 1960년대의 뉴레프트 운동과 매우 유사하다.) 하지만 이러한 조직편성 방식으로는 민중의 열성을 유지할 수 없었기에, 금주 지지자들은 머지않아 주와 연방 수준의 조직이 있는 결사에 가입했다. 1842년에 결성한 금주당(Sons of Temperance, 금주의 아들들)은 1860년이 되자 전국적 연합체로 성장해 2,398개 정도의 지방 '지부'를 자랑했다. 9만 4,213명의 회원이 가입해 북부와 남부에 35~36개 이상의 주 지부를 설치했고, 미시시피 강을 넘어 아이오와 주와 캘리포니아 주까지 확장했다.[29] 1850년대에는 굿템플독립결사(Independent Order of Good Templars: IOGT) 역시 이와 같은 전국적인 명성을 떨치기 시작했다.[30] 굿템플독립결사는 회원과 집행위원에 여성도 포함하고 있었으며, 1860년까지 5만 명 이상의 회원을 모았고, 1,200개 지부가 20개 주에 걸쳐 존재했으며, 그중에는 남부의 앨라배마 주와 미시시피 주도 포함되어 있었다.

1830년대에 절정기에 달한 메이슨과 그 밖의 '비밀결사'에 대해 일시적으로 격한 분노가 분출했지만, 형제애를 기초로 하는 상호부조나 의식에 전념한 우애조직들은 신생 미국 내에서 확대되었다.[31] 식민지 시대부터 프리메이슨 지부(Masonic lodges)는 전국적인 기틀을 다졌고, 지역 지부는 영국인이 미국에 식민지를 건설하여 각 식민지에 주둔군이 도착하면서 연이어 창설되었다. 새로운 '최대(sovereign grand)' 지부는 북군에 가맹한 주로 창설 인가를 받았다.[32] 국가와 주, 지역의 정치적 명사 대부분이 프리메이슨 우애회의 일원이었지만, 신분이 다른 사람도 그 일원으로 구성되었다. 이 단체는 1810년대부터 오늘날에 이르기까지 회원 수가 성인 남자 인구의 1%를 밑도는 일이 없었다.

미국 제2의 대규모 우애조직인 오드펠로스독립결사(Independent Order of Odd Fellows: IOOF)는 1819~1842년에 메릴랜드 주 볼티모어에서 '형제들(brothers)'의 지휘로 결성되었다. 이민자들이 몇몇 영국 조직의 지부를 설립한 이후, 미국의 오드펠로스는 메이슨(기초적, 블루로지)과 다른 조직 구성을 채택했다. 각 지방의 소규모 로지를 관할하는 주 본부 (Grand lodge)의 대표로 구성된 전국 규모의 '최고 거대 지부'를 정점으로 한 3중의 연방적 구조를 구축한 것이다.[33] 이 새로운 연방적 구조는 미국의 모든 조건과 정확하게 맞아떨어졌고 오드펠로스의 급속한 발전을 촉진했다. 1830년까지 58개 지부가 존재했으며, 이는 메릴랜드와 매사추세츠, 뉴욕, 펜실베이니아, 콜럼비아 특별구까지 확대되었다. 그 이후 1860년까지 17만 명의 회원이 특정한 지역에 편중되지 않은 채, 전국 35개 주에 걸쳐 3,000개가 넘는 지방 로지를 소유할 만큼 성장했다.[34] 『오드펠로스 교본(The Odd Fellows Text Book)』(1852년판)의 저자인 파스칼 도널드슨(Paschal Donaldson)은 "이 결사는 마을에서 마을로, 시에서 시로, 주에서 주로 확장되었으며, 미국 내 수천 명의 최고 엘리트들이 계속해서 회원으로 영입되었다"[35]라며 자랑스러워했다.

메이슨이나 오드펠로스만큼 화려한 규모는 아니었지만, 미국의 다른 우애조직들 역시 남북전쟁 이전에 급속하게 확대되었다. 백인 중심 기독교도의 독선적인 단체이기는 하지만, 레드맨지위향상동맹(Improved Order of Red Men)은 1834년에 창설되었고 콜럼버스가 신대륙을 발견한 1492년을 그 기원으로 삼는다. 회원들은 인디언 복장으로 치장하고 자신들을 '레드맨(Red Men)'이라고 칭하면서도 실제로 인디언의 가입은 인정하지 않았으며 인종적으로나 민족적으로 배타적인 조직이라고 불릴 만했다. 1860년까지 약 1만 명의 레드맨이 메릴랜드와 펜실베이니아, 버지니아, 오하이오, 뉴저지, 미주리, 켄터키, 델라웨어, 콜럼비아 특별구로 확대된 '보유지(reservations)'라고 부르는 94개 '지부(tribes)'에서 집회를 열었다.[36] 이에 못지않게 1836년 아일랜드의 가톨릭교도 이민자들은 고대 히베르니아단(Ancient Order of Hibernians) 미국 지부를 설립했다. 이 단체는 남북전쟁 때까지 동부와 남부, 중서부의 8개 주에서 조직되었다.[37] 그리고 1840년대 뉴욕 시의 독일계 미국인들은 '헤르만의 자손결사(the Order of the Sons of Hermann)'나 '하루가리결사(the Order of Harugari)'를 설립했다. 이 두 개의 자선·문화연합체(최종적으로는 주 범위를 초월했다)는 독일 문화의 진흥과 '아메리카당(Know-Nothing)*운동'이 만연하던 사이에 '외국인배척운동(nativism)'의 공격에서 독일계 미국인을 보호하는 데 힘을 기울였다.[38] 더욱이 체코에서 온 이민자들은 오드펠로스의 노력을 모델로 1854년에 보헤미아 슬라브 자선협회(the Bohemian Slavonic Benefit Society)를 설립했다.[39]

아일랜드계나 독일계 이외에는 흑인이 최대의 소수민족이었다. 일부 금주협회를 제외한 백인 지배의 자발적 결사들은 흑인의 입회를 불허했다. 하지만 흑인은 남북전쟁 이전에도 흑인의 입회를 거부한 백인조직과 비슷한 규모의 거대 연합체를 결성했다. 프린스홀 메이슨(Prince Hall Masonry)은 프린스홀이 영국 본부에서 지부 설립 허가를 받아 1775년 매사추세츠 주 캠브리지에 조직한 최초의 프리메이슨 흑인 지부였다.[40] 건국 초기에 자유흑인들은 "남부의 버지니아 주까지 대서양 연안 주와 다수의 중서부 주……" (그리고) "자유흑인이 밀집한 메릴랜드와 버지니아, 루이지애나"의 남부 주에 이르는 18개 주에서 이러한 우애적 집단을 확장했다.[41] 한편 1843년에 선원인 피터 오그덴(Peter Ogden)의 지도로 뉴욕 시에서 자유흑인의 한 단체가 영국에서 지부 설립 허가를 받아 오드펠로스대통일연합(Grand United Order of Odd Fellows)을 조직했다. 1860년대 초까지 약 1,500개의 흑인 오드펠로스가 6개가 넘는 동부 주의

---

* 1849~1955년 존재한 이민자를 배척한 정치단체. ― 옮긴이

약 50개 로지에서 집회를 열었다.[42]

시민 볼런티어주의는 왜 번성했을까

초기 미국 시민사회는 왜 그렇게 — 규모와 관계없이 어느 커뮤니티든 놀랄 만큼 동시기에 자발적 집단이 형성되었으며, 지역을 초월해 다수의 집단이 대표제를 동반한 로지 체계에서 연방조직과 결합된 것처럼 — 급격히 변모했는가? 그 대답의 핵심은 미국의 통치구조가 미친 영향과 그것이 촉진했던 정치적·종교적 경쟁에 있다.

주지하듯이 영국의 제국적 통제로부터의 해방은 미국의 민주적 시민사회의 성장을 가속화했다. 독립전쟁과 그 이후 새로운 미국 헌법을 둘러싼 논쟁은 기존에 당연시되던 충성심을 흩뜨리고 지리적으로 곳곳에 산재한 미국인의 모든 단체를 서로 접촉하게 해서, 대서양 연안을 따라 형성된 대도시의 세력을 서서히 약화시켰다. 미국은 독립전쟁에서 승리해 독립국가의 지위를 획득하면서, 미국민은 대의정부의 상시적 정치절차를 통해 정치에 더 폭넓게 참여했다. 선거는 주 전체와 관공서에서 실시되었고, 신생 정당들은 연방주의자(federalists) 또는 제퍼슨파(jeffersonians)에 동조하는 각지의 일부 시민을 포섭하면서 지지를 얻기 위한 경쟁에 몰두했다. 대다수 백인 성인남자는 1830년대에 선거권을 획득했으며, 지역을 초월한 정당은 자주 실시되는 선거를 통해 일반 시민의 표를 동원할 수 있는 후원조직(patronage machines)과 시민결사를 결합했다.[43] 대중정당이 설립되는 시기에 지역을 초월한 운동과 시민적 결사가 번성했다는 사실은 우연만은 아니었다. 정당 설립자와 단체 결성자 모두 민주적 주민 동원에 힘을 쏟았던 것이다.

제2차 대각성운동(the Second Great Awakening)의 종교적 열광이 영국령 식민지 시대 미국을 일시에 휩쓸었다. 개종은 식민지 후반기에 시작되어 공화국 초기에 가속화되었다. 이것은 미국의 특징적 예이기도 하지만 국교는 곧 폐지되었다. 이러한 조건은 종교가 대중적이고 활기차며 독립 지향적으로 발전하는 데 가장 좋은 상황이었음이 분명하다. "1776년 버지니아에서 시작해 1840년대에 코네티컷까지, 전 미국 주들은 교회와 국가의 전통적 유대관계를 마침내 타파했다."[44] 경쟁적 종파들은 미국 헌법과 권리장전하에서 자유롭게 설교하고 사람들을 개종시켰다.[45] 사실 교회들은 국가의 지원을 상실하여 헌신적인 회중을 스스로 조직하고 동원할 필요가 생겼으며, 그것이 실패하면 쇠퇴할 위기에 직면했다. 이윽고 순회 조직자, 특히 활발히 활동했던 감리교파와 침례교파는 전국으로 확산되었다. 순회 설교자들은 새로운 기반을 다졌으며, 회중과 지역 지도자들은 설교에 감명을 받고 새로운 회중을 교회로 이끌었다.[46] 이러한 종교적 운동은 남녀를 불문하고 영향을 주었지만,[47] 열성적 신자의 다수는 여성이며 그들은 종교적 이상과 네트워크가 존재하는 개혁운동에 쉽게 흡수되는 경향이 있었다. 또한 그 여성들에게는 경쟁적 종파 내에서 자기를 주장할 여지가 있었다. 역사가인 캐스린 스클라(Kathryn K. Sklar)가 설명하는 것처럼, "1820년대부터 그녀들은 활발한 범개신교 평신도단을 조직할 수 있었다. 이 조직은 목사의 권위에 도전하고 자립적인 사회적 과제를 만들어냈다".[48]

지역을 초월한 결사가 초기 미국에서 번영한 또 하나의 원인은 끊임없는 사람들의 이동이었다. 최근 발표된 인구통계학 조사에 따르면 19세기 중엽에 특히 젊은 남성 사이에서 장거리 이동이 절정을 이루었다.[49] 이주의 물결이 대륙으로 확산되면서 새로 이주해온 이들은 농장이나 상점, 교회를 부흥시키는 동시에 익숙한 종류의 로지나 클럽을 조직했다.[50] 더구나 사람들은 일단 정착하고 나면 고향의 친지 또는 친구를 방문하거나 그들에게 편지를 썼으며, 새로운 종류의 결사 과정을 통해 새로운 지역사회에서 결사의 설립에 기여할지도 모른다는 사실을 깨달았다.

그러나 빈번한 지리적 이동으로 상호 협력이 쉽지 않았던 미국인에게 초기 연방정부의 매우 집중적이고 활발한 무기였던 미국 우편제도가 없었더라면 정치적·종교적·도덕적 목적을 위해 서로 결속하는 집단을 창설하는 데 효과적인 사회적 커뮤니케이션은 수월하지 못했을 것이다. 독립혁명 이전 단계인 식민지에는 유럽의 많은 도시에서 자주 볼 수 있었던 초보적 우편제도가 있었지만, 대도시 간 우편망은 그다지 치밀하지 않았으며 특히 대서양 연안 도시들은 더욱 그러했다. 이러한 사정은 공화국 탄생 이후인 1792년에 우체국법이 성립됨으로써 크게 변화했다. 이 법률은 "특히 신문을 우편으로 취급하고, …… 공무원이 통신 수단에 대한 통제를 감시기술로 사용하는 것을 금지하며" 또한 "대서양 연안에서 애팔래치아 산맥 서쪽으로 우편망을 급속히 확장시키는 일련의 수속을 확립했다".[51] 역사가인 리처드 존(Richard John)이 지적한 것처럼, "1828년까지 미국의 우편제도는 영국의 약 두 배, 프랑스의 다섯 배 이상의 우체국을 만들었다. 이는 주민 10만 명당 영국이 17개, 프랑스가 4개인 것에 비해 미국에는 74개의 우체국이 있었다는 것이 된다".[52] 1830~1840년대에 우체국원은 연방직원의 4분의 3 이상을 차지했으며, 1831년 당시 8,764명의 우체국 직원 대다수와 1841년 당시 1만 4,290명의 직원은 "지방 모든 곳의 마을이나 도시의 파트타임 우편국장"[53]이었다.

우편망은 미국의 정부조직에 의해 조직되었다. 의회 대표가 주나 지역 수준의 선거구에 기반을 두었기 때문에, 연방 상·하원의원은 커가는 변경지역까지 통신 및 수송 수단을 확장하는 사업에 보조금을 지원하는 것 – 하지만 그 방법은 신중하게 표준화되어 있었다 – 에 많은 관심을 지녔다. 의원들은 우편과 뉴스가 최소 규모의 지역사회에도 도달되기를 바랐으며, 워싱턴과 왕래하기를 원했다. 그들은 역마차 여행에 보조금을 지원했고 우편요금을 저렴하게 책정했다. 우편규칙 역시 편집자 사이에서 신문을 무료로 교환하는 것을 인정했기 때문에 소규모 신문사는 대규모 신문사에서 뉴스거리를 제공받을 수 있었다. 하지만 이와 동시에 요금구조는 동부 연안 지방의 신문이 지방지를 구축하지 못하도록 조정되었다.

정치적으로 고안된 우편보조금을 이용하기 위해 정당과 마찬가지로 자발적 집단 역시 자신의 메시지를 '신문'(이후에는 잡지)을 통해 확산했다. 시민적 조직력은 매우 순조롭게 기능했으며, 자발적 결사는 종종 정치적인 개혁을 촉진하는 역할을 했다. 미국 역사상 최초의 거대한 도덕 개선운동의 하나인 성수주일준수증진총연합(1828~1832년에 통합)은 일요일에 우체국 업무와 우편물 배달 중지를 위한 운동에 주력했다.[54] 역설적으로 이 운동은 자신의 공격 대상이었던 연방우편제도의 영향을 받았는데, 이는 수만 부의 팸플릿이나 탄원서를 운송하는 데 이 우편제도를 이용하지 않을 수 없었기 때문이다. 이는 남북전쟁 이전의 다른 거대한 자발적 성전(聖戰) – 금주운동, 남북전쟁 발발에 일조했던 민중의 노예제도 반대운동을 포함하여 – 의 경우에도 마찬가지였다.[55] 즉, 초기의 미국은 결사나 사회운동 또는 대중동원적인 정당에 적절한 조건을 부여했고, 그런 모든 요소가 나중에는 전국적 정치와 정부를 지속적으로 자극

민주주의의 쇠퇴

하거나 변모시켰던 것이다.

시민적 모델로서의 연방형 대의제 국가

정부의 구조는 조직의 모델이 되었다. 이는 미국의 통치구조가 결사 창설에 영향을 끼친 최종 경로였다. 미국은 건국의 선조들에 의해 연방 공화국으로 건설되어 연방정부와 주에서 헌법을 기초로 투표와 대표에 관한 규칙이 상세하게 마련되었으며, 행정과 입법, 사법의 권한이 구별 되고, 주권은 국가와 주, 지방정부에 각각 할당되었다. 미국의 시민적 결사는 건국 초기부터 정부의 연방주의를 조직 모델로 이용하기 시작했 다(<표 2-1> 참조). 대표제 절차를 통해 결합되는 국가와 주, 지방 단체 를 설립하는 헌장은 남북전쟁 이전 수십 년 사이에 발족되어 결과적으 로 거대화된 자발적 집단(또는 19세기 후반에 활동을 개시한 집단)의 4분의 3이 동의하여 채택되었다.[56]

다수 집단은 정치적 숙고의 결과로 스스로 미국 헌법과 유사한 거버 넌스 구조를 받아들였다. 그리고 사회운동은 그 조직구조와 일상적 업 무를 전국적인 '정치적 기회구조'에 적용했다.[57] 미국 정치시스템은 전 국과 주, 지역 수준의 활동을 조정할 수 있는 운동이나 결사에 보답했으 며, 금주운동과 반노예제운동에서 농민집단과 부인운동, 배외주의운동 에 이르기까지 여론을 형성해 선출된 정치가에게 영향을 끼치는 것을 목표로 하는 집단들은 이 모든 영역을 횡단하는 조직의 이점을 학습했 다. 결사는 지역시민과 선출된 공직자의 중개를 통해 연방의회와 주의 회 쌍방에 영향력을 행사할 수 있었다. 게다가 집단은 모든 영역을 교차 해 활동하면서 사회문화적·정치적 변화를 추구할 수 있었으며, 서로 격렬하게 경쟁할 수 있었다. 굿템플독립결사 라이트워시 그랜드템플(Right Worthy Grand Templar of the Independent Order of Good Templars)은 "우리 단체는 술 밀매매나 개인적 음주에서 생길 수 있는 악을 뿌리 뽑기 위해 조직되었다"고 설립 취지를 설명했다. "술꾼인 제조업자는 지역과 주, 전국에 강력한 조직을 가지고 있기" 때문에, 하부의 로지들은 개인 구제에 개입하여 여론에 촉구할 수밖에 없었다. 한편 이러한 결사들은 "주 증류주동맹(the State Liquor Union)에 대해서는" 주 수준의 'R. W. G. 로지'의 진용을 정비하고, "미국 양조자 회의 및 전미 증류주 제조자 동맹에 대해서는" 전국 수준의 라이트워시 그랜드템플 로지를 중심으로 활동을 전개했다.[58]

하지만 시민적 활동가의 정치적 기회와 시련에 대한 반응만으로는 충분한 설명이 되지 못한다. 정치적 목표에 열정적이지 않은 다수의 결사 또한 연방적 대표제를 동반하는 거버넌스 구조를 수용했기 때문이다. 조직발전에 관한 제도론자에 의하면, 불안정한 조건에서 복잡한 시련에 직면하는 조직 설립자는 주변의 환경에서 충분히 이해되고, 이미 정당화된 모델에서 영감을 얻을 가능성이 있다.[59] 이러한 종류의 혁신적 적응이 새로운 국가에 도착한 외국 이민자와 같이 야심적이지만 사회의 진보와는 어느 정도의 거리감이 있던 사람들에 의해 빈번히 실천되었던 것이다.[60] 이와 같이, 미국에 도착한 오드펠로스는 권력분립과 미국의 지역과 주, 전국의 모든 수준을 모방하여 스스로를 재조직한 것처럼 보인다. 이는 로지를 점재시키고 그 활동을 전국적인 규모로 조정하려는 위신 있고 충분히 이해된 모델을 미국 헌법이 제공했기 때문이다. 연대사가인 헨리 스틸슨(Henry Stillson)의 설명처럼, 이민자의 '높은 통찰력'을 겸비했던 오드펠로스는 지방의 로지를 명망가들이 모이는 전국위원회를 통해 조정하는 영국류의 우애적 거버넌스 체계를 "이 국가에서 실현하는 것은 무리이며, 적절하지도 않다"고 이해했다. 미국으로 이식된 오드펠로스는 대신에 "미국의 정치적 틀 속에서 그들의 모델을 발견했던 것이다".[61] 미국의 오드펠로스가 새롭게 만든 우애헌장의 전문은 미국 헌법을 모방한 것임이 틀림없다. 거기에는 다음과 같이 기술되어 있다.

한편 그들에게 다대하고 중요한 이익을 부여하는 이 제도들을 영속시키는 것은 인류에게도 적절하고 중요한 것임이 밝혀졌다. 그 때문에, 서로를 하나의 공통된 연합의 관계 내에서 결합하는 적절한 목적을 위해 우리는 미국 그랜드 로지를 통해 협력하면서 행동하는 것을 보장하고, …… 우리와 우리의 자손에게 귀중하고 유익한 제도를 원천으로 하는 축복을 한층 효과적으로 확보하려는 목적을 지니고, 오드펠로스독립결사를 위해…… 이 헌장을 제정한다.[62]

그 밖의 다른 많은 집단이 오드펠로스의 예를 따랐다. 미국 헌법의 모델이 지닌 높은 권위 때문에 이민민족우애조직은 몇몇 도시에 산재하는 약간의 지방 로지조차 소수의 회원밖에 없는 단계에서 주와 전국 수준에서 필요한 총수의 대표 시스템을 구축했다. 누구나 미국의 새로운 대의제 연방정부에 맞춰 결사를 결성하고 싶었던 것 같다.

미국 헌법과 주 헌법에 투표의 거주규칙이 명기되었던 것과 마찬가지로 시민적 결사의 헌장에도 주와 지방 단체의 설립, 거주구역 회원의 명료한 입회규정이 명시되었다. 예를 들면 다른 국가의 우애조직과는 달리 미국의 경우에는 부인 준회원조직을 포함하여 그 또는 그녀의 거주지에 가장 가까운 로지가 입회 신청이 가능한 회원을 받아들였다.[63] 이동 회원은 다른 장소에서 방문자로 인정되거나 회원 자격의 '이적(移籍)'을 위해서는 원래의 지부가 발행한 공식서류를 지참할 필요가 있었다. 우애조직 이외의 결사에서는 이러한 정식 절차가 없는 경우도 많았지만, 적어도 지부 간 회원의 이동은 관리했다. 미국의 자발적 연합체는 원거리 관계를 철저히 유지했으며, 사람들이 주거지를 여기저기로 옮겨도 문제가 되지 않았다. 하지만 어떤 근거지도 없는 세계시민주의(cosmopolitanism)는 ─ 미국판 대표민주제와 마찬가지로 ─ 결사에 종사하는 생활이 허용되지 않았다.

시민공동체로서의 미국의 근대화

야심찬 자발적 집단 형성에 관한 몇 차례의 추세가 1861년 이전에 생성되었다고 한다면, 남북전쟁 이후에는 훨씬 더 많은 세력이 규합되어 오래된 몇몇 결사들은 회원 수를 늘렸고, 민중의 자발적 연합체 수백 개가 새롭게 탄생했다. 그중에 수십 개 집단은 대규모화되어 20세기 전반까지도 살아남았다. 19세기 후반은 시민의 활기가 보기 드물게 왕성했던 시대였다. 그럼 어떠한 종류의 집단이 출현했으며, 어떠한 힘이 그러한 혁신적 추세를 형성했는가? 미국이 대도시를 중심으로 공업이 발달하면서 결사에 종사하는 생활은 계급에 의해 파괴되어 분열될 가능성이 존재했지만, 결국 그렇게 되지 않았으며 중요한 이야깃거리조차 되지 않았다. 경제의 근대화와 더불어 미국의 결사에 종사하는 생활의 전(前)공업화적 형태는 새로운 종류의 집단들이 출현하는 것을 목격하면서 유지·확대되었던 것이다.

사회과학자들은 종종 경제적 변화가 다른 모든 영역에서도 자동적으로 같은 변화를 불러일으킨다고 생각한다. 결사의 변화를 설명하려는 이와 같은 표준적 시각은 기업에 의한 공업화 또는 대도시 성장이 불러오는 새로운 긴장과 기회에 대응하는 신흥 행위자에 초점을 맞추는데, 학자들 사이에는 계급 대립이 노동자로 하여금 노동조합을 구성하게 하고, 자본가는 기업그룹에서의 단결로 인해 압력을 받는다고 주장하는 이들도 있다. 또한 근대적 결사를 사회통합 메커니즘으로 간주하는 연구자도 존재한다. 그들에 의하면, 그러한 결사는 공업화 이전 마을 단위의 가족적 연대나 이웃에 대한 호의의 대체물이라는 것이다. 이와 같은 논법의 대표적인 설명은 로버트 위비(Robert H. Wiebe)의 영향력 있는 연구물인 『질서에 대한 추구: 1877~1920년(The Search for Order, 1877~1920)』(1967)에서 발견된다. 그의 저서에서 중요한 행위자란 새롭게 대두되는 '신흥 중산계급', 즉 전문직 종사자나 사업자들로서, 그들은 이민과 공업화, 인구의 도시 집중이라는 불안한 변화에 "대응하여" 새로운 결사나 시민봉사단체를 설립했다고 한다.[64]

이와 같은 기대를 뒷받침하는 사실들이 존재하지 않는 것은 아니다. 갬과 퍼트넘은 1840~1940년에 26개 도시의 단체명부에 게재된 자발적 집단에 관한 연구에서 19세기 후반과 20세기 초에 노동조합이 급증했으며 사업체와 전문직 집단 역시 도시의 인구 증가와 더불어 늘어난 사실을 실증했다.[65] 좀 더 질적인 정보에 의하면, 엘리트들의 '봉사단체' − 남성단체로는 로터리클럽과 교환클럽, 라이온스클럽이 있고, 비즈니스·전문직 여성단체는 규모가 더 작다 − 역시 20세기 초기에 여러 도시로 확대되어갔다는 사실이 확인된다.[66] 이러한 클럽들은 우정을 통해서 더 넓은 커뮤니티에 대한 봉사를 강조하고, 각 기업 또는 전문직 종사자 ('전문직'이라는 정의는 매우 협소하고, 회원 자격의 확대로 연관되지 않았을 가능성이 있다) 중 몇몇을 지도자로 영입했다. 일부 연구자의 견해로는, 엘리트들의 시민봉사클럽은 실업가나 지적 업무 종사자가 밤늦게까지 진행되는 의식을 꺼리는 대신 짧은 점심시간을 이용한 회의를 선호하며, 블루칼라 노동자나 화이트칼라 종업원과의 '형제애'를 재확인하기보다 동료 사이에서 정보망을 구축하려고 하면서 계급횡단적인 우애결사를 대체했다는 것이다.[67] 하지만 이러한 사실은 일부분에 국한된 것이었다. 미국이 공업화되면서 역사적으로 오래된 몇몇 우애조직은 자기 재생 과정을 거쳐왔으며, 엘크스클럽과 무스클럽, 이글스, 콜럼버스기사단과 같은 신진 우애조직은 간소해진 의식과 배려심 있는 현장 활동을 계기로 유명해졌기 때문이다.

자발적 집단의 단독 형태에 초점을 맞추면 새로운 종류의 결사가 출현하는 동시에 오래된 형태의 결사는 쇠퇴할 것이라고 생각하기 쉽다. 이 때문에 변화하는 상황에 관한 체계적인 자료가 필요한 것이다. 예를 들어 시(市)의 단체명부에 실린 집단에 관한 갬과 퍼트넘의 연구에 의하면, 미국이 대도시 중심의 공업국가가 되기 이전에는 종교집단과 우애결사가 경제적 집단보다 훨씬 보편화된 형태였을 뿐 아니라 공업화 시대를 거치면서 증가했다.[68] 특히 1870년대부터 세기 전환기에 걸쳐 인구 1인당 우애결사 수는 급속히 증가했다. 널리 보급되었던 크고 작은 멤버십 결사의 전국적인 창설에 관한 자료가 이러한 상황을 뒷받침해준다. 필자와 동료들이 연구해온 거대한 멤버십 결사에는 언제나 다수의 비(非)엘리트층 회원이 포함되어 있었으며, 그 대다수는 19세기 후반에 창설되었다(<표 2-1>과 <그림 2-4>를 참조). 과거의 단체명부를 살펴보면, 같은 시기에 규모가 더 작은 계급횡단적 연합체가 수백 개나 생겨나 회원을 영입해왔음을 알 수 있다.[69]

요컨대 공업화를 통해 국가경제가 변화했지만, 미국인들은 단순히 계급별 직업을 기초로 하는 결사로 각각 나뉘어 가입한 것만이 아니었다. 노동조합과 상업조합, 전문직 단체가 증가하면서 새로운 회원을 영입한 반면, 그와 같은 시기에 교회와 종교결사, 우애·부인단체, 또는 계급횡단적으로 입회자를 받는, 종류를 달리하는 수많은 자발적 장기 존속 결사가 확대되고 성장했던 것이다.

남북전쟁의 결사 형성력

1861~1865년의 남북전쟁은 미국혁명만큼이나 시민사회발전에 분기점이 될 만한 사건이었다. 연구자들은 주로 그 '기본' 원인을 경제적인 것으로 가정하지만, 전쟁이나 정치적 충돌 역시 정치형태와 사회를 형성한다. 이는 근대화 과정에 있던 미국을 가장 잘 설명한다. 미국 역사를 5년 단위로 살펴보면, 남북전쟁이 종결되던 때인 1860년대 후반만큼 막대한 회원을 영입한 자발적 결사가 그렇게 많이 설립된 시기는 없었다. 남북전쟁 이후 수십 년 사이에 수십 개의 대규모 집단이 탄생했으며, 남북전쟁 이전부터 있던 연합체 역시 규모를 확대했다.[70] 20세기 초기 혁신주의 시대가 근대 미국에서 시민사회의 모체로 자주 인용되지만, 그것은 정당하지 않다. 남북전쟁에서 북군이 승리하면서, 20세기 초의 수많은 지방 로지와 클럽, 노동조합지부와 연결된 거대한 다수 민중기반의 멤버십 연합체가 생겨나 세를 불리는 데 박차를 가했다. 이 야심적인 연합체의 전국과 주 수준의 센터는 계열적으로 번성했던 지역 지

부보다는 시기적으로 훨씬 먼저 설립되었다. 전국과 주 수준의 조직자나 지도자들은 지부 설립을 촉진하고 그 지부들이 늘 상호 관계를 맺으며 번영할 수 있는 규칙과 제도를 만들었다.[71] 미국의 자발적 집단의 형성은 원래부터 지역적인 것이 아니었으며 '자생적'인 시민의 조직화에 기인한 것도 아니었다. 물론 그 지역 사람들과 지도자들은 중요한 존재였지만, 전국적으로 야심적인 지도자들 ― 결사에 종사하는 생활이 20세기에도 여전히 생존할 수 있도록 제도적 환경을 이루는 거대한 자발적 연합체를 발족하고 그것을 지방으로 확대한 대담하고 선견지명을 지닌 남녀들 ― 에게 행동적인 면에서 영향을 받았으며 그들과 협력했던 것이다.

남북전쟁이야말로 야심적인 결사의 창설을 조장했지만 그러한 사실은 널리 받아들여질 만한 것이 못된다. 토크빌은 전쟁이 장기화되어 시민적 자유가 억압되는 것을 우려했다.[72] 그리고 1861~1865년의 정치적 격변은 미국 역사상 가장 파괴적인 전쟁이나 다름없었다. 20세기의 세계대전과 비교해보더라도 1인당 사상자 수와 일반 시민의 피해는 너무 컸던 것이다. 남북전쟁을 통해 오드펠로스나 금주당처럼 전쟁 이전부터 존재했던 자발적 연합체는 그야말로 엉망이 되었다. 결사 활동을 포함해 사람들의 모든 시민 활동은 철저히 파괴되었으며 무수한 사상자를 낳았다. 남부는 대부분 경제적으로 매우 피폐한 상태로 남았다. 하지만 어느 관찰자를 놀라게 한 것처럼 남북전쟁은 당대에 '박애적인 결과'를 가져다주기도 했으며[73] 사람들은 봉사활동에 헌신했다. 전쟁 시기에 사람들이 보여준 많은 노력이 미국의 대규모 결사 건설의 모델로 민중에 뿌리를 둔 연방주의의 실용성을 강화했다. 즉, 지도자들에게 전쟁의 경험은 전후 꽤 시일이 지난 이후의 야심적인 결사 건설을 조장했던 이상(理想)이나 네트워크 관계, 시민조직의 모델을 창조하게 했던 것이다.

시민들에 대한 영향은 이러한 대규모 충돌이 ― 특히 전쟁에서 이긴 연방(Union) 측에서 ― 어떻게 수행되어 왔는가라는 면에서 표출되기 시작했다. 1861년보다 훨씬 이전의 미국인은 이미 연방화된 자발적 결사를 이루고 있었다. 그들은 특수하고 지역적인 목표는 물론 거대한 국민적 목표를 위한 '결합' 방식을 알고 있었다. 하지만 정부는 대살육전을 수행할 준비가 시민들만큼도 못했다. 사우스캐롤라이나 사람들이 섬터 요새(Fort Sumter)를 폭격했을 때, 워싱턴DC의 연방정부에는 상비군이 거의 존재하지 않았다. 미국의 군대는 겨우 1만 6,000명 정도에 지나지 않았다. 병사는 대부분 '미시시피 강 서부로 펼쳐진 개척전선 79곳의 주둔지'에서 인디언에 대한 경비 임무를 맡고 있었다. 웨스트포인트 출신 직업군인이 병사를 지휘했지만, 그들의 약 3분의 1은 ― 그중에는 로버트 리(Robert E. Lee) 장군과 같은 지도자가 포함되어 있었다 ― 반란을 일으킨 남부연합으로 편입하기 위해 바로 "우리 남부로 내려왔다".[74] 남북전쟁에서 북군과 남군은 모두 필연적으로 지역의 지원병을 모아 커뮤니티·주(州) 부대를 편성하고 이 모든 집단을 통합하여 위대한 육군이나 민간 구원활동과 결합하기 위해 선거에서 선출된 지도자뿐 아니라 민간 지도자에게도 의지했다. 남북전쟁은 계급을 초월하여 조직된 지원병 그룹에 의해 치러졌으며, 교육을 받은 특권계급의 시민과 병사에서 승진한 그 밖의 장교들은 "명령을 통해서가 아니라 스스로 모범을 보이면서 이끌었다".[75] 볼런티어주의는 특히 북부에서 깊이 침투해 있었고 오래 지속되었다. 1862년 이후에 연방군이 징병을 실시했지만, 적어도 병사의 87%는 지원병이었다. 그들은 보통 같은 고향의 주나 마을, 또는 같은 민족집단의 장교가 지휘하는 가운데 전장으로 향했으며,[76] 후방에서는 부인이나 민간인 남성들이 미국위생위원회(U.S. Sanitary Commission: 부상병구제부인중앙협회가 모체인 조직)와 YMCA가 후원하는 기독교위원회, 그 밖의 지원병 연합을 연결하는 부대를 상대로 의료적·사회적·정신적 지원을 했다. 역사가인 제임스 맥퍼슨(James McPherson)의 설명에 의하면, 미국위생위원회는 "이러한 분야의 사업으로는 미국 최대의 자발적 조직"이었다. 이 위원회는 "섬터 요새를 향한 포격 이후 갑작스럽게 출현한 지방의 병사구원단체와의 제휴를 시작으로 발전했다. 여성들은 노예제 폐지와 부인의 권리, 금주, 교육, 전도 등을 제창하는 협회에 관여했던 감각이나 이전의 경험을 기반으로 이 결사들을 솔선하여 결성했다".77

남부 연합군이 애퍼매턱스(Appomattox)에서 항복한 이후 연합군 측의 사기는 치솟았다. 국가적 목표라는 새로운 감각을 통해 고양되고 민중동원의 연방주의 모델을 숙지하고 있었기 때문에 19세기 후반에 성인이 된 북부 사람들은 남녀를 불문하고 새로운 민중 기반의 수많은 자발적 연합체를 발족했다. 그것들은 대담한 조직적 발명이었으며, 전국으로 광범위하게 확대되어 지방과 주를 연결하는 역할을 했다. 앞에서 언급한 바와 같이, 남북전쟁 이후에 발족한 최종적으로 거대화된 멤버십 결사는(1860년 이전에 설립된 결사와 마찬가지로) 대부분 대표제와 국가-주-지방 체계의 대표제를 동반하는 연합체로서 조직되었다. 이러한 결사 설립자들의 야심 역시 남북전쟁의 영향력을 명확하게 뒷받침해준다. <그림 2-1>은 성인 남자와 여성 인구, 또는 남녀의 1%가 입회한 모든 자발적 결사의 데이터에 근거를 두며, 결사 설립자들이 설립할 때에 구상했던 활동 영역에 관한 데이터를 요약한 것이다.78 일부 대규모 멤버십 결사는 원래 시나 주 수준의 '지방적' 집단으로 이해되었지만, 이후에 전국적 결사로 발달했다. 메이슨과 오드펠로스, YMCA와 같은

〈그림 2-1〉 서로 다른 시대에 설립된 거대 멤버십 결사의 설립 당시 활동 영역

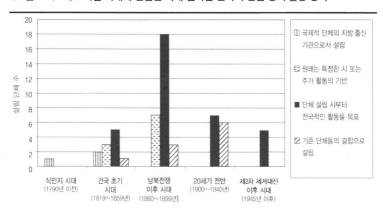

자료: 미국 성인 남자/여자/남녀 1%가 회원인 이력이 있는 58개 결사에 관한 Civic Engagement
 Project의 자료.

결사들은 유럽에서 전래된 초국적 결사의 지방 '지부'로서 미국 전역으
로 확대되었다. 또한 부인클럽총연합처럼 종래에 있던 집단의 '연합체'
로 창설해 거대화된 결사도 있다.[79] 하지만 이 세 가지 경로 역시 미국에
서 결성되어 대규모 회원이 있는 결사 중 5분의 2밖에 되지 않는다. 나
머지는 설립에 다소 시간이 걸렸는지는 모르지만 애초부터 전국적인 조
직을 설립하고자 했던 야심적인 지도자들을 통해 창설되었다. 남북전쟁
기 ― 1860년에서 20세기의 전환기까지 ― 에는 특히 야심적인 전국적 결
사의 설립이 크게 두드러졌다(1860~1899년에 결성된 조직 중 64%가 전국
적 조직을 목표로 결성했다)는 사실을 상기해둘 필요가 있다. 최종적으로
대규모 멤버십 조직이 된 많은 결사들이 특히 남북전쟁 이후 수십 년에
집중해 생겨났을 뿐 아니라, 이 획기적인 시대의 결사 설립자들은 제2
차 세계대전 이전의 시기에 (오랫동안) 존재했던 활동적이고 대규모화된
어떤 결사의 설립자들보다도 많이 설립 당초부터 전국적인 사업을 계획

하려고 했다.

앞으로 소개하는 집단의 결성은 전시 연방군의 동원이 그 이후 결사 창설을 어떻게 촉진했는지를 시사해준다. 1868년, 남북전쟁 중에 서로 알게 된 철도노동자들이 펜실베이니아 주 미드빌에서 통일노동자고대 결사(Ancient Order of United Workmen: AOUW)를 발족했다. 이 우애조 직은 미국 최초의 우애'보험'결사였다. 통일노동자고대결사가 모델이 되어 이후 그와 유사한 결사들이 출현했다.[80] 통일노동자고대결사의 창 설자는 모든 노동자들에게 통상적인 보험금을 지불했을 뿐 아니라 더 나은 문화적 서비스를 제공하여 전쟁이 불러온 첨예한 계급 대립을 극 복하는 것을 목표로 삼았다. 어느 학교 교사는 다수의 동지들을 모집하 여 전국 3위의 거대한 우애조직이 된 피시아스기사단(Knights of Pythias) 을 워싱턴DC에서 결성했다. 그들은 전쟁으로 확장된 연방정부의 행정 사무를 통해 서로 알게 되었으며, 전직 병사들뿐 아니라 남북의 재통일 을 바라는 미국인 전체를 상대로 자기희생적 동포애를 고무하는 종교적 의식을 고안했다.[81]

1867년에는 지역을 달리하는 연방직원 단체들이 농민공제조합(그랜 지)을 결성했다.[82] 미네소타 출신의 미 농무성 관료였던 올리버 켈리 (Oliver Kelley)는 남북전쟁 이후 앤드루 존슨(Andrew Johnson) 대통령의 위임으로 황폐화된 남부지방의 요구를 조사하기 위해 파견되어 체재하 던 중에 농민을 위한 이와 같은 결사를 고안했다. 패전 지역인 남부에서 개인적 접촉을 도모하기 위해 메이슨적 유대관계를 이용한 켈리는 농민 들 역시 전국적 우애조직에서 이익을 얻을 수 있다는 가능성을 이해했 던 것이다. 그는 동료인 연방정부의 공직자들 ― 그들은 모두 켈리와 마찬 가지로 수도인 워싱턴DC와 자신의 출신 지방을 왕래했다 ― 과 함께 일하면

민주주의의 쇠퇴

서 기존 몇몇 농민단체를 포섭해 수천 개의 지방 그랜지 창설을 촉진하는 연합체를 설계했다.

남북전쟁 당시 북부인들의 경험은 미국 여성의 열정을 북돋고 시민적 역량을 고양하기도 했다.[83] 실제로 올리버 켈리의 조카딸인 캐리 홀(Carrie Hall)은 올리버를 설득해 남녀가 대등한 자격으로 정규 회원이 될 수 있는 그랜지를 설립하게 했다.[84] 또한 전시에 유명했던 간호사 클라라 바턴(Clara Barton)과 더불어 전시구조활동에 분투했던 그 밖의 많은 남녀들은 1860~1881년에 미국적십자의 지부 설립 허가운동을 전개했다.[85] 그 사이에 여성들은 대규모 금주운동의 전면에 섰다. 굿템플결사는 남성과 같은 조건으로 여성 지도자와 회원들을 적극적으로 수용해 전쟁 중에도 그 세력을 유지했으며 이후에는 빠른 성장세를 보였기 때문에, 금주당 역시 여성의 입회 허가를 서둘렀다.

하지만 이 여성들은 금주를 강조하는 시도를 젠더화된 표현으로 이해하면서 한층 주요한 역할을 갈망했다. 그녀들은 병역 탓에 심각한 남성의 음주를 강력하게 저지하기를 원했고, 전쟁 중에 다대한 이익을 가져다준 세금원인 주류산업에 호의적인 정부정책과 투쟁하기로 결심했다. 여성개혁자들은 1874년 오하이오 주 클리블랜드에서 부인기독교금주동맹(Woman's Cristian Temperance: WCTU)을 결성했다. 그녀들 중 몇몇은 연방군의 구조활동을 통해 서로 알게 된 사이였다. 그녀들은 모두 1870년대 초기에 중서부 각지로 확대된 술집 경영인들을 반대하는 부인십자군(women's crusades)에게 갈채를 보냈다.[86] 하지만 시민 수준의 저항활동을 지속하는 것은 매우 어려웠던 탓에 전국일요학교집회 하기 캠프에 모인 부인들은 '금주대반란(the grand temperance uprising)'을 제도화하는 계획에 착수했다. 북군의 승리를 수사하는 노래인 「믿는 사람들은 군병 같으니」(곡에 관한 악보와 가사는 한국찬송가공회에서 선정·편집한 찬송가 389장을 참조할 것—옮긴이)와 같은 곡조로, "각 주에 한 명의 대표로 구성되는…… 조직위원회"는 부인기독교금주동맹의 결성에 관한 '소명(召命)'을 정식으로 발표했다. "동맹과 조직 내에서" 소명이란, "폭음의 저주에서 이 땅의 구원이라는 결과, 그리고 그 성공과 영속"[87]임을 선언했다.

전쟁은 충돌하는 모든 측면에서 사람들의 유대관계를 강화할 수 있지만, 가장 영속적으로 시민적 이익을 향유하는 것은 전승자이다. 1860년 이전에는 미국 남부와 북부의 경계에 위치한 동쪽 해안 연안도시인 볼티모어에서 다수의 자발적 결사가 결성되어 그 본부를 두었다. 특히 남부는 농촌의 성격이 짙었는데도 전국적인 연합체의 조직이 자리 잡았다. 하지만 남북전쟁 이후에는 전국적인 존재로 탈바꿈하려는 새로운 결사들이 처음에는 북동부 대도시 또는 중도시에서, 그 후에는 극서부 몇몇 지방에서 발족했다. 그에 비해 남부의 회원 수는 오드펠로스와 같이 이전에 설립된 전국적 연합체 중에서 다소 뒤처지는 결과를 보였다 (<그림 2-2>).[88] 북군의 참전군인들이 남북전쟁 직후에 몇몇 연합체(가장 유력한 단체가 된 남북전쟁재향군인회를 포함하여)를 창설했지만, 남군 참전군인들의 지역단체들이 남군재향군인회를 결성한 것은 겨우 1889년이 되어서이다. 남북전쟁 이후, 미국 국민공동체의 거대한 경계 쟁탈에서 패배한 남부의 백인은 전승자인 북부인에 비해 대규모의 시민적 노력을 조직화하는 데, 또는 거기에 참여하는 데 어려움을 느꼈다.

남북전쟁 이후, 미국의 결사 성장 과정에서는 북부의 완전한 우위가 두드러졌지만, 한 가지 예외적인 것은 흑인의 동향으로, 이는 대량 동원된 전쟁에서의 승리가 시민적 에너지를 증강시킨다는 법칙을 뒷받침해

민주주의의 쇠퇴

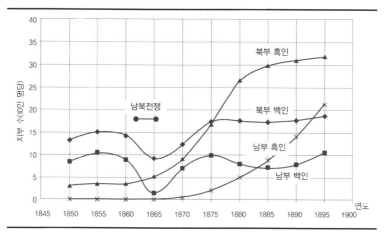

자료: 오드펠로스독립결사의 연차보고서. 추정 수는 Charles H. Brooks, *The Official History and Manual of the Grand United Order of Odd Fellows in America* (Freeport, N.Y.: Books for Libraries Press, 1971; reprint of 1902 ed.)에 의한 로지 설립 및 사망률에서 추정한 것.

주는 것이었다. 북부의 백인들에게 가담한 흑인들 역시 남부와 북부를 막론하고 남북전쟁에서 거대한 이익을 얻었던 것이다. 약 18만 명의 흑인이 연방군에 종군하면서 흑인 전체에 대한 노예제도의 법적 족쇄를 최종적으로 타파한 승리의 과정에 공헌했다. 남부의 흑인노예가 해방되기 시작하면서 지역을 초월한 흑인결사의 수와 회원이 증가했다. 다수의 새로운 흑인우애조직과 상호부조단체 — 부인 회원 역시 그 대다수 결사를 인정했다 — 가 남북전쟁 이후 수십 년 사이에 결성되었다. 이러한 연합은 대부분 남부 북쪽 지역 주의 도시에서 결성되었다. 남북전쟁 이전의 프린스홀메이슨이나 오드펠로스대통일연합과 같은 우애조직과 더불어, 우정의 형제와 신비한 열 자매 연합(United Brothers of Friendship and Sisters of the Mysterious Ten), 세인트루크독립연합(Independent Order of Saint Luke), 테이버의 기사(Knight of Tabor)와 테이버너클의 딸들(Daughters of the

Tabernacle), 미국메이슨템플기사단이 지부를 설치하여 맹렬한 세력으로 회원을 늘렸다.[89] 그러한 결사운동은 경제적 빈곤에 시달리며 교육 또한 거의 받지 못했던 해방된 남녀흑인들이 있는 남부 농촌지역에서도 급속하게 성장했다. 1876년의 '재건' 이후, 흑인의 투표행위나 노동조합 가입은 과거의 그것 이상으로 심한 탄압을 받았지만, 그들은 교회나 우애조직을 설립하고 거기에 입회하는 권리 — 그리고 그들의 의지 — 를 결코 상실하지 않았다. 실제로 현존하는 (질적으로 기복은 있지만) 증거에 의하면, 19세기 후반에서 20세기 초반의 흑인들은 백인의 특권계급보다도 교회나 우애조직을 설립하여 가입하는 경향이 존재했다는 점을 시사해준다. 이러한 점을 논증할 만한 유력한 증거의 하나로서 <그림 2-2>는 남북전쟁 중에 설립된 남부와 북부의 오드펠로스 지부를 인종별로 추적한다. 남북전쟁 이후, 백인의 오드펠로스독립결사의 북부지부는 빠른 속도로 증가해갔지만, 그에 못지않게 흑인들의 오드펠로스대통일연합은 북부와 남부 양쪽 지역의 지부 수(대인구비)에서 백인을 압도할 만한 맹렬한 속도로 증가했다는 점은 매우 중요하다. 따라서 남부의 백인 오드펠로스는 지부의 결성과 유지라는 측면에서 훨씬 뒤처지는 결과를 보였다.

자발적 연합체의 급증

이와 같이 흑인의 예는 남북전쟁 이후의 시대를 특징짓는 결사의 급증을 제시해준다. 보편적인 조직화 방식을 학습하여 모든 종류의 연방화된 계급횡단적 멤버십 결사는 세기 전환기에 전국적으로 증가해갔다.

민주주의의 쇠퇴

현존하는 모델은 결사 설립자들 — 여성 시민활동가와 우애보험을 지급하는 조직자, 그리고 충돌하는 이민배척주의자와 소수민족을 포함하여 — 의 다중적인 부침의 과정에서 모방되거나 더욱 정교해졌다.

여성들은 1900년 전후의 수십 년 사이에 다수의 새로운 전국적 결사를 결성했다.[90] 다년에 걸친 투쟁(부인우애주의자들이 순종적이라는 말은 더는 어울리지 않았다) 끝에, 여성 회원이 입회할 수 있는 준조직이 대부분의 주요한 남성우애·애국조직에 설치되었다.[91] 직업 종사 여성 자체가 드물었지만 그녀들은 자신들의 연맹을 결성했으며, 2개의 대규모 부인들의 독립적 연합체 — 부인클럽총연합(1890년 설립)과 전국어머니회의(1897년 설립, 이후 PTA) — 가 새롭게 결성되었다. 이러한 계급횡단적인 연합체는 남북전쟁 직후에 출현한 부인기독교금주동맹(WCTU)을 그 조직 구축의 모델로 삼았다. 부인기독교금주동맹에서 활동적이었던 다수의 부인들이 이 두 단체의 설립과 보급을 도왔다. 세기 전환기까지 미국의 여성들은 지방 커뮤니티에 열심히 참가했을 뿐 아니라 멤버십 연합체의 연결체계를 통해 주나 국가의 법률 제정에도 영향을 미쳤다.

세기 전환기에 또 하나의 활력소가 되었던 것은 회원에 대한 보험금 지급을 목적으로 하는 우애조직의 부흥 — 그리고 빠른 퇴조 — 이었다. 1880년 이후에 결성된 보험우애결사들 대부분은 그 선구자적인 존재였던 통일노동자고대결사(AOUW)보다 훨씬 사무적이었다. 연령별 회비를 징수하고 견적급부액을 보증하기 위해 그들은 적립금제도를 설치했지만, 많은 소규모 보험결사들은 크게 성장하지 못했다. 이는 이러한 종류의 조직이 고의로 건강상태에 그다지 문제가 없는 사람만 회원으로 받아들였으며, 또한 원래 이전에 설립된 보험결사에서 탈퇴하여 설립된 것이었기 때문이었다. 예를 들면 젊은 서부인들은 노령의 동부인들에게 보험보증의 회비를 지불하는 것을 꺼렸기 때문에 많은 경우 새로운 조직에서 분리했다. 더욱이 아이런홀결사(Order of the Iron Hall, 1881~1891)와 같은 소규모 보험우애협회는 폰지형 사기방식*을 굳이 감추려고도 하지 않았다. 이러한 사기방식의 투자기술은 보험경리적으로 신뢰할 수 없다는 것이 드러나면서 단명에 그쳤다. 말하자면, 10년에 걸쳐 오래 지속되었던 거대화된 극히 몇몇의 우애단체들 — 거대한 결사들 대부분이 늘 보험의 보증인이 되었던 흑인들 사이를 제외하고 — 만이 사회보험 지급에 주요한 초점을 맞췄던 것이다. 백인의 경우에 주요한 우애조직들은 설령 보험금 급부가 남아 있어도 회원을 위한 임의의 보조 프로그램으로 격하시켰던 한편, 사회적 관계나 도덕적인 설득에 중요성을 두었을 때에는 대부분 상황이 좋았다.

마지막 요점에 관해서는 오늘날의 분석자들이 흔히 자발적 결사를 사회적 협력의 순수한 발현으로 다루기 쉽기 때문에 특히 강조할 필요가 있다. 실생활에서 사람들은 빈번하게 타인을 배제하고 경쟁하며 또는 자기방어를 위해 결합한다. 실제로 격렬한 민족적·종교적 대립이 19세기 후반 미국의 결사 설립 대부분을 가속화했다. 이를테면 동구와 남구에서 '신이민'이 대량 유입하는 것에 대응하여 순수한 미국인들에게 호소하는 자발적 결사는 개신교의 관습을 강하게 주장하고, 공립학교를 지지했으며, 외국계(hyphenated) 미국인의 쇄도와 정치적 영향력을 제약하는 법률을 요구했다.[92] 반면에 공격받은 소수민족은 자위를 위해 지역단체를 결집하고, 스스로 미국인으로서의 정당성을 주장하는 자발적

---

* 금품을 지불하는 참가자의 무한 연쇄 증가를 전제로 하는 상법으로서, 두 명 이상의 배율로 증가하는 하위 회원에게서 징수한 금품을 상위 회원에게 분배하는 방식으로 상위 회원은 자신이 지불한 금품 이상의 배당을 받게 된다.—옮긴이

민주주의의 쇠퇴

연합체를 조직했다. 그리 놀랄 만한 사실은 아니지만, 미국 역사상 이민 배척주의자의 결사 창설과 정치적 여론에 대한 호소가 가장 두드러진 시기 ― 1840년대와 1850년대, 1890년대, 1920년대 ― 는 수많은 미국의 민족집단결사가 발족 또는 확대되었던 시기와 일치한다.[93]

20세기의 시민사회

20세기의 여명까지 미국에서는 장소뿐 아니라 계급의 구분을 초월하여 남성 또는 여성(때로는 남녀 모두)을 입회시키는 지부를 지닌 멤버십 연합체를 쉽게 목격할 수 있었다. 1865년에서 1900년대 전반에 걸쳐 거대화된 수십 개의 자발적 연합체와 수백 개의 소규모 연합체가 탄생했다. 이 연합체와 결합된 지역 지부들은 가장 작은 마을에까지 신속히 확대되었는데, 이러한 막대한 크고 작은 자발적 연합체 지부들은 1900년대와 1910년대에 그 정점에 달했다. 그 이후 다수의 보험제일주의적인 우애조직이 약화되고 다른 자발적 연합체가 전국 규모의 지부망을 완성하면서 통합 과정을 거쳤다. 또한 20세기 미국의 멤버십 결사는 과거의 조직에 비하여 각기 다른 단위의 순수한 증식보다도 오히려 수많은 조직의 하위그룹을 지니는 거대한 단위를 강조하는 경향이 있었다. 엘크스와 이글스, 성당회, 콜럼버스기사단, 무스와 같이 확장되고 있던 20세기 우애조직에는 19세기에 전국적으로 명성을 떨쳤던 오드펠로스나 피시아스기사단, 그 밖의 우애연합체가 그랬던 것처럼, 각각 수십 개의 지부를 설립하도록 장려하는 대신에, 각 시에 한 개 또는 몇 개의 지부만을 인가하는 규칙이 존재했다.[94]

제1차 세계대전 시의 연합체와 정부

대규모 전쟁이 미국의 시민 볼런티어주의에 끼쳤던 놀랄 만한 영향력은 남북전쟁으로 그친 것이 아니었다. 그와 같은 역학이 20세기 대규모적이고 대량 동원의 세계대전 시기와 그 직후에 재차 발생했기 때문이다. 토크빌이 믿었던 것처럼, 전쟁은 권위적인 관료들이 경제와 사회생활의 모든 측면의 지배권을 소유하면서 자발적 노력을 억압할 때, 특히 조직적인 시민생활에 해로운 것이었다. 하지만 미국에서는 이러한 형태의 전쟁과정과는 달랐다. 미국 역사상 최대 규모의 전쟁 — 남북전쟁과 제1, 2차 세계대전 — 기간에 연방관계의 모든 기관은 전력에 일조하려고 했던 자발적 단체의 지원을 필요로 했다. 이러한 전승자 측에서의 참여는 전쟁의 정당성을 높이고 협력하는 자발적 단체의 자원을 뒷받침했다. 또한 대규모 대량동원형 전쟁은 미국 엘리트들의 동포적 시민을 조직화하고 공유된 노력에 대한 참여의 가치를 가르쳤다. 민중의 동원을 확약했던 정당이 치러야 했던 경쟁적 선거만큼, 대규모 전쟁은 미국 엘리트들을 민주적으로 변모시켰다. 19세기의 경쟁적인 선거정치뿐 아니라 대규모 전쟁에서도 미국의 엘리트들은 협동적인 노력에 수많은 보통시민을 조직화했으며, 참여시키지 않으면 책무를 완수할 수 없다는 사실을 깨달았다.

제1차 세계대전은 미국 역사에서 최초로 중앙집권적으로 운영된 전쟁이었다. 참전과 함께 「의무병역법」이 제정되어 병사들을 전선으로 보냈다. 또한 경제적인 생산활동 역시 연방정부의 관리에 따라 조정되었다.[95] 하지만 이 전쟁은 이전의 남북전쟁과 마찬가지로 미국의 조직화된 볼런티어주의를 촉진하거나 더욱 강화했다. 1910년대에 연방정부는 워싱턴DC에 전문가와 관리자들을 배치했지만 — 1860년대보다도 훨씬 많은 인원수였다 — 지방의 커뮤니티나 각 가정에까지는 그 영향력이 미치지 못했다. 그것을 가능하게 한 것은 많은 사람들 사이에 뿌리내린 자발적 연합체뿐이었다. 이 때문에 연방정부의 전쟁운영자들은 그러한 연합체를 필요로 했던 것이다. 그런 종류의 조직과 연계를 도모하는 것이 전쟁동원에서 매우 필요했기 때문에 제1차 세계대전은 전국적으로 확대되어 연방화된 결사를 기반으로 조직화된 시민사회를 하나로 결합하는 데 중요한 역할을 했다.

제1차 세계대전 중과 그 직후에 설립된 새로운 형태의 결사 대부분은 비즈니스 전문직 집단이었음이 틀림없다.[96] 1917~1919년 경제운영을 위해 모든 연방 관계 기관은 비즈니스 전문직 리더와 혁신적인 협력관계를 구축했으며, 전시의 정부부처에서 알게 된 엘리트들은 좀 더 영속적인 조직을 결성하기도 했다.[97] 수십 개의 새로운 비즈니스 전문직 집단이 1910년대 후반과 1920년대 전반에 설립되었던 것에 비해 규모가 큰 일반인의 연합체로 신설된 것은 다음 두 단체뿐이었다. 하나는 제1차 세계대전에 참전한 전 계급의 군인을 대표하는 전국적 연합체로서 1919년에 결성된 미국재향군인회(American Legion)였다.[98] 같은 해에 또 하나의 전국적 조직인 미국농업국연맹(American Farm Bureau Federation: AFBF)도 창설되었다. 이 단체는 부분적으로 평화주의적 그랜지나 다른 기존의 농업연합에 의존하려 하지 않던 미국 농무성 관리들이 장려한 지방 또는 주의 농무국과의 전시협력을 이용했다.[99] 하지만 대개 연방 관계 기관이 전시 활동 분야에서 새로운 민중의 자발적 연합체를 장려할 필요는 없었다. 이미 많은 단체가 번성했으며, 그 단체들은 연방 기관에 협력하여 국가적인 노력에 지방 단위의 기존 네트워크를 이용하

<표 2-2> 아이오와 주에서 제1차 세계대전의 식량절약운동에 참가한 연방화된 단체들

교파	
감리교파: 783	독일 루터파: 121
가톨릭: 480	독일 복음파: 56
루터파: 337	스웨덴 루터파: 53
크리스천회: 324	감독파: 40
회중파: 237	복음파 루터파: 19
침례교파: 221	계: 2,873
장로교파: 202	

단체들의 지역 지부	
미국상업여행자: 34로지	헤르만의 아들들: 1,500로지
여행자보호협회: 14로지	포레스터 결사: 22로지
아이오와 주 여행자협회: 235로지	로열 미국의 이웃들: 575로지
기데온즈: 324로지	동방의 별: 419로지
피시아스기사단: 235로지	세계우드맨서클: 190로지
엘크스자선보호회: 32로지	레베카스: 600로지
로열무스결사: 50로지	피시아스의 자매들: 144로지
콜럼버스기사단: 47로지	부인클럽: 600클럽
통일노동자고대결사: 118로지	부인기독교금주동맹: 400유니온
이글스우애회: 25로지	미국혁명의 딸들: 75챕터
오드펠로스독립결사: 685로지	식민지의 부인들: 100챕터
미국요멘형제회: 500로지	남북전쟁재향군인회: 600포스트
홈스테더스: 140로지	미국혁명의 아들들: 25챕터
세계우드맨: 400로지	애드맨즈클럽: 14브랜치
근대우드맨협회: 982로지	로열클럽: 14클럽
메이슨: 531로지	계: 9,630

자료: Ivan L. Pollock, *The Food Administration in Iowa*, vol. 1 (Iowa City State Historical Society of Iowa, 1923), pp. 188~189.

기를 원했다. 예를 들면 <표 2-2>에는 중서부의 아이오와 주에서 식량
절약운동에 참가한 수십 개 결사의 네트워크와 수천 개의 신도단 및 자
발적 지부가 열거되어 있다. 아이오와 주가 특히 시민적인 주였는지는
모르지만, 이와 같은 자발적 동원은 전국 각지에서 이루어졌다. 제1차
세계대전 때 집이나 모든 공공장소 등에 부착된 포스터(<그림 2-3> 참
조)에 표현된 것처럼, 모든 연방정부기관과 전국적으로 연방화된 주요

한 멤버십 결사의 협력관계는 사회적·경제적 동원의 모든 국면에서 두드러졌다.[100] 미국적십자와 YMCA, 콜럼버스기사단, 유대복지국(청년헤브라이협회를 포함)은 미군을 사회적으로 지원하기 위해 전쟁부서와 협력했다.[101] 개신교와 가톨릭, 유대인 결사 사이에서 이러한 협력관계는 특히 중요했는데, 사상 최초로 종파 간의 협력이 정식으로 승인되어 전국적으로 가시화되었기 때문이다. 이때부터 미국인들은 국가에 대해서 이전보다도 종교적으로 포섭적인 시점을 통해 사고할 수 있게 되었다. 더욱이 통일전쟁과 노동 캠페인을 주도한 주요 결사들 이상으로 보이스카우트는 재무성에 의한 자유공채인 전시국채의 판매를 도왔다.[102] 여성의 자발적 연합체나 우애집단은 식량관리청과 더불어 각 가정의 피폐한 대유럽 수출에 필요한 소맥과 육류, 그 밖의 식품 절약에 노력하도록 유도했다.[103] 또한 미국노동총동맹(American Federation of Labor: AFL)은 전시 생산을 관리하기 위해 협력했다.[104] 남북전쟁 이후 발전을 거듭하던 거의 모든 전국적인 자발적 연합체들은 연방정부가 수행하는 미국 최초의 세계대전을 지원하는 파트너로서 영향을 끼치기 시작했다. 결국 제1차 세계대전 중에 가장 긴밀하게 국가기구에 협력한 연합체들 — 미국적십자, YMCA, 콜럼버스기사단, 엘크스, PTA를 포함하여 — 은 전쟁 종료 직후에 회원을 가장 많이 끌어들인 단체들이었다. 전쟁이 끝나자 이 조직들은 1920년대와 1930년대 경제적 쇠퇴를 겪는 동안에 결국 유리한 위치를 점했다(그중 AFL은 예외였는데, 대전 중에는 발전했지만 기업과 연방정부의 강한 압력으로 1920년대에는 후퇴했다).[105]

그런데도 제1차 세계대전은 일부 자발적 단체에 오히려 악영향을 주었다. 전쟁 중의 적대 또는 연대관계의 정체성을 크게 벗어난 민족조직의 경우가 그러했던 것처럼, 사회주의자나 급진적 그룹 역시 대전 이후

뿐 아니라 대전 중에도 곤란한 상황을 겪을 수밖에 없었다.[106] 아일랜드계 미국인 고대히베르니아단은 미국이 아일랜드의 적인 영국과 동맹을 맺고 참가했던 분쟁에 매우 소극적이었으며, 대전 중에 쇠퇴를 경험했다.[107] 그때까지 활기에 넘치던 독일계 미국인 결사의 상황은 더욱 심각했다.[108] 반역 혐의를 조사하기 위해 의회가 청문회를 소집한 이후, 독일계 미국인 동맹은 여분의 자금을 포기하고 미국적십자에 양도하기로 결정했다.[109] 이러한 사실은 단지 빙산의 일각이었을 뿐, 제1차 세계대전 이후 인구의 약 10%를 점하는 다수의 독일계 미국인은 민족에 대한 집착을 버린 집단으로 전환했다. 또는 오랜 전통의 결사명을 자랑스럽게 '미국식'으로 바꾼 것이다. 우애조직들은 오랫동안 독일어를 사용해왔던 로지를 금하고, '독일'계 교회들은 몸을 숨겨 은신했으며, 단체의 휘장에서 독일의 국기나 국가의 색상 등을 삭제했다.

요컨대 19~20세기에 있었던 대규모 전쟁이 다수의 미국인을 더욱 강한 시민적 헌신으로 이끌었던 것이다. 물론 몇몇 단체 ― 특히 1860년 이후 남부 백인이나 1917년 이후 독일계 미국인 ― 는 뒤편으로 소외되었지만, 종합적으로 볼 때 남북전쟁과 제1차 세계대전 ― 공업화 시대를 사이에 둔 두 차례의 대규모 전쟁 ― 은 조직화된 시민사회에 활기를 되찾아주었다. 두 차례 대규모 전쟁 모두 대규모적으로 계급을 횡단하는 연방화된 멤버십 결사에 지역적·국민적 참여를 강화했으며, 이후 그러한 연합체들은 국가의 근대화 과정에서도 계급으로 분리된 결사의 세계로 미국인이 분열되는 것을 막는 역할을 했다.

〈그림 2-4〉 미국의 대규모 멤버십 결사의 설립과 누적 수

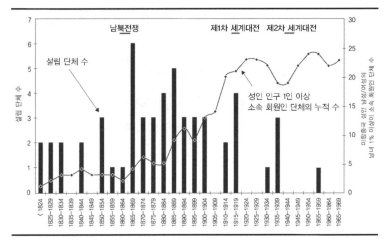

자료: Civic Engagement Project.

현대 미국 정체의 볼런티어주의

미국은 1920년대까지 공업국가로 변모했으며, <그림 2-4>는 24~
25개의 대규모 멤버십 연합체들이 - 1930년대 대공황 시대를 거치면서 거
대 결사 회원들이 다소 감소하지만 - 그 이후 더불어 공존했다는 사실을
분명히 보여준다. 물론 거대한 미국의 자발적 결사의 정확한 조합은 시
간을 들여 조금씩 그 모습이 변화되었다. 금주당과 굿템플결사, 남북전
쟁재향군인회와 같은 몇몇 오래된 형태의 결사들은 쇠퇴 또는 소멸했으
며, 한편 다른 결사들 역시 일시적인 것에 그쳤다. 그리고 몇몇 단명한
결사는 (노동기사단이나 흑인농민동맹의 경우처럼) 실패로 끝나거나 성공
적인 경우에도 (전미부인유권자동맹의 경우처럼) '개혁 십자군(reform cru-
sades)'의 역할을 하다가 곧 사라져버렸다. 그 밖의 단명한 단체들 - 예

를 들면 미국보호연맹과 미국기계공청년결사, 1920년대에 전국적인 규모의 운동으로 확산된 제2차 큐 클럭스 클랜단 — 은 민족적·인종적 긴장이 고조된 시대에 짧게나마 단기간에 걸쳐 거대화되었다. 하지만 최종적으로는 몇몇 대규모 자발적 연합이 쇠퇴 또는 소멸되면서 미국재향군인회나 해외종군군인회, PTA나 부인클럽총연합, 콜럼버스기사단, 성당회, 이글스, 무스, 엘크스 등의 또 다른 조직들이 출현하여 대규모화되었다.

정당과 자발적 연합체들은 20세기 초기에 약간 다른 운명과 조우했다. 미국의 정당들은 하나의 조직으로서 19세기 말 이후 뚜렷한 변화를 거쳤다. 민주당은 1930년대를 통해 집단 동원 담당으로 활약했지만, 민주당과 공화당 모두 선거운동의 좀 더 '교육적'인 스타일을 지향했다.[110] 다수의 주나 일정한 지역에서 정당조직은 서서히 쇠퇴의 징후를 보였고, 시민 수준에서 유권자를 조직하거나 그들과의 접촉을 그만두었다. 이와는 대조적으로 정당 이외의 시민적 조직은 지방에 기반을 둔 연방적 네트워크로서 더욱 안정적인 상태를 유지했다. 이 장을 통해 검증해온 멤버십 기반 연합체의 기본적인 특징은 1800년대 전반에서 20세기 중반까지 — 공업화와 공황의 시기, 그리고 전쟁과 평화의 시기를 통해 — 놀랄 만큼 지속된다는 사실을 알 수 있다.

이미 잘 알고 있는 것처럼, 뉴딜(New Deal) 시기에는 선거동원이 고조되어 연방정부는 새로운 정책을 제안했으며, 일반인이나 비즈니스가 대공황에 대응할 수 있도록 지원했다. 타운센드운동(Townsend movement)은 노인 가정에 대한 새로운 지원에 나서는 등 이와 같은 중요한 시기에 급속하고 성대한 모습을 보여주었다. 또한 노동조합(숙련공뿐 아니라 산업노동자도 포함하여) 역시 1930년대와 1940년대에 미국의 시민사회에 중요한 지반을 다질 수 있었다. 그렇지만 1930년대는 다른 많은 자발적 결사들에게 강박적인 시대이기도 했다. 이 시기에 노동자계급과 중산계급의 남녀들은 회비 지불에 곤란을 겪을 만큼 경제적인 고난의 시대였기 때문이다. 대공황의 시기에 대부분의 자발적 연합체들에게 회원 수의 감소와 급락은 그다지 특별한 일이 아니었다. 하지만 대부분의 결사들은 1930년대 후반의 경제회복과 더불어 회복했으며, 이전의 세계대전에서 연방정부에 협력했던 연합체들과 유사하게 화려한 위용을 지닌 전국적 연합체가 제2차 세계대전 중 재차 전쟁에 협력하기 위해 그 모습을 드러냈다. 대전의 여파는 전국의 자발적 멤버십 기반의 연합체들에게 그 규모를 불문하고 동일하게 새로운 성장과 에너지를 부여했다. 퍼트넘은 그의 주요 저작인 『나 홀로 볼링』(2000)에서 제2차 세계대전 이후의 수십 년간을 현재 미국의 시민 볼런티어주의의 정점이었으며, 미국과 같은 '입회자의 국가'의 진정한 황금시대라고까지 평가했다.[111]

    보수주의자들은 우애조직에 의한 사회보험 지급 축소를 좋은 예로 자주 언급하면서, '현대복지국가'의 신장이 미국의 자발적 노력을 가로막았다고 주장했다.[112] 하지만 이러한 가설은 결사들의 변화 시점을 통해 뒷받침되지 못한다. 왜냐하면 다수의 주된 우애조직이 사회보험 프로그램을 그만두거나 중시하지 않게 된 시점은 1930년대 뉴딜정책기보다 훨씬 이전이었으며, 또한 수많은 소규모 보험우애회는 1910년대와 1920년대에 소멸하거나 민간의 보험산업과 합류했기 때문이었다.[113] 더욱이 자발적 결사를 사회 서비스의 제공자로 속단해서는 안 된다. 시민을 대변하는 조직화된 요구로서의 역할과 시민의 정치 활동 역시 검토할 필요가 있다. 미국 최대 규모의 많은 자발적 멤버십 연합체들은 우선 공적인 사회 프로그램을 강하게 요구한 후, 정부가 수백만 명의 시민을 대상으로 한 새로운 급부와 서비스를 실시하도록 협조하면서 번영했던 것이다.

19세기 후반, 남북전쟁재향군인회는 북군의 퇴역군인과 전쟁에서 살아남은 사람에 대한 주와 국가의 아낌없는 원조와 더불어 성장했다.[114] 19세기 후반에서 20세기 중엽에 걸쳐 그랜지와 미국농업국연맹은 농민을 지원하는 주와 연방 프로그램과의 밀접한 관련을 지녔다.[115] 독립적인 부인결사 – 부인기독교금주동맹, 부인클럽총연합, 전국어머니회의를 포함하여 – 는 어머니와 아이, 그리고 가정을 지원하는 지방·주·국가의 공공정책 실시를 지지하고 협력했다.[116] 타운센드운동은 1930년대와 1940년대에 노인을 대상으로 한 연방정부의 급부금을 강하게 요구했으며, 더 근년의 퇴직자결사들은 타운센드운동의 결과로 형성된 공적 프로그램과 더불어 성장했다.[117] 그리고 노동조합들은 완전한 지위 확립을 위해 미국 정부의 지원을 필요로 했으며, 그 결과 뉴딜의 경제·사회 프로그램의 옹호자로 변모했다.

주요한 우애조직이었던 이글스 자선보호회(Fraternal Order of Eagles: FOE)는 1910년대에는 어머니연금을 지지했고, 1920년대에는 여러 주에서 노령연금 확충운동을 주도했다. 실제로 노령연금의 투쟁과정에서 이글스는 매우 중심적인 존재였기 때문에, 그랜드 이글스 자체는 프랭클린 루스벨트(Franklin D. Roosevelt) 대통령이 1935년 사회보장법안에 서명할 때 정식적인 고위 서명자의 하나로 포함되었다.[118] 그리고 젊은 노동자나 가정에 대한 가장 관대한 연방정부의 사회적 프로그램이었던 1944년 GI법안(제대군인원호법)이 자발적인 멤버십 대연합이었던 미국재향군인회에 의해 기초되어 지지를 얻었다.[119]

남북전쟁에서 제2차 세계대전 이후까지 자발적 멤버십 결사들과 미국식 현대복지국가는 서로 철저하게 관련되어 있었다. 주요한 멤버십 결사들은 수백만 명의 시민을 구체적으로 지원하는 대담한 국가적 노력과 결합함으로써 회원 수를 늘렸다. 물론 연방의회와 주의회는 광범위하게 확대된 자발적 결사들이 여론을 형성하고 포괄적인 공적 프로그램의 법제화를 강하게 요구하기 위해 회원과 지부를 동원할 때 이에 부응했다. 시민사회와 정부는 이처럼 강하게 결속된 채 미국식 복지국가를 형성하고 그것을 유지하기 위해 애썼던 것이다. 역사적으로 이러한 복지국가는 기회를 확대하고 수많은 개인과 가족에 대한 안전을 보장하기 위한 교육·퇴역군인·사회보험 등의 프로그램을 통해 확립되었다. 미국의 일반적인 사회적 프로그램은 빈곤한 사람들에게 한정된 '복지'의 개념으로 실시된 적이 없다. 그것들은 포괄적 급부 또는 서비스 등의 장소를 초월해 계급 간 교량 역할이 가능한 대규모 자발적 연합체가 선호하는 종류의 모든 정부 활동이었다.

볼런티어주의와 민주적 거버넌스

이 장에서 우리는 역사적 소용돌이와 같은 여행을 경험했다. 그리고 이 여행을 통해 우리는 미국의 볼런티어주의가 오늘날 매우 많은 평론가들이 지적하는 과거 시민사회에 투영된 정치와 무관한 지역제일주의(localism)라는 신화와는 큰 차이가 있다는 사실을 알게 되었다. 19세기 중엽에서 20세기 중엽까지 미국의 커뮤니티에서 활발하게 기능했던 대다수 자발적 집단들은 엄밀히 말해 지역적인 존재 그 이상이었다. 물론 멤버십 결사들이 지역의 영향력 있는 존재였던 것은 사실이지만, 슐레진저가 생각했던 것처럼 "회원 수가 많고 존속 기간이 오래되었으며 광

민주주의의 쇠퇴

범위한 지역에 존재하는 자발적 단체"[120]의 주 또는 전국 단위 연합체의 일부로서 출현해 활약했다. 멤버십 연합체들은 국가적인 비전과 권력욕을 지닌 시민적 야망을 품고 있던 남녀들이 의미 있게 결성하고 국가의 가장 큰 전쟁을 거치면서 맹렬한 성장을 거듭했다. 그들 대다수는 광범한 ― 그리고 막대한 비용이 드는 ― 공적 사회프로그램을 지지하고 그 지지를 통해 스스로의 정당성을 이끌어냈다.

근년의 편협한 시야와 사고방식을 초월한다면, 지금까지 이 장에서 전개되었던 견해에 대해 놀랄 만한 사실은 아무것도 발견할 수 없다. 현명한 관찰자들(19세기의 알렉시스 드 토크빌과 제임스 브라이스에서 1940년대의 아서 슐레진저에 이르기까지)이 잘 이해하고 있었던 것처럼, 미국의 시민 볼런티어주의는 시민조직이 그 지역을 기반으로 해야 할 필요성이 있었다는 점을 이해했고, 전국적인 야심을 지닌 시민과 조직자들의 창조물이기도 했다. 번영과 더불어 논쟁을 선호했던 미국의 시민 볼런티어주의는 대표제를 동반하는 민주적 거버넌스의 불가결한 부분으로 늘 화려한 융성을 보여주었다. 하지만 그 어떠한 의미에서도 결코 그것의 대용품은 아니었다.

3

입회자, 조직자, 시민들

전국적인 멤버십 연합체는 미국 역사 대부분 기간에 걸쳐 번성했다. 그러면 왜 이 같은 사실에 주목해야 하는가? 광범한 결사 네트워크의 출현과 확대를 추적하는 것은 나름대로 의미 있는 작업이 틀림없지만, 그렇다면 자발적 연합체를 조직하고 지도했던 시민적 조직자에게 그것은 과연 무엇을 의미하는가? 또한 자발적 연합체에 입회하여 그것을 지탱했던 다양한 직업을 지닌 수백만 명의 남녀에게 그것은 과연 어떻게 기능했는가? 더욱이 그것이 미국의 민주주의에 끼친 영향 역시 동등하게 중요시될 필요가 있다. 만일 전형적인 미국의 볼런티어주의가 "자치에 관한 최선의 교육"(아서 슐레진저)이었다면 그것은 대체 어떠한 방식으로 작동했는가? 과거의 단체 가입 선호자의 생활을 좀 더 정확하게 가늠하기 위해, 이 장에서는 자발적 연합체가 미국의 결사 조직자와 입회자, 시민의 일상생활 속에서 실제로 어떻게 작용했는지를 검토할 것이다.

이미 오래전에 세상을 떠난 사람을 대상으로 하는 인터뷰나 여론조사는 불가능하다. 따라서 우리의 선조들이 결사를 지도하거나 입회한 이유 또는 그들이 행한 참가의 의미를 이해하기 위해서는 현대의 사회과학이 선호하는 자료에 의존할 수는 없다. 하지만 결사에 관한 기록에서 나온 체계적인 데이터를 사적 생활의 잔여에서 모은 단서와 결합하면서 상당한 정도의 사실을 알아낼 수 있다. 어느 곳이라도 상관없지만 잠시 고물상에 들러보자. 거기에서 결사 회원의 과거 생애를 보여주는 도구나 소중히 간직하여 자식에게 물려준 물건이나 문서 등을 발견할 수 있을 것이다. 이와 같은 흔적은 그들의 손자가 그것을 처분하는 날까지 거기에 담겨 있는 의미 등에 관해 누구도 기억하지 못하고 주의를 끌지도 못한 채, 집안에서만 전해 내려왔다. 고물상에는 오드펠로스와 연합부인클럽, 남북전쟁재향군인회, 굿템플결사와 같은 결사의 규약과 수속절차, 프로그램, 의식 등을 상세히 기록한 오래되고 작은 몇 권의 책자도 있었으며, 실시된 달과 주가 표시된 의사록, 출결기록, 출납상황 등이 상세하고 신중히 기입되어 있는 직필의 업무일지도 있었다. 그리고 그랜드나 부인기독교금주동맹과 같은 결사의 낡은 단체용 가창집도 있었는데, 그것은 결사의 활동이나 가치관에 대해 매우 감상적인 가사로 가득한 것이었다.

필자가 무엇보다도 마음에 든 유물은 아름다운 리본기장인데, 퍼레이드나 그 밖의 축하행사용으로 자랑스럽게 장식되었던 것이다. 때로는 회원들의 장례식에서 고인을 추모하는 '추도'기장으로서 흑백 면을 뒤집어 사용했다. <그림 3-1>에서는 "우리는 한 애국자의 이름에 명예를 표한다. 우리나라의 복지야말로 우리의 목표다"라는 감동적인 표어로 장식된 1940년대 워싱턴금주협회의 리본기장을 볼 수 있다. 또 하나는 오드펠로스결사의 펜실베이니아 주 케인 지부 412호의 19세기 후반

또는 20세기 초의 리본기장이며, 마지막 하나는 고대히베르니아단의
매사추세츠 주 뉴베리포트 지부 9호의 것이다. 거기에 그려진 삽화에
서, 그 회원기장이 특정한 자발적 연합체의 모토나 상징이 장식되어 있
으며, 애국적인 상징의 꽃줄로 되어 있는 등 매우 정교하게 제작된 것임
을 알 수 있다. 1800년대 후반까지 리본기장에는 통상적으로 이름과 마
을, 주, 지방클럽이나 지부의 호수가 새겨져 있었으며, 개인은 전국적인
연합체에 대한 소속과 동시에 특정지부에서의 지위를 공언할 수 있는
것이었다. 특정한 집회용으로 인쇄된 리본이나 지방·주·전국 수준의 현
역 회원과 선배 회원에게 보낸 핀 또는 메달과 마찬가지로, 색깔이나 크
기, 디자인 등의 화려한 배열을 통해 이러한 회원용 리본기장은 수백만
개의 클럽이나 지부의 개인 회원이 지녔던 것이었다. 1900년경 '입회자
의 나라'의 시민들은 매우 많은 리본기장을 구입하여 몸에 장식했기 때
문에 대기업 — 예를 들면, 뉴저지 주 뉴와크의 화이트헤드 회잉 사나 오하이

오 주 콜럼버스의 M. C. 릴리 사, 캘리포니아 주 샌프란시스코의 B. 파스콸레 사 — 은 리본기장을 전문적으로 대량생산하여 전국적으로 확대되는 결사지부나 재향군인회지부, 클럽 등에서 대량구입 주문을 위해 서로 경쟁했다.

이 장에서 사용되는 근거의 정보원은 이처럼 정치학자들에게는 조금 낯설게 여겨지는 것들이다. 필자가 제시하는 자료는 대학도서관이나 컴퓨터 디스크뿐 아니라, 결사의 기록이 보존된 먼지 쌓인 고문서보관소나 지하실, 중고품을 다루는 미국 이베이(eBay) 인터넷경매에서의 정기적인 입찰, 전국 각지의 고미술점이나 '우표 및 포스터류'의 전시회에 개인적으로 참석해 수집한 것들이다. 이러한 자료 수집 방법이 정식적인 틀에서 벗어나는 것일지는 모르지만, 그렇게 입수한 증거를 통해 과거 미국의 결사에서 '멤버십'이나 '리더십'이 무엇을 의미했는지 다소나마 이해할 수 있고, 멤버십 연합체가 미국 민주주의의 활력과 드라마에 공헌하게 된 많은 방식들에 관해 통찰할 수 있다.

멤버십의 의미

사람들이 그랜지나 오드펠로스, 레베카, 이글스자선보호회, 프린스홀 메이슨(흑인), 미국재향군인회, 부인클럽총연합과 같은 단체를 탈퇴한다는 것은 과연 무엇을 의미했는가? 이 연합체들과 결합된 지역 지부에서는 정기적인 집회가 열렸으며, 사람들은 개인적인 교류를 향유했다. 더욱이 미국인들은 거대한 사업과의 관련을 중시했다. 미국의 전형적인 자발적 멤버십 결사의 회원은 두 가지 방식을 통해 그것을 실현할 수 있었다. 지방 커뮤니티에서는 친구와 이웃, 그리고 가족 회원과의 관계를 강화할 수 있었다. 그와 동시에 개인적으로는 처음 만난 수많은 사람들 사이에서 공유된 가치관이나 정체성을 표명할 수 있었다. 더욱이 그와 같은 친밀한 관계와 광범위한 연대를 통해 미국의 민주주의에 매우 중요한 능력을 공유하고 사회적 영향력을 창출했다.

지역적인 친밀한 연대

사회자본(social capital)론자들이 강조하는 것으로, 사람들은 친밀한 타인과의 반복적인 교류를 위해 연합된 결사의 지역 집회에 출석했다. 미국의 대규모 멤버십 결사, 특히 20세기 중반까지 설립된 조직들 대부분은 매주에서 격주 또는 매월 한 번 회원이 모이는 지부를 기반으로 운영되었다. 집회참가자들은 보통 한 마을이나 도시에서 모였기 때문에 사회생활의 또 다른 측면에서도 서로 정기적으로 교류했다. 하지만 지부집회의 교류가 모두 지리적으로 한정된 범위의 사람 사이에서만 행해졌다고는 생각할 수 없다. 전국적인 자발적 연합체의 회원들은 널리 공유된 정체성을 지니고 충분히 제도화된 규칙과 절차를 수용했기 때문에 여행자들 역시 여행지의 단체회합과 바로 연락할 수 있었다. 클럽이나 지부가 그 정례집회에 방문하는 동료들(형제·자매)을 환영하는 것은 그리 이상한 일이 아니다. 무엇보다 중요한 사실은 정규 회원조차 중심 지역 주변으로 널리 흩어져 생활했다는 것이다. 사회학자인 제이슨 카우프만(Jason Kaufman)과 데이비드 바인트라웁(David Weintraub)은 1894년 버펄로(뉴욕 주)의 17개 피시아스기사단 지부의 회원 주소를 조사하여[1] 지부 회원 대부분이 마을 외부에 산다는 사실을 밝혔다. 그 숫자는 지부마다 다르겠지만, 버펄로 지구 회원 5분의 1에서 2분의 1이 지부의 사무실에서 1.5킬로미터 이상이나 떨어진 곳에 살고 있었다. 특히 버펄로 지부와 같이 백인 화이트칼라의 비중이 두드러진 곳은 지리적으로 회원이 흩어져 있는 경향이 뚜렷했다.

보잘 것 없고 국제적이지 않은 작은 마을지부에서조차 회원 중 놀랄 만큼 먼 곳에 사는 사람도 있었다. 웨스트버지니아 주 남부의 탄광지대인 오크힐의 오드펠로스 지부의 경우가 그렇다. 지부 회원의 약 3분의 2가 같은 시의 주민도 아니며 주변 지역의 지부나 커뮤니티의 사람들이었다.[2] 그린빌(메인 주) 오드펠로스 지부의 1890년대 의사록과 출결기록을 발견했을 때 또 다른 인상적인 예가 주목을 끌었다. 현재 그린빌과 잭맨 사이의 울퉁불퉁한 도로를 자동차로 달리면 적어도 45분은 걸린다. 하지만 1세기 이전 말이나 카누, 기차를 타고 여행을 하던 시대에 뉴잉글랜드 지부 225호에는 그린빌과 잭맨의 두 마을에서 정기적으로 집회에 참여하러 오는 많은 직원과 회원이 존재했다. 이 '지방'단체의 일원으로서 강화된 대인적 관계는 강을 건너고 숲을 지나 광대하게 확대되었던 것이다.

회원 간의 우정은 이러한 지부집회를 통해 형성되고 표현되었다. 남녀 모두가 입회한 결사는 보기 드물지만, 그 자발적 지부의 지역 집회는 부모의 눈을 피해 장래의 반려자가 될 만한 상대를 외부에서 만날 수 있는 드문 기회 중 하나였을지도 모른다. 오드펠로스독립결사의 로지가 남북전쟁 이후 수십 년에 걸쳐 설립 또는 폐쇄를 거듭했다는 사실에 관해, 일부 연구자들은 도덕적으로 타당한 만남의 장을 가지려고 했던 젊은 남녀 집단에 의해 수천 개의 커뮤니티가 끊임없이 설립되었을 것으로 추측했다.[3] 하지만 보통의 남녀들은 각기 다른 집회를 열었다. (레베카나 동방의 별과 같은 몇몇 여성우애조직에는 새로운 우애결사의 회원이기만 하면 남성도 가입할 수 있는 관련 규약이 존재하기는 했다.) 전형적인 자발적 연합체의 대다수 클럽이나 지부는 그 역할과 정체성 측면에서 남녀가 명확하게 구별되어 편성되었다. 굿템플결사나 그랜지와 같은 남녀의 구별 없이 입회 가능한 결사에서조차 의식이나 절차 면에서 남녀의 역할이 명확하게 구별되었다.

　각각 개별적으로 행해진 남녀의 모임은 핵가족을 제외한 특히 남성 사이에서의 연대의식을 강화했다. 우애조직이 그 절정에 달했던 1920년대 전반, 단체 가입에 몰두했던 가장들은 매일 밤 다른 지부집회에 출석하는 일도 잦았다. 하지만 동시에 많은 자발적 결사들은 가족 역할의 연장선에서 형성된 모든 단체와 연락하여 집합적인 조직이나 단체를 설립했다. 남성우애단체와 퇴역군인단체, 동업자조합에는 보통 그 부인이나 어머니 또는 자매가 입회할 수 있는 파트너 그룹이 존재했으며, 거기에서 여성은 남성과 동일한 의식을 행했고 동일한 가치관이나 특별한 행사를 나눴다. 물론 여성은 남성만의 단체집회에서 빈번히 식사를 준비하고 그들과 친밀한 교제를 나누었다. 또한 자발적 연합체들은 청년부를 지원하고 그것을 통해 부모가 회원 자격의 규범을 아들이나 딸들에게 전수할 수 있었다. 2~3개의 결사에서는 실제로 어른과 나이가 많은 아이들이 함께 집회를 가지기도 했다. 한편 그랜지나 미국농업국연맹은 농장에서 협동하며 일하는 데 익숙했던 가족들의 흥미를 끌었기 때문에 활동망을 공유하는 아버지와 어머니, 나이가 많은 자녀들이 회원으로 받아들여졌다. '농장가족'은 실제로 농촌지역에 집중되어 있던 자발적 연합체의 전형적인 멤버십 부대였다.

　우애집단이나 조합에서 그랜지와 부인클럽에 이르기까지 전형적인 자발적 연합체의 의식과 가치, 프로그램은 구별된 성역할과 가족의 의무를 항상 선전하고 강화해왔다. 여성 양육자들은 병자를 위문하고 빈곤자를 구제하며 남편을 내조하고 아이를 보살피는 존재로 간주되었다. 이렇게 하여 오드펠로스의 여성단체인 레베카의 입회 의식에서는 "대학살의 전장에서 피비린내나는 승리"나 "개인적인 미모의 매력"을 통해 "그 생애를 빛냈던 엘리자베스나 클레오파트라, 카트린느, 이자벨"과 같은 "지상 최고"의 여성을 대신하여, 성서에 등장하는 에스더, 레베카, 사라, 미리암, 루스, 나오미처럼 용감하고 가족을 중시하는 여성을 역할모델로 칭송했다.[4] 여성이 약해야 한다고 강요하지는 않았지만, 전형적인 자발적 집단이 선호했던 여성다운 강함과 미덕의 정의는 여성의 애정 어린 돌봄이나 깊은 동정심이라는 가치를 강조했으며, 아내와 어머니, 자매, 딸로서의 양심적인 활동을 통한 여성의 공헌 — 단순히 자신의 가족뿐 아니라 더 넓은 사회질서를 향한 공헌 — 을 칭찬했다. 마찬가지로 가정에서의 근면함 역시 강조되었다. 일벌집의 무늬가 여성단체의 배지나 프로그램에 자주 사용된 사실 역시 이에 근거한 것이다. 전통적인 여성다운 미덕의 찬미는 교회나 우애결사에서 부인기독교금주동맹과 부인클럽총연합, 전미어머니회의, 그 후속 조직인 PTA에 이르기까지 일률적으로 행해졌다. 단, 시간이 지나면서 독립된 여성 주도의 결사는 각각의 가족과 더욱 넓은 사회의 행복을 위한 열쇠로서 '교양 있는 모성'이라는 이상(理想)을 점차 강조했다.[5]

한편 자발적 연합체의 남성 회원은 마치 수호자로서의 태도를 선호했다. 그들은 매번 우애단체와 퇴역군인단체의 의식에서 중세 '기사'의 상징을 표상했으며, 많은 집단은 이처럼 콜럼버스기사단이나 피시아스기사단, 마카베기사단과 같은 명칭을 사용했다. 그 밖의 집단 역시 의식

민주주의의 쇠퇴

중에서 기사도의 수사적 표현을 사용했다. 전신을 갑옷으로 치장한 중세 기사는 이상화된 수호자였기 때문이다. 한편 기사도는 사회 전체를 방위하기 위한 병역이라는 이상을 상기했다. 해외종군군인회는 배지나 단체기장에 십자군의 마르타 십자가를 사용한 이유를 설명한 글에서, "역사적으로 터키인이 더럽힌 토지에서 그들을 추방한다는 순수하게 이타적인 동기로 추진된 십자군 기사의 이야기만큼 매혹적인 것은 없다"고 명언했다. 의식은 다음과 같이 진행된다. "우리의 전우여, 마르타 십자가는 가장 빈곤한 노동자의 낡은 셔츠에 영광을, 토지 최상위층이 입는 코트를 아름답게 장식하고, 옛 십자군의 병사들이 품었던 것과 같은 전우의식으로 모든 것을 결합한다."[6] 한편 기사도는 전시와 마찬가지로 평화의 시기에서도 약자를 보호하고 가족을 돌보는 고결한 남성을 상징했다. 이러한 공통적인 주제를 더 명확하게 하기 위해서, 중서부의 우애보험결사인 안전을 위한 기사와 숙녀들(the Knights and Ladies of Security)은 자신의 리본기장과 휘장에 19세기의 드레스를 입은 한 명의 미국 부인과 갑옷을 입고 팔짱을 낀 채 똑바로 서 있는 중세의 기사를 그려 넣었던 것이다![7] 평화의 시대가 되면서 그들은 현대판 우애적 기사로서의 역할을 했으며, 한 집안의 생계를 담당하는 기혼자들은 아내와 아이에 대한 보호와 양육이 부과되었다.

사실 모든 남성우애조합은 미망인이나 고아에게 경의를 표하고 스스로 그 구제활동에 헌신했다. 우애집단은 주 또는 미국 전역에 자산을 내어놓고 회원의 고아를 수용하고 돌보기 위해 고아원을 설립했다. 가장 잘 알려진 예로는 일리노이 주 무스하트의 무스자선보호회가 유지·관리한 많은 건물이 산재하는 광대한 고아시설이었으며, 그것은 제1차 세계대전 중 전쟁고아를 위한 천국으로 선전되었다.[8] 더욱이 지역 지부들은 좀 더 개인적이며 지속적인 보살핌을 약속했을 것이라고 추측된다. 예를 들면 오클라호마 주 거스리의 메이슨은 1900년 10월 공들여 조각한 증명서를 레베카 스미스(Rebecca Smith)에게 보냈는데, 거기에는 그녀가 "메이슨의 중역으로 우리 로지의 정회원이었으며 지금은 돌아가신 친애하는 형제 H. L. 스미스의 미망인"이며, "우리는 우애회 전체의 보살핌과 보호를 그녀에게 맡긴다"라는 내용이 확인된다. 스미스 부인은 그것을 액자에 넣어 벽에 걸어두고, 그녀의 죽은 남편에게는 매우 의미 있는 남성의 공동체에 대한 지속적인 관계를 표명했다.[9]

이러한 예가 보여주듯이, 결사를 통한 유대관계는 회원과 그 가족이 질병이나 죽음에 대처하는 것을 지원하기 위해 형성되었음이 틀림없다. 집단에 의한 지원의 유무는 생계를 담당하는 가족 구성원의 죽음으로 타격을 입은 가족에 따라 크게 달랐기 때문에 미국의 전형적인 자발적 연합체들은 정식적으로 급부되는 사회보험을 기본적인 목적으로 삼고 있었다라고 여기는 연구자도 있다. 이러한 설명으로는 우애집단이 비용편익이라는 관점에서 이해될 뿐 아니라 민간생명보험의 도래와 더불어 쇠퇴하게 된다. 가족들에 대한 상호부조가 19세기의 모든 우애집단들이 강조했던 중심적 내용이었음은 틀림없다. 또한 1900년경 수백 개의 우애집단은 주의 깊게 계산된 회비의 정기적인 납부가 가장에 대한 보험의 근원이라고 선전했다. 하지만 다수의 조직들은 ― 메이슨이나 엘크스를 비롯한 주요 우애집단을 포함하여 ― 보험을 중시하지 않았을 뿐 아니라, 피시아스기사단과 같이 재정적으로 독립된 임의 프로그램의 보험급부를 분리하기로 결정했다. 어쨌든 보험급부금을 지급하는 자발적 멤버십 집단의 많은 입회자들은 만일의 경우에 받을 수 있다고 기대되는 지급액보다도 훨씬 많은 액수를 의식용 제복이나 여러 사회적 활동, 회비

민주주의의 쇠퇴

에 사용했다. 남성들은 민간의 생명보험이나 정부의 공적 사회보장을 이용할 수 있게 되었을 때에도 우애조직을 바로 탈퇴한 것은 아니다. 물론 그중에는 쇠퇴해버린 우애연합도 있었지만, 인기를 계속 누렸던 조직도 있었다. 미국의 우애결사주의는 20세기 초부터 중후반까지 번성했던 것이다.

미국에서 가장 성공한 멤버십 연합체의 호소는 개인적인 손익계산을 초월하는 것이었다고 많은 증거가 시사한다. 보험업체들이 보험급부금을 보험통계적으로 주의 깊게 지불할 때에도 그러한 멤버십 연합체들은 사회적·시민적 목적도 중시했다. 20세기 초에 어느 주요한 보험 중시 단체가 신규 회원을 모집하기 위해 『마카베기사단에 입회해야 하는 이유』라는 설명책자를 발행했다. 거기에 열거된 열세 가지의 이유 중 마지막에는 "회원(남녀 모두)의 사망 시 그 부양자들에 대한 원조를 위해 본인 생존 시의 보험 지급"이라는 구절이 있다. 하지만 "그것은 신의 부성(父性)과 남자의 형제애, 당신을 보호하는 국기에 대한 충성, 가정의 모든 의무를 수행하는 성실함, 당신에 비해 불운한 사람에 대한 관대함"이라는 "선한 시민성의 원리에 기초하고 있기 때문이다"[10]라는 좀 더 폭넓은 도덕적·애국적인 관심이 더욱 강조되었다. 다른 전형적인 멤버십 연합체와 마찬가지로 마카베기사단은 계급의 구분을 초월하여 확대되는 폭넓은 연대의식에 호소했으며, 종교적 또는 애국적인 이상의 혼합을 의도했다. 그러한 호소는 개인적인 시장계산이 작동하고 있었는데도 그 틀을 훨씬 초월하는 것이었다.

더 큰 것의 일부

마카베기사단의 소책자가 역설하듯이, 우애집단을 포함하는 전형적인 미국의 자발적 연합체는 가족과 이웃, 친구 간의 일시적인 연대감을 초월해 입회나 관심의 동기가 개인과 가족, 지역을 초월하는 것이었다. 이는 지역을 초월하는 연합체의 회원 자격이 더욱 광범위한 사회적·정치적 운동을 향한 연결점 — 또한 그것과 연결되는 조직적 회로 — 을 제공했기 때문이다. 전형적인 미국의 결사에 종사하는 생활의 진수는 소규모 조직에 대한 참가가 지역 지부의 회원을 훨씬 거대한 조직으로 연결했다는 점에 있다.

지역적인 연대와 더욱 거대한 집합체에 대한 참가는 전형적인 연합체의 회원에게는 서로 강화적인 것으로 여겨졌다. 이러한 양자의 빈틈없는 결합은 『지부장의 자부심(Patron's Pride)』이라는 노래책에 수록된 제20번 곡인 「그랜지여 영원하라」의 가사에서 멋지게 표현된다. 『지부장의 자부심』은 널리 유포되었지만, 필자가 가지고 있는 낡은 책은 그 옛날 메인 주 마차이아스의 어느 지방 그랜지에서 사용되던 것이다.[11] 마차이아스 밸리 그랜지 360호의 남녀 회원은 "우리의 사회적 유대를 단결시키는 그랜지에서의 노동"이라고 노래했으며, "그 가르침은 늘 순수하게/ 이기적인 유대는 해체되도록…… 즐거운 기쁨으로 넘치며/ 이 홀 안에서 웅대하게"라고 하면서 대면적인 사회자본이 칭송되었던 것이다. 하지만 그럼에도 마차이아스의 그랜지 회원이 그들의 정치적 관심을 모았던 운동의 '기쁨'이나 '사상'이 "전국으로 확대되도록" 추구했던 것처럼 그 이상의 무엇인가가 존재했다. "우리의 단결된 모습/ 정의로운 대의를 위하여/ 손에 손을 잡고 용감하게 전진하자/ 그리고 우리의 신념을 신 앞에 두자." 이러한 실제 사례를 통해서 알 수 있듯이, 미국인들은 광범위하게 존재하는 자발적 결사의 지역 지부에 열심히 참가했다. 하나의 지부가 "전국으로 확대되는" 수천 개의 다른 지부들과 충성심 또는 에너지라는 점에서 서로 결합되었다는 것을 미국인들은 이해하고 있었다. 이러한 사실을 확인할 수 있는 것은 양적인 증거를 통해서뿐 아니라 거대한 멤버십 연합체가 주요 지역 또는 전국적인 존재로 변모하는 데 실패한 이후 소규모 경쟁상대보다도 효과적으로 존속하고 번영하는 경향이 있었다는 사실을 알고 있기 때문이다.[12]

로지와 클럽의 잡지나 의사록을 살펴보면, 자발적 연합체 회원들이 지방은 물론 그 지역 밖에서도 단체행동에 주의를 기울였다는 것을 알 수 있다. 연합체의 간부들은 자매나 형제지부 간 원활한 상호 방문을 조절했으며, 지부 대표를 지구집회나 주(州) 연차대회, 전국 연차 또는 격년 대회에 파송하는 것 역시 사람들을 매우 흥분시키는 일 중 하나였다. 회비가 여비(旅費)의 일부로 충당되어 임원이나 대표는 여비의 여유가 없어도 상위의 집회에 참가할 수 있었다. 수개월 전부터 회보나 결사의 잡지에 이러한 집회에 관한 선전이 게재되었다. 실제적으로 대회에서는 여러 주 또는 지방에서 온 사람들이 만나 고향에 관한 소식을 듣고 단체와 시민적 생활에 관한 의견을 교환했다. 대회가 종료되면 임원이나 대표들은 고향으로 돌아가 회합이 있었던 마을에 관해 여러 이야기를 들려주며 모두를 즐겁게 하거나 거기에서의 경험을 — 어떠한 의견이 논의되었으며 어떠한 결정이 이루어졌는지를 — 이야기했다. 이를 통해 지방 지도자나 지부들은 자극을 받아 재차 활기를 되찾았던 것이다.

지방 간의 대인적 유대관계는 상위의 연합체의 회합에서 형성되었다. 회합에서 만난 대표들은 상당히 멀리 떨어진 곳에서 살고 있어도 서로 연락을 잊지는 않았기 때문이다. "이것이 나의 그랜지예요." 메인 주 웨스트파리에 살고 있는 밀드레드 헤이젤튼 부인이 지방의 그랜지홀을 보여주기 위해 150킬로미터 이상 떨어진 벨페스트(메인 주)에 사는 에델 잭슨 부인에게 1955년에 보낸 사진엽서에는 이렇게 적혀 있다. 그 밖의 문맥으로 볼 때 두 사람은 가정주부로서 지방 그랜지의 현역 강연부에 소속되어 있었음을 알 수 있다. 두 사람은 메인 주에서 개최된 그랜지 대회에서 만난 이후 지역 집회에서의 재회를 고대하고 있었던 것이다. "지금까지 몇 번이고 소식을 보내려고 했지만, 가족의 두 결혼식이 겹쳐 바쁜 나날을 보내고 있습니다. …… 강연자 대회에서는 매우 즐거운 시간을 보냈습니다. …… N. 잉글랜드(강연자 대회)에는 꼭 참석하고 싶군요. …… 또 연락 주세요."[13]

지방 수준을 초월하여 이어지는 회합은 자발적 결사의 설립과 유지에 크게 공헌했다. 예를 들면, 20세기로 접어들 무렵의 세기 전환기에 크리스천 인데버(Christian Endeavor)와 같은 운동이 급속히 확대되었다. 많은 전형적인 연합체와 마찬가지로 크리스천 인데버 봉사단체 역시 수천 개의 지방 단체에 뿌리를 내리고 있었다 ― 이 경우에는 개신교 교회의 회중과 관계가 있었다. 그런데도 이 단체들은 정기적인 지구회의도 조직하고 있었으며, 반복적으로 개최되는 대회를 소집하는 주와 전국, 국제 기구를 두고 있었다. 크리스천 인데버의 창설자로서 회장이던 프랜시스 E. 클라크 목사가 다음과 같이 설명하는 것처럼, 지방 외부에서의 단결은 '암시, 영감, 우정'을 가져다주었다.

암시(In Their Suggestions): "만일 지방 단체의 회원들이 자신을 초월하여 바라보려는 시각을 지니지 않는다면, 그러한 생각은 근시안적이며

민주주의의 쇠퇴

의무와 특권적 사고 역시 편협해질 수 있다. 또한 그들이 기울이는 '노력(endeavor)' 역시 형식적이고 틀에 박힌 것이 될 것이며, 의욕 상실로 죽지는 않더라도 생기 없는 나날을 보내게 될 것이다."

영감(In Inspiration): "로컬 유니온의 지구(地區) 회합에 300명에서 500명, 그리고 주 대회에 1,000명에서 3,000명의 젊은 기독교인들을 모이게 하자. 그리고 그들로 하여금 서로를 마주보고 서로의 손을 따뜻하게 잡으며 함께 노래를 부르게 하자. 서로의 기도에 귀를 기울이게 하고, 그들의 몇몇 협회나 교회에서의 주된 활동들을 보고하게 하며, 개인의 신앙고백에 귀를 기울이게 하자. 겸허한 고백과 헌신에 머리를 숙이게 하자. 영감은 쉽게 헤아릴 수 없는 것. 출석자들은 보통 지방 단체나 교회로 돌아가 적극적인 기독교인의 사명을 위해 서둘러 채비를 한다."

우정(In Fellowship): "특히 젊은 기독교인들에게는 이러한 것이 필요하다. 그들의 대부분이 소외상태에서 생활하며, 희망을 거의 발견할 수 없는 지방 농장에서 일한다면, 친구나 말 상대도 없이 불행해지며 삶의 의욕을 상실할 것이다. 그들을 동년배 기독교인들이나 '노력'과 관계할 수 있도록 유도하자. 그들은 공통적이고 동정적인 유대관계가 그들을 결속할 것이라는 사실을 인식할 것이다."[14]

클라크 목사는 결사의 종교적 목적이라는 언어를 통해서 연합체의 기능을 설명했지만, 그의 신념의 이론적 근거는 많은 종류의 전형적인 자발적 연합체의 회원과 지도자가 이미 잘 알고 있는 것, 즉 지방에서의 친밀함이 위로가 될지는 모르지만 무엇보다도 더 큰 것의 일부라는 것이 동등하게 중요하다는 – 그리고 좀 더 자극적이라는 – 점을 정확하게 파악하고 있다.

조직자를 모집하는 조직자

미국의 19세기와 20세기 전반에 지방의 자발적 멤버십 집단이 집단 횡단적인 세계관과 정체성을 체현하지 않고, 사람들에게 좀 더 넓은 외부로 확장된 사회적 유대를 위한 통로를 제공하지 않았다면 자발적 멤버십 집단은 결코 출현하지 않았을 것이다. 그러한 사실은 미국 결사의 연대기적 발전에 관한 자료가 전국적인 리더십과 지방을 초월하여 대표제를 동반하는 제도의 우선적인 설립에 관해 잘 제시해준다. 주요한 자발적 연합체에서는 전국적인 결사센터가 – 일반적으로 주 또는 지방 단체를 통해 보충되었다 – 대부분의 지역 지부보다도 먼저 창설되었으며, 개인 회원이 많이 증가한 것은 그 이후였다. <그림 3-2>는 기원이 다양한 4개의 주요한 결사에 관한 발전유형을 보여준다. 오드펠로스독립결사는 전국에서 두 번째의 규모를 지닌 우애결사로 영국 결사의 지역 지부로 출발해 남북전쟁 이전에 전국으로 확대된 연합체였다. 피시아스기사단은 세 번째로 큰 우애조직으로 1864년에 전국적인 사업으로 시작되었다. 콜럼버스기사단은 뉴헤이븐(코네티컷 주)의 지방 조직으로 1883년에 결성되어 수십 년 후에 전국 최대 규모의 가톨릭계 자발적인 결사가 되었다. 1890년 도시의 모든 그룹의 연합체로 창설된 부인클럽총연합은 미국 최대의 가장 중요한 부인조직이 되었다. 이 모든 연합체들은 그 결성의 경위나 헌장, 목적이라는 면에서 매우 다양했지만, 대부분 지

민주주의의 쇠퇴

역 지부 건설과 개인 회원 증가를 도모하기 이전에 이미 전국적 센터를 만들고 각 주에서 결사 단위를 확대했다. 앞에 열거한 예들은 결코 특별한 경우의 사례가 아니다. 이와 비슷한 전개 과정은 19세기 중엽에서 20세기 중엽에 걸쳐 거대화된 자발적 연합체에서도 쉽게 발견된다.[15]

이것이야말로 미국의 전국적인 자발적 연합체의 통상적인 건설 과정 모습이다. 우선 지도자들은 전국적인 조직화의 노력에 착수하기 위해 함께 모였다. 이는 금주를 주장하는 여성들이 1874년에 부인기독교금주동맹의 계획을 선전하기·위해 클리블랜드에 모였던 것처럼, 갓 설립된 전국의 야심적인 연합체에 공통적으로 일어난 모습일지도 모른다. 또는 1890년대까지 콜럼버스기사단에서 일어난 것처럼, 이전에는 지방을 중시했던 지도자들이 그들의 조직 확대를 목표로 하는 새로운 계획을 선언했을 때 일어난 것일지도 모른다. 어쨌든 전국적으로 흩어져 있는 야심적인 전국적 조직자들은 다른 잠재적인 리더들과의 네트워크와 접촉했다. 연합체 설립자들은 우선 각 주에 지방 단위의 결성을 촉진하고 그 후에 몇몇 초기 지역 지부에서 선출된 토착적인 주지도자에게 회원의 조직화 작업을 위임했다. 지도자와 조직자의 광범한 형태로 연결된 네트워크는 이처럼 급속히 자리매김했던 것이다. 또한 그 이후 각 주의 지도부는 누가 신입 회원을 가장 많이 입회시키고 신규의 지역 지부를 가장 많이 설립 또는 유지할 수 있는지 다른 주의 지도부와 경쟁을 기대한 것 같기도 하다. 정치학 분야에서는 제임스 메디슨(James Madison)에서 시어도어 로위(Theodore Lowi)에 이르기까지 미국 연방주의를 급속하고 일치단결된 행동을 단념하게끔 설계된 복잡한 제도 시스템으로 묘사했다.[16] 하지만 연방주의는 미국의 많은 자발적 결사의 역사적 건설 과정에 그러한 역할을 했던 것은 아니다. 오히려 이러한 연방주의의 존

〈그림 3-2〉 미국 내 4개 주요한 자발적 연합체의 주 조직과 지역 지부, 개인 회원 수

(a) 오드펠로스독립결사(1819~1940년)

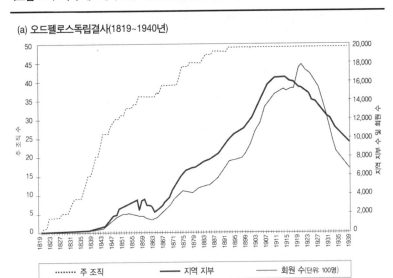

(b) 피시아스기사단(1864~1940년)

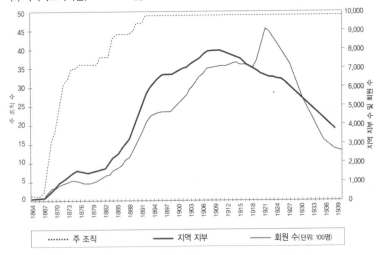

민주주의의 쇠퇴

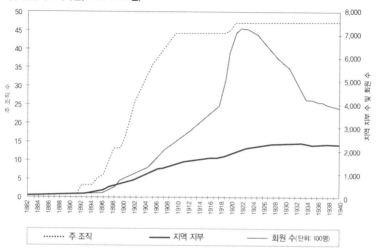

(c) 콜럼버스기사단(1882~1940년)

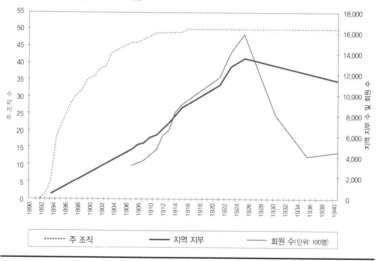

(d) 부인클럽총연합(1890~1940년)

자료: Civic Engagement Project.

재로 말미암아 전국과 주, 지방의 조직자들은 자발적인 지역 지부를 전국 곳곳으로 확장하기 위한 협력이 더 수월해졌으며, 전국적인 목표를 지역의 다양성과 조화시킬 수 있었다. 연방주의는 또한 필자가 '경쟁적 모방(competitive emulation)'이라고 부르는 과정을 촉진했다. 일리노이 여성들이 미시간 여성들보다도 부인기독교금주동맹을 더 신속하게 설립할 수 있었는지, 또는 미주리 남성들이 알칸사스 남성들보다 피시아스기사단을 더 신속하게 확대할 수 있었는지 등의 누가 공유된 결사사업을 확대하는 일에 능숙하며 더 신속하게 행동하는지를 판단하기 위해 각 주의 사람들은 격렬하게 경쟁했던 것이다. 경쟁을 통해 유사하고 연결된 지부의 확대가 촉진되었기 때문에 연합체는 놀랄 정도로 단기간에 전국적으로 확대될 수 있었다.

일반적인 미국인들의 ― 전국에 무수히 점재하고 있는 커뮤니티에 거주하는 것뿐 아니라 여기저기로 멀리 이주하거나 여행을 하는 ― 입장에서 본다면, 자발적 연합체의 확대를 전문으로 하는 상위의 전국, 주 수준의 지도자들은 '지역' 지부의 새로운 설립과 유지에 많은 지원을 해주었을지도 모른다. 1차적인 증언에서 얻은 다음 발췌록들은 전형적인 자발적 연합체 고유의 전국 또는 주 조직 및 지도자들의 지역 간 네트워크를 통해 고무된 활동적인 미국인에 의한 지방의 집합행동에 관한 주목할 만한 위업을 명확하게 밝혀준다.

오드펠로스독립결사의 역사

미시시피 강 서부유역에서 결성된 최초의 오드펠로스 로지는 1834년 8월 18일에 미국 그랜드 로지에서 설립인가를 받은 세인트루이스의

민주주의의 쇠퇴

트래블러스 레스트 로지 제1호(Travellers' Rest Lodge, No. 1)였다. 당시의 세인트루이스는 약 7,000명 인구의 작은 변경마을이었다. 당시 이로지는 마을이나 주변에 거주하는 일시적인 회원들로 "구성되었다". 입회 신청자는 영국인 한 명, 그리고 켄터키 출신 두 명, 펜실베이니아 출신 세 명, 메릴랜드 출신 한 명으로 총 7명이었다. 로지가 설립된 이후까지 남아 있던 회원은 단 한 명으로, 나머지 6명은 이후 자취를 감췄고, 따라서 새로운 회원을 영입할 필요가 있었다. …… 일리노이 주 엘튼으로 거처를 옮기려고 했던 볼티모어 시 하모니 로지 제3호(Harmony Lodge, No. 3)의 사무엘 밀러에게 로지 설립의 권한이 (메릴랜드 시의 미국 그랜드 로지를 통해) 부여되었다. …… 설립 이후 1년째의 로지 회원은 115명이 되었다.[17]

피시아스기사단의 역사

미네소타 주 그랜드 도메인에 피시아스기사단이 처음 설립되었을 때의 경과에 관해서는 27년간 미니애폴리스 로지 제1호 회원이었던 데이비드 로열의 설명에서 잘 묘사되고 있다.

1868년 11월, 나는 델라웨어 주 월밍턴의 월밍턴 로지 제2호에 입회했다. 다음해 봄에는 그랜드 도메인(미니애폴리스)으로 이주해서 C. M. & 세인트 폴 철도에 차량조립공으로 고용되어 시내 공장에서 일을 시작했다. 1869~1870년 겨울에 걸쳐 동료 노동자들과 피시아니즘에 관한 열띤 대화를 통해 곧 입회하려는 13명의 명단을 입수했다. 나는 (뉴저지의) 최고장관인 리드(Samuel Read)와 연락했는데, 그는 (로지 개설의) 몇 장의 특별허가용 신청서와 수속설명서를 보내주었다. 6월 1일경, 나는 최고장관 리드가 보낸 편지를 받았는데, 거기에는 인디애나폴리스(인디애나 주) 마리온 로지 제1호의 제이콥 H. 헤이저 형제가 최근 미니애폴리스에 도착했다는 것과 그가 로지 설립을 시작했다는 사실이 적혀 있었다. 나는 우체국에서 헤이저 형제에게 편지를 보내 요구에 응하여 우리의 노력을 결집하도록 요청했다.

1870년 6월 25일 토요일 밤, (설립 허가 신청을 위한) 준비집회가 소집되었다. …… 내가 회장으로, 헤이저 형제 (그는 예비 회원 2명을 모집했다)는 장관으로 선출되었다. …… 최고장관 리드는 1870년 7월 9일에 도착했다. …… 1870년 7월 11일, 오드펠로스 홀 미니애폴리스 민(Odd Fellows Hall Minneapolis Minn)에서 피시아스기사단 최고장관인 뉴저지의 새뮤얼 리드의 요청으로 찬성하여 미니애폴리스와 주변 지역의 많은 기사나 시민들이 결사의 로지를 조직하기 위해 모였다.[18]

콜럼버스기사단의 역사

콜럼비아니즘(Columbianism, 콜럼버스기사단의 일원으로서의 조직)에 대한 요청은 이미 대 중서부 지역에서 들려온 것이었다. 그리고 전국적 조직자인 커밍스를 그 사명에 응하여 시카고로 보냈다. …… 1896년 7월 10일, 시카고협의회 제182호를 뉴욕 주의 부총감인 델라니가 설립했으며, 토마스 S. 커넌이 일리노이 주에서 처음으로 최고기사의 지위에 올랐다. 그리고 이 제1회 중서부협의회 회원 자격의 성격은 일리노이 주 첫 30개의 평의회가 시카고 평의회원에서 선출된 최고기사를 옹호한다는 사실을 통해 드러나고 있다. 1899년 3월 19일, 일리노이 주 스프링필드에 평의회가 설치된 이후 얼마 되지 않아 새로운 평의회

민주주의의 쇠퇴

들이 주 전역에 설치되었다. (일리노이 주) 주부총감인 P. L. 매커들이 ······ 거의 모든 식전을 주재하고 ······ (더욱이) 콜럼비아니즘을 이웃 미주리 주에 도입하게 했다.[19]

부인클럽총연합의 역사

현재(1890년대) 네브래스카 주연합에는 70개의 (부인) 클럽이 있고, 입회 신청 역시 끊임없이 계속되고 있다. ······ 주연합이 지금까지 실행한 것을 충분히 이해하기 위해서는 현재 주연합의 지원클럽 3분의 2 이상이 주연합과 공존하고 있으며, 주연합과 총연합(전국 수준)으로의 가맹이 약속하는 조직의 영속성과 더 넓은 범위의 사상이 없었다면 결코 결성되지 못했을 것이라고 생각하는 것이 타당하다. 인구 1,500명 정도의 타운에서는 이러한 운동이 있기 전 10년간은 어떠한 종류의 문예조직도 있지 않은 상태였다. 이러한 상황은 이 대초원에 점재한 다른 타운에서도 마찬가지이다. 각 타운에는 충분한 교육을 받고 좀 더 오래된 주의 지적인 취지로 이주해온 인텔리가 각각의 비율을 이루었다. 그들은 최초 가혹한 환경에서의 좌절을 경험했지만, 지금은 주의 자랑거리를 육성하며, 연방화된 클럽의 특권을 열광적으로 의식한다.[20]

이 증언들이 예증하는 것처럼, 대표제를 동반한 로지 체계로 조직된 전국과 주 수준의 자발적 조직은 근대화 과정의 미국이 입회자의 국가일 뿐 아니라 조직자의 국가가 되는 데 중요한 역할을 담당했다. 지방을 초월한 센터가 자원을 제공하고, 자발적 연합체의 지도자들이 대중과 접촉하려고 노력했으며, 새로운 지방 단위 설립을 돕도록 동기를 부여했다. 또한 전국적으로 표준화되고 공유된 제도 모델의 존재는 모든 결사 회원으로 하여금 필요성 또는 기회가 고조되면 조직자가 될 수 있게 했다. 서로 달리 미니애폴리스로 이주한 후의 데이비드 로열이나 제이콥 헤이저가 그 예이다. 지방을 초월한 제도를 통해 미국인들은 서로 모르는 사람과도 '연합'하기 더 쉬웠으며, 사회적 유동성이 높은 국가에서 결사에 대한 활력이 증진되었다. 산발적이며 비공식적으로 거품처럼 늘어난 지방 집단이 광범하고 안정적인 시민적 성과를 산출해내는 것은 불가능한 일이었다. 결과적으로 최소 규모의 커뮤니티에서 자발적 집단은 더 큰 마을의 자발적 집단보다도 지방 또는 전국으로 미치는 연합체의 지부가 될 가능성이 훨씬 컸다.[21] 왜냐하면 결사조직자나 선거에서 선출된 지도자들은 연합체의 네트워크를 매우 작은 장소에서조차 확장하려고 했으며, 또한 미국인들 — 지리적으로 매우 유동적인 사람들 — 은 집이나 직장과 근접한 조직에 입회하거나 결성을 도왔기 때문이다. 앞에서 인용한 네브래스카 주 부인클럽연합의 1890년대 보고서에 의하면, 연방화된 지부를 통한 참가자들은 연합의 활동을 대표하는 주나 전국센터"로의 가맹"이 "보증하는…… 조직의 영속성과 더 넓은 범위의 사상"과 관련되어 있었던 것이다.

　따라서 전형적인 미국의 자발적 결사들은 "작은 것이 아름답다"와 같은 지역제일주의는 아니었다. 반대로 몇 겹의 층을 이루고 있는 전국적 연합체가 미국의 볼런티어주의의 중요한 제도적 기둥이었던 것이다. 그것들은 친밀한 연대를 유지하는 것과 동시에 더 넓은 세계로의 관계를 촉진했기 때문이다. 동태적으로 본다면, 미국의 자발적 멤버십 연합체는 한 회원조직자가 다른 회원조직자를 입회시키는 전국적으로 분기된 네트워크였다. 그것이야말로 시민적 리더십이 미국 역사의 대부분을 통해 이해되고 기능했던 방식이었던 것이다. 미국사 대부분의 기간을 통해 시민적 리더십은 동료시민을 공유된 노력으로 포섭하고, 또한 많은 지방 단체가 공통의 제도적·문화적 틀 내에서 스스로를 유지하는 데 힘쓰는 것이 그 역할이었다.

민주적 시민정신을 향한 진로

자발적 멤버십 연합체가 친밀한 관계를 보강하는 동시에 지방 사람들을 좀 더 넓은 운동으로 포섭할 수 있었을지는 모르지만, 그러면 그러한 연합체들은 미국의 민주주의에 과연 어떻게 기여한 것일까? 얼핏 보아 대부분의 전형적인 미국 볼런티어주의는 민주적 정치보다는 오히려 종교적 윤리에 초점을 맞추고 있다고 생각하기 쉽다. 설령 기독교에 유대인을 가입시킨다 해도 멤버십 연합체에서는 전형적인 그리스·로마신화를 강조하고 계몽 또는 성서의 윤리관을 강조했을 것이다. 물론 기독교를 향한 지향성은 ― 크리스천 인데버, 부인기독교금주동맹과 같은 개신교계 단체 및 고대히베르니아단, 콜럼버스기사단과 같은 가톨릭계 단체에서는 ― 당연히 존재했다. 더욱이 미국의 전형적인 멤버십 연합체 대부분이 교회나 종교운동과 직접 관련되지는 않았을지라도 '신과 국가를 위하여'라고 선언하는 미국재향군인회와 유사한 면이 있었다.

그렇지만 재향군인회의 신조는 그와 같이 두려움 없는 애국심이 전형적인 멤버십 연합체의 의식이나 식전에서 매우 중심적인 요소였다는 사실을 상기해준다. 전형적인 사례를 들면, 그랜지의 집회 개시 의식은 회관 중앙에 있는 제단에 엄중하게 놓인 성서를 펴는 것에서 시작된다.

그 다음의 의식으로서 성조기가 성서 옆에 게양되는 가운데 '충성의 계약(Pledge of Allegiance)'이 집단적으로 복창된다. 역사적으로 우애집단과 부인보조회, 독립부인단체조합, 여가단체, 교회 관련 결사들에서는 애국적 충성심을 매우 당연한 것으로 받아들였다. 이글스우애회 설립 50주년에 관한 1948년의 어느 기사에서는 "미국의 마음·정신·혼·근육은 어디에도 비할 수 없는 이글스의 문화유산"이라고 표명하고 있으며, 지금까지 미국에서 중요한 거의 모든 멤버십 결사에 관해 되풀이되어온 다음과 같은 언급을 전한다. "이글스는 미국의 민주주의 그 자체이며, 그 이외의 것을 추구하지 않는다."

제2장에서 미국의 연방화된 자발적 결사가 경쟁적·대중동원적인 정당들과 나란히 남북전쟁 이전에 출현했다는 사실을 알았다. 남북전쟁 이후에는 막대한 수의 새로운 자발적 연합체가 유권자 동원이 절정에 달했던 시대를 통해 결성되었던 것이다. 그리고 1870년대에서 20세기 중반까지의 자발적 연합체는 미국의 대표제 정부 제도와 밀접한 관련을 갖는 활동으로 번성했다. 이제 여기에서 정부와 정치 그리고 시민볼런티어주의의 교착이 민주적인 공화국 시민으로서의 미국 국민에게 무엇을 의미했는지에 관해 좀 더 구체적으로 검증할 수 있다. 멤버십 연합체들은 다양한 방식으로 ─ 거의 모든 집단이 이용한, 정치적으로 관련이 있는 사회화의 실천에서부터, 이전의 거대한 결사의 반수 이상이 착수했던 계획적인 정치 단계에까지 ─ 다양한 배경을 지닌 미국인에 대해 적극적인 시민성을 향한 무수한 경로를 창출했던 것이다.

〈그림 3-3〉 금주당 지부의 1854년 헌장

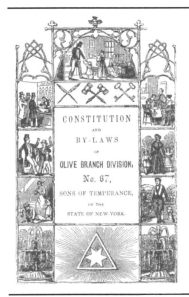

CONSTITUTION.

To maintain uniformity, the Nationall Division of the United States ordain the following Constitution for the government of Subordinate Divisions, at the same time empowering them to make such By-Laws as do not contravene it or the Rules of the Order.

PREAMBLE.

We whose names are annexed, desirous of forming a society to shield us from the evils of intemperance, afford mutual assistance in case of sickness, and elevate our characters as men, do pledge ourselves to be governed by the following Constitution and By-Laws.

CONSTITUTION.

ARTICLE I.—Name.

This Association shall be known as OLIVE BRANCH DIVISION, No. 67, OF THE SONS OF TEMPERANCE, of the State of New York.

시민적 기술과 리더십 기회

미국에서 엄청난 수의 자발적 연합체인 클럽, 로지, 지회에서 무수한 사람들이 집단작업이나 집단토의, 의사결정에 관해 학습했다. 한마디로 말하면, 회원들은 결사를 지배하는 '입헌규칙'을 숙지한 것이다. 지역 지부들은 규약과 내규의 복사본을 작성하여 전 회원이 언제나 참조할 수 있도록 배부했다. 대개 이러한 책자는 간편하고 실용적으로 쓰여 있지만, 때로는 뉴욕의 금주당인 올리브 브랜치 디비전 제67호의 1854년 책자(<그림 3-3>은 표지와 첫 페이지)와 같이 매우 화려하게 장식된 것도 있었다.

미국의 납세와 대표제 통치구조 규칙의 모방이야말로 집단의 수속절차에서 매우 중심적인 것이었다. 이처럼 결사의 회원이 숙지하는 것은 미국 시민으로서도 알아둘 필요가 있는 지식과 관련된 것이었다. 대규모 근대우드맨협회가 1894년에 발간한 책자 『우드맨 핸드북(The Woodman's Hand Book)』에서는 "이웃들을 지부(camp)에 정기적으로 참가시키자. 그러면 그들은 공화국 시민으로서의 의무를 더 잘 수행하게 될 것이다. 지부 운영은 회의의 심의규칙에 맞춰 행해지고, 지부의 사무에 익숙해지기만 한다면 어떤 사람도 적합하기"[22] 때문이라고 설명한다.

교리뿐 아니라 그 실천에서도 자발적 연합체의 회원과 직원은 민주적 정치를 위한 유효한 참가에 필요하다고 여겨지는 조직적 기술의 지도를 받았다. "어떠한 우애단체와도 관계가 없는 미국인은 거의 없다. 그들은 우애회에서 좀 더 넓은 활동분야를 향해 스스로를 준비하고, 규율에 복종한다."[23] 결사의 로버트 의사규칙(Roberts Rules of Order)에 명확하게 규정된 의사운영절차는 로지의 운영과정에서 - 또는 부인클럽의 집회나 조합집회에서도 - 매일처럼 지도되고 사용되는 표준적인 규칙이었다. 마찬가지로 많은 집단은 참가형 토론의 규범을 지도하는 데 매우 고심했다. 예를 들면 개인의 도덕적인 정의와 동시에 민주적인 참가를 강요하는 크리스천 인데버 운동의 지역 협회에 젊은 남녀가 입회할 때의 서약서를 잘 살펴보자. 그들은 거기에서 다음과 같이 선서한다. "나는 적극적인 구성원으로, 주 예수 그리스도를 향해 양심을 거스르지 않는 이유가 없는 한, 우리의 모든 의무에 충실하며, 모든 회합에 출석하고, 가창을 포함한 모든 모임에 참가할 것을 약속합니다."[24] 이와 유사한 방침으로 우애회 로지의 헌장 역시 집단토의의 행동지침이 되는 자세한 '의사진행규칙' - 예를 들면 "동일한 주제나 질문에 관해 발언하고 싶은 회원 전원에게 발언의 기회가 주어지지 않는 이상 재차 발언하지 않는 것으

민주주의의 쇠퇴

로 한다"[25]와 같은 전형적인 오드펠로스의 규칙 — 을 정식으로 기재했다. 그리고 『우드맨 핸드북』에는 다음과 같은 구절이 있다. "지부 전체에 가득한 선의의 정신"을 통해 "참석자들은 일련의 지부행사에 관한 토의에 참가하는 것이 권장된다. 설령 실패한다 해도 비웃음을 당하지 않기 때문에 다시 한 번 시도할 수 있으며, 실수가 많고 서투른 참석자는 예의바르고 신속한 답변이 가능한 재치 있는 토론자로 훈련되어왔다."[26]

1850년 프레더릭 피카트(Frederick A. Fickardt)는 금주당을 민주적인 공화국에 어울리는 '교육단체'로 칭송했다. 대학은 일부분의 사람만을 위하여 있지만, 금주당과 같은 5,000개의 '지부(divisions)'가 매주 개최하는 회합에서는 25만 명의 사람들이 민주적으로 개방된 '민중의 토론과 웅변의 학교'에 출석했던 것이다.

그 정신은…… 단호하게도 공화주의적이다. 그 앞에서 연령이나 외적 조건은 우애를 통해 대등한 입장으로 바뀌며, 그 안에서 부(富)는 아무런 영향력도 없고, 사회적 지위에는 어떠한 위신도 없으며, 전문가에게 특권이 주어지지도 않는다. …… 각 개인은 동료로부터 정당하게 존중받을 것을 확신한다. …… 모든 진실한 노력을 관대하게 포용하는 형제 앞에서 젊은 발언자들은 앞으로 그 직책을 맡게 될지도 모르는 지위를 지지하거나 옹호하는 입장에서 당당하게 일어나 발언한다. …… 이와 같은 젊은 발언자들은 일순간 또는 매우 단시간에 좀 더 고도의 권력행사와 보수를 가져다주는 출세의 기회를 잡는다. …… 그들은…… 적당한 토의자나 연설자로 침착함과 기민성의 능력을 몸에 익히게 된다. 즉, 미국인들이 "반드시 갖추어야 할 조건"인 "즉석에서 지혜를 짜낼 수 있는" 능력이나 청중 앞에서 자신의 생각을 정연하게 말할 수 있는 능력

을 익혔던 것이다.[27]

피카트는 이렇게 결론짓는다. "그렇기 때문에 우리 청년들은…… 어떠한 대의를 지지한다고 해도 최대한 자신의 고결한 실력을 발휘할 수 있는 준비된 일반적 영역으로 발을 내딛고 있다. …… 이러한 의식을 고양하는 감화가 이만큼 폭넓고 보편적으로 보급되고 있는 모습은 실로 기쁜 일이다. 금주당 결사는 소수자를 위한 학교가 아니다. 결사를 칭송할 만한 것으로 만드는 다수자를 지칭하는 것이다. 시민의 독학, 이것은…… 금전과도 바꿀 수 없는 것이며, 선(善)을 위한 자랑스러운 수단으로 만든다. 조국에 신의 가호가 있기를."[28]

수많은 성인 남성의 효과적인 민주적 참가를 위해 금주당이 준비한 방법을 언급하면서, 피카트는 미국의 조직화된 시민 볼런티어주의에 관해 오랫동안 이야기되어왔던 특징을 밝혔다. 19세기에서 20세기 중반에 걸쳐 그랜지와 로지, 부인클럽 등의 집회를 다녔던 보통 미국인은 오늘날 고학력자가 아닌 이상 교회와 관련된 소집단을 떠나서는 배울 수 없는 조직적인 기술을 습득했다.[29] 즉, 이전에는 다양한 배경을 지닌 남성이나 여성이 시민적 또는 정치적 생활에 관련된 표현과 조직적 기술을 일반적으로 학습할 수 있는 개방된 다수의 참가형 회장(會場)이 존재했던 것이다.

정치와 관련된 개인의 정치적 능력뿐 아니라 대표제와 다수결 원리에 기초한 리더십 능력 역시 자발적 연합체를 통해 훈련되었다. 대부분의 멤버십 연합체의 지부에서는 신규 임원과 새 의원이 적어도 1년에 한 번 선출·임명되었으며, 빈번하게는 3개월에 한 번 이루어지는 경우도 있었다. 교대로 선출된 지도자들은 그 필요상 회합의 운영 방법과 기록서류의 보존 및 연설 방법, 개최의 조직화 방법에 관해 학습했다. 더욱이 지방임원은 선출된 이후 자주 엄숙한 식전을 주재했다. 각 직원들의 정확한 임무가 이러한 의식에서 주의 깊고 상세하게 설명되었다. 그처럼 반복적으로 행하는 의식은 무수한 미국인이 임원장과 서기, 회계, 교회사(教誨師), 상위 대표기구에 파견된 지방 단체 대표 등의 의미를 이해하는 데 도움이 되었을지 모른다. 직무와 동반된 책임의 엄격함은 당사자가 이해할 때까지 교육되었는데, 취임식전에서 새 임원은 자신의 의무를 양심적으로 습득하고 그들에 대한 신임을 실천하기 위해 이기적이고 개인주의적인 충동이 배제되어야 한다는 점이 늘 강조되었기 때문이다. 흑인 루스 가족(African American household of Ruth)에 대한 의식의 '책임(charge)'은 다음과 같이 선언되었다. "'루스 가족'의 행복과 도덕적 평판은 당신에게 달려 있습니다. 그러므로 운영규칙이나 관행 등의 지식을 잘 숙지해두어야 합니다. …… 당신을 선출한 사람들이 당신에게 보여준 신뢰와 존경을 악용하는 것은 신의를 저버리는 행동입니다. 따라서 우리는 당신이 그 의무를 양심적으로 완수하고, 임기가 다할 때에 '동료(예를 들면 지역 지부 회원)'들이 당신을 임원으로 선출한 것에 대해 만족하게 되기를 확신합니다."[30] 솔직히 임원직은 지위 달성이라기보다 더 높은 임원직을 위한 도약대로 이해되었다. 실제로 루스 가족의 '책임'은 "당신은 장래 어느 시기에 더 높은 지위에 오르기를 희망할 것입니다"고 인정했다.[31] 하지만 전체적인 신뢰의 불가침성이 동시에 강조되었으며, 새 임원들은 현직에서 기대에 어긋나는 행동을 하게 될 때 더 높은 지위를 바라볼 수 없게 된다는 경고를 받았다.

1892년, 월터 힐(Walter B. Hill)은 외국 친구에게 보내는 다음과 같은 설명을 ≪센추리 매거진(Century Magazine)≫에 게재했다. "미국의 모든 소년이 대통령이 되고 모든 소녀가 대통령 부인이 될 수 있는 기회는 생득권에 속하는 것이지만, 정치적으로 우월한 지위가 다수의 잠재적인 야심가의 수에 비해 그 비율이 매우 낮을 때",[32] 과연 미국은 어떻게 기능할 수 있는가? 힐은 이러한 물음에, 무수한 보통 미국인을 "임원직이 정교하게 구비된 사회적·비즈니스적·종교적 결사는 물론 그 밖의 결사"로 조직화하기 때문이라고 답했다. 그는 또한 이렇게 제안한다. "단체명부를 살펴보자. 모든 주민이 지방의 야심을 채울 만한 수의 조직들을 발견할 수 있을 것이다. …… 하지만 단순한 지방 우선으로는 야심적인 사람을 만족시킬 수 없다. 이 때문에 그처럼 수없이 존재하는 단체에는 우리의 광대한 국가와 영토의 규모에 걸맞은 수많은 임원직이 준비된 주와 전국 조직이 있는 것이다."

물론 힐의 언급에는 유머로 과장된 부분이 없지 않지만, 그 내용면에서는 타당하다. 연방화된 자발적 연합체 ─ 특히 3층 구조의 조직 ─ 에서는 임원의 위계가 엄청나게 증가했는데, 각 지방의 클럽이나 로지는 보통 매년 8명에서 12명 또는 그 이상을 정원으로 하는 임원과 위원장을 선출하고 임명했다. 회원들은 가벼운 직책에서 시작해 더 높은 지위를 바라볼 수 있게 되었다. 지방 단위장을 원활하게 수행한 이후에는 노력 여하에 따라 주 임원의 위계로 상승하여, 더욱이 지방이나 주의 동료에게 열렬한 지지를 얻으면 전국 조직의 위원으로 선출될 수도 있었다. 전국 수준의 지도자들은 지방 문제를 다루고 선거인에 대한 존경과 표를 획득한다는 것의 의미를 늘 자각했으며, 모든 면에서 민주적인 시민사회활동에 기초했던 것이다.

오늘날의 평론가들은 그 임원직에 실업가 또는 전문직 남성과 그 아내가 자주 취임했다는 이유로 전형적인 자발적 연합체의 민주적 요소를

　　　　　　　　　　　　　　　　민주주의의 쇠퇴

경시하는 경향이 있다. 물론 엘리트 남성과 여성이 지방클럽이나 로지뿐 아니라 특히 주와 전국 수준의 임원직에 빈번히 선출된 것은 사실이지만, 낮은 신분의 사무원이나 농부 또는 숙련노동자와 그 아내가 곧잘 지도자로 취임했다는 사실 역시 또 다른 진실에 속한다. 이러한 점은 특히 재향군인회의 지부에서 잘 드러나는데, 재향군인회에서는 상위의 집회에 출석하는 경우 금전적인 보조를 통해 주와 전국 수준의 임원직에 취임할 수 있는 기회가 부여되었다. 일부 클럽이나 로지들은 압도적으로 블루칼라가 점유하고 있었기 때문에 그러한 곳의 임원은 매우 가난한 사람들이었다. 그렇지만 계급이 혼재하는 지부 등에서도 낮은 직업 신분의 사람은 노력의 결과로 최고의 위계에까지 오를 수 있었다.

아서 슐레진저가 미국의 볼런티어주의를 '민주주의의 학교'라고 단언한 것에 대한 타당성을 검토하기 위해 정치학자인 더글러스 라에(Douglas Rae)는 1913년 뉴헤이븐(코네티컷 주)의 교회를 제외한 모든 종류의 자발적 집단을 대상으로 임원의 직업 구성을 조사한 적이 있다.[33] 당시 인구 1인당 지방의 자발적 집단들 – 압도적으로 다수의 지부를 기반으로 연방화된 결사를 포함하여 – 수가 그 정점에 달했는데, 그것을 대상으로 한 라에의 연구는 전형적인 미국 시민사회에서 결사의 리더십 유형에 관한 중요한 실마리를 제공해준다. 뉴헤이븐의 334개 단체 중 28%는 회사 경영자가 단체의 대표를 겸임했다. 당시 뉴헤이븐의 인구 중 사업경영자는 불과 0.5%를 웃도는 정도였기 때문에 '직장에서의 군주'(D. 라에)가 결사 지도자까지 대표한다는 것은 과잉 현상이었음이 틀림없다. 하지만 "남녀우애조직이나 여성우애조직에서 지도자가 최고경영자인 경우는 겨우 네 곳"이었으며, 그들 대부분은 "상류계급의 클럽"을 통솔하고 "공적인 자선단체에 대량의 금전을 제공했다".

또한 라에는 "이러한 증거를 아무리 확대해석한다 해도, 사업경영과 지적 전문직"이 1913년 뉴헤이븐에서 "시민적 활동상(fauna)을 구성하는 조직의 5분의 1을 크게 넘어 통솔했다고는 주장할 수 없다"고 말했다. 판별하기 어려운 모호한 몇몇 사례가 있지만, 라에는 뉴헤이븐의 결사 중 3분의 1을 약간 넘은 정도가 "노동자층이 통솔했으며," 그 밖의 3분의 1이 화이트칼라 ― 그 대부분은 "주(週) 노동시간 내에서 권한을 지닌 사람들"이 아니었다 ― 에 의해 통솔되었음을 밝히고 있다. 라에의 주장에 의하면, 이 비율에 약간의 변화는 생길 수 있지만 "모든 시민적 조직 대부분은 임원직 등의 직책과 평생 인연이 닿지 않을 듯한 사람들이 통솔했다고 결론지을 수 있다"는 것이다. 라에는 슐레진저의 분석이 "시민생활의 활동에 관해서 대체로 정확했다"고 언급하면서 다음과 같이 결론을 내렸다. "이 분석은 이 시기의 시민생활의 폭넓은 활동 범위를 정확하게 확인해주는 것이지만, 위원회나 시민조직의 그다지 중요하지 않은 임원이 행한 눈에 잘 띄지 않은 수천 건의 사업을 무시함으로써 활동 범위를 실제보다 훨씬 좁게 파악했다."

계급횡단적인 자발적 집단에서의 엘리트

만일 자발적 연합체에 관해서 전국과 주 수준 임원의 경력과 학력을 조사해본다면, 지역 지부의 요직에는 라에가 조사한 뉴헤이븐의 경우와는 비교할 수 없을 만큼 많은 특권계급이 대표되었다는 과잉적 사실이 발견될 것임이 틀림없다. 하지만 필자는 매우 높은 사회적 신분의 남성이나 여성이 임원직을 수행했을 때조차도 민중에 뿌리를 둔 자발적 연합체가 우애를 중시하는 시민적 리더십 방식과 각계각층에서 전면적으로 참가하는 회원의 입회를 통해 민주화 효과를 유지했다고 주장한다. 연합체는 회원과 지도자 간 대화식 관계를 만들었으며, 또한 지도자가 직업과는 관계없이 좋은 평판을 지닌 사람을 조직하는 데 그에 대한 보상을 제공했다는 점에서 특별하다. 바로 여기에서 지방을 초월해 조직화된 결사들이 미국의 민주주의에 끼친 영향의 핵심과 조우하게 된다. 어느 정도 지방과 주, 전국으로 연결된 연합체들은 사회 저변의 계층에까지 도달하는 지위 이동의 계단을 형성했다. 동시에 – 또한 더욱더 인상적인 점이지만 – 이 결사들은 지도자나 지도자를 자칭하는 사람들이 아무리 특권적인 존재였다 해도 폭넓은 범위의 동료인 시민과 교류가 필요했던 것이다.

미국 최대의 자발적 연합체의 지부(로지, 포스트, 클럽)에서는 그 장소나 시기에 따라 입회자 간의 차이가 발견되기는 하지만, 거의 모든 경우에 서로 다른 직업과 계급의 남녀가 참가했다. 이러한 효과에 관한 증거는 학술적 연구나 회원의 직업을 우연히 게재하는, 필자가 발견한 오래된 지부(로지/포스트)의 여러 명부와도 차이가 전혀 없다.[34] 1918년 로열무스결사의 볼티모어 로지 제70호가 발행한 짧은 설명서에는 "회원 중에는 상인이나 기계공, 고용주나 종업원, 소박한 생활을 영위하는 사람뿐 아니라 유복한 사람들도 있었다"고 언급되어 있으며, "무스 지부에서는 회원 모두가 동일하고 평등하다. 다른 점이 있다면 결사의 기본원리를 실천하는 능력의 여하일 뿐이다"[35]라고 덧붙이고 있었다.

과거에는 사회적 지위가 높은 미국인이 자발적 연합체에 참가하는 경향이 강했다 – 비천한 직업의 사람도 입회는 가능했지만 – 라는 사실이 중요한 민주적 영향력을 가졌다. 1903년 5월 6일 네브래스카 주 링컨에서 윌리엄 제닝스 브라이언(William Jennings Bryan)은 그가 소속된 근대우드맨협회의 연설에서 다음과 같이 언급했다. "오늘밤 여기에 모인 여러분을 볼 때 저는 여러분의 대표적 성격을 생각하지 않을 수 없습니다. …… 지부에서 우리는 개인의 재산이나 대학 학위, 그리고 유서 깊은 가계나 선조에 대한 평가로 인한 것이 아니라는 중요한 점을 배웠습니다. 지부에서 우리는…… 시민으로서의 의무실행과정을 통해 그 사람의 가치를 가늠하는 방법을 배웠습니다. 그리고 이 우애단체, 유사한 우애단체들이 여기에서뿐 아니라 모든 영역에서 사람과의 유대를 강화하고 서로를 알아가는 훌륭한 작업을 해왔습니다."[36]

연구자들은 종종 사회적 지위가 높은 사람들이 조직에 입회하여 지도할 때 다른 사람을 "사회적으로 통제"할 것이라고 상정한다. 하지만 다양한 지위와 사회경제적 배경을 지닌 사람 간에 진행되는 상호 교류의 가치를 잊어서는 안 된다. 공유된 시민성과 자매애 또는 형제애가 전제된 교회나 자발적 멤버십 집단과 같은 환경에서는 이러한 점에 특히 주의해야 한다. 퇴역군인조직이나 우애집단, 부인결사, 금주단체, 그 밖의 많은 결사의 식전과 의식에서는 신(神) 앞에서 미국의 시민성과 자매애 또는 형제애를 찬미했다. 이러한 메시지가 단순히 어리석고 위선적인 것으로 여겨질지 모르지만, 현대 종교모임 이외의 결사나 제도의 관례 일부로 거의 재현되지 않는 이러한 점을 깊이 새겨둘 필요가 있다. 21세기 초반의 미국에서 정치가들이 종교에 관해 야단법석을 떠는 ― 특히 대통령 선거 캠페인 중에 ― 이유의 한 가지는 다양한 계급적 배경을 지닌 사람이 더불어 입회할 수 있는 결사의 분야가 종교 이외에는 거의 존재하지 않기 때문이다. 예전의 형제애나 자매애 또는 동료로서의 시민의식은 그것을 연결하는 결사들 ― 일부는 종교회파이며 일부는 종교회파의 가교 역할을 하는 결사들 ― 의 대집합을 통해 다양하게 체현되는 것이었지만, 오늘날 종교모임 이외의 우애집단은 쇠퇴하거나 소멸했다. 즉, 미국의 엘리트 사이에서 우애집단은 이미 유행이 지난 것이었다.

옛 신사나 숙녀 ― 사업가나 정치가, 전문가, 고명한 부인, 사교계 명사들 ― 의 평전을 읽어보라. 거기에서 무수한 비엘리트 시민이 회원이었던 우애결사나 퇴역군인결사, 부인결사, 시민결사의 대집합에서 회원이나 임원임을 자랑스럽게 공언하는 그들의 모습을 볼 수 있다. 옛날의 유명한 조직 지도자는 메이슨과 오드펠로스, 그랜지, 부인기독교금주동맹, 부인클럽총연합, 엘크스, 주요한 퇴역군인결사 ― 또한 가톨릭의 경우에는 고대히베르니아단, 콜럼버스기사단, 가톨릭 금주동맹 ― 에 대한 적극적인 참가를 성공적인 인생의 불가결한 부분으로 여겼다. 사회적으로 지위가 높은 남녀들은 이러한 과정에서 다른 회원과 교류를 통해 지방과 주, 전국 수준의 지도자를 향한 계단을 올랐다. 무엇보다 중요한 점으로는 어떠한 전형적인 자발적 결사에서도 회원 수와 회합이 가장 중요한 요소였기 때문에 지도자였던 사람들 ― 좀 더 넓은 사회적 리더십을 상징화하거나 입증해 보이기 위해서 이 단체들 내부의 임원직을 이용하려고 했던 사람들 ― 은 수많은 동료 회원을 격려하는 것에 관심을 쏟지 않으면 안 되었다. 회원 수에 관한 중요성 때문에 지도자들은 실로 다양한 배경을 지닌 사람을 동원하고 그들과 교류하지 않으면 성공할 수 없었다. 야심적인 남녀들은 조직 내에서의 출세를 위해 다양한 직업적 배경의 사람과 공유된 가치나 활동을 표현했으며, 그것에 기초하여 행동하지 않으면 안 되었던 것이다.

계급횡단적인 멤버십 연합체에 대한 관여는 또한 미국의 선거운동에 공헌하고 민주적인 정치가들이 정부 요직을 향한 야심을 정당화하는 데 일조했다. 그 이유로는 평판과 관련된 부분과 조직에 관련된 부분 두 가지였다. 평판에 관해서는, 실제로 또는 당선되고 싶은 선출공직자들이 민주적 감정이나 도덕적 성실을 공언하는 데 결사와의 관계를 이용했다. 워런 하딩(Warren Harding) 대통령은 당시 많은 대통령이나 연방의원과 마찬가지로 소속된 우애조직의 일원임을 공식적으로 드러냈다.[37] 재직 중 로열무스결사에 입회한 것은 "운전기사의 제안이었으며, 결사의 민주적 원리 ─ 그리고 하딩 자신의 민주적 성향 역시 ─ 를 강조하기 위해 의도된 방식이었다".[38] 이와 마찬가지로 앤튼 서마크(Anton Cermak) 역시 1930년대에 시카고 시장으로 입후보했을 때 "A. J. 서마크를 시장으로"라고 새겨진 동전을 잠재적인 지지자들에게 배포했다. 동전의 뒷면에는 소속된 우애단체 로지인 메디나템플성당회와 메이슨의 론데일로지 제995호, 시카고 엘크스 로지 제4호, 오드펠로스 로지 제5호의 명칭이 새겨져 있었다. 아마도 서마크는 성당회나 메이슨, 엘크스, 오드펠로스의 동료들이 자신에게 투표해줄 것을 기대했던 듯하다. 그는 자신이 회원의 일원임을 명예롭게 공언했고, 그로 인해 유권자 전원은 각계의 평판 좋은 사람들을 연합한 조직에 그가 관련되어 있다는 것을 알 수 있었다.

한편 조직 면에서 결사 네트워크는 공직에 취임하려는 이의 선거운동 개시 단계에서 큰 원동력이 되었다. 보스턴 시장 마이클 컬리(Michael Curley)와 같은 아일랜드계 머신(machine)* 정치가는 고대히베르니아단의 지원을 받아 선거운동을 시작했다.[39] 민족적인 우애집단들은 그 밖의 이민족계열(hyphenated) 미국인 정치가들의 이력과 자격을 면밀하게

---

* 미국의 이권이나 엽관제를 기초로 하는 집표조직으로서, 공공사업이나 공직의 임명과 같은 이권에 의존하는 집단을 일컫는다. 정책논쟁을 통한 정치과정으로부터 이탈된 형태로서 보통 '연고정치', '정치거래'의 형태로 드러난다. ─ 옮긴이

조사하는 역할을 담당했다. 더욱이 엘리트 정치가들과 앵글로색슨계 백인 개신교도(White Anglo-Saxon Protestant: WASP) 정치가들, 그리고 개혁파 정치가들 역시 마찬가지로 연방화된 우애조직 네트워크를 유용하게 활용했다. 프랭클린 루스벨트의 정치담당관이었던 짐 팔레이(Jim Farley)는 뉴욕 주와 서부를 여정하던 도중 ─ 그때 마침 1931년 엘크스 전국대회가 시애틀(워싱턴 주)에서 개최되고 있었다 ─ 엘크스자선보호회에서 자신이 활동적으로 참가한 것을, 루스벨트가 대통령 후보로서 유력한지에 대한 "정치적 감정을 판단"하는 데 이용했다.[40] 이와 마찬가지로 미국 최초의 여성 개혁파 정치가였던 마거릿 체이스 스미스(Margaret Chase Smith) 상원의원은 부인클럽 참가를 통해 시민으로서의 평판을 구축하고, 부인기독교금주동맹과 미국혁명의 딸들, 메인 주 비즈니스·직업부인연합의 지지를 얻어 입후보했다.[41] 자발적 멤버십 연합체에서의 리더십은 남성 또는 여성이 공선(公選)에 입후보하기 위한 기술과 평판을 획득하는 데에만 작용한 것이 아니다. 지도자가 되면 여러 지역에 다녀야 했으며, 그것이 결국 지리적으로 광범한 사람과의 만남을 촉진했다. 전형적인 미국의 멤버십 연합체를 통해 형성된 시민적 세계에서 결사지도자들은 특정한 직업적·사회적인 집단으로 한정되지 않은 폭넓은 대인적 네트워크에 참가할 수밖에 없었고 또한 그것의 구축을 도왔다. 이후 이러한 네트워크는 선거에서 승리의 가능성을 판단하고 정치적인 메시지를 유포하며 민중에 의한 선거운동의 지지를 동원하는 데 이용할 수 있었다.

시민성과 시민적 미덕의 촉진

조직 면에서의 영향에서 민주주의에 관한 더욱더 실질적인 영향으로 화제를 옮기기 위해서, 이제 멤버십 연합체들이 공화적인 시민성을 지탱하는 핵심적 가치를 훈육했던 방식에 관해 검토할 것이다. 자발적 연합체들은 거의 예외 없이 의식이나 집회장에서 자선활동과 커뮤니티, 그리고 선한 시민성(good citizenship)이라는 기본적인 가치를 강조했다. 물론 극히 일부 연합체는 민주와 공화라는 정치적 당파성을 확연히 드러냈다. 하지만 모든 연합체는 '미국인'이라는 자기정체성과 공화적 거버넌스, 국가에 대한 봉사를 강조했다는 점에서 공통적이었다. 『오드펠로스 교본(Odd-Fellows Textbook)』(초판은 1840년)의 저자는 "우리 결사는 결코 정치적인 결사가 아니다"라고 선언하면서 다음과 같이 덧붙였다. 하지만 "우리는 선한 시민들에게 요구되는 책무를 완수하고 그 의무에 구속되어 있다. 이러한 약속에 대한 침범이 우리 우애회 회원들의 이익을 배반할 때에는 즉시 추방되어야 한다".[42] 적극적인 측면으로서 커뮤니타나 조국에 봉사하는 회원들은 존경의 대상이 되었다. 그중에서도 군인으로 복역한 사람은 특히 경애의 대상이 되었다. 모든 로지와 그랜지, 클럽회관에는 각각의 주요한 전쟁마다 현역군인의 회원을 상징하는 파란색 별과 군 복무 중에 전사한 사람을 추도하는 금색 별로 장식된 태피스트리가 걸려 있었다.

하지만 민족문화적인 장벽이 이러한 시민적 노력을 무효화한 면이 없지 않다. 제2장에서 살펴본 바와 같이, 19세기 후반에서 20세기 전반에 걸쳐 결성된 미국 결사들 대부분은 민족적인 적대심에서 결성되어 종교와 인종이 낳은 경계선을 따라 걸었다. 이 때문에 자발적 연합체의

민주주의의 쇠퇴

어떠한 민주화 효과도 — 선한 시민성이라는 미덕에 대한 어떠한 지지도 — 비관용과 배타적인 주장으로 인해 희석되었다. 백인은 흑인과의 회담을 거부했으며, 개신교와 가톨릭은 서로 싸우기 위해 뭉쳤다. 또한 민족집단은 개신교나 가톨릭 또는 유대인이라는 넓은 계층 내에서조차 빈번한 대립을 거듭했다.

그렇지만 민족문화적인 배제와 비관용이 전부는 아니다. 전국적으로 야심적인 연합체에는 사회적인 교량 역할을 담당하기 위한 많은 동기가 내재되어 있었다. 이 집단들의 목표가 수백만 명의 회비 납입 회원을 모으는 데 있었다는 점을 잊어서는 안 된다. 이처럼 주요한 우애연합체들은 소수민족의 미국인 또는 유대인계 미국인이 민족 혼합의 로지에 입회하거나 결사의 여타 로지들과 우애관계를 맺는 그 자신들의 사교 로지 설립을 허가했다. 더욱이 연합체들은 특히 개신교 미국인 사이에서 당파횡단적·종파횡단적인 관계를 구축했다. 윌리엄 제닝스 브라이언은 근대우드맨협회의 1903년 연설에서 "우리는 소속 교회나 소속 정당을 불문하고 회원이 될 수 있다. 이 때문에 우리는 상호 권리와 상호 독립을 존중하게 되었다"고 설명했다.[43] 또한 때로는 인종적인 차이가 어떤 측면에서 가교 역할을 담당하기도 했다. 예를 들면 남북전쟁재향군인회나 미국재향군인회, 해외종군군인회와 같은 대규모 전국적 퇴역군인단체의 경우가 그러했다. 이 조직들에서는 (북부 일부의 경우) 흑인 병사가 인종적으로 통합된 지부에 입회하거나 (남부 대부분의 경우) 결사 내부에 자신의 지부를 설립하는 것이 허용되었다.

심지어 서로 배타적인 집단 간에 동원이나 대항동원이 행해졌을 때조차도 자발적인 참가를 통해서 시민적 수업을 학습할 수 있었다. 인종차별주의나 맹렬한 종교적·문화적 대립에도 불구하고 흑인과 소수민족

〈표 3-1〉 미국의 우애결사들이 칭송했던 미덕

우애단체	중시된 덕목
오드펠로스독립결사	우정, 사랑, 진리
오드펠로스대통일연합(미국 흑인)	우정, 사랑, 진리
레드맨지위향상동맹	자유, 우정, 자애
고대히베르니아단(아일랜드계 미국인)	우정, 단결, 기독교적 자애
독일·헝가리결사	우정, 사랑, 인정
금주의 아들들	사랑, 순결, 정절
굿템플독립결사	신앙, 희망, 자애
미국 기계공청년결사	덕, 자유, 애국심
피시아스기사단	우정, 자애, 박애
북미·남미·유럽·아시아·아프리카(미국 흑인)·오스트 레일리아의 피시아스기사단	우정, 자애, 박애
통일노동자고대결사	자선, 희망, 보호
엘크스자선보호회	자선, 정의, 형제애, 정절
콜럼버스기사단	단결, 자선, 형제애
로열무스결사	순결, 원조, 진보
미국 우드맨협회(미국 흑인)	가정을 지킴, 형제애
바사결사(스웨덴계 미국인)	진리, 단결
서부보헤미안우애협회	진리, 사랑, 정절
가톨릭포레스터결사	신앙, 희망, 자선
전국슬라브협회	자유, 평등, 우애
이글스우애회	자유, 진리, 정의, 평등

자료: Civic Engagement Project, Harvard University.

의 자발적 집단들은 동일한 가치를 중시하고, 미국에서 발생한 개신교의 우세한 집단들과 비슷한 조직적 실천에 종사했다. 모든 집단들은 선한 미국인이나 신앙 깊은 남성과 여성을 대표한다고 주장했다. 단체의 배지나 깃발은 미국 국기의 특징과 닮아 있었다. 또한 많은 이민결사의 경우, 미국 국기와 회원의 출신국 국기를 조합한 것이었다(예를 들면 <표 3-1>에 등장하는 고대히베르니아단의 기장배지처럼). <표 3-1>은 여러 전형적인 멤버십 연합체의 슬로건과 미덕을 열거한 것으로, 모든 집단들이 확연하게 서로 닮은 애국적·윤리적 이상을 지지했다는 사실을

민주주의의 쇠퇴

확인할 수 있다. 이처럼 백인의 오드펠로스독립결사는 흑인의 오드펠로스대통일연합과 동일한 슬로건의 미덕을 지니고 있었다. 또한 개신교가 우세한 집단과 가톨릭 우애집단이 특징적으로 지녔던 미덕과 여러 민족적 정체성을 지닌 집단들이 지녔던 미덕 사이에도 중요한 유사성이 존재했다.

서로 충돌되는 지지 기반의 결사들 역시 동일한 제도적 노선 — 미국의 연방제도에 필적하는 — 을 기준으로 뭉쳤다. 백인과 흑인, 미국 출생과 타민족 출신을 막론하고 모든 종류와 규모의 자발적 연합체들은 서로 연결된 지부를 육성하고 미국 헌법을 모방한 헌장을 기초해 사업을 조정했다. 요약하면 미국의 전형적인 멤버십 결사들은 회원 자격에 제한을 두었을지는 모르지만 모든 인구의 카테고리가 결합하여 유대교·기독교적, 그리고 애국적인 세계관과 흡사한 세계관을 표명하는 조직구조를 지닌 계급횡단적인 연합체가 되었던 것이다. 아이러니하게도 이러한 영향으로 인하여 미국 시민들이 통일을 원하지 않았을 때조차도 그들을 단결시키는 — 그들에게 공유된 가치와 유사한 시민성의 실천을 가르치는 — 효과가 있었다.

공공적 토의와 정치동원

전통적인 미국 멤버십 결사들 대부분은 오드펠로스가 표명하는 공식적인 비당파성(nonpartisanship)이라는 규칙을 받아들였다. 이러한 규칙의 목적은 서로 다른 정당 신념을 지닌 회원 간의 협동을 가능케 하고 결사의 분열을 초래하는 정당과의 종속적인 관계를 막기 위한 것이었다. 하지만 비당파성은 정치의 장에서 철수하는 것을 의미하지는 않았다. 각 단체들은 선한 시민성을 육성하고 공적인 문제에 대한 토의를 촉진할 수 있었으며 입법 목표를 실현하기 위해 '정당 간(transpartisan)' 노력이라고 불릴 만한 활동을 펼쳤다. 재향군인회 전국 사령관이던 폴 맥너트(Paul V. McNutt)는 1929년 1월 24일 메인 주 의회에서의 연설에서 "미국재향군인회에는 당파정치가 관여할 수 있는 여지가 존재하지 않을뿐더러 당파정치에 미국재향군인회가 관여할 수 있는 여지도 없다. 신에게 감사를!"이라고 선언한 바 있다. 하지만 사령관 맥너트는 재향군인회가 지지하던 일련의 새로운 입법적·시민적 시도(initiative)의 개요에 관해서 설명했으며, 적극적인 시민성을 강조하면서 당파성의 거부를 드러냈다. "회원 제군들, '여러분은 시민으로서의 의무와 선거권을 행사하는 명확한 의무를 지니고 있으며 그것을 초월한 의무', 즉 시대의 중요한 공적 문제에 관해서 '여러분이 접촉하는 모든 사람'에게 '지적인 관심을 불러일으킬 의무가 있습니다'"[44]라고 말이다.

여기에는 회원 개개인의 정치적인 '자학자습(自學自習)'이라는 권고 이상의 의미가 내재되어 있었다. 미국 멤버십 집단은 대부분 지방을 초월해 연방화되었는데, 그러한 연방구조는 공적 문제에 관한 집단토의를 육성하는 데 최적의 조건이었다. 이러한 사실 때문에 지방을 초월한 연합체 중 지역단체들은 프로그램에 관한 정보 경로, 대표와 지도자 간의 아이디어 교환 등으로 연결되었다. 지역 주민은 지구나 주 또는 전국 수준의 집회에 참가했으며, 그러한 장에서 전문가나 시민활동가 또는 정치가의 연설에 귀를 기울인 후 유쾌하고 많은 정보가 넘치는 지역 집회를 계획하며 고향으로 돌아갔다. 임원들은 직책 기간 중 주나 지역 지부로의 방문과제가 주어졌다. 그 방문 과정에서 그들은 프로그램의 아이디어를 로지에서 로지로, 그랜지에서 그랜지로, 지역 협회(union local)에

서 지역 협회로, 클럽에서 클럽으로 전달했다. 이러한 연계 덕에 매우
작은 변경지방의 자발적 집단조차도 긴급한 입법이나 정치문제를 포함
한 복잡한 문제에 관해 이야기할 수 있게 되었던 것이다.

필자가 수집한 연간행사의 책자에서는 연방화된 집단의 지부에 관한
수많은 사례를 발견할 수 있는데, 여기서는 1897년에 설립되어 1900년
에 연방구조를 갖추게 된 사우스다코타 주의 헨리(Henry)라는 작은 마을
에서 부인단체의 진보적인 학습클럽을 그 예로 소개한다. 회원은 12명
으로 <그림 3-4>에서 확인할 수 있다. 연령의 차이는 어느 정도 보이
지만 20세기 초기 중서부에 있는 농촌에서 흔히 볼 수 있던 평균적인 부
인조직과 그다지 큰 차이는 없다. 하지만 여기에서 1916년 초반 약 4개
월간의 집회에서 매우 다채로운 주제에 관해 논의되었다는 사실에 주목
할 필요가 있다. 그 내용들에 관해서는 <그림 3-5>에 제시되어 있는

Education of a Music Lover
JANUARY FOUR

Hostess—Mrs. Pease
Roll Call—My Favorite Instrument
and Why?
Lesson — Chapter IX, "The
Problem of Expression
                    Mrs. Murphy
Review—Orchestral Music
                    Mrs Morris
Magazine—Three Four-minute
Articles   Mrs. Martin

*

JANUARY EIGHTEEN

Hostess—Mrs. Martin
Roll Call—What Women Elsewhere
are Doing
Travalogue   Mrs. Snyder
Review—Womans' Progress
                    Mrs. Goepfert
Magazine—Three Four-minute
Articles   Mrs. O. H. Tarbell

MARCH FIRST
Hostess—Mrs. Hopkins
Roll Call—Favorite Musical Selec-
tion
Musicale   Mrs. Martin
Review—New Methods of Child
Education   Mrs. L. B. Parsons
Magazine—Three Four-minute
Articles   Mrs. Whooley

*

MARCH FIFTEEN
Hostess—Mrs. H. A. Tarbell
Roll Call—South Dakota Laws of
Interest to Women and Children
Discussion—Ten Questions on
Needful Legislation for Mar-
ried Women of South Da-
kota   Mrs. Kreger
Magazine—Three Five-minute
Articles   Mrs. Parsons

*

MARCH TWENTY-NINE
Hostess—Mrs. Baker
Roll Call—Current Events
Discussion—Our Immigration
                    Mrs. Pease
Review—America's Policy in
Regard to Contraband
Goods   Mrs. Brown
Magazine—Three Four-minute
Articles   Mrs. Babcock

FEBRUARY ONE

Hostess—Mrs. Goepfert
Roll Call—An Incident in the Life
of a Musician
Lesson—Chapter X to close
(History and Biology)
                    Mrs. Duffner
Review—American Scientific
Investigation   Mrs. Pease
Magazine—Three Four-minute
Articles   Mrs. Kreger

*

FEBRUARY FIFTEEN

Hostess—Mrs. Babcock
Roll Call—Patriotic Quotation
Lesson—Fathers' of the Con-
stitution   Mrs. Whooley
Review—"Our National De-
fenses Today"   Mrs. Snyder
Magazine—Three Four-minute
Articles   Mrs. Baker

APRIL TWELVE

Hostess—Mrs. Snyder
Roll Call—Scenic Wonders of the
United States from Personal Ob-
servation
Fashions of Different Periods
                 Mrs. H. A. Tarbell
Ten-minute Monologue
                    Mrs. Murphy
Magazine—Three Four-minute
Articles   Mrs. Stutenroth

*

APRIL TWENTY-SIX

Hostess—Mrs. Brown
Roll Call—Words Usually Mispro-
nounced
Our Expositions and their
Benefits to Our Country
                    Mrs. Goepfert
Review—Synopsis of a Stand-
ard Popular Book   Mrs. Neill
Magazine—Three Five-minute
Articles   Mrs. Murphy

데, 거기에서 다룬 주제는 가벼운 화제를 비롯해 교양적인 주제부터 주입법(州立法)('부인과 아이의 관심을 모으는 사우스다코타 주법', '사우스다코타 주의 기혼부인에게 필요한 입법에 관한 10가지 의문들'), 국가 또는 국제적 관심사('오늘날 우리나라의 국방', '우리의 이민')에까지 이른다. 제기된 주제의 범위는 근대적인 대학의 학부에서 이루어지는 것 못지않았다고 추측된다. 많은 학습 주제의 아이디어는 사우스다코타 부인클럽연합이나 전국적인 부인클럽총연합이 구축한 교류 시스템을 통해 헨리에까지 소개된 것이었다.

전형적인 자발적 집단은 의식활동을 중시하는 한편 공적 문제에 관해 토론하기 위한 장(場)을 창출하기도 했다. 이러한 장은 사회적일 뿐 아니라 물리적이기도 했다. 매우 많은 집단이 집회용 회관 ― 집단의 회원뿐 아니라 그 밖의 마을 단체 역시 사용할 수 있었다 ― 을 건축하기 위해 자금을 모았기 때문이다. 이러한 회관은 보통 주 1회 열리는 회합이나 사교모임 등에 이용되었지만 정치토론이 열리기도 했다. 1934년 메인 주 오번의 피시아스기사단의 회관을 예로 들어보자. 유레카(Eureka) 로지의 의사록 ― 필자가 어느 골동품 시장에서 발견한 낡은 기록잡지 ― 사이에 끼어 있던 로지의 편지봉투에는 회원 4명이 "정중하게" "11월 28일 수요일 밤에 무료로 회관을 사용"할 것을 신청(1934년 11월 22일)한다는 것과 함께, "집회의 목적은 타운센드 노령연금계획에 관한 회합"[45]이라는 내용이 적혀 있다. 대공황과 뉴딜이 한창이었을 때, 오번의 피시아스기사단의 몇몇 회원들은 당시 가장 논쟁적이었던 공공정책 문제에 관해서 논의하려고 우애회의 회관을 사용한 것이었다. 이와 마찬가지로 1933년 11월 21일 조지아 주 애틀랜타에 있는 여자고등학교 PTA는 늘 화제가 되던 교육과 아이의 훈련에 관련되는 주제에서 벗어나, 매월 체육관에서 개최되는 정기집회에서 1930년대 초기 뉴딜의 주요한 전국적 경제부흥계획의 국가경제회복기구(the N.R. A)에 관한 유진 건비(Eugene Gunby)의 연설을 예정하고 있었다.[46] 전국적인 공적 관심이 학교와 관련된 지방 문제의 토론의 장 속에서 같이 엮어졌던 것이다.

미국재향군인회나 연합부인클럽과 같이 인구의 1%를 넘는 회원 수를 자랑하는 자발적 결사의 5분의 3은 공적 문제를 논의하는 데 그치지 않았다. <표 2-1>에 게재된 58개 대규모 결사 중 34개 결사가 명확한 정치적 목표 — 노예제 반대, 금주개혁운동에서 부인참정권이나 일련의 사회적·민족적 프로그램에 이르기까지 — 로 회원을 동원했다.[47] 또한 종종 당파적 선거에 관여하는 데 반대하는 장벽이 무너졌는데, 예를 들면 1920년대 아이오와의 부인기독교금주동맹은 그 지역 출신인 허버트 후버(Hervert C. Hoover)의 대통령 선거 입후보를 지지하지 않을 수 없었다. 그의 소년 시절 사진을 실은 금주동맹 팸플릿에서는 "이 아이오와 출신을 대통령으로 세웁시다"라는 제안과 더불어 그것에 대해 긍정적으로 대답한 내용 등을 엿볼 수 있었다.

지금이야말로 미국의 새로운 대통령을 선출할 시기입니다. 농장의 요구와 필요를 아는 농장 출신의 소년, 그리고 돈을 버는 법과 모으는 법을 우리에게 가르쳐줄 수 있는 선한 사업가를 대통령으로 세웁시다. 왜냐하면 그 자신이 그래왔기 때문입니다. 기독교 신자를 대통령으로 세웁시다. 왜냐하면 여기는 기독교 신자의 국가이기 때문입니다. 우리의 헌법을 사랑하고 준수하는 인물, 그리고 술을 마시지 않고 금주법의 시행을 약속하는 인물인 허버트 후버를 대통령으로! 그야말로 그러한 인물입니다.[48]

하지만 자발적 연합체의 전국, 주의 지도자들은 더욱더 빈번하게 자신이 지지하는 입법의 실현을 위해 선거운동을 조정했다. 그들은 자신의 정당성을 피력하기 위해 주와 전국 수준의 선출공직자와 연락을 취했으며, 지역 지부에도 그에 관한 정보를 전달해 정치가들과 연락할 것을 촉구했다. 때로는 입법 캠페인과 동시에 국민의 복리에 필수적인 도덕적·정치적 목표를 위한 여론을 형성하기 위해 활동했다.

제2장에서 필자는 공적인 사회프로그램을 요구하는 운동을 전개했던 많은 연합체의 사례를 언급했다. 연방화된 자발적 결사들은 법률이나 여론 형성이라는 측면에서 특별한 위치를 확보해왔는데, 그러한 결사들의 연방제구조가 의회선거구나 하원의원 선거구와 자주 병렬되어 있었기 때문이다. 1910년대의 어머니연금(mothers' pension)과 세퍼드 타우너법(Sheppard Towner Act)을 요구하는 운동에서 훌륭하게 증명해 보였던 부인연합체들과 같이 많은 주와 지방을 초월하여 조정된 조직활동은 정당과는 상관없이 정치가들에게 결정적인 영향을 지닐 수 있었다.[49] 이와 같은 성공적인 예들은 그랜지나 토지교부 칼리지계획, 농민에 대한 공적 보조금을 요구했던 그랜지나 미국농업국연맹, 퇴역군인에 대한 서비스, 연금, (최종적으로는) GI법안(제대군인원호법)을 위해 로비활동을 벌였던 대규모 퇴역군인결사에 의해 동일한 방식으로 실현되었다. 이 모든 실례에서 자발적 연합체들은 여론을 형성하는 동시에 정당의 노선을 초월해 국회의원의 우선순위나 투표에 영향을 끼칠 수 있었으며, 무수한 미국인을 지방의 커뮤니티 생활에 참여시키면서 주와 전국 단위의 정치에서 압도적인 영향력을 지닌 행위주체였던 것이다.

회고와 전망

이 때문에 미국의 전통적인 자발적 멤버십 결사들은 몇몇 간접적인 방법들을 통해서뿐 아니라 직접적으로도 적극적인 시민성을 조장하고 정치나 통치에 영향을 끼칠 수 있었다. 연합체들은 보통의 미국인이 참가하여 기술을 획득하고 반복적으로 이루어지는 유대관계 ─ 지방뿐 아니라 광대한 국가 커뮤니티나 주, 넓은 지역을 횡단하면서 ─ 를 구축할 수 있는 미국 민주주의를 건설하는 데 각별히 중요했다. 연합체를 통해 미국의 일반인들은 영향력 있는 사회적 지도자와 교류할 수 있었으며, 다수결 선거에 기초한 공식적인 지도 방식과 임원들이 동료 시민을 이끌고 동원하는 책임을 육성했던 것이다.

미국의 긴 역사를 통해서 자발적 멤버십 연합체들은 정치와 정부의 방침을 결정하는 데 정당을 보완하거나 정당과 경합했다.[50] 주와 연방의회에 대표를 선출하는 무수한 선거구를 횡단하여 수많은 사람들을 조정 또는 지원하면서 자발적 연합체들은 민주적인 수단을 발휘할 수 있었으며, 주와 전국 수준의 활동 범위와 지역적인 존재감을 결합했다. 이러한 방식은 선출공직에 영향을 끼칠 수 있는 최선의 방법이었다. 물론 멤버십 결사들의 정치적 목표가 늘 선한 것은 아니었다. 가장 악명 높은 한 예로서 큐 클럭스 클랜단을 들 수 있다. 이 단체는 인종적 우월주의와 개신교 지상주의를 법외의 폭력이나 입법 활동을 통해 추구하는 것을 활동 목표로 한 단체로서, 한때는 큰 규모를 이루기도 했다. 이와 비슷한 배외주의적인 목표(대부분의 경우에는 그다지 적대적인 것이 아니었을지도 모르지만)는 역사적으로 중요한 많은 자발적 연합체의 프로그램에서 매우 두드러지게 나타났다. 이 때문에 필자는 사회적 관용이나 최대한의 포괄적인 시민성이 다수의 회원을 지닌 결사들에 의해 항상 촉진되어왔다고 주장하지는 않는다.

더욱이 무엇보다도 중요한 것은 원칙(principle)의 문제에 관한 용기 있는 입장을 명확히 표명한 좀 더 소규모적이고 민첩한 집단이 미국의 중요한 민주적 목표를 촉진해왔다는 점이다. 분명한 예로, 전국흑인지위향상협회(NAACP)와 같은 소규모 단체나 사형폐지론자에서 아동보호기금에 이르는 전문적인 애드보커시 그룹이 존재한다. 미국의 민주적인 시민사회를 완벽히 설명하기에는 대규모 회원의 결사들만을 상세하게 논하는 것만으로는 불충분하다. 미국의 대부분의 역사를 통해 주요한 멤버십 연합체들은 미국 시민의 광범한 영역에서 도덕적이고 물질적으로 관련된 모든 문제에 관해 끊임없이 논쟁을 불러일으켰다. 수백만 명의 미국 시민에게 연합체는 협동의 방법 — 지방뿐 아니라 전국적으로도 '결합'되는 — 을 제공했으며, 그로 인하여 여론이나 정부 활동에 영향력을 행사했다. 많은 경우 미국 정부의 민주적인 응답성(responsiveness)은 광범한 자발적 연합체의 활동 덕에 향상되었다.

가브리엘 앨먼드(Gabriel Almond)와 시드니 버바(Sidney Verba)가 5개국의 민주적 국가 국민을 대상으로 그 시민적인 관여와 태도를 조사했던 1960년경, 그들은 고도의 참여적인 미국 시민을 발견했다.[51] 미국인들은 남녀가 동등하게 자발적 집단의 임원이나 위원회의 위원으로서 높은 수준의 관여 태도를 보였으며, 전국과 지방의 공공적 업무에 영향을 미치는 능력 면에서 매우 우월한 자신감을 지니고 있었다. 앨먼드와 버바는 그러한 짧은 정보 같은 사회조사에서 지방에 뿌리를 내리고 있지만 전국적으로 조직된 자발적 멤버십 연합체를 중심으로 하는 민주적인 미국 시민사회의 의식적인 면을 발견한 것이었다.

사회과학의 연구과정에서는 매우 흔히 볼 수 있는 것이지만, 연구자들은 현상이 변화하려고 하는 시점에서 사실을 고정하고 전체상을 파악한다. 1963년 『현대시민의 정치문화(The Civic Culture)』가 출판되었을 때, 사람들에게 동요와 흥분을 불러일으켰던 시민세계의 변모는 그야말로 미국인에게 멀리 지평선 너머에 존재한 것이었다. 앞에서 상세히 기술해왔던 연방화된 멤버십 결사들을 중심으로 수십 년에 걸쳐 형성된 미국의 시민세계는 바로 그때 근저에서부터 변화의 움직임을 보였다. 다음의 세 장에서는 20세기 후반의 미국 시민사회에서 과연 무엇이 변화했고 왜 그러한 변화가 일어났으며 시민조직의 재편성이 우리의 민주주의에 어떠한 중요한 영향을 끼쳤는지를 고찰할 것이다. 현대의 변모에 관한 우리의 이해는 전형적인 미국 시민사회에 대해서 이미 우리가 파악한 이해 — 19세기에서 20세기 중엽에 걸쳐 전성기를 이루었던 입회자와 조직자의 국가 — 를 통해 더욱 강화될 것이다.

4

멤버십에서 매니지먼트로

1960년부터 21세기의 전환점에 이르기까지 계속 잠들어 있던 립 반 윙클(Rip Van Winkle)은 아마도 자기 나라의 시민생활에 관해 거의 무지했을 것이다. 전국 수준에서 활발한 활동을 보였던 동시에 지방에서도 활기에 차 있던 자발적 멤버십 연합체들 — 예를 들면 미국재향군인회와 엘크스, PTA — 을 중심으로 한 시민사회는 한때 유명했던 텔레비전 프로그램인 <비버에게 맡겨라(Leave It to Beaver)>와 같이 갑작스럽게 그 모습을 감추었다. 지금 재차 방영될 가능성이 있을지는 모르지만, 이러한 형태의 연합체들에는 기묘한 느낌을 갖지 않을 수 없다. 오늘날 미국인이 시민적 노력을 조직화하는 데 예전보다 더 애쓰고 있는지 알 수 없지만, 이제 그들은 결사에 가입하는 데 큰 관심이 없다. 사람들 대부분이 회원 없는 자발적 조직이라는 새로운 구성을 통해 그 영향력이나 커뮤니티를 추구하면서, 시민사회는 전문적으로 운영되는 애드보커시 그룹이나 비영리단체가 주된 역할을 담당하게 된 것이다.

물론 일부 미국인은 복음파 교회의 폐쇄적 생활 속에서 커뮤니티를 발견한다. 하지만 많은 사람들은 자신이 회원이지도 않은 비영리단체가 운영하는 사업을 산발적으로 수용하거나 전문적으로 운영되는 공익사업에 수표를 보내곤 한다. 또한 수많은 시민들의 의견을 대변 – 또는 영향력을 행사 – 하는 것을 목표로 새로운 전국적 애드보커시 그룹은 자신의 활동을 시작하고, 언론은 그러한 전문적인 대변자 간 토의를 크게 보도하곤 한다. 전국중절권리행동연맹(the National Abortion Rights Action League)은 전국생명권리위원회(the National Right to Life Committee)와 논쟁을 벌이며, 콩코드연맹은 미국퇴직자협회와 대립하고, 환경보호기금은 비즈니스단체에 반대한다. 일반인은 이러한 논의에 산발적으로 참가하거나 그것들을 즐기고 때로는 곤혹스러워하곤 한다. 그리고 여론조사원은 사람들의 의견을 모으기 위해 저녁식사 시간에 맞춰 전화를 거는 것이 현실이다.

멤버십 활동에서, 전문적으로 운영되는 조직이나 애드보커시 그룹으로의 최근 미국인의 시민생활 변화를 이해하는 것은 우리의 민주주의에 대한 기대를 현명하게 숙고하는 데 매우 중요하다. 집단의 태도와 개인행동, 투표율 유형에서의 변화는 연구자들이나 평론가들에 의해 정기적으로 확인되고 있으며, 이러한 문제 역시 중요할 것이다. 하지만 시민적 리더십의 **조직된** 공공적 활동이나 전략의 변화 역시 주목할 만한 가치가 있다. 남북전쟁이 발생하기 직전과 직후의 수십 년간은 다수의 시민 결사가 탄생한 시기였지만, 그 시기의 어느 시점과 비교해보더라도 최근 목격할 수 있는 미국인에 의한 결사의 형성과 이용 방식의 변화는 매우 색다른 것이다. 1960년대와 1970년대의 대규모 사회운동은 연방화된 멤버십 결사를 우회하여 성장했으며, 전문적으로 운영되는 새로운 시민적 사업이 급증하는 조건이 되었다.

민주주의의 쇠퇴

오래된 연합체와 새로운 사회운동

1950년대 최대의 멤버십 결사를 상기해보자. <표 4-1>은 1955년 당시 성인 남녀, 남성, 여성 각각의 '회원'이 해당 인구의 1% 이상을 점하는 23개 결사를 정리했다. 이 표는 당시 미국 시민사회의 겉모습을 흥미진진하게 관찰할 수 있는 기회를 제공하는데, 이 거대 멤버십 결사들은 전국에 걸쳐 모든 커뮤니티에 지방 단위를 갖추고 있었기 때문이다. 거기에는 다수의 여가조직뿐 아니라 직업에 기초하는 멤버십 연합 – 미국노동총연합(AFL), 산업노동조합회의(CIO: 1955년 AFL과 합병), 미국농업국연맹(AFBF) – 과 2개의 전국적인 사회봉사조직(미국적십자와 소아마비구제모금)이 포함되어 있었다.[1] 하지만 이 목록에서 가장 두드러지는 것은 성인 남성이 주도하는 우애단체와 퇴역군인단체, 여성이 주도하는 종교결사와 시민적 결사이다. 모든 종교에서 수백만 명의 미국인이 주요한 종파와 관련된 종교집회에 참가한 것은 아니었다. 그들은 전국적으로 유명한 자발적 연합체의 지부에도 소속되어 있었던 것이다.

1950년대 최대 규모의 멤버십 집단에는 1733년 설립된 메이슨에서 1939년의 통일감리교여성연합(19세기에 뿌리를 내렸던 몇몇 '전도'협회의 합병으로 결성)에 이르기까지 오랜 전통을 지닌 단체들이었다. 미국 역사를 통해 대부분의 대규모 멤버십 결사들이 그러했던 것처럼, 1950년대에 다수의 회원을 소유했던 많은 결사들은 계급의 구분을 뛰어넘어 회원을 모집했다. 지역 지부들은 정기적으로 모임을 열었으며, 주(또는 광범한 지역에 걸쳐)와 전국 수준의 정기집회에 대표를 파견했다. 이러한 결사들은 대부분 좁은 영역에서의 활동을 특정하기보다는 다양한 활동을 전개하면서 사교적이고 의식적인 활동을 커뮤니티 봉사와 상호부조,

〈표 4-1〉 미국 성인의 1% 또는 그 이상이 입회한 미국의 멤버십 결사(1955년)

단체명(설립 연도)	회원 수(명)	소속률(%)	지방 단위 수
미국노동총동맹산업회의(AFL=CIO) (1886)	12,622,000	12.05	NA
부모와 교사의 전국협의회(1897)	9,409,282	8.99	40,396(지역PTA)
미국 자동차협회 (1902)	5,009,346	4.78	464(클럽)
고대승인프리메이슨 (1733)	4,009,925	7.86(m)	15,662(로지)
미국 재향군인회(1919)	2,795,990	5.48(m)	16,937(포스트)
동방의 별 (1868)	2,365,778	2.26	12,277(챕터)
기독교청년회 (1851)	2,222,618	2.12	1,502(지역YMCA)
통일감리교여성연합 (1939)	1,811,600	3.37(w)	NA
미국볼링협회 (1895)	1,741,000	3.41(m)	43,090(리그)
미국 농업국연맹 (1919)	1,623,222	1.55	3,000(지방농업국) (추정)
미국 보이스카우트 (1910)	1,353,370 (추정)	1.29	53,804(지역부대)
부인전도동맹 (1888)	1,245,358	2.32(w)	65,132(교회WMU조직)
엘크스자선보호회 (1867)	1,149,613	2.25(m)	1,720(로지)
해외종군군인회 (1913)	1,086,859	2.13(m)	7,000(포스트) (추정)
로열무스결사 (1888)	843,697	1.65(m)	1,767(로지)
부인클럽총연합 (1890)	857,915	1.60(w)	15,168(클럽)
콜럼버스기사단 (1882)	832,601	1.63(m)	3,083(협의회)
신적성당귀족단 (1872)	761,179	1.49(m)	166(템플)
이글스우애회 (1898)	760,007	1.49(m)	1,566(둥지)
여성국제볼링협회 (1916)	706,193	1.31(w)	22,842(리그)
오드펠로스독립결사 (1819)	543,171	1.07(m)	7,572(로지)
미국적십자 (1881)	*	*	3,713(챕터)
소아마비구제모금 (1938)	*	*	3,090(챕터)

주: 'm'은 성인 남성만, 'w'는 성인 여성만을 지칭한다. '추정'은 현재 고려할 수 있는 최선의 추정 치이다. 'NA'는 이 시기에 관해 이용할 수 있는 자료가 존재하지 않음을 나타낸다.
* 미국적십자와 소아마비구제모금에는 참가자뿐 아니라 기부자 역시 포함되지 않았기 때문에 회 원 수 자료를 제시하지 않는다.
자료: Civic Engagement Project, Harvard University.

민주주의의 쇠퇴

그리고 국정(國政)에 대한 관여와 연관시켰다. 당시 미국에서는 애국주의(patriotism)가 중심적인 사상을 이루었기 때문에 제2차 세계대전 중 — 자발적 연합체들의 열렬한 지지를 기반으로 승리를 거두었던 국민적 노력 — 과 전후에 이 결사들이 회원 수를 늘려 지역적이며 국가적인(national) 활동을 재활성화했다는 사실을 상상하기란 어렵지 않다.[2]

물론 거대한 단체들만이 전시와 전후에 유일하게 중요한 자발적 결사였다고 말하기는 어렵다. 비교적 소규모이며 엘리트적인 시민그룹 역시 중요한 존재였다. 예를 들면 로터리클럽이나 라이온스클럽, 키와니스와 같은 남성의 사회봉사단체들이나 미국대학부인협회와 부인유권자동맹과 같은 오랜 역사를 지닌 부인조직이 그러했다.[3] 프린스홀 메이슨이나 세계엘크스자선보호회와 같은 흑인을 위한 우애·문화조직들이 그러했던 것처럼, 수십 개의 독자적인 민족집단 우애·문화조직들이 번영했다.[4] 또한 앞에서 언급한 모든 조직은 가장 거대한 멤버십 연합체와 동일한 방침으로 활동했으며, 그 대부분이 1940년대에서 제2차 세계대전 직후에 걸쳐 회원 수의 증가와 활력의 재생을 경험했다.

가브리엘 앨먼드와 시드니 버바가 1959년에서 1960년까지 미국을 포함한 5개국 시민을 대상으로 다양한 형태의 결사 가입에 관해서 질문했을 때, 미국의 답변자는 가입 단체로서 우애결사와 교회 관련 단체, 그리고 시민적·정치적 결사라는 답변이 두드러졌으며,[5] 앨먼드와 버바는 또한 미국인이 타국의 시민과 비교하여 복수의 결사에 가입하고 있다고 보고했다. 미국 여성이 타국의 여성에 비해 매우 참여적이었지만, 나머지 4개국의 교육수준과 결사에 대한 참여도의 연관성은 희박했다.[6] 개인 수준에 관한 이 모든 견해는 다양한 직업 배경을 지닌 다수의 남성과 여성 회원을 참가시키는 종교적·우애적·시민적인 자발적 연합체에서 큰 영향을 받은 전후 시민세계의 상황과 일치했다.

모든 종류의 멤버십 연합체에 20세기 중엽이라는 시기는 커뮤니티에 대한 영향뿐 아니라 전국적인 영향력이라는 점에서도 황금시대였다. 1960년, 미국 결사 회원의 5분의 2가 앨먼드와 버바의 면접원에게 자신이 가입한 집단이 정치적인 문제와 관계된 것으로 생각한다고 답변했다. 매우 많은 미국인은 여러 종류 집단의 일원이었기 때문에, 이러한 사실은 미국 시민이 영국인과 독일인만큼 노동조합에 소속되어 있지 않은데도 정치적으로 활발하게 활동한 조직에 많이 참여했다는 사실을 의미했다.[7] 제2차 세계대전 직후는 미국의 노동조합과 비즈니스 조직, 전문직 조직이 주와 국가 수준의 정책논의에 큰 영향력을 발휘한 시대였다. 하지만 이러한 점에서는 직업과 소득계층과는 관계없이 신입 회원을 모집했던 다수의 커뮤니티를 기반으로 한 연합체 역시 마찬가지였다. 미국재향군인회와 해외종군군인회는 퇴역군인의 프로그램을 추진했으며,[8] 이글스우애회는 연방정부에 사회보장 프로그램을 요구하며 투쟁했다.[9] 또한 그랜지와 미국농업국연맹(AFBF)은 다른 농업단체와 협력해 국가와 주의 농업정책에 영향을 끼쳤으며,[10] 부모와 교사의 전국협의회나 부인클럽총연합은 교육과 보건, 가족문제에 관해 유력한 조직이었다.[11] <그림 4-1>은 AFBF의 회원용 시민교본인 『당신의 농업국(Your Farm Bureau)』(1958)에 실린 삽화이다. 이 삽화를 통해 알 수 있듯이, 자발적 멤버십 연합체는 지방 커뮤니티의 시민을 주 또는 중앙정부와 연결하는 양면 교통의 '간선도로(highway)'로 기능했다. 예를 들면 연방정부의 정책 중에서 그때까지 가장 관대하고 사회적인 교육·가족정책의 하나였던 1944년의 GI법안(제대군인원호법)의 구상과 로비활동에 관여한 미국재향군인회의 중심적인 역할에서 볼 수 있듯이 그 영향력은

〈그림 4-1〉 농업국의 정책 간선도로

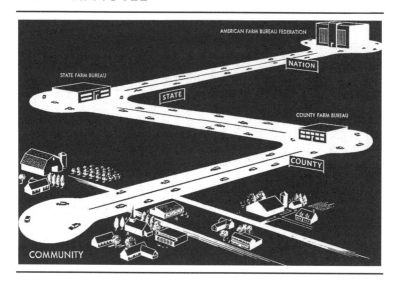

결정적인 것이었는지도 모른다.[12] 미국 멤버십 연합체의 세계는 1940년
대 후반에서 1960년대 중반에 걸쳐 번영을 이루었던 것이다.

긴 1960년대

하지만 갑작스럽게도 오랜 전통을 지닌 멤버십 연합체의 활동은 그
자취를 감추었다. 1950년대 중반에서 1970년대 중반까지의 '긴 1960
년대(the long 1960s)'를 통한 대변동이 미국을 뒤흔들어 놓았다. 남부의
공민권운동은 백인의 인종적 지배에 대한 투쟁과 도전이었으며, 흑인의
법적 평등과 투표권 실시라는 국민적인 입법화를 재촉했다.[13] 공민권
실시에 자극을 받아 1960년대와 1970년대에는 '권리'운동이 폭발적으
로 증가했으며, 여성에 대한 평등, 동성애자의 승인과 존엄, 농업노동자

의 조합 결성, 흑인 이외의 비백인 소수민족의 동원을 촉진했다.[14] 더욱
이 그 운동은 베트남 반전운동으로 표출되거나 새로운 환경보호주의를
위한 투쟁으로 전개되는 등 다양한 공공적 목표를 촉진하기 위한 형태
로 출현했다. 이러한 급격하게 고조된 운동의 최전선에는 미국의 젊은
이, 특히 증원된 대학생과 대학원생이 있었다.

'사회운동(social movements)'이란 매우 광대한 비구조적인 노력으로
서 참가자들은 그것을 통해 새로운 사고방식을 표명하고 제도적인 개혁
을 부르짖는다. 운동은 단지 한 조직의 작업이 아니며, 협력과 대립을
반복하는 다수의 그룹활동으로 탄력을 받은 여론의 변화를 통해 추진되
는 것이다. 이미 존재하는 지배적인 제도나 결사에서 안주하고 있던 행
위주체가 근본적인 사회변혁을 목표로 하는 운동의 선두에 서는 일은
거의 찾아볼 수 없으며, 대신 새로운 리더가 주도권을 쥐게 된다. 때로
는 기존에 주변화되었던 조직을 통해 활동하는 경우도 있지만, 거의 모
든 경우에는 새롭게 조직을 발족한다.[15] 사회변혁을 목표로 하는 운동
의 활동가들은 그 도덕적 결단과 전략적 기민함, 그리고 사람들이 새로
운 방법으로 결합하는 것에 조력하는 능력이라는 점에서 주목할 만하
다. 이러한 리더들, 그리고 재정비되거나 신설된 활동거점으로서의 조
직은 민주적 성격의 재흥이라는 점에서 매우 중요한 역할을 담당하게
된다. 이러한 사실은 미국 역사를 통해서 몇 번이고 목격한 역사적 과정
이었다.

긴 1960년대의 위대한 미국 사회운동은 혁신(innovation)과 새로운 리
더십을 특징으로 했다. 1955~1965년의 남부 공민권운동은 흑인교회
네트워크와 지도자 핵심그룹의 놀라운 결합의 유지로 추진한 직접행동
— '프리덤 라이드(freedom rides)'와 몽고메리의 버스파업운동, 그린스보로에

서 열린 연좌집회, 그리고 시 전역에서 전개된 비폭력시위 — 을 통해 야기되었으며,[16] 일반인은 교회 회중에서의 사회적 관계를 통해 참가하게 되었다. 한편 전략적 혁신은 남부기독교지도자회의(SCLC, 1957년 창설된 흑인성직자의 조정단체)와 학생비폭력조정위원회(SNCC, 1960년에 창설된 학생활동가의 조정조직)에서 창출되었다. 그때까지는 1909년 창설된 인종 사이의(interracial) 연합체인 전국흑인지위향상협회(NAACP)가 전국 수준의 주요한 공민권 단체였다. NAACP는 법적 권리의 옹호활동에 주력했는데, 공민권운동이 고조되는 시기까지는 흑인인구 2% 이상의 사람들이 모인 적이 없었으며, 대부분의 회원 역시 전문직 종사자나 목사였다. 활동가들에 의한 새로운 직접행동의 전술로 그 시점이 바뀌었던 시기에 특히 NAACP 지부와 청년평의회는 중요한 역할을 담당했으며, SCLC와 SNCC는 확대된 대중항의운동의 조정자 역할로서 중요한 위치에 있었다.[17]

1960년대 후반과 1970년대 페미니즘운동은 느슨하게 연결된 서클과 잡다한 선도 단체, 단일한 쟁점을 지닌 그룹, 신설된 소수의 멤버십 결사의 연합을 통해 추진되었다.[18] 공민권운동에서 시작된 급진적인 '여성해방'운동은 의식고양(consciousness-raising)과 직접행동그룹에 기반을 둔 것이었다. 개혁을 중시하는 '여성의 권리(women's rights)' 페미니즘은 정부위원회에 참여한 참가자들이 1966년 활동가와 지부를 기반으로 한 결사로서 전국여성기구(NOW)의 결성을 확정하자 비로소 명확한 형태를 갖추게 되었다.[19] 개혁파 페미니즘의 선두에는 여성공정행위연맹(1968년 결성)이나 전국중절권리행동연맹 — 결국 이 두 선도 단체는 보통 규모의 메일링 리스트 회원을 발전시켰다 — 이 포함되어 있었다. 그 여성들은 대부분 1970년대의 페미니즘 프로젝트를 지지하여 참가했으나, 미국대학부인협회를 비롯해 YWCA, 부인클럽총연합, 부인유권자연맹과 같은 전통 있는 멤버십 연합체들은 새로운 페미니즘운동을 전개하거나 추진하지 않았다. 1982년의 '페미니스트 동원'을 묘사한 조이스 겔브(Joyce Gelb)와 메리언 리프 팰리(Marian Lief Palley)는 "과거 20년 동안 활동한 그룹들은 멤버십이 아닌 리더십에 기초하는 경향을 보였다"[20]고 결론을 내렸다.

1970년에는 첫 번째 '지구의 날(Earth Day)'을 맞아 전국에서 대규모 시위가 열렸다. 이 시위는 토지자원 보존이나 특정 동물 보호에 관한 오랜 관심과 더불어 생태학적 의식이 고양되면서 구체화된 현대식 환경보호운동을 상징했다. 레이철 카슨(Rachel Carson)의 유명한 저서인 『침묵의 봄(Silent Spring)』(1962)을 비롯해 법률가나 과학자, 그리고 기존 환경단체에 대해 비판적 견해를 지닌 사람들이 결성한 새로운 애드보커시 조직들이 이러한 변혁에 가담했다.[21] 중심적인 조직으로는, 'DDT 금지 운동'이 전개되었던 1967년에 창설된 환경보호기금(the Environmental Defense Fund)과 독립적인 직접행동주의를 이유로 시에라클럽에서 추방된 전(前) 회장이 1969년에 결성한 지구의 친구들(the Friends of the Earth), 지구의 날의 학생 조직가들이 1970년에 결성한 환경을 위한 행동(Environmental Action), '변호사가 경영하는 환경법률사무소'에서 1970년 소송단체로 결성된 전국자원보호평의회(the National Resources Defense Council), 1970년대에 더욱 화려한 직접행동을 통한 입법 로비활동을 역설하는 활동가들이 국제적으로 결성한 그린피스(Greenpeace)가 있다.[22] 1970년에서 1990년대까지 이러한 현대식 환경보호주의는 다양한 전략과 역사, 지지 기반을 지닌 광범위하고 본질적으로 새로운 일군의 조직으로 급성장했으며, 핵심 단체들은 문제를 새롭게 정의하는 한편, 참신한 전술을 추구하며 계속 확산되었다. 동시에 시에라클럽(the Sierra Club, 1892년 창설)과 전국오듀본협회(the National Audubon Society, 1905년 창설), 윌더너스협회(the Wilderness Society, 1935년 창설), 전국야생동물연맹(the National Wildlife Federation, 1936년 창설)과 같이 오랜 전통이 있는 멤버십 연합체들은 그때까지 기울여왔던 노력을 재정립하고 새로운 환경보호주의의 주요한 행위주체가 되었다.[23]

긴 1960년대의 거대한 사회운동은 이처럼 시민적 저항활동과 활동가들의 급진주의, 대정부 로비활동을 전개했으며, 일반 시민을 계몽하기 위해 전문적으로 주도된 활동을 총괄해왔다. 일부 오랜 멤버십 결사들 역시 종국에는 이에 참가하여 그 지지 기반을 넓혔는데, 오히려 기존 멤버십 연합체보다 더 활발하고 유연하게 구조화되었다. 무엇보다 중요한 것은 대다수의 중요한 단체가 결코 멤버십 결사가 아니었다는 점이다. 즉, 새로운 목표에 대한 열정적인 지지와 참신한 사고방식, 그리고 융통성 있는 활동가의 소규모 복합체였다.

애드보커시의 분출

이제 그 다음에 무슨 일이 일어났는지에 관해 생각해보지 않을 수 없다. 긴 1960년대의 시위가 승리를 거둔 이후 그 지지가 점차 소멸되어 갔다면 결사의 혁신은 20세기 후반의 미국에서 더는 그 흔적을 찾아볼 수 없었을 것이다. 또한 시민적인 유행 역시 그 수단이 확대되었다면 오랜 전통 방식으로 되돌아가는 형태가 되었을지 모른다. 시민의 동요나 정치적인 선동의 예외적인 시대가 과거 미국 역사상 존재하지 않았던 것은 아니지만, 그때마다 멤버십 연합체들은 퇴보하기보다 오히려 그 존재의 복위와 재흥에 탄력을 얻었을 뿐이었다. 1960년대의 대변동은 구성적으로 변화된 시민세계 - 전통 있는 일부 멤버십 결사들은 쇠퇴했으며 또한 몇몇 새로운 연합체가 출현했지만, 여전히 다른 조직들은 새로운 과제와 지지의 원천을 활성화하기 위해 스스로 재정립과 재편성을 완성했던 세계 - 를 그 유산으로 남겼을 가능성도 있다. 각각의 거대한 사회운동 내부에서 멤버십이 강화되고 모든 단체들이 연합해 일반 구성원을 주나 광범한 지역 또는 전국 수준의 리더십으로 이을 수 있는 새로운(또는 쇄신된) 포괄적 연합체로 변모하는 동시에 과거의 미국 시민적 전통이 새로운 방식으로 존속될 수 있는 현실적 가능성 역시 존재했다.

하지만 실제로 이러한 상황은 출현하지 않았으며, 1960년대와 1970년대, 그리고 1980년대에는 새롭고 다양한 시민조직의 증가가 돋보였다. 『단체명부(Encyclopedia of Associations)』에 실린 전국 단체의 총수는 1959년에서 1999년까지 40년 동안 약 4배가 되었다(<표 4-2> 참조). 1959년에는 5,843개였던 단체 수가 1970년까지 약 두 배인 1만 308개가 되었다. 이 전반 부분의 증가분 일부에는 『단체명부』의 편집자가 발견한 이전부터 존재한 단체가 포함되었을지 모르지만, 후반 부분의 증가분에는 이전에 결성된 단체가 거의 포함되지 않았다고 생각된다.[24] 1980년대까지 1만 4,726개의 전국적인 단체가 있었으며, 1990년에는 전체적으로 2만 2,259개에 달했다. 하지만 1990년대의 10년 동안에 미국의 확장된 전국적 결사의 세계는 정체기로 들어섰다. 단체 수 역시 2만 2,000개에서 2만 3,000개 사이로 유지되는 상태였다. 대부분의 단체가 증가한 시기는 1990년 이전 특히 1970년대와 1980년대 - 이 시기는 새롭게 결성된 집단의 수가 미국의 인구성장을 훨씬 넘어섰다 - 였다.[25] 더욱 중요한 점은 이러한 시민적 다산(多産)의 시기에 단체의 급증과 동일하게 혁신이 중요시되었다는 점이다. **새로운 종류의 집단이 무대의 중심에 등장했던 것이다.** 그중에는 정책로비활동이나 공교육에 초점을 맞추는 전문가들이 운영하는 다수의 애드보커시 그룹이 포함되어 있었다.

제프리 베리가 '애드보커시의 분출(advocacy explosion)'이라고 적절하게 표현했던 사태가 부분적으로 중복되는 흐름 속에서 일어났다.[26] 과거 주변화되어 있던, 사회적 카테고리에 속해 있는 미국인의 여러 권리를 주장하는 집단이 앞장섰으며, 이에 참신한 공익적 관점을 옹호해야 한다고 주장하는 다수의 새로운 시민 애드보커시 그룹이 뒤를 이었다. 애드보커시 조직은 이미 수적으로 충분한 직업 및 비즈니스 조직과 더불어 증식을 거듭했다.

권리옹호

긴 1960년대의 수많은 운동은 전형적인 미국의 시민사회에서 주변화되어 있던 사람을 위해 투쟁했으며, 새로운 결사에 의한 불꽃 튀는 노력의 성과로 발현되었다. 데브라 민코프(Debra Minkoff)는 나름대로 '평등을 위한 조직화'에 관해 상세한 연구를 계속했는데, 그녀는 "1955~1985년의 어느 한 시점에서 매우 활동적이었던 975개의 전국적인 소수민족·여성 멤버십 결사들"[27]을 특정하기 위해 『단체명부』에 매년 게재된 단체 일람을 이용했다. 전체적으로 여성과 흑인, 히스패닉계, 아시아계 미국인의 권리와 복지를 위해 활동했던 그 단체들은 1955년 시점에서 98개였지만 1985년에는 688개로 6배의 증가율을 나타냈다.[28] 민코프의 자료에 의하면, 1960년대 중엽 공민권운동의 승리 직후에는 흑인의 대표로 행동하는 집단이 다수 결성되었다. 한편 여성이나 소수민족집단의 평등을 주창하는 집단에 대한 가입은 조금 뒤늦은 1970년대에 특히 증가했다.[29] 실제로 민코프의 연구에서는 권리를 중시하는 단체의 증가를 실제보다 훨씬 적게 기술하고 있다. 그녀의 자료에는 '연구센터나 사업형 재단과 같은 정부기관 및 스태프가 운영하는 비영리단체들'[30]은 거의 포함되지 않았으며, 일정한 종류의 지지 기반이 있는 결사만이 포함되었기 때문이다. 하지만 그녀가 조사한 지지 기반형 단체들이 이용했던 조직 전략 형태 비중의 변화에 대한 민코프의 견해는 그 나름대로 많은 힌트를 준다.[31] 1955년에서 1960년대 후반에 여성과 인종 또는 소수민족의 권리 증진에 초점을 맞춘 단체의 반수 정도가 사회봉사를 제공했으며 그 5분의 1이 문화활동(예를 들면 예술축제의 스폰서와 매스컴 자료의 준비)을 중시했다. 하지만 권리주장단체의 세계가 1970년대와 1980년대에 극적으로 확대되면서 조직 전략의 비중은 급격하게 정책 애드보커시 그룹으로 전환되었고, 봉사 제공자들 역시 정책 애드보커시에 종사하게 되었다. 정치적 항의를 중시하는 권리주장단체들은 늘 극히 소수였으며, 그 수는 1955~1985년의 30년 동안 일정한 수준을 유지했다. 그중에서도 저항활동은 민코프가 설명하는 바와 같이 "1965년 말 183개 단체 중에서 10개 단체가 저항활동을 지속하던 시기"가 "678개 단체 중에서 10개 단체"가 항의운동에 관여했던 1985년보다 "훨씬 사람들의 주목을 끌었다".[32] 여성과 흑인, 그리고 인종을 특징으로 한 소수민족집단에 관한 목표를 촉진하는 결사에서는 전략으로서의 항의보다 정책 애드보커시가 더 중시되었던 것이다.

이와 같은 민코프의 발견은 다른 연구자들의 연구를 보충하는 부분도 있다. 케이 슐로즈만(Kay L. Schlozman)이 1980년대 초에 워싱턴DC

를 기반으로 한 결사를 조사할 때, 여성단체 - 특히 권리중시단체 - 은 결성된 지 얼마 되지 않았지만 이미 워싱턴DC의 다른 압력단체와 동일한 비중을 나타냈으며 전문가에 의한 권리주장의 방법을 채용했다는 사실을 발견했다.[33] 겔브와 팰리 역시 이와 같은 의견으로, "1960년대 말기에 사회운동으로서 출현한" 페미니스트 "그룹들"이 "1970년대 후반에는 이익집단조직과 전문화를 강조하는 단계로의 정치적 발전을 보였다"[34]고 서술했다. 페미니스트 결사들은 사법활동과 연구활동, 로비활동을 지속하는 한편, 일반 대중의 공감에 호소했다. "페미니스트 그룹들"은 "흑인공민권단체와 마찬가지로 워싱턴DC 또는 뉴욕을 거점으로 삼고 있다"[35]고 겔브와 팰리는 지적했다.

시민 애드보커시 그룹

20세기 후반 애드보커시 활동의 또 다른 경향은 여론을 형성하거나 입법 과정에 영향을 끼치려고 하는 '공익'과 '공민' 그룹에 대해 영향력을 행사했다는 점이다.[36] 시민 애드보커시 그룹은 환경보호(예를 들면 시에라클럽이나 환경보호기금)에서 가난한 아이의 건강[아동보호기금(the Children's Defense Fund)], 그리고 정치 개혁[코먼코즈(Common Cause)]과 공적 사회보장삭감(콩코드연맹)에 이르기까지의 '목표(causes)'를 지지한다. 베리에 의하면, 이 조직을 지지하는 이들은 직업적·물질적 이익이 아닌 공익을 추구한다. 시민 애드보커시 그룹은 자주 유권자들을 대변하기도 하지만 '회원'이라는 이름이 붙은 유권자들은 각각 시민으로서 사회봉사 전문가들과는 다른 조직 또는 조직원일 가능성이 있다. 많은 시민조직은 회원이 전혀 없음을 공언하고 있다. 또한 최근 결성된 단체들에는 지역 지부의 네트워크가 있지도 않으며, 회비를 지불하는 개인 회원에게 의존하는 모습도 찾아볼 수 없다.[37]

많은 시민 애드보커시 그룹은 긴 1960년대의 사회운동에서 활동을 시작했던 활동가들이 설립한 것이었지만, 공익주창자로서 기능하는 수많은 단체들은 1980년대에 비로소 증가하는 모습을 보였다. 그것들은 수도인 워싱턴DC와 전국의 언론에서 진행 중이던 정책투쟁 속에서 결성되었다. 베리는 1970년대 전반 워싱턴DC에서 활동했던 83개 공공이익단체를 대상으로 한 조사에서 단체의 반수 정도가 1968~1973년에 결성되었다는 사실을 알게 되었다.[38] 케이 레만 슐로즈만과 존 티어니 (John C. Tierney)는 1981년도 로비단체명단에 게재된 단체를 분석하여 단체의 40%가 1960년대 이후에, 25%가 1970년대 이후에 결성되었다고 설명했다.[39] 가장 포괄적인 잭 워커(Jack Walker)와 동료들의 연구에서는 1980년대 전반 워싱턴DC에 본부를 둔 564개 단체가 검토되어 그중 30%가 1960~1980년에 결성되었으며, 시민단체들이 여타 로비단체들에 비해 훨씬 많이 증가했다는 사실을 밝혔다.[40] 시민 애드보커시 활동의 첫 흐름은 자유주의적(liberal)인 것이었으며, 새롭게 결성된 보수파 그룹들도 특히 1980년대를 통해 논쟁에 참여했다.[41]

"공공연하게 정치적인" 단체로서 시민조직은 "수많은 로비스트나 조사연구원을 고용하기 위해 많은 재원"[42]을 동원하고 다양한 정치적 전술을 사용한다. '인사이드 로비(inside lobbying)' — 규칙이나 법률조항에 대한 지지 태도를 주장하기 위해 행정관과 의회직원과 접촉하는 활동 — 에 집중하는 전술을 취하는 시민조직이 있는가 하면, 법정투쟁을 중심으로 하는 조직도 있다. 또한 그중에는 연방의회와 접촉하기 위한 홍보를 계획하거나 광범위한 지지 기반의 감정을 자극하려는 시민조직도 존재한

민주주의의 쇠퇴

다. 하지만 시민단체들은 전술의 강조 또는 그 혼합전술과는 관계없이 설득력 있는 논의를 구상하고 그것을 확산하기 위한 전문적 지식을 필요로 한다. 또한 시민조직들은 정책논쟁에서 자주 적대시하는 비즈니스·전문직 로비와 거의 동일한 방식으로 정치 활동을 하고 유력한 전문 스태프를 양성한다. 그 좋은 예로 환경운동을 들 수 있는데, 전국적으로 활동적인 단체 수가 1961년의 119개에서 1990년에는 396개로 3배 이상 증가했으며, 전국의 스태프 수는 그 사이에 316명에서 2,917명으로 거의 10배나 되었다.[43] 전문화는 많은 회원을 지닌 전통 있는 조직, 그리고 개인 회원과 지역 지부를 포기하거나 중시하지 않는 최근 결성된 단체 모두에 영향을 주면서 전국적으로 진행되었다.

비즈니스 조직

최근 미국 애드보커시의 폭발적 흐름은 적어도 부분적으로 앞서 설명한 2개의 조직과 단체에 대한 반응이었다. 20세기 초에서 중반까지 업계와 전문직 조직들은 미국의 정치나 결사생활에 대한 영향력을 증대했다. 결사의 신설과 급증은 제1차 세계대전과 뉴딜 초기, 그리고 제2차 세계대전 시기와 마찬가지로 연방정부가 국민경제와 협력 또는 관리에 집중했던 중대한 시기와 중복되고 있다.[44] 1960년대 중반 이후, 권리주창단체와 시민 애드보커시 활동가들은 전국 수준에서 그 존재감을 현저하게 드러냈다. 하지만 이전의 지배적인 이해관계자들이 그저 방관하고 있지만은 않았다. 비즈니스 단체들은 특별한 이익을 유지하고 있었는데, 이 조직들은 세금과 경비가 드는 사회프로그램 또는 환경주의자나 권리주창자가 지지하는 새로운 종류의 규칙에 반대하는 보수적 연합의 주력 부대로 여겨졌기 때문이다. 1970년대와 1980년대에 재계의 모든 부문은 한층 전문화된 조직을 결성했으며, 그 새로운 집단은 시민단체와 경쟁하는 것처럼 보였다. 더욱 중요한 것은 다수의 기업이나 기존의 비즈니스 조직이 워싱턴DC에 사무소를 처음 설치했다는 점이다. 워싱턴DC에 사무소를 둔다는 것은 연방정부를 감시하고 새롭게 동원된 권리주창단체들이나 시민조직에 대항하는 데 훨씬 좋은 환경을 제공했다.[45] 애드보커시 활동의 경쟁 상황에서는 행동에 대해 즉각적으로 반대행동이 일어났던 것이다.

　그렇지만 20세기 후반에는 비즈니스 단체들과 여타의 시민적 결사들 사이의 균형에 급격한 변화가 일어났다. <표 4-2>는 『단체명부』를 근거로 작성된 것인데, 그것에 의하면 '무역, 비즈니스, 상업' 조직들과 '상공회의소와 무역, 관광업'을 합치면 애드보커시 활동이 분출되기 직전인 1959년까지 전국적인 조직은 40%를 점하고 있었다. 그리고 이후 40년간 이러한 비즈니스 단체들은 1959년 2,309개에서 1999년 3,831개로 증가했다. 하지만 전국적인 조직 전체에서의 점유율은 17%에도 미치지 못했다. 한편 가장 급격하게 성장하던 단체 유형인 '공공문제' 단체들은 2%에서 9%의 점유율 성장을 보였다. 또한 '사회복지'와 '교육·문화', '보건·의료' 관련 단체들은 1959년의 약 5분의 1에서 1999년에는 3분의 1의 점유율을 자랑했다. 이러한 형태의 모든 단체들이 민코프나 베리가 지칭하는 '권리주창'과 '시민'조직에 반드시 정확하게 대응한다고는 할 수 없다. 그들이 말하는 다수의 조직들은 사회사업시설이나 엘리트 직업을 대변하고 있기 때문이다. 하지만 1990년까지 급속하게 성장한 이 카테고리들에 속한 조직들이 전국 규모로 활동하는 단체들 내의 점유율 면에서 비즈니스 단체들을 크게 넘어서고 있다는 점

〈표 4-2〉 미국의 전국적 결사(1959~1999년)

단체 형태	1959	%	1970	1980	1990	1999	%	성장률
급격한 성장								
공공문제	117	2%	477	1,068	2,249	2,071	9%	19.2
취미·부업	98	2%	449	910	1,475	1,569	7%	16.0
사회복지	241	4%	458	994	1,705	1,929	8%	8.0
운동·스포츠	123	2%	334	504	840	821	4%	6.7
퇴역군인·세습·애국	109	2%	197	208	462	769	3%	7.1
교육 a	563	10%	1,357	976	1,292	1,311	14%	5.7
문화 a				1,400	1,886	1,912		
보건·의료	433	7%	834	1,413	2,227	2,485	11%	5.7
팬클럽 b	-	-	-	-	551	485	2%	-
평균적 성장								
법률·정부·행정·군사	164	3%	355	529	792	786	3%	4.8
과학·기술·자연과학·사회과학	294	5%	544	1,039	1,417	1,353	6%	4.6
우애·외국·국적·민족	122	2%	591	435	572	524	2%	4.3
종교	295	5%	782	797	1,172	1,217	5%	4.1
환경·농업	331	5%	504	677	940	1,120	5%	3.4
점진적 성장								
무역·비즈니스·상업	2,309	40%	2,753	3,118	3,918	3,831	17%.	1.7
상공·무역·관광회의소 c	100	2%	112	105	168	119	0.5%	1.2
노동조합·협회·연합	226	4%	225	235	253	243	1%	1.1
그리스 및 비그리스 문학사교단체	318	5%	336	318	340	333	1.5%	1.1
합계	5,843		10,308	14,726	22,259	22,878		3.9

a) '교육'과 '문화'는 1972년 이전에는 일괄적으로 다루어지지 않았다. 이 두 형태를 합친 성장률은 맨 오른쪽 칸에 기재되어 있다.

b) 팬클럽은 1987년 이전에는 하나의 카테고리가 아니었다. 성장률은 산출되지 않았다.

c) 1970년 이전, 수천 개의 지방 수준의 상공업회의소 역시 전국 수준의 단체들을 다룬『단체명부』에 수록되어 있다. 1970년 이후는 지방 단체와 전국 단체가 개별적으로 수록되어 있다. 1959년의 수치는 그해 전국 단체의 추정치이다.

자료: Frank R. Baumgartner and Beth L. Leech, *Basic Interests* (Princeton: Princeton University Press, 1998), p. 103에 <표 6-1>을 업데이트한 것임. 자료의 출처는『단체명부』(연차는 기재된 그대로). 1999년도에 관해서는 CD-ROM판을, 그 이전은 출판물에서 인용한다.

은 매우 중대한 사실임이 틀림없다.

더욱이 정치학자인 프랭크 바움가트너(Frank Baumgartner)와 브라이언 존스(Bryan Jones)는 장기적인 관점에서부터 20세기 초 전국적 규모의 영리단체(비즈니스 단체 이외의 농업단체도 포함하여)의 수가 여타의 정체성이나 이익에 기초하는 조직에 비해 두 배 정도 늘어났다고 추정했다. 20세기 중반 1930년에서 1960년대에 걸쳐 영리단체는 비영리단체에 비해 세 배나 늘어났다. 하지만 1960년대 이후 애드보커시가 분출하면서 20세기 전반에 비해 영리단체의 우위적 위치에는 균열이 생겨났다. 바움가트너와 존스는 "이 자료들이 1940~1950년대 워싱턴DC의 정책 형성과 이익집단을 연구하는 정치학자들이 왜 철의 삼각형(iron tri-angles)이나 하위정부 등에 관해 논했는지, 그리고 1970년대와 1980년대에 이와 동일한 주제에 관해 논의했던 연구자들 역시 왜 분산적인 정책 네트워크나 애드보커시 연합의 특징을 묘사하려는 경향이 있었는지에 관한 이유를 제시해준다"[46]고 생각했다. 결과는 공적인 토의나 법률의 과제에 대한 권리주창단체나 애드보커시 그룹의 더 커진 영향력이 아니다. "예전에는 합의적이며 친(親)산업적으로 이해되던 문제가 좀 더 논쟁적으로 변화"[47]하면서 공공정책 형성 역시 이전보다 훨씬 대립적인 것이 되었던 것이다.

추가적인 조직 증가

비즈니스 단체에 비해 전국적 활동을 전개하는 공익집단의 일반 회원 수가 증가했다는 사실을 근년 미국의 유일한 시민적 경향의 조직지표로 간주해서는 안 된다. 앞서 언급한 애드보커시 그룹은 급증한 결과

민주주의의 쇠퇴

〈그림 4-2〉 미국의 공적 문제에 관해 자금과 아이디어를 소유하는 조직

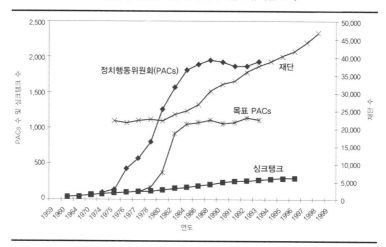

자료: 싱크탱크에 관한 자료는 앤드루 리치에서, 재단에 관한 자료는 재단센터의 웹사이트에서, 그
리고 PAC자료에 관한 자료는 다음에서 인용했다. M. Margaret Conway and J. Green,
"Political Action Committees and the Political Process in the 1990s," in A. J. Cigler and B. A.
Loomis(eds.), *Interest Group Politics*, 4th ed. (Washington, DC: CQ Press, 1995), p. 157.

로 인해 미국의 조직화된 시민생활의 양상을 변화시켰던 몇몇 조직 중
하나에 지나지 않는다. <그림 4-2>가 제시하는 바와 같이 자금과 아이
디어를 소유한 또 다른 조직 역시 근년 들어 번성하고 있으며, 그 대다
수의 조직 내에서 재계나 대부호들이 중요한 역할을 담당한다는 것 또
한 사실이다. 정치행동위원회(PAC)는 비즈니스나 부유층 기부자에게서
자금을 모아 임원직을 추구하는 정치가들에게 제공하거나 공개토론의
방향에 영향을 끼치기도 한다. 한편 민간재단들은 부유한 창설자에게서
제공받은 기부재산을 조금씩 배분하면서 선택된 집단이나 목표에 보조
금을 제공한다. 또한 싱크탱크 ― 자주 같은 방식으로 기금의 기부금을 수여
받고 있다 ― 는 공공정책 문제를 다루기 위해 그 분야의 전문가들을 모
집한다. PAC와 싱크탱크, 그리고 재단들은 영리와 비영리 사이의 이해

관계에서 여러 입장을 취할지도 모르지만, 비즈니스나 특권계급의 관심사는 이러한 조직들에 의한 실효적인 대표성이 필수적이었다. 더욱이 PAC와 싱크탱크, 그리고 재단들은 정책논쟁의 입장과는 무관하게 근년 급증하는 애드보커시 조직들과 인상적인 특징을 공유하고 있다. 대부분의 현대 애드보커시 그룹들과 마찬가지로 PAC와 싱크탱크, 재단들은 전문적으로 운영되며 자금이나 전문적 지식을 기반으로 공적인 생활에 영향을 끼치고 있다. 양측 모두 후원자나 기부자와 같은 다수의 지지 기반을 지니고 있을지는 모르지만, 이 조직들에는 과거에 영향력 있던 미국의 자발적 결사와 같은 의미의 개인 회원은 존재하지 않는다.

또 한 가지 중요한 경향이 전국 수준의 시민세계의 변모를 다루는 이 책의 범위를 넓혀준다. 전국적인 변화는 주와 지방의 발전과 관련되어 있으며 근년 많은 종류의 비영리단체들이 전국의 커뮤니티에서 급증하고 있다. 애드보커시 조직들이 국내 정치나 공개토론에서 중요한 역할을 담당하고 있을지는 모르지만, 주나 일정한 지역에서는 다양한 비영리단체들이 주요한 공적 역할을 담당하는 동시에 일반 시민에게 서비스를 제공한다. 휴먼서비스(복지사업) 공급자와 문화협회, 커뮤니티 재단들은 그 활동의 초점을 주나 일정 지역의 공공재 산출로 집중시키며, 그 밖의 많은 전문적 조직의 활동은 단체나 조직의 위원 자리를 놓고 경쟁하는 커뮤니티 엘리트를 위한 장(場)을 근거로 한다. 베리에 의하면, 비영리단체들은 "그야말로 시민사회의 중핵에 위치하고 있다". "미국인 대부분은 커뮤니티의 비영리단체를 위해 무상으로 봉사하거나 비영리단체의 서비스를 받고 있기 때문이다."[48] 누구나 하는 말이지만, "미국에는 160만의 비영리단체가 있으며, 그 반수가 휴먼서비스에 종사하거나 보건의료를 공급한다". 또한 비영리단체의 총생산은 "국내총생산

(GDP)의 약 7%에 달하고, 1,100만 명 정도를 고용하고 있다".[49]

비영리단체는 자주 시장과 정부로부터 독립되어 있다는 점을 자랑스럽게 생각하지만, 실제로 두 영역 모두 특히 정부와는 깊게 연관되어 있다. 비영리단체들은 부유층으로부터의 기부금을 정기적으로 요구할 뿐 아니라 공적인 프로그램을 '공동생산(coproduce)'(제프리 M. 베리)하기 위해 지방과 주 정부와 긴밀한 협력관계를 맺고 있는 것이 사실이다. 정부가 신규 '관료'를 고용하지 않은 채 많은 사업을 실행하려고 했던 시기에 비영리단체들은 정부가 공적 기금을 지출하는 프로그램을 실시하는 데 조력했다. 더욱이 비영리단체들은 공공정책의 실시에 밀접하게 관련한 부산물로서, 전문 연구 지식이나 정책 설계에 관한 조언을 요구하는 국회의원이나 행정관들의 잦은 접촉을 받았다. 또한 아이디어나 전문 지식을 찾는 것과 더불어 비영리단체들은 정책논의에서 '의뢰인'의 요구를 대변하기도 했다. 비영리단체는 주나 지방정치의 로비활동에는 공식적으로 관여하지 않았지만, 홈리스나 피학대자, 정신병자, 빈곤아동을 대신해 일상적인 권리를 옹호하는 유일한 단체일지 모른다.

이와 같이 지방이나 주 수준의 비영리단체는 중요한 의미에서 전국적인 애드보커시 조직들과 마찬가지로 정책 애드보커시 활동에 관여하고 있다. 실제로 아동보호기금과 같은 전국 수준의 애드보커시 조직들 — 지도자나 전문 스태프들이 이 조직의 가장 열성적인 지지자인 것처럼 — 은 지방이나 주 수준의 사회사업시설에 관한 구상을 자주 표명하고 있다. 지방서비스의 제공은 대부분 전문가가 운영하는 조직 영역으로 이동했으며, 그러한 조직의 지도자들은 전국 수준의 전문 애드보커시가 주 정부를 통해 이루어지는 비영리공급자에 대한 자원의 공급을 촉진하는 정책을 위해 로비를 벌일 것을 기대하고 있다.

애드보커시 시대의 멤버십 집단

전문적으로 운영되는 애드보커시 조직이나 비영리단체의 대두가 최근 시민생활의 변화를 모두 설명해주는 것은 아니다. 전형적인 멤버십 연합체가 20세기 중반까지 수많은 미국인을 회원으로 영입해왔기 때문에 이러한 결사들에 일어난 변화를 이해하지 않으면 안 된다. 최근 애드보커시 그룹이나 비영리단체들이 증가하는 가운데 개인 회원을 기반으로 하는 결사들 – 특히 지부의 거대한 네트워크를 갖춘 결사들 – 은 그 모습을 감추었으며 영향력도 상실했다. 그렇지만 검토해야 할 만한 복잡한 점은 여전히 존재한다. 일부 대규모 멤버십 결사들은 가장 전형적인 연합체들이 쇠퇴하면서 거대화되었다. 그리고 대표제를 동반하는 로지 체계로 통치되는 연합체를 제외한 지방의 친밀한 단체들은 최근 수십 년에 걸쳐 번영해왔다고 생각된다.

쇠퇴하는 전형적인 자발적 연합체

이전의 대규모적이며 자신감에 넘쳤던 미국의 멤버십 연합체들은 1960년대 이후 국가적인 정치과정에서 단지 무시되었을 뿐 아니라 대부분 쇠퇴했다. <표 4-3>에서 자세한 자료가 제시되었지만 기본적인 상황은 간단하게 요약될 수 있다. 1950년대 시점에서 최대 규모였던 대부분의 멤버십 결사들은 1960년대와 1970년대에 성인 인구를 점하는 회원점유율이 저하되기 시작했으며, 특히 1970년대 중반 이후에 급속하게 회원을 잃었다.[50] 1950년대의 주요한 멤버십 결사들 중 극히 일부에서만 인구 대비 회원 수가 증가했다. 남성의 육체적·정신적 발달 장려

〈표 4-3〉 미국 대규모 결사의 회원 변화(1955~1995년)

(단위: %)

남성단체	미국 남성에 점하는 회원 비율					10년마다의 변화				전체적 변화
	1955	1965	1975	1985	1995	1955~1965	1965~1975	1975~1985	1985~1995	1955~1995
우애 관련										
고대승인프리메이슨	7.9	7.1	5.3	3.7	2.4	-10.1	-25.2	-30.1	-35.7	-69.8
이글스우애회	1.5	1.0	1.1	0.9	0.8	-31.2	4.5	-14.6	-11.2	-45.5
로열무스결사	1.7	1.5	1.7	1.7	1.3	-11.9	18.3	-3.6	-22.0	-21.6
엘크스기사단	2.3	2.4	2.4	2.0	1.4	7.0	-1.2	-15.2	-30.0	-37.2
콜럼버스기사단	1.6	1.8	1.5	1.4	1.3	14.3	-16.8	-4.8	-8.4	-17.0
오드펠로스독립결사	1.1	0.6	0.3	0.2	0.1	-44.1	-46.3	-48.7	-47.9	-92.0
신적성당귀족단	1.5	1.5	1.4	1.1	0.7	0.3	-6.6	-21.3	-38.9	-55.0
퇴역군인										
미국재향군인회	5.5	4.5	4.1	3.3	3.3	-17.7	-10.1	-17.5	-2.7	-40.6
해외종군군인회	2.1	2.2	2.7	2.3	2.3	4.2	21.1	-4.7	-8.9	9.5
오락 관련										
미국볼링협회	3.4	8.2	6.5	2.7	2.7	136.2	-19.8	-28.4	-41.5	-20.6

여성단체	미국 여성에 점하는 회원 비율					10년마다의 변화				전체적 변화
	1955	1965	1975	1985	1995	1955~1965	1965~1975	1975~1985	1985~1995	1955~1995
종교 관련										
통일감리교부인들	3.4	2.8	1.8	1.4	1.0	-16.7	-34.6	-23.2	-28.4	-70.0
시민 관련										
부인클럽총연합	1.5	1.2	0.8	0.5	0.3	-22.5	-33.3	-39.7	-45.8	-83.1
오락 관련										
여성국제볼링협회	1.3	4.4	5.0	4.3	2.2	237.9	12.8	-14.6	-47.9	69.7

남녀 혼성단체	미국 성인에 점하는 회원 비율					10년마다의 변화				전체적 변화
	1955	1965	1975	1985	1995	1955~1965	1965~1975	1975~1985	1985~1995	1955~1995
직업 관련										
AFL-CIO	12.1	10.9	10.0	7.9	6.9	-9.2	-8.3	-21.2	-12.9	-42.9
전미농업국연맹	1.5	1.4	1.7	2.0	2.1	-1.6	22.4	14.0	8.8	49.4
우애단체										
동방의 별	2.3	2.0	1.5	1.0	0.6	-11.5	-27.0	-29.9	-38.0	-71.9
교육 관련										
부모와 교사의 전국협의회	9.0	10.1	5.0	3.4	3.6	11.2	-49.6	-32.8	6.3	-60.0
보이스카우트	1.3	1.6	1.2	1.0	1.1	21.8	-21.9	-23.0	17.7	-13.7
오락 관련										
YMCA	2.1	2.8	4.3	3.3	3.5	29.6	57.1	-22.7	3.3	62.5
기타										
미국 자동차협회	4.8	8.0	12.4	15.8	20.2	66.2	56.4	27.1	27.7	322.0

* 비율은 반올림하여 소수점 첫째자리까지 기입했지만, 10년마다의 변화는 반올림하지 않은 원래 수치를 기초로 한다.

자료: Civic Engagement Project, Harvard University.

에서 가족의 여가시설 관리로 그 역점을 바꾼 YMCA가 그러했고, 농업인구가 감소하자 보험프로그램을 확대한 미국농업국연맹(AFBF)도 그러했다. 1980년대와 1990년대 전반에 걸쳐 한국전쟁과 베트남전쟁의 퇴역군인에게 매력적이었던 해외종군군인회 또한 그러한 예였다. 그러나 이 조직들은 예외적인 존재였다. <표 4-1>에 열거한 결사의 4분의 3 이상은 최근 수십 년간 회원 수가 급격하게 줄었다. 그중에는 예전에 비해 성인 회원의 40~70%가 줄어든 14개 결사도 포함되어 있다.[51]

노동조합의 경우에는 미국노동총동맹 산업별조합회의(AFL-CIO)에 대한 가입률뿐 아니라 모든 조합과 관계되는 피고용노동력의 비율 역시 급락했다. 1950년대에는 비농업노동력의 3분의 1 이상이 조합으로 조직되어 있었지만, 조합에 가입하는 노동자는 1990년대까지 6분의 1을 밑돌았다.[52] 우애와 시민 멤버십 결사들 역시 큰 타격을 받았다. 메이슨이나 동방의 별과 같은 과거의 유력한 결사나 미국재향군인회, 부인클럽총연합은 집회 출석률이 저조한 회원을 독려해서 회원 수의 감소를 막아보려고 노력하고 있다. 연차보고서에 등장하는 사람들은 모두 풍채 좋은 백발의 남성과 여성뿐이다. 젊은 미국인은 이전과는 달리 그러한 단체에 참가하려고 하지 않기 때문이다.

<표 4-3>이 정확한 사태의 전모를 드러낸다고는 말할 수 없다. 몇몇 전국적 멤버십 결사가 근년 들어 새롭게 결성되거나 확대되었기 때문이다. <표 2-1>에서 1940년 이후 성인 인구의 1% 이상이 회원인 새롭게 창설된 결사를 제시한 바 있다. 현재 전국 최대 조직은 미국퇴직자협회(AARP)로 50세 이상 미국인의 약 반수에 상당하는 3,300만 명의 회원 수를 자랑하는 거대 조직이다.[53] 1958년에 설립된 AARP는 당초 퇴직교원단체와 보험기업이었지만, 1970년대와 1980년대에는 회원들에게

상업 기반의 할인을 제공하거나 고령자들에게 영향을 미치는 연방법률을 감시하고 로비활동을 전개하는 본부를 워싱턴DC에 두면서 급속하게 확대되었다. AARP에서는 입법·정책 스태프가 165명, 등록된 로비스트가 28명, 전문 스태프가 1,200명 이상 활동하고 있으며,[54] 최근 들어 광범한 지역과 지방 수준의 조직 기반을 확충하려는 노력과 더불어 회원의 5~10%를 회원조직(membership chapters)에 참가시키고 있다. 예를 들면 일리노이 주 프린스턴 지부의 입구에는 커다란 광고판으로 멋지게 장식되어 있어 회원조직의 존재(전통적인 봉사, 우애, 부인단체와 병행하여)를 과시하고 있다. 하지만 대부분의 경우 AARP의 전국 본부 — 자신의 우편번호가 있는 시와 구 전역에 걸쳐 — 는 수많은 개인 회원을 메일을 통해 관리한다. 선전이나 다이렉트 메일에 의한 권유를 이용하는 전국야생동물연맹(1936년 설립, 1960년대 이후에 확대)이나 음주운전방지어머니모임(1980년 설립)과 같은 최근 확대된 여타 멤버십 조직에서 개별적인 접촉은 일반적인 방법이다. 그린피스는 1971년에 국제적으로 설립된 조직으로서 그 '미국' 조직인 그린피스USA는 1988년에 결성되었다. 그린피스는 주로 다이렉트 메일과 호별 방문(door-to-door)에 의존한다.

최근 회원 수가 미국 성인 인구의 1%를 넘은 또 다른 4개 조직은 이러한 개인화된 회원 모집 방법을 취하고 있지만, 전국 회원의 일부는 지방이나 주 수준의 조직에도 참가하고 있다. 흥미로운 것은 이 단체들이 당파적인 선거정치에 — 특히 보수 측에 — 매우 열성적이며, 자유주의적인 단체 역시 최근 거대화된 이러한 집단들의 일부를 이룬다는 점이다. 전국교원조합(NEA)은 설립(1857년)된 이후 수십 년에 걸쳐 공교육 관계자 중 매우 두드러지는 엘리트 조직이었다. 하지만 1970년대가 되면서 공립학교 교사의 준(準)노조적인 존재가 되었으며, 전국 수준에서뿐 아니라 주나 지방 수준의 민주당 정치의 열렬한 지지자가 되었다.[55] 그 사이에도 지방을 기반으로 한 전국생명권리위원회(1973년 설립)나 기독교연합(1989년 설립)과 같은 멤버십 연합체들은 우파 진영에서 더욱 활동적이었다. 이 두 조직 역시 복음파에서 회원이나 활동가를 모집해 공화당이나 주변의 정치적 활동으로 그들의 참가를 촉진했다. 더욱이 오래전인 1871년에 설립된 전국라이플협회(NRA)는 1970년대에 일시적으로 나마 거대한 세력을 자랑했다. 이 시기에 총기 규제에 반대하는 우파 활동가들은 전통적인 사격명수클럽의 네트워크였던 조직을 총기규제 법안에 강하게 반대하는 보수적이며 공화당을 지지하는 애드보커시 그룹으로 변화시켰던 것이다.[56]

전체적으로 전국 최대 규모의 개인 멤버십 결사에 속한 일반 회원들은 20세기 후반에 뚜렷한 변화를 겪었다. <그림 4-3>과 <그림 4-4>는 1940년대에서 1990년대까지를 1945년을 기점으로 10년 간격으로 20개 거대 결사를 검토한 결과로, 두 가지의 가장 극적인 변화를 잘 보여주고 있다.[57] <그림 4-3>에서 알 수 있는 바와 같이, 20세기 중반 최대 규모의 자발적 멤버십 결사의 반수에서 5분의 3은 남녀 각각의 조직(배타적이며 압도적으로)에 편중되어 있었다. 미국의 남녀들은 각각 즐거움이나 친교, 커뮤니티 봉사를 목적으로 만나고 있었지만, 최대 규모의 결사 중에서 남녀별로 편성되어 있던 결사들은 1960년대 이후가 되면서 남녀의 구분을 무시하는 새로운 조직이 출현하거나 일부 남성조직이 여성의 입회를 인정하면서 확연하게 세력을 잃었다. 1995년까지 20개의 최대 규모 멤버십 결사 중 16개가 완전히 남녀 개별적인 조직에서 벗어났다.

〈그림 4-3〉미국 최대의 멤버십 결사의 성별 구성(1945~1995년)

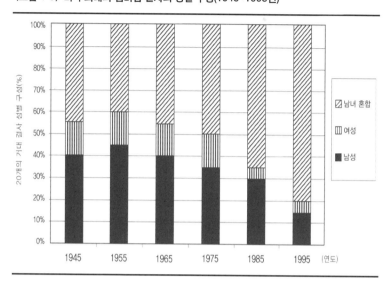

〈그림 4-4〉미국 최대의 멤버십 결사의 일차적 사명(1945~1995년)

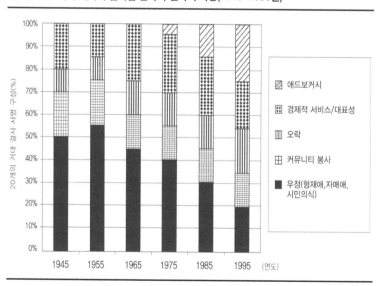

더욱 인상적인 것은 거대 결사의 주요 목적 비중에 변화가 나타났다는 점이다(<그림 4-4> 참조). 20세기 중반의 거대한 자발적 결사 대부분은 형제애나 자매애를 고무하려고 노력하는 우애적·종교적 연합체이거나 커뮤니티 봉사에 전념하는 시민적 결사였다. 여가활동이나 경제에 특화된 조직 역시 존재했지만 그 수는 적었다. 하지만 1980년대와 1990년대까지 거대 조직의 목표는 훨씬 좁은 범위의 수단적·오락지향적이 되었다. 이것은 현재 많은 집단이 경제적 편익이나 워싱턴DC 내에서의 대표성을 약속하는 메일을 통해 회원을 모집한다는 사실과 맞물려 있다. 오늘날 거대한 멤버십 조직의 세계는 미국의 오랜 시민 역사에서 찾아볼 수 없을 만큼 형제애와 자매애, 동료로서의 시민의식, 커뮤니티 봉사에 대한 관심이 적다.

새로운 사회운동과 지부 기반의 멤버십 연합체

어느 정도 최대 규모의 멤버십 연합체만을 살펴보면 1960년 이후의 시기를 오해할 수도 있다. 지역과 지구 지부를 지닌 연합체를 포함한 멤버십 연합체들은 1960년대와 1970년대의 자유주의적인 사회운동을 통해 활력을 되찾았지만, 그들의 성장은 전형적인 미국의 자발적 연합체가 달성한 절대 회원 수와 인구점유율에서 매우 낮은 수치에 머물렀다. 이전에 소규모였던 두 환경보호단체가 신환경주의에 편승했다. 1960년에는 회원 수가 약 1만 5,000명이었던 시에라클럽(1892년 설립)은 1990년까지 30년 동안 378개 '지역단체'에서 집회를 열었으며 회원 수도 56만 5,000명에 달하는 대규모 조직이 되었다. 또한 전국오듀본협회(1905년 창립)는 1958년에는 회원 수가 3만 명, 지부 수가 330개였지만, 1990

년대에는 약 60만 명의 회원 수와 50개 이상의 지부 수를 지닌 대규모 조직으로 성장했다.[58] 또 최근 성장 중인 단체가 전국여성기구(NOW)이다. 1966년 창설된 이후 1년 동안에 회원 수 1,122명, 지부 수 14개가 된 전국여성기구는 1978년까지 전국 50개 주로 확대되어 약 12만 5,000명이 되었고 700개 지부를 조직하기에 이르렀다.[59] 중요한 점은 이 환경보호단체들이나 페미니스트 조직들은 명확하게 당파적인 정치적 경향을 지닌 것이다. 공식적으로는 정당과 관여하지 않는 것처럼 보이지만, 이들은 실제로 민주당과 관련된 애드보커시 조직군의 주요한 행위주체인 것이다.

하지만 이러한 '새로운 사회운동'조직이 전통 있는 멤버십 연합체의 조직적인 확대와 일치되지 않는다는 점은 주목할 필요가 있다. 예를 들면 부인클럽총연합(GFWC)이 제2차 세계대전 이후 정점에 달했던 1955년에는 지방클럽 수가 1만 5,168개였으며 그곳으로 모이는 회원 수는 85만 명 이상이었다. 지방클럽은 전국 각주와 워싱턴DC에서 대표적인 네트워크를 만들어 결속했다. 대조적으로 전국여성기구의 경우에는 절정기였던 1993년에는 회원 수가 약 28만 명, 지부 수는 800개였지만 전국 본부와 지역 지부를 매개하는 대표제 거버넌스라는 결합 요소가 없었다.[60] 그 이후 전국여성기구는 매우 축소되어 지부들은 좀 더 자유주의적이며 국제적인 주도시나 대학도시를 거점으로 삼은 데 반해, 부인클럽총연합의 수천 개 지부는 20세기의 거의 모든 기간을 통해 전국 각주의 커뮤니티 ─ 대, 중, 소, 극소 ─ 로 흩어져 존재했다. 한편 환경보호단체의 경우에는 지방이나 지역의 지부를 매개로 입회하는 사람도 있었지만, 회원 모집은 주로 호별 방문이나 다이렉트 메일에 의존했다. 현대의 환경보호조직 ─ 예를 들면 시에라클럽이나 전국오듀본협회 ─ 에 주나 지방 단체를 찾아볼 수 있다 해도 전형적인 멤버십 연합체의 지부와 비교하면 그 수도 적을 뿐 아니라 기반 역시 두텁지 않다.

전국여성기구에서 기독교연합에 이르기까지 최근 확대된 전국적 멤버십 연합체들은 특히 현대의 당파적 정치과정에서 매우 중요한 위치를 차지한다. 하지만 이러한 집단이 지배적인 결사 동향에 대한 반례(反例)라고 여겨서는 안 된다. 연구자들은 다양한 자료를 사용해 20세기 중반 이후 미국에서 설립된 결사가 개인 회원도 존재하지 않으며 전국적인 지부 네트워크가 거의 발달되지 않았다는 사실을 거듭 밝혀왔다.[61] 이에 필자는 이 문제에 관해 다른 방법을 통해 검토했다. 1960년대와 1970년대, 그리고 1980년대에 설립된 약 3,000개의 '사회복지'와 '공공문제' 관련 조직의 동향을 요약한 통계에 따르면, 반수 가까운 단체의 '회원'은 존재하지 않았으며, 1,000명 이하의 '회원'이 있는 조직이 4분의 1이었다.[62] 1,000명 이하의 수치가 개인 회원의 수치일 수 있겠지만, 경우에 따라서는 많은 공공문제와 상업, 전문직 조직의 경우에서와 같이 그 구성원으로 여타의 단체가 소속된 조직을 포함하고 있을지도 모른다.

1960년대 이후에 출현한 전국적 조직의 새로운 세계는 애드보커시가 분출하면서 재설정되어, 1950년대의 연합체 중심의 시민세계와 비교하여 그만큼 많은 비(非)비즈니스단체나 전체적으로 수천 개나 증가한 집단들로 장식된 것만은 아니다. 거기에는 훨씬 많은 소집단이나, 메일과 미디어를 통해 획득한 지지자는 있으나 회원이 없는 많은 조직과 단체가 존재한다. 수천 명의 시민 기업가들은 다양한 지지 기반과 목표, 그리고 활동을 전문화하고, 개인 회원이 전무한 애드보커시 조직과 여타 조직을 대표하는 집단들, 그리고 대량의 메일이나 기부를 통한 입회

민주주의의 쇠퇴

권유에 응하는 적당한 수의 개인적 신봉자를 대변하는 단체를 결성했다. 필자의 동료로 공동연구자이기도 한 마셜 갠즈(Marshall Ganz)의 생생한 표현을 빌리자면, 최근 결성된 수많은 시민조직은 '몸 없는 머리(bodyless heads)'일 뿐이다. 그리고 변모된 시민세계는 커뮤니티나 동료로서의 시민의식이라는 광의적 표현에 비해 전문화된 수단으로서의 활동에 훨씬 집중하고 있다.

시민그룹은 증식하고 있는가?

몇몇 관찰자들은 전문적을 운영되는 결사의 분출과 전국적인 멤버십 연합체의 쇠퇴가 최근 미국의 시민적 변화의 전모는 아니라고 주장하고 있다. 그러한 주장에 의하면, 멤버십 단체들은 여전히 번성하고 있으며 연방화된 틀에서 의식적으로 분리된 새로운 형태의 친밀하고 유연한 조직체이다. 에버레트 칼 래드(Everett Carl Ladd)는 "국민생활의 여러 분야에서 고도로 분산된 참가를 측정하는 것은 매우 어려운 작업이지만, 최근 경향은 중앙집권화된 전국적 조직에서 이탈해 분산된 지역조직으로 변화하고 있다"[63]고 논했다. 래드나 그 밖의 분석자들은 로버트 퍼트넘의 『나 홀로 볼링』(2000)이 크게 의존하는 전국적 조사의 레이더망 속에서 전개되었을지 모르는 경향을 지적했다. 퍼트넘이 오랜 기간의 자료를 이용했으며, 그를 비판하는 사람들 역시 어느 특정한 시점의 흥미로운 짧은 정보에 주로 의존하지만, 여기에서 소그룹의 '운동'에 관한 학술적인 설명을 제외할 수 없다. 어쩌면 갈수록 현대의 미국인은 여론조사원들로부터 "클럽집회의 참가 여부"나 "지역조직에 쏟는 시간"[64]에 대해 질문을 받을 때 떠올리지도 못할 만큼 많은 종류의 그룹에서 활동하고 있는지도 모른다.

래드에 의하면 자녀의 학교와 관련된 부모의 그룹은 더할 나위 없는 좋은 예에 속한다. 그는 부모와 교사의 전국협의회(PTA) 지부에서의 회원 감소가 미국 '사회자본'의 급격한 저하를 나타낸다는 퍼트넘의 주장에 대해 부모와 교사의 조직(PTOs)의 "개방적이며 활력 있는 지방에서의 참가"를 논한다.[65] 레드는 "PTA의 회원이 감소하는 진정한 이유는 부모가 참가를 그만두었기 때문이 아니다. 오히려 그것은 그들이 PTA 이외의 집단과 더 많이 교류했기 때문이다. 즉, 그들은 동일한 기본적인 기능을 다른 집단으로 대체했던 것이다"라고 적었다. 1960년대에 회원 수가 정점에 달했던 전국 PTA는 1990년대 중반까지 "모든 공립학교와의 사립 초·중등학교 약 4분의 1만이 지부를 둘 수 있었다. 필시 뭔가 특별한 것이 일어났음이 틀림없다". 그것이 무엇인지를 밝히기 위해 래드와 동료들은 코네티컷 주(매우 유복하고 도회적인 주)와 캔자스 주(그다지 풍요롭지 못한 시골 같은 주)에서 교장과 교육장의 표본을 조사했다. 래드와 동료들은 그들의 '훌륭한 협력관계'에 놀랐으며, 거의 모든 학교구에 부모의 모임 — 학급과 사무에 관한 조력과 도서실이나 컴퓨터실, 식당에서의 조력, 견학 등의 참가, 모금 활동의 조직과 같은 자원봉사 활동에 종사 — 이 존재한다고 확신했다(물론 이 조사 방법에는 결함이 있다. 즉, 자신의 학교에 활발한 부모 조직이 있냐는 짧은 전화 인터뷰에서 교장은 아무 말도 하지 않았을까?).

퍼트넘은 독립조직인 PTO의 회원 수가 최근 수십 년에 걸친 PTA 입회자 수의 저하를 메워주지는 못했다고 주장하는 래드에게 반론을 제기한다.[66] 래드는 연방화되지 않은 학교지원그룹이 광범위하게 보급되어 있다는 사실을 실증했지만, 이 그룹들이 어떠한 방식으로 구조화되어 있으며, 누가 그러한 활동을 개시하고 실제로 참가하고 있는지, 또한 그러한 그룹이 과거에 지배적이었던 PAT와는 달리 왜 중식했는지에 관해서는 그다지 논하고 있지 않다. 사회학자인 수잔 크로포드(Susan Crawford)와 페기 레비트(Peggy Levitt)에 의하면, 공립학교의 인종분리 폐지 — 전국 PTA 자체의 인종분리 폐지 — 를 둘러싼 고통은 1960년대와 1970년대의 회원 수나 지부의 급격한 쇠퇴와 부합한다.[67] 교원조합에 대한 환멸이나 학교바우처제도, 차터스쿨(charter schools)에 대한 전국 PTA의 반대에 관한 불만이 전국 규모의 연방화된 PTA에서 탈퇴하는 원인으로 지적되는 것도 또 하나의 이유이다.[68] 하지만 많은 부모에게 "'마을의 바로 여기에서의 자주경영'과 회비 전액을 지방에서 활용하기 위해 모아두는 것, 이 두 가지가 그들이 PTA를 탈퇴한 좀 더 중요한 요인이다"[69]라고 래드는 결론짓는다. 그의 견해에 의하면, "이것은 PTA뿐 아니라 PTA의 로비활동이 중요하다고 믿는 사람들에게도 중요한 것이었다. 하지만 그것은 시민공동체의 진보와는 전혀 관계가 없다". 또한 래드는 교육뿐 아니라 종교나 시민 참여의 다른 영역에서도 미국의 볼런티어주의는 과거와는 비교할 수 없을 만큼 중요한 활력의 지표로서 '소집단의 거대한 확장'을 칭송한다.[70]

래드가 미국의 정치를 보수적인 시점에서 검토하고 있는 것에 반해 좌파의 일부 학자들은 "전국 언론의 관심을 모으는 대규모 집단들을 …… 현대 사회운동의 폭넓은 지평에서 단순히 가장 눈에 띄는 벼랑"이라고 표현하고 있으며, 최근 지역에서 번성되고 있는 시민 참여를 보수파와 동일한 열정으로 주장하고 있다.[71] 자유주의파가 자주 거론하는 예로 유독성물질 폐기라는 위협에 대한 지역환경보호 캠페인 — 수천 건에 해당하는 수치로 1970년대와 1980년대의 전국적 애드보커시 그룹들의 중식을 훨씬 넘어선다 — 이 포함된다.[72] 이러한 주장을 지지하는 자료는 통괄적인 '정보센터' 조직의 시민들에 의한 유해폐기물 정보센터와의 '연락(contacts)'을 기초로 하며 매우 불충분하다.[73] 하지만 사회학자인 밥 에드워즈(Bob Edwards)는 1987년도판 『시민평화단체명단(the Grassroots Peace Directory)』에 기재된 약 7,651개의 '평화활동' 조직을 검토함으로써 한층 체계적으로 분석한다.[74] 에드워즈는 연간 자금 규모가 3만 달러 이상인 평화단체 7%와 그 이하인 93%의 표본의 조직적 특징이나 활동 범위를 검토했다. 그는 전문 스태프가 운영하는 약 500~600개의 전국 규모 '평화운동조직들'이 냉전이 종결되기 직전 레이건(Ronald Reagan) 정권기에 정점에 달했던 대규모 사회운동의 빙산의 일각이었다고 주장했다. "소규모적이며 비공식적인 볼런티어가 운영하는 지역단체가 바로 운동의 중핵을 이룬다"고 그는 단언한다.[75]

그런데 에드워즈가 제시하는 증거를 잘 살펴보면 약간 다른 결론을 유추할 수도 있다.[76] 그가 기록한 모든 단체의 약 27%만이 "주로 평화를 위해 협력하는 지원자 단체"나 "지방 수준에서 활동하는 조직화된 자립적 단체"로 분류된다. 더욱이 약 29%가 연합체의 부분을 의미하는 "주나 전국적인 단체들의 지역조직"이었다. 또한 15%는 "더욱더 거대한 조직에 설치된 평화위원회나 특별작업반"이었던 것이다. 에드워즈가 분류할 수 있었던 조직의 나머지는 주나 지방 또는 전국 수준의 단체로, 그 일부는 연합체로 계열화되어 있었다. 물론 에드워즈는 수많은 종류의 단체와 지지 기반이 교차된 강대한 영향력을 지닌 사회운동을 묘사하고 있다. 하지만 자발적 연합체의 지방 또는 주, 광범한 지역, 전국 수준의 일부를 구성하는 집단이 너무 많았다. 또한 그다지 정식적으로 조직화되지 않았거나 연방화되지 않은 단체들은 에드워즈가 설명한 바

민주주의의 쇠퇴

와 같이 "더욱더 거대한 (종교적) 종파적·직업적·정치적 조직 내부에 설치된 평화위원회 또는 특별작업반"이었다. "실제로 운동은 대부분 미국 사회의 주류를 이루는 종교적·직업적 지지 기반의 일부였다."[77]

앞에서 열거한 증거의 파편들을 살펴보면, 사회학자인 로버트 우드나우(Robert Wuthnow)가 개인적인 영감과 친밀한 사회적 지원에 초점을 둔 소집단에 관해 수행한 연구는 현실적으로 무엇이 진행 중인가에 관해 전체상을 선명히 드러내준다.[78] 우드나우는 1960년대와 1970년대 이후 미국인들이 커뮤니티를 추구해왔으며 새로운 방법으로 영성(spirituality)을 고양했다고 논한다. 그들은 분열을 극복하고 현대생활의 스트레스와 직면하기 위해 전통적인 자발적 결사와는 달리 새로운 종류의 단체를 결성했다. 또한 그는 1990년대에 계속 성장하던 모든 운동을 비교함으로써, 1991년 당시 300만 개가 넘는 단체에 성인 인구의 40%가 지속적으로 참가했으며, 각 단체에서는 정기집회가 열렸고 전원을 상대로 배려와 지원을 행하는 사람이 25명 정도 있었다는 사실을 발견했다. 성별과 인종, 연령과는 관계없이 모든 지역과 규모의 커뮤니티에 거주하는 미국인이 일요학교(Sunday school)의 다양한 그룹과 성서연구회, 자발적 그룹, 수많은 종류의 토론그룹의 참가자였던 것이다. 사람들은 "더욱더 유동적인 사회적 환경에 순응하는 데 큰 이점을 지닌" 소규모 집단 내에서 친교나 영감, 사회적 지원을 발견하고 있다. 우드나우가 설명하는 바와 같이, 소규모 집단에서는 "회원들이 매주 그곳에서 소비해주는 시간만이 거의 유일한 자원으로 그 이외의 것은 필요 없다. 그렇기 때문에 간단히 설립할 수 있으며 해산도 간단하다. …… 운영하는 데 20명 정도밖에 필요치 않은 그룹에서 활동하는, 동일한 선호도를 지닌 사람이 모인 소규모 지역에서는 가능하지만 200명 정도의 인원이 요구된다

면 이야기는 달라질 것이다. 게다가 조금 다른 문제에 관심을 가지고 있
는 사람이 출현하면 그들이 간단하게 또 다른 단체를 만들면 된다".[79]

이러한 설명만으로, 우드나우가 매우 정교하게 실증하고 있는 대인
적 그룹이 독립된 조직이라고 생각해서는 안 된다. 그것들이 유연성과
친밀성을 특징으로 다양한 사람의 관심을 모아 특별한 방식으로 구축된
것인지는 모르지만, 오늘날 대부분의 소규모 집단은 제도적으로 구성되
어 그 자체보다도 훨씬 큰 자원과 네트워크, 조직적으로 체현된 의미에
의존한다(그러한 의미에서 전형적인 지방 단체와 매우 유사하지만 그 방식은
새롭다). 미국에서 지금까지 번성해왔으며 여전히 활력을 지닌 멤버십
기반의 제도로서, 종교조직은 소규모 집단의 가장 중요한 지원자이다.
과거의 가톨릭 교구나 개신교 회중, 유대교 시너고그(synagogue)에 속해
있던 다수의 성인 남성과 여성, 아이의 집단이 늘 존재하던 것처럼, 최
근 수십 년간 목사나 사제, 랍비들은 다양하고 유연한 이러한 그룹이 교
회로 모이는 사람을 포섭하는 데 중요한 존재라고 확신하게 되었다. 어
느 장로교 목사는 "다양성이야말로 우리 소집단 성직자의 열쇠이다"라
고 상투적인 표현을 빌어 우드나우에게 설명했다.[80]

작은 종교 부속 집단은 복음파 개신교 사이에서 매우 손쉽게 성장할
수 있을지 모른다. 1960년대 이후 전통적인 개신교의 주류파들은 미국
의 종교 참가가 여전히 활발했던 시기에 신도를 잃어버린 반면, 복음파
교회 ─ 그 대부분은 연방화된 모든 종파와 연결되어 있지 않았다 ─ 는 번영
을 누려왔다. '거대 교회(Mega churches)'는 전국, 특히 남부의 많은 교외
그리고 농촌의 커뮤니티에서 사회활동의 불가결한 중심지이다.[81] 이 거
대한 종교공동체들은 역사적으로 오래된 개신교 교회가 과거에 그래왔
듯이 자발적으로 교회에 모이는 사람들이 좀 더 넓은 커뮤니티 조직에

참가하는 것을 장려하지 않을지도 모른다.[82] 하지만 복음파 교회들은 그 규모와는 상관없이 회원의 감소로 위협받는 오래된 신도단이 참가를 북돋기 위해 노력하는 동안에조차 모든 종류의 회중 — 기혼의 부모에서 젊은 독신까지 — 에게 매력적인 산하집단의 풍요로운 네트워크를 구축하고 있다.

　종교 회중은 소규모 집단에 대해 집회소나 조직 모델, 논의 소재, 공동 참가에 대한 의미 있는 틀을 제공한다. 그 결과, 종교 회중과 관계를 맺는 종교 강습이나 성서연구회, 그 밖의 상조단체 수는 우드나우가 산출해낸 1991년 당시 존재했던 300만 개의 단체와 입회 수로 산출한 8,200만 명의 반수를 가볍게 뛰어넘은 수치(많은 경우 사람들은 둘 또는 그 이상의 집단에 소속되어 있다)에 해당한다.[83] 하지만 성직자나 회중이 소집단의 유일한 제도적 지지자는 아니다. 자유주의적 또는 보수적 성향을 막론하고 모든 재단은 무리를 이루고 있는 '시민'그룹에 자금이나 아이디어, 감시업무(oversight)를 제공하고 있다. 또한 자조적인 '12단계(twelve-step)' 회복그룹의 전국 조직인 알코올 중독자 회복그룹은 알코올 중독자를 갱생하는 지역단체를 육성하고 그 밖의 많은 종류의 자조그룹(Self-help groups)이 널리 모방 또는 적용했던 조직 모델을 제공해왔다. 그 결과 전국적인 정보센터나 특정 질병과 싸우는 전국 조직, 그리고 병원과 건강유지조직은 자조그룹을 장려하고 있다.[84] 교회와 연관된 소규모 집단을 포함하는 자조그룹은 우드나우가 기록하고 있는 소집단 운동 전체에서 또 하나의 대규모 영역이며, 1,000만 명의 회원이 참가하고 그 수는 50만 개로 추정된다.

　더욱이 우드나우는 서적과 시사문제를 논하거나 스포츠와 취미를 공유하는 '특정관심'그룹이 75만 개나 되며 회원 수도 3,000만 명에 달하는 것으로 예상하고 있다.[85] 아마 이 그룹들은 제도적인 문맥 밖에서 자발적으로 결성되고 있을 가능성이 매우 높다. 하지만 이러한 분야에도 전국적인 보건의료조직과 건강유지향상 관계의 자조그룹과의 관계처럼 그들에게 모델과 지원을 제공하는 상위조직이 존재한다. <표 4-2>에서 제시되는 바와 같이, '취미와 여가' 또는 '운동과 스포츠'로 분류되는 단체들은 1959~1995년 참가자의 특수한 증가를 경험한 두 가지의 명백한 멤버십 기반형의 '전국'조직이었다.

결국, 현대 미국 시민사회 내의 소규모 집단에 관해 찬반양론의 판단을 내리지 않으면 안 된다. 종교그룹과 자조적인 모임은 미국인 수백만 명의 불가결한 요구에 응하고 있는 것이다. PTA 산하조직이 존재하지 않는 곳에서는 지방의 부모그룹이 자주 학교에서 봉사를 하고 있으며, 일부의 시민'운동'그룹은 여론에 평화를 호소하거나 특정한 환경에서는 환경에 대한 위협과 투쟁한다. 그렇지만 오늘날의 '소집단들' 중 어느 정도가 진정한 시민적 사업인가? 성직자와 교장, 보건의료전문가들은 자주 솔선하여 전문화된 소집단을 성공시키려고 한다. 또한 대다수의 단체들은 정규 회원도 모집하지 않을뿐더러 집회장 건설운동도 하지 않기 때문에 호스트 조직에서 차용한 자원에 의존할 수밖에 없다.[86] 현대 소집단에서 운영되는 거버넌스는 전형적인 미국 시민적 거버넌스와 현저하게 다른 경우가 매우 많다. 전형적인 자발적 연합체의 지부들과는 달리 호스트 조직과 연결된 소집단의 경우에는 대표집회에 대한 출석과 집단 간 네트워크 구축, 또는 주나 지방, 전국 수준의 결정책임이 있는 지도자의 선출을 행하지 않는다. 그 대신 호스트 조직에 체현된 자원이나 포괄적인 의미를 차용하여 ― 또는 그것을 당연시한다 ― 당면한 사적·대인적 목적을 달성하는 데 전념하고 있는 것이다.

변화된 시민세계

지금까지 이 장에서 실증해온 것처럼, 과거 반세기 이상에 걸쳐 시민적 또는 정치적 목적을 위해 미국인들이 결합한 방식은 특수한 변화를 거쳤다. 물론 모든 변화에 일관성은 존재하지 않는다. 서로 상반된 경향은 정치적 보수파와 규칙적으로 교회에 출석하는 사람들(부분적으로 양자는 서로 중복되는 경우도 있다) 사이에서 유난히 두드러진다. 우파적인 자발적 연합체들은 교회나 부업에서 공화당이나 그 주변의 지방, 주, 전국 수준 정치의 장으로 사람들을 이끌어낸다.[87] 또한 현대의 친밀한 그룹들은 복음파 개신교 회중이 증가하고 있을 때 특히 규칙적으로 교회에 출석하는 사람을 포섭하려고 하는 경향이 있다.[88] 멤버십 중심의 단체들이나 제도를 여전히 중시하는 미국인은 보수적인 복음파만이 아니다. 환경보호주의자나 노동조합, 일부 커뮤니티 조직자들 역시 마찬가지로 친밀한 그룹들이나 지방을 초월하는 운동에 가교 역할을 하는 혁신적인 방법을 발견했다. 사회분석에서는 예외 역시 중요한 위치를 점하기 때문에 최근 미국의 시민세계의 변모를 좀 더 면밀하게 검토하기 위해서는 예외를 상기할 필요가 있다. 하지만 예외는 어디까지나 예외일 뿐 법칙이 되지는 못한다.

<표 4-5>는 다양한 종류의 전국적으로 중요한 자발적 결사들 ― 하나도 남김없이 어떤 의미에서 회원이나 지지 기반을 대변하는 ― 의 유형을 설명하고 있다. 일부 멤버십 또는 지지 기반의 결사들은 엘리트의 사적 이익, 즉 비즈니스·전문직 종사자들을 의식적으로 대변하며, 다른 결사들은 더욱더 넓은 커뮤니티에 봉사하는 것을 목적으로 하는 엘리트들을 대변한다. 또한 그 밖의 다른 결사들은 폭넓은 일반 시민과 계급횡단적

〈표 4-5〉 미국 시민생활 내의 멤버십과 지지조직

		거버넌스와 자원 기반	전문적으로 운영; 후원자의 조성금, 여타 조직, 또는 대량메일	선거에서 선출된 지도자(자금의 대부분은 회비)
단체의 대변 상대	엘리트		비즈니스 조직	전문직 조직 대학동창회, 대학남성사교클럽, 여대생클럽
	커뮤니티에 봉사하는 엘리트		커뮤니티의 모든 목적을 위해 자금을 모으는 재단이나 그 밖의 단체들	엘리트봉사클럽(로터리클럽, 국제직업여성회, 여성청년연맹)
	공익 또는 계급횡단적인 지지 기반		- 공익 애드보커시 그룹(환경그룹, 소비자그룹, '선한 통치' 그룹 - 비영리기관	- 대규모 우애단체(엘크스, 메이슨, 무스, 이글스 및 각각의 여성조직) - 소수민족우애단체 - 여성연합체(부인기독교금주동맹(WCTU), 부인클럽총연합(GFWC), PTA 등) - 종교조직(콜럼버스기사단, 부인전도동맹 등) - 퇴역군인조직과 그 부속단체 - 포괄적인 농업단체
	소외된 사람들		빈곤층, 장애자, 아이들, 주변화된 소수, 그 밖의 취약계층을 위한 권리옹호	- 노동단체 - 포퓰리스트적 농민조직

인 지지 기반을 대표한다. 그리고 마지막 유형으로 소수의 집단들이 소외되거나 주변화된 사람을 대변한다. <표 4-5>에 열거된 조직 형태 역시 거버넌스나 자원 기반 측면에서 서로 다르다. 어느 조직은 전문적으로 운영되는 동시에 그 자원은 후원자의 조성금이나 컴퓨터로 처리된 대량메일에 들어 있는 복수의 출처가 조합되어 모인다. 그것과는 대조적인 또 다른 결사들은 선거에서 선출된 지도자를 통해 운영되고 자원은 대부분 정기적으로 징수되는 회비에서 조달된다. 이 도표는 엄밀하게 말하면 개념지도이지만 20세기 중반 이후 미국의 전국적인 시민생활의 놀랄 만한 변모를 파악하는 데 도움이 된다.

19세기에서 1950년대와 1960년대까지 미국의 시민생활은 비즈니스 조직(표의 왼쪽 상단에 분류되어 있다)과 대표제를 동반하는 로지 체계로 조직된 많은 종류의 멤버십 결사(다양한 형태의 집단들. 표의 우측에 분류되어 있다)의 혼재로 인해 크게 영향을 받아왔다. 하지만 1960년대 이후가 되면서 전문적으로 운영되는 집단(도표 좌측에 표시되어 있다), 특히 비즈니스 조직 이외의 집단이 증가했다. 부유층의 기부금으로 운영되는 단체를 비롯해 전문적으로 운영되는 시민조직, 빈곤한 사람이나 약자를 대변하는 전문가가 운영하는 애드보커시 그룹 등, 이 모든 형태의 조직이 미국의 시민세계에서 그 존재감을 키워왔으며, 동시에 대표제를 동반하는 로지 체계에서 관리되어온 자발적 연합체는 점차 줄어들었고 회비를 지불하는 회원 수 역시 감소했다.

대표제 거버넌스 체계를 지닌 전국적인 자발적 멤버십 연합체들 - 특히 일반 대중 또는 계급횡단적인 멤버십을 지닌 연합체들 - 은 전국적인 공공문제에 그 영향력을 상실했으며, 미국인 대부분의 일상생활에서 서서히 그 모습을 감추었던 반면, 전문가가 운영하는 애드보커시 그룹이나 조직이 전면적으로 그 모습을 드러냈던 1960년대 이후에는 이처럼 새로운 미국 시민사회가 확연한 형태로 표출되었던 것이다. 그러면 왜 이와 같은 변화가 일어났는가? 이것이 바로 다음 장에서 제기하는 물음이다. 최근 멤버십에서 매니지먼트로의 미국 시민생활의 거대한 변모를 추진 또는 형성해 수렴해가는 모든 세력을 이해하면서 비로소 미국 민주주의의 활력에 관한 현재 진행 중인 논의에 충분한 이해를 통해 재합류할 수 있는 것이다.

5

왜 시민생활은 변모했는가

　한 세기 이상에 걸쳐 미국인의 시민생활이 전국으로 확대된 멤버십 연합체에 뿌리내린 이후, 왜 그 결사의 세계는 20세기 후반이 되면서 급격하게 변화했을까? 시민성의 쇠퇴에 관해서는 지금까지 많은 논의가 있었지만, 그 논의의 중심 주제는 수많은 미국인이 취한 개인적 선택에 관한 것이었다. 그 예는 다음과 같다. 사람들, 특히 젊은이들은 투표나 커뮤니티 행사 또는 클럽집회에 참가하는 것보다 집에서 텔레비전을 보거나 컴퓨터 모니터 앞에 앉아 있는 것을 더 선호하는가? 시민적 참여가 일반적이었던 제2차 세계대전 세대의 은퇴가 필연적으로 참여도를 떨어뜨리는 불행한 결과를 불러왔는가? 이 두 가지 의문에 대한 답은 로버트 퍼트넘이 상정한 것처럼[1] "그렇다"일지도 모른다. 하지만 1960~1990년대에 일어났던 시민의 조직화에서 나타난 급격한 변화의 원인을 단순히 점차적인 세대교체 과정에서 발견하려는 시도는 그렇게 타당한 것이 아니며, 또한 그러한 방법으로는 배후에서 작용한 제도적·사회적 원인을 밝힐 수도 없다.

오늘날 시민세계의 거대한 변모는 너무 급격한 것일 뿐 아니라 그 1차적인 원인을 세대교체의 점진적인 과정에서 찾을 수도 없다. 또한 그러한 시도는 가장 이해가 필요한 사항을 놓치는 결과가 된다. 결국 현대 미국인은 단순히 옛날 사람만큼 오랜 결사에 가입하지 않는다고 단언할 수 없으며, 오히려 특수한 차원에서 조직화에 노력을 기울일 뿐 아니라 새로운 방식으로 공공문제에 관여하고 있는 것이다.

'사회자본' 이론가들은 볼링리그나 가족 간의 저녁식사를 비롯해 조직화나 단체 가입과 같은 좀 더 공공적인 관여 형태까지를 일괄하여 모든 형태의 사회적 관계를 검토하고 있다. 여기서 우선 어떠한 설명이 모든 형태의 사회정치적 활동과 일치하는지에 관한 점을 의심해봐야 하지만, 무엇보다도 곤혹스러운 것은 이러한 논의의 초점이 매우 모호하다는 점이다. 공공과 관련된 자발적 활동은 미국 민주주의의 건전함과 가장 크게 연관되는 활동이다. 또한 이러한 활동의 변화를 설명하기 위해서는 사회적 상호작용의 변천 양식에 초점을 맞추는 것만으로는 충분하지 않다. 다수의 시민이 정치와 시민적 참여에 관해 행하는 선택은 무엇보다도 의미 있는 집단 참가와 공적인 장과 관련된 영향력을 획득할 수 있는 수단(avenues)과 호응한다.[2] 대개의 사람은 지도자나 지인에게서 개인적 접촉을 통해 공공성에 대한 관여를 직접 권유받을 필요가 있으며, 스스로가 공유된 사업의 '일부'가 되어야 한다. 또한 그들은 그러한 사업에 대한 중요성을 신뢰해야 한다. 그렇지 않으면 그것들은 오히려 그들에게 해가 된다. 이 사항들을 하나도 남김없이 검토하기 위해서는 지도자의 변화된 역할과 조직의 변화된 사회적 정체성과 양식, 그리고 권력과 자원, 제도적인 효력에 주의를 기울여야 한다. 왜냐하면 대중의 태

민주주의의 쇠퇴

도나 친밀한 상호작용에 초점을 맞추는 것만으로는 시민사회의 민주주의와 관련된 변화를 설명할 수 없기 때문이다.

알렉시스 드 토크빌이 오래전 인식했던 바와 같이, 민주주의 속에서 생활하는 사람은 수단을 획득하고 공유된 정체성이나 가치관을 표명하기 위해 그들이 자발적으로 결성한 결사 내에서 그것들을 활용한다. 이 때문에 시민적 지도자나 조직자가 결정적으로 중요시되는 것이다. 그들은 솔선하여 행동할 뿐 아니라 토크빌이 민주주의의 중심적인 요소라고 생각했던 '통합(combination)'의 기술을 정의하며 활성화하는 사람들이다. 진취적인 시민이 설립 또는 장려하는 결사와 그들이 명확하게 표명하는 공유된 가치관이나 정체성, 그리고 시민적 지도자들이 공적인 발언권이나 정치적 수단을 획득하고 실현하기 위해 사용하는 전술들, 이 모든 요소는 대개의 시민이 이용 가능한 참가 형태의 선택항에 강하게 영향을 끼친다. 번영하는 민주주의 속에서 지도자들은 늘 많은 동료나 시민에게 중요한 과제에 더불어 참가할 것을 권한다. 물론 시민은 이러한 권유에 응해야 하며, 그렇지 않으면 리더십의 주도력은 쇠퇴해버린다. 하지만 지도자가 출현해 공유된 참여가 가장 민주적인 방법으로 제공되는 것은 미리 예정되어 있는 것이 아니다. 역사적으로 살펴볼 때 엘리트들은 자주 사람을 소외시킨 채 동료들끼리 협력 또는 경쟁해왔다. 엘리트들은 오직 특별한 상황에서만 민주적인 리더십 — 즉, 사람의 동원과 조직화를 포함한 민주적 리더십 — 을 추구했던 것이다.

민주적 동원(democratic mobilization)은 지도자들이 다른 사람을 운동 또는 결사, 정치투쟁에 투입해 권력이나 영향력을 획득하게 될 때 비로소 규범화된다. 민주적 동원이 제대로 실행되기 위해서는 엘리트들에게 엘리트 이외의 사람을 조직화할 만한 동기가 요청되는데, 이러한 동기는 미국의 초기 역사 — 정당정치가들이 공직을 획득하기 위해서는 투표율도 높고 박빙이었던 선거전에서 승리해야 했던 시대나 전국적으로 확대된 회비 납입 회원의 지부를 아우르는 광범한 네트워크를 통해서만 결사설립자들이 전국적인 영향력을 획득할 수 있던 시대 — 에서 매우 두드러졌다. 오늘날에는 엘리트들에게 민주적인 조직화와 동원이라는 과거의 동기가 결여되어 있는지도 모른다.

이러한 시점에서 이 장에서는 조직화된 미국 시민생활과 시민적 리더십의 전략 면에서 현대의 변화 원인과 결과를 검토하게 될 것이다. 모든 경향과 사건이 결합하여 멤버십 동원에서 시민적 조직화의 매니지먼트적 형태로의 변화가 촉발되었다. 1960년 이후, 인종적인 이상이나 젠더 관계에서 일어난 현저한 변화가 역사적으로 오래된 멤버십 결사의 위신을 떨어뜨렸으며, 남녀를 불문한 지도자들을 새로운 방향으로 이끌었다. 새로운 정치적 기회와 도전을 통해 자원과 시민활동가는 중앙에서 관리된 로비활동의 방향으로 유도되었으며, 재정 지원의 혁신적인 기법과 재원을 통해 결사 창설에서 회원이 없는 새로운 모델이 정착할 수 있었다. 그리고 결국 미국의 계급구조나 엘리트 직업이 변화하면서 전문가가 운영하는 시민적 조직화에는 광범한 지지 기반이 구축되었다. 수많은 미국인은 이제 개인적으로 자유롭게 처분할 수 있는 특수한 시민적 자원을 지닌 매우 특권적이며 고도의 개인주의적인 실업가 또는 전문직 종사자로 변모했다. 가장 특권적인 미국인은 시민의 다수파와 빈번한 교류 없이도 그들 사이에서 조직화하거나 서로 경쟁할 수 있는 것이다.

사회적 해방과 시민세계의 변모

최근까지 미국의 대다수 멤버십 결사에는 화이트칼라나 농민, 숙련공, 또는 공업노동자와 함께 실업가나 전문직 종사자가 등록되어 있었으며, 어느 정도의 계급횡단적인 우정이 — 대개 인종적인 배제와 젠더에 의한 분리가 있었지만 — 존재했다. 하지만 한편으로는 1960년대와 1970년대에는 과거의 사회적 경계가 무너지면서 기존 결사의 실천은 핵심에서부터 동요되지 않을 수 없었다.

파괴된 과거의 배제

전형적인 미국 멤버십 연합체들은 일반적으로 남녀 구별이 엄격해 남녀가 함께 입회하는 것이 불가능했다.[3] 물론 남성결사의 부인부나 배우자 모임 — 레베카의 딸들, 피시아스의 자매들, VFW부인회, 동방의 별, 열차승무원노동조합부인회 — 은 대다수 우애단체나 퇴역군인단체, 그리고 노동조합결사와 더불어 활동했으며, 배우자 모임이 강력하게 자기주장을 펴기도 했다. 예를 들면 미국로열네이버(Royal Neighbors of America)는 근대우드맨협회 남성 회원의 입회는 가능하지만 모든 임원직은 여성이 점해야 한다고 주장했다. 그렇지만 배우자 모임은 현대의 페미니즘적 관점에서 본다면 여전히 불충분한 것이었다. 배우자로서의 역할만이 중시되어 대개의 경우 본래 형제단의 아내나 딸, 미망인, 자매만이 입회할 수 있었기 때문이다.[4] 다수의 페미니스트는 여전히 전통적인 성역할이나 책임을 지나치게 강조한다는 한계를 느꼈다.

인종차별은 1960년대 이전의 시민적 미국에서 성차별 이상으로 당연시되는 것이었다. 과거 오드펠로스나 피시아스기사단과 같은 거대한 미국 멤버십 연합체는 대개 민족적 또는 종교적 분열의 가교 역할을 해왔다. 예를 들면 유대계 미국인을 받아들이고 소수민족의 로지는 다양한 유럽언어를 사용해 그들의 의식(儀式)이나 사업을 할 수 있었다. 하지만 인종차별은 철저하여 흑인의 입회에 대한 백인의 반대는 거의 어떠한 틈도 허락하지 않았으며, 이는 특히 전국적인 퇴역군인 연합체보다 그 밖의 성인 남성 멤버십 연합체에서 심하게 이루어졌다.[5] 제2차 세계대전 이후 최근의 시기까지 우애생활에서의 백인인종주의는 노골적인 것이었다. 실제로 모든 조직의 헌장은 1950년대의 신입 회원 오리엔테이션 팸플릿 『엘크스 회원이 되는 것은 무엇을 의미하는가(What It Means to Be an Elk)』에서 언급된 다음과 같은 구절이 반복되어 반영된다. "엘크스 결사의 회원은 신의 존재를 믿으며 결사의 목적과 목표에 동의한다. …… 회원은 미국의 백인 성인 남성 시민으로 한정한다."[6] 전통적인 백인조직인 엘크스는 '자선과 정의, 형제애, 충성'을 강조했지만 흑인에 대해 그러한 이념은 무의미했다.[7] 이에 흑인들은 그들만의 우애연합을 만들었지만 백인우애조직에 의한 배제에 분개했던 것은 의심할 나위 없는 사실이다.

1950년대 중반 이후 전형적인 미국 시민사회에서는 인종분리와 성별분업이 확산되고, 기존의 자발적 결사가 동요하기 시작했다. 공민권혁명이나 그 이후 잇달아 일어난 권리주장운동은 미국 사회와 문화의 근간을 뒤흔들었다. 제4장에서 검토한 바와 같이, 1950년대에 번성했던 대부분의 멤버십 연합체들은 그 이후 쇠퇴했으며, 일부 결사는 1960년대에 그 회원과 세력을 잃었고, 나머지 대부분은 1970년대 중반부터 쇠퇴의 길로 접어들었다. 부수적인 현상은 아니지만 회원 수의 감소는 인종이나 젠더의 새로운 이상이 미국의 공공생활에 정착하여 여성이 직장에 진출하면서 가속되었다. 여성의 노동시장 유입은 남성결사에 영향을 끼쳤는데, 결국 부인보조회의 부인은 많은 경우에 남성결사 내에서 저녁식사 준비(그리고 뒤처리)를 맡았던 여성들이었기 때문이다. 게다가 여성들에 대한 새로운 역할은 전통적인 부인결사들의 목표와 활동에 큰 영향을 미쳤다.

예를 들면 오래 지속된 중요한 여성우위연합체나 부모와 교사의 전국협의회(PTA)는 1960년대 초반 이후로 인종차별을 철폐하고 노동과 가정생활을 변화하는 조건에 대응하기 위해 투쟁했다.[8] 역사적으로 흑인과 백인은 각각 유사한 PTA연합으로 조직화되어왔다. 하지만 1970년대 전국적인 백인 PTA 지도부가 인종통합조치를 거부해온 남부의 백인연합조직의 저항을 물리치고 인종통합을 의무화했다. 1970년부터의 이러한 고통을 동반한 변화는 이것으로 그치지 않았다. 오랜 시간을 거쳐 전업주부의 행동주의에 의거해온 지방 또는 지방을 초월한 PTA조직은 맞벌이 가족과 한부모 가정이 증가하는 사회에 적응해야 했다. 우리 시대의 PTA는 새로운 인종적 이상이나 가족의 모든 조건에 원활하게 적응해왔지만, 그 과정에서 회원이나 지방 단위를 상실했으며, 오랫동안 지속된 지역 지부의 활동은 자주 좌절을 경험했다.

미국의 다른 멤버십 연합체 역시 새로운 사회적 이상에 적응하기 위해 고군분투했다. 결사들은 노골적인 인종차별의 장벽을 허물고 새로운 공공봉사 프로그램에 착수했다. 이러한 조치로 일부 단체는 회원 수의 감소를 최소한으로 억제했다. 예를 들면 YMCA 등은 성인 남성이나 소년의 기독교에 기초한 정신적·육체적 발달에서 가족 전원을 위한 커뮤니티 여가활동으로 그 중심을 옮겼다. 하지만 많은 연합체는 권위를 상실했으며 회원 수의 감소를 그저 관망할 수밖에 없었다. 과거에 사회적 분리를 시행해왔던 결사들은 1970년대와 그 이후 — 사회적 관용과 인종, 젠더를 초월한 통합에 희망을 가질 수 있었던 시대 — 에 성인이 된 젊은 세대에게 외면당했다. 다양한 특성을 지닌 단체의 가입률에 관해 1997년에 실시된 어느 조사에 의하면, 적어도 58%의 사람들이 "남녀 각각"의 단체에 가입하는 것은 "거의 불가능하다"(단순히 "있을 수도 있다"라는 답변이 아니다)라고 대답했으며, 90%의 사람들이 "인종차별의 역사"가 있는 단체에 가입하는 것은 거의 있을 수 없다고 대답했다.[9] 오늘날 미국인은 남녀를 불문하고 옛 세대와는 비교할 수도 없을 만큼 남녀가 혼재된 조직에 가입하는 것으로 보인다. 젠더 통합에 비해 인종통합의 진행은 여전히 불충분하다. 실제로 많은 소집단이나 전국적 애드보커시 그룹은 많은 교회 회중과 마찬가지로 여전히 동질적인 인종으로 구성되어 있다. 하지만 바람직한 단체는 인종적 포섭을 그 이상으로서 지지한다. 현대 미국인이 인종차별적 유산의 흔적이 있는 '단체명'을 피하는 이유를 이해할 만하다.

애국적 형제애의 쇠퇴

분리된 집단들이 잠재 회원의 모집에서 호소력이 약해지자, 변화된 성역할 역시 결사의 리더십에 이르는 길을 차단했다. 역사적으로 자발적인 멤버십 연합체에서는 고용노동력 이외의 전역병사들이나 고학력의 여성들이 중추를 이루었다. 수십 년 이상 남녀라는 두 젠더가 계급의 구분이나 장소를 초월해 미국인에게 호소력을 지닌 — 또는 그들을 동원할 수 있는 — 지도자들을 산출했다. 하지만 20세기 후반이 되면서 젠더화된 시민적 리더십의 이러한 전통적인 원천은 고갈되어버렸다.

전형적인 결사의 이러한 균형적 상황에서, 남성의 경우 퇴역군인들이 중요한 지도자 역할을 담당했다. 더욱이 해외종군군인회나 미국재향군인회와 같이 눈에 띄는 단체에 한정된 것만은 아니었다. 퇴역군인들은 1950년대 미국의 거대 멤버십 결사의 거의 3분의 1에 상당하는 우애조직의 명예로운 주요 참가자들이었다. 애국주의와 형제애, 희생은 모든 우애조직이 칭송하는 가치였으며, 또한 병역은 이러한 미덕을 획득하고 표현하는 가장 확실한 방법이라고 선전되었다. 주요한 전쟁의 전시와 전후에는 메이슨이나 피시아스기사단, 엘크스 결사, 콜럼버스기사단, 무스, 이글스, 그 밖의 많은 우애조직이 소속된 병사 회원들의 전쟁에 대한 공헌을 축복하고 기념했다. 남성우애회 부인부도 그러했으며, 남성봉사클럽이나 철도원의 노동조합(brotherhoods), 그랜지들은 말할 것도 없었다. 각 결사의 회관은 군 경력이 있는 회원을 칭송하는 깃발들로 장식되었다. 또한 국가의 전쟁에 대한 노력을 지지하는 캠페인을 주도했던 결사의 민간 지도자들 역시 경쟁을 위한 선전도구로 등장했다.

하지만 병역의 '남성다운' 이상은 1960년대에 접어들면서 그 빛을 잃기 시작했다. 그리고 1990년대 초반의 걸프전이나 '9·11'에서의 군사행동으로 군에 대한 국가적 숭배가 재차 등장했던 시기에도 그러한 이상은 부활하지 않았다. 최근의 군사 개입이 직업군인이나 주(州) 예비병에 의해서만 수행되었고 전쟁 때와 같이 전국적 규모의 징병으로 시민을 대량 동원하지 않았던 것처럼, 미국 군대는 여전히 소규모였다. 최근 수십 년간 성인이 된 남성 코호트(동일연령집단)는 이전의 코호트를 구성했던 연령집단에 비해 병역 경험이 압도적으로 적다. 1920년대와 1930년대 전반에 출생한 미국 남성의 3분의 2 또는 그 이상은 병역 경

험이 있었지만, 이러한 경험자 비율은 이후 급속하게 떨어졌으며, 1950
년 중반 이후에 출생한 코호트의 경우 그 비율은 겨우 5분의 1 또는 그
이하에 지나지 않았다.[10] 또한 병역 경험 여부만 문제가 되는 것이 아니
었다. 베트남전쟁의 실패와 미국인의 고통스러운 경험이 남성들의 전우
애에 대한 일체감과 세대를 초월한 연속성을 파괴했기 때문이다.

　미국 역사의 대부분을 통해 전쟁에 참전하지 않았던 이들조차 아버
지나 조부 세대의 군대 경험을 이상화해왔다. 승리를 거둔 전쟁에 대한
실제적인 동원으로 가끔 중단되기도 했지만, 무용(武勇)과 희생, 동지애
와 같은 세대 간 공유된 이상이 계급분열적인 공업국가가 된 미국에서
조차 우애단체나 퇴역군인단체를 지속하는 원동력이 되었다. 독립혁명
부터 남북전쟁, 20세기의 세계대전을 통해 퇴역군인결사들은 실제로
전쟁을 수행했던 사람들의 '아들들'을 위해 통합된 결사를 대량으로 설
립했다. 그중에는 실제로 퇴역군인들뿐 아니라 젊은이들 역시 미육군이
행했던 동일한 방식으로 훈련을 받았으며 훈련을 위해 군복을 착용하고
'행군'도 실시했다. 전쟁은 계급을 초월한 형제애를 제시했고 이에 아
들들은 아버지들에 대한 추종을 당연시했다. 1944년판 『무스의 진실
(Moose Facts)』이라는 팸플릿에서는 "로열무스결사는 호전적인 애국적
조직이다"라고 선언하고, "아들들의 입회식을 목격하려는 아버지들 ―
장년 회원들 ― 의 소망은 늘…… 결사의 회원 수를 안정시키는 동시에
회원 수 증가에 큰 영향을 끼치는…… 요인이었다"[11]라고 덧붙였다.

　하지만 1970년대까지 회원 수를 늘려온 애국적인 아버지들은 아들
들의 입회식을 경험하지 못했다. 1960년대와 1970년대의 일련의 사건
들을 상술하고 있는 표준적인 애국적 역사에는 '아메리카니즘(Ameri-
canism)'을 칭송하고 시민적 소동에 대해 강하게 반대하며 베트남에서

　　　　　　　　　　　　　　민주주의의 쇠퇴

의 군사적 노력에 지지를 표명하는 의식을 집행하는 로지들의 중년 형제들을 게재하고 있다.[12] 동시에 병역은 많은 젊은이들로 하여금 기력을 잃게 했으며, 그 자신들과 제2차 세계대전 세대들의 문화적 간극을 넓혔다.

베트남에서의 경험이 많은 미국 젊은이에게 환멸을 가져다준 것과 같이 20세기 후반의 일련의 사건 역시 전통적인 내셔널리즘을 약화했다. 냉전의 종언과 더불어 미국의 많은 계층은 평화적이고 국제적인 사고방식이나 활동을 더욱더 바람직한 것으로 생각하게 되었다. 더욱이 1960년대 중반 이후, 미국은 유럽뿐 아니라 중남미나 아시아를 비롯한 여러 국가에서의 이민의 증가를 인정했다. 적어도 2001년의 '9·11' 테러로 정책 변경에 관한 마찰이 있기까지 국제주의적인 세계시민주의(cosmopolitanism)와 국내의 다문화주의는 고양되었으며, 특히 고학력의 엘리트층 내에서는 국민의 연대와 애국주의에 관한 담론을 회피했다. 하지만 이것은 미국의 오랜 시민적 유산과는 매우 동떨어진 거대한 변화였다. 제2장에서 살펴본 바와 같이, 국가주의적인 애국주의는 많은 전형적인 자발적 연합체의 의식이나 목표, 활동에서 중심적인 요소였다. 20세기 후반 사이에 그와 같은 애국주의가 쇠퇴하면서 결과적으로 계급횡단적인 결사들의 번영 ― 특히 성인 남성 사이에서 ― 을 가능케 했던 도덕적인 접착제가 제거되어버렸던 것이다.

오랫동안 지속되었던 우애적이고 애국적인 전통과 단절하는 것은 우선 특권적인 고학력의 젊은 사람 사이에서 가장 두드러졌다. 이러한 주장을 뒷받침하는 자료의 일부가 바로 1974~1994년의 미국인 전국 표본조사로 실시한 특정한 형태의 자발적 결사에 소속하는지 여부에 대한 일반사회조사(GSS) 결과였다. GSS조사가 선정한 많은 단체의 형태는 조금 모호했지만, '우애'나 '퇴역군인'과 같은 카테고리가 미국 시민사회에서 전통적이며 중심적으로 존재해왔던 계급횡단적인 결사들이었음은 명확하게 지적되었다.

<그림 5-1>과 <그림 5-2>가 보여주는 바와 같이, 1970년대 중반에서 1990년대 중반에 걸쳐 우애단체나 퇴역군인단체들은 학력의 최고위집단과 최하위집단 사이에서 서로 다른 경로를 거쳐왔다. 교육수준은 이후에 등장하는 젊은 코호트만큼 상승했기 때문에 고졸집단은 인원수도 감소했으며 열등한 지위의 인구집단이 되었다. 보통 우리는 이와 같이 주변화된 사람들이 전통적으로 영향력을 유지해온 우애단체나 퇴역군인단체에서 점차 그 모습을 감출 것으로 예상할 수 있지만, 실제로는 대학 경험이 없는 이들의 단체 가입은 거의 동등한 수준이었던 반면, 대학 또는 대학원 졸업자는 전통 있는 우애단체나 퇴역군인단체에 입회하지 않거나 탈퇴했다.[13] 수십 년 전부터 비교 가능한 조사 결과가 존재한다면 더욱 완벽할 수 있겠지만, 이처럼 한정된 자료의 집합을 통해서도 전체상을 그려볼 수 있다. 미국의 근대사에서 전후에는 우애단체와 퇴역군인단체에 대한 회원 등록이 증가했다. 여기에는 주로 특권적인 미국인의 수가 대부분을 차지했지만 베트남전쟁 이후에는 매우 상반된 결과를 보였다.

또 다른 자료는 미국의 엘리트들이 1960년대 후반 이후 갑작스럽게 전통적인 형제애 결사와 거리를 두었다는 가설을 지지하고 있다. <그림 5-3>은 매사추세츠 주 상원의원 40명 13그룹 — 그들은 대부분 대학 또는 대학원 졸업자로 40대와 50대는 실업가 또는 전문직 종사자였다 — 의 우애단체와 퇴역군인단체의 소속 현황을 1920년부터 2000년까지 5년 간격으로 조사한 결과이다. 매사추세츠 주는 1920년 이후 매년 동일한

　　　　　　　　　　　　　　　民主主義의 쇠퇴

〈그림 5-1〉 미국 우애단체들의 멤버십

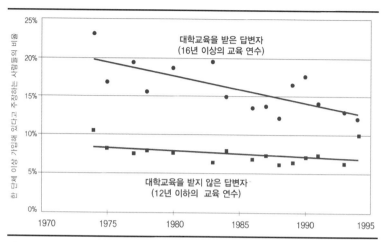

자료: General Social Survey, 1974~1994.

〈그림 5-2〉 미국 퇴역군인단체들의 멤버십

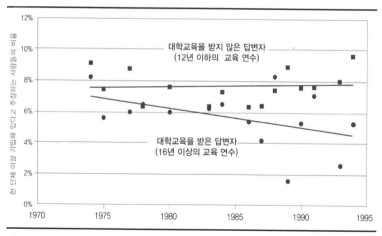

자료: General Social Survey, 1974~1994.

<그림 5-3> 매사추세츠 주 상원의원에 의한 우애단체 및 퇴역군인단체 소속 현황

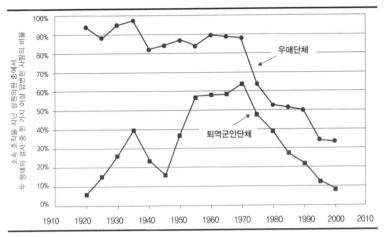

자료: *Public Officials of Massachusetts*, 1920~2000.

형식으로 주 정부 요직에 있는 사람의 얼굴 사진과 소속 결사를 포함한 구체적인 경력과 정보를 게재한 소책자를 발행하고 있다.[14] 이 소책자 는 엘리트 집단의 전기(傳記)나 그들의 시민생활을 상세히 기술해놓은 귀중한 정보원이기도 하다.

 <그림 5-3>에서 실증되는 바와 같이, 수십 년 동안 우애결사들은 매 사추세츠 주 상원의원들(때로는 여성의원도 포함하여)이 답변한 자발적 단체 가입의 가장 일반적인 존재였다. 퇴역군인단체에 대한 참가율은 미국의 특정한 전쟁에 종군했던 남성 코호트의 연령에 맞춰 상하 변동 했다. 하지만 베트남전쟁 직후에는 퇴역군인결사로의 가입 증가를 관찰 할 수 없을 뿐 아니라 퇴역군인결사에 한 가지 이상 가입하고 있다고 답 변했던 상원의원의 비율은 2000년 10% 이하로 급락했다. 게다가 놀랍 게도 1965~1970년 이후 상원의원의 우애결사에 대한 오랜 연대는 급 속히 약화되었다. 1920년에서 1965년까지 상원의원의 4분의 3 이상이

민주주의의 쇠퇴

일괄적으로 한 가지 이상의 우애단체의 회원이었다. 하지만 매사추세츠 주 상원의원의 우애단체의 가입률은 1970년대에 급락했으며 1990년대 전반에 더욱 저하했다. 그 결과, 2000년까지 상원의원의 우애단체 가입률은 저하했으며 소속한 단체 수가 한 가지인 의원의 경우에서조차 30%를 밑돌았다.[15]

과거 매사추세츠 주 상원의원은 미국 성인의 1% 이상을 회원으로 보유하는 몇 개의 유사한 계급횡단적 자발적 연합체의 회원이었기 때문에, 필자는 남성 주 상원의원들과 주민(州民) 전체 결사 회원의 저하율을 비교할 수 있었으며, 매사추세츠 주 상원의원들이 자주 언급하는 계급횡단적이며 거대한 4개의 연합체에 초점을 맞출 수 있었다. 그들은 과거에 비해 엘크스나 콜럼버스기사단, 해외종군군인회, 미국재향군인회에 덜 가입하고 있는데 그러한 경향은 일반 시민들의 경향을 단지 그대로 반영한 것에 지나지 않는 것인가? 아니면 상원의원의 포스트 1960년대 코호트가 시민적 미덕의 새로운 유행 ― 이 공적인 장에서 자주 목격할 수 있는 엘리트 사이에서 갑작스럽게 정착된 ― 에 반응한 것인가?

<그림 5-4>에서 <그림 5-7>까지는 후자의 가설이 좀 더 타당한 것임을 시사해준다. 1970년대부터 시작된 현상으로 매사추세츠 주 상원의원들은 갑작스럽게 VFW부인회와 엘크스, 미국재향군인회와의 유대관계를 제시하지 않게 되었으며, 이 대규모 결사들에 대한 소속의 감소 비율은 일반 시민(남성)보다도 급격했다. 콜럼버스기사단의 경우, 그러한 경향은 1970년대 양 단체 사이에 거의 격차가 보이지 않았지만 그이후에는 기사단의 회원이라고 말하는 상원의원 수가 매우 감소했다. <그림 5-8>이 시사하는 것처럼, 매사추세츠 주 상원의원들은 일반 대중 또는 계급횡단적인 모든 종류의 자발적 집단에 대한 소속을 더는 표

〈그림 5-4〉 해외종군군인회 소속 매사추세츠 주 상원의원과 일반 시민

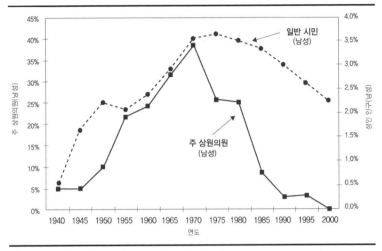

자료: *Public Officials of Massachusetts*, 1940~2000; Civic Engagement Project의 통계.

〈그림 5-5〉 엘크스자선보호회 소속 매사추세츠 주 상원의원과 일반 시민

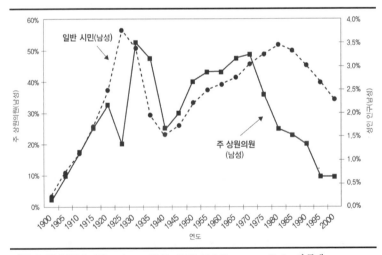

자료: *Public Officials of Massachusetts*, 1940~2000; Civic Engagement Project의 통계.

민주주의의 쇠퇴

〈그림 5-6〉 미국재향군인회 소속 매사추세츠 주 상원의원과 일반 시민

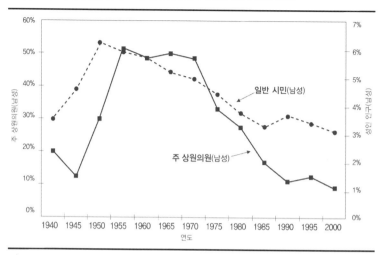

자료: *Public Officials of Massachusetts*, 1940~2000; Civic Engagement Project의 통계.

〈그림 5-7〉 콜럼버스기사단 소속 매사추세츠 주 상원의원과 일반 시민

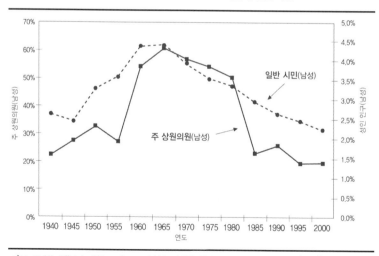

자료: *Public Officials of Massachusetts*, 1940~2000; Civic Engagement Project의 통계.

〈그림 5-8〉 매사추세츠 주 상원의원의 시민조직 소속 현황(1940~2000년)

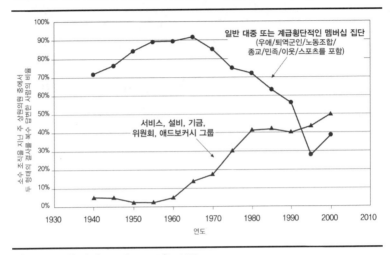

자료: *Public Officials of Massachusetts*, 1940~2000.

명하지 않게 되었으며, 대신 문명적 또는 사회적인 서비스 설비나 기금, 위원회, 애드보커시 조직과 같은 전문적으로 운영되는 단체의 이사(理事) 또는 다른 종류의 소속을 공언하게 된 것이다. 상대적으로 매우 특권적이며 고학력인 매사추세츠 주 상원의원들에게 과거의 시민 참여는 보통 미국인이 참여했던 것과 같은 종류의 계급횡단적인 자발적 결사의 일원임을 의미했다. 하지만 지금 그들의 시민 조직 소속은 — 그리고 의심할 여지없이 미국의 많은 다른 엘리트들의 경우도 마찬가지로 — 전문적으로 운영되는 조직이나 결사의 매니지먼트로의 관여를 필연적으로 수반하게 되었다.

민주주의의 쇠퇴

안정을 되찾은 여성들의 시민적 리더십

남성들에게 시민적 변화는 중요한 것이었지만, 우리 시대 여성들의 시민적 리더십은 남성들 못지않게 또는 그 이상으로 변화했다. 과거 미국의 시민생활은 생활의 대부분을 주부로서 보낸 교양 있는 부인이나 어머니의 직접행동주의를 통해 성장했다. 고등교육을 받은 여성의 수는 미국 전체 여성의 극히 일부분에 지나지 않았지만, 그들은 역사적으로 거대하고 광범위한 영향력을 발휘해왔다. 그것은 미국이 여아의 학교교육과 여성의 고등교육에 선구적인 국가였기 때문이다. 1880년까지 4만 명의 미국 여성은 모든 종류의 미국 고등교육기관에서 3분의 1을 점했으며, 그 비율은 20세기 전반의 최고점이었던 1920년의 절반까지 증가했다. 이때 고등교육기관에 입학한 여성의 수는 약 28만 3,000명에 달했다.[16] 19세기 후반~20세기 전반에 고등교육을 받은 많은 여성들은 이른 결혼과 더불어 고용노동력의 외부에 머물렀으며, 그 밖의 여성들은 초등학교나 중학교에서 교편을 잡고 이후 결혼과 동시에 교직을 – 자발적으로, 또는 학교제도가 기혼여성을 고용하지 않았기 때문에 – 그만두었다. 자기 마을이나 다른 여러 장소에서 연고를 구축할 수 있는 능력을 지닌 – 또는 아이가 성장해 조금 여유가 생기면 – 전직 교사나 교육을 받은 그 밖의 여성들은 전국 커뮤니티 내에서 강한 시민적 존재가 되었다.

물론 최근에는 대학교육을 받은 여성이 늘어나고 있다.[17] 1990년까지 여성들은 남성들에 비해 약 14% 많은 학위를 취득했다. 그리고 지금은 많은 여성 대학 졸업자들이 대학원에서 학위를 받기 위해 진학하며 전문직이나 관리직으로의 진로를 추구한다.[18] 고등교육을 받은 현대 여성은 새로운 기회와 제약에 직면하고 있다. 임금노동과 가족에 대한 책임은 이제 별개 영역이 아니며 모든 영역의 직업구조에서도 성(性)에 의한 차별은 사라지고 있다. 오늘날에는 아이가 있는 기혼여성이라도 파트타임으로는 고용될 가능성이 높다. 1960년에는 여성들 중 28%가 취직했지만, 1996년에 이르러서는 그 비율이 69%까지 상승했다.[19]

물론 오늘날의 교육을 받은 직업여성은 시민생활에서 낙오하지 않았다. 오히려 파트타임 여성은 전업주부보다도 집단의 회원이 되거나 볼런티어 활동에 전념하는 경향이 높다. 또한 정규직 여성은 자주 그들의 직업을 통해 시민 활동에 나서게 되었다.[20] 그렇지만 여성의 새로운 기회와 책임은 모든 사회적 장에서 시민적이며 사회적인 희생으로 강요되어왔다. 25~54세 미국인의 볼런티어 활동과 자발적 조직에 대한 참가나 비공식적인 사회활동에 대한 참가에서 보여주는 장기적인 경향에 관한 최근의 연구들은 여성에 의한 노동력 참가가 이 세 분야에서의 참여의 저하를 초래한 요인 중 하나라고 지적한다.[21] 모든 형태의 시민적 참여를 마치 동일한 범주로 간주하여 단순히 단체 가입 수를 세는 것만으로는 타당하지 않다. 특히 고등교육을 받은 미국 여성은 이제 새로운 종류의 활동에 관여하고 있다. 단체 회원 형태에 관한 일반사회조사(GSS) 통계는 1974~1994년에 대학교육을 받은 여성이 전문직 단체에 가입하는 경향이 높으며, 한편 학교 관련 봉사단체나 교회 관련 단체, 그리고 우애단체, 퇴역군인단체의 부인보조회 등에는 많이 가입하지 않았다는 사실을 보여준다.

여성이 고등교육을 받고 직업 고용에서 차지하는 비중이 늘면서 여성이 전통적으로 매우 활동적으로 일했던 계급횡단적이며 폭넓은 거대 결사들은 타격을 입었으며, 과거 정기적인 만남을 통해서 볼런티어나 선출된 지도자에 의존했던 부모와 교사의 모임과 같은 조직은 특히 그

민주주의의 쇠퇴

지위가 약화되었다. 교육 정도가 높은 직업여성은 남성과 마찬가지로 이제 전문직 조직에 입회하며 전국적인 애드보커시 그룹으로 기부를 한다. 커뮤니티나 직장 내에서 활동적인 여성은 사교를 커뮤니티 봉사와 융합하는 전통적인 형태의 그룹에 참가하기보다 열성적이고 일시적으로 - 예를 들면 기부금 모집활동의 지휘에 - 참여하는 경향을 보여준다. 이와 마찬가지로, '원조 전문가(helping professional)'로서나 비영리단체에 고용된 여성은 긴급한 사회문제에 대처하기 위한 캠페인이나 연합에 참가할지도 모른다. 우드나우가 지적하고 있는 바와 같이, 비영리 사회 사업시설이나 쟁점지향의 애드보커시 그룹, 그리고 볼런티어 조직은 특정한 문제나 난제에 초점을 맞추는 시민캠페인과 자주 행동을 같이한다.[22] 물론 남녀가 모두 참가하지만, 특히 고학력 여성들은 지역볼런티어나 사회복지사업 스태프로서 이러한 노력을 지지한다. 그녀들의 노력은 새로운 미국 시민사회에서 매우 중요하지만, 과거 번영했던 계급횡단적인 연합체에서 그녀들이 등을 돌림으로써 멤버십을 기초로 한 결사의 영향력과 상호작용적인 매력은 약화되었다.[23]

정치적 기회와 결사의 변화

사회적 현실이 크게 변화하는 동안 1960년대 중반 이후로 새로운 정치적 도전과 기회를 통해 미국인은 그 시민적 에너지를 분출할 수 있는 수로를 재차 구축할 수 있게 되었다. 대변동과 개혁의 시대에 워싱턴DC는 대부분의 활동 근거지였으며, 조직의 지도자와 정치가들은 혁신적이며 상호강화적인 방법을 통해 전국적인 권력을 획득하기 위해 경쟁하기 시작했다.

예를 들면 딥 사우스(Deep South)에서 시민투쟁을 전개해온 공민권 변호사인 메리언 라이트 에덜먼(Marian Wright Edelman)은 미시시피의 헤드스타트 프로그램(Head Start program)에 대한 로비활동을 위해 1960년대 후반에 워싱턴DC를 방문했다.[24] 그녀는 아이들에 대한 원조를 논의하는 것이 법률 제정에 영향을 끼칠 뿐 아니라 흑인을 포함한 빈곤층을 지지하는 대중과 의회에서 동조를 얻어내기 위한 최선의 방법이라는 것을 깨달았다. 1968~1973년에 에덜먼은 주요한 재단에서 자금을 지원받아 새로운 애드보커시 리서치 단체인 아동보호기금(Children's Defense Fund: CDF)을 창설했다. 유능한 스태프와 개인지원자의 소규모 전국적 네트워크, 그리고 사회사업시설 및 재단과 연계하거나 전국 언론들과의 훌륭한 관계를 기초로 아동보호기금은 연방정부의 반(反)빈곤 프로그램을 계속해서 강력하게 지지했다. 이 아동보호기금에 관한 이야기는 활동가들 — 대중 기반 사회운동의 상식에서 벗어난 활동을 시작한 활동가들을 포함해 — 이 느꼈던 워싱턴DC의 매력을 시사해주고 있는 것이다.

새로운 수단을 강구하다

많은 보수파들이 믿는 것과는 달리 1960년대 이후 미국 정부의 성장은 과세와 재정지출의 주체로서 이루어진 것이 아니다.[25] 시민에 대한 새로운 사회보장 역시 1965년의 메디케어(Medicare: 노인의료보험제도)와 메디케이드(Medicaid: 의료보조제도)에 머물렀으며, 연방정부가 지출하는 주 또는 지방 정부 지출 역시 일정한 비율을 유지했다. 하지만 전국 수준의 공적 사업, 특히 연방명령을 통해 강제될 수 있거나 보조금을 통해 장려될 수 있는 사업의 범위는 확대되었으며 일정한 지역이나 주가 새로운 공익사업에 대한 실시를 ─ 전문적으로 운영되는 지방 비영리사업체와의 계약을 통해서 ─ 촉진했다.[26] 사회운동은 연방정부의 지난 잘못을 바로잡고 널리 공적인 관심을 불러일으키는 절박한 문제 ─ 예를 들면, 환경보호주의나 소비자의 권리, 선한 통치의 추구 ─ 에 대처할 것을 요구했으며, 대통령과 재판소, 의회는 다소 이러한 요구에 응했다. 이는 긴 1960년대의 격동이 그 원동력이었으며 그야말로 '개혁의 시대'가 도래한 것이다.[27]

연방정부가 이러한 개혁에 대한 요구에 ─ 규제, 연방명령, 재판소명령 또는 보조금의 법제화를 통해 ─ 대처하면서, 공공정책에 영향을 끼치려는 애드보커시 그룹들은 새로운 제도적 수단을 활용할 수 있었다. 재판소는 새로운 종류의 사건을 제기했으며, 연방기관의 수도 매우 증가했다. 의회위원회와 위원회 스태프들은 세분화되어 많은 의원들의 개인 스태프들이 고용되었다.[28] 보좌조직과 그 밖의 연방의회 스태프의 총인원은 1960년에는 6,255명, 1970년에는 1만 739명, 그리고 1990년에는 약 2만 명까지 늘어났다.[29]

이러한 현상이 의미하는 것은 의원들과 접촉하려는 사람의 수가 늘었다는 것과 의원에게 영향력을 행사할 수 있는 제도적 틈새가 증가했다는 것이다. 권리파 변호사들 역시 법정에서 활약할 수 있었으며, 공익 로비스트들은 연방정부의 간부들을 감시할 수 있었다. 또한 애드보커시 그룹들을 지지하는 매스컴은 여론을 형성할 수 있었다. 모든 쟁점들의 다양한 측면에 바로 대응할 수 있는 전문 스태프들을 워싱턴DC에 상주시키려는 동기가 고조되었던 것이다. 베리는 "워싱턴에서 로비활동은 그야말로 매일 이루어지는 행동"이라고 했는데, "영향력은 현장에서의 지속적인 작업을 통해 달성될 수 있으며, 어쨌든 워싱턴DC에 있으면 일어나는 모든 사건을 감시할 수 있고, 이것이 가장 중요한 것"[30]이기 때문이었다.

새로운 참여 기회를 이용하려는 스태프들에 의한 많은 리서치와 로비조직들 ─ 이미 논의해왔던 공적 업무 및 사회복지단체들 ─ 이 과거 주와 지역의 연방정부와 시민 간의 중요한 통로 역할을 담당했던 다수의 인적 기반을 지닌 자발적 연합체들로부터 그 대부분의 활동을 탈취했다.[31] 과거에는 시민조직 회원들의 의견을 신중하게 판단하여 일정한 지역이나 주의 공무원 및 정치가들에게 영향을 끼침으로써 워싱턴에서 그 성과를 올리려고 했던 것이 상식적이었다. 하지만 지금의 시민활동가들은 전국의 언론을 이용하거나 워싱턴의 스태프들과 기관 사이에 개입하는 것에 더 큰 의미를 두게 되었다. 이것은 규제를 둘러싼 모든 문제가 쟁점화되는 영역에서 특히 두드러졌다. 이러한 문제는 환경보호와 공민권, 그리고 소비자보호와 직업보호 등의 영역에서 서서히 눈에 들어오기 시작했다. 워커는 "마틴 루서 킹(Martin Luther King, Jr.) 목사에 의해 다수의 시민들이 '워싱턴행진(march on Washington)'과 같은 공민권운동에 참가했던 1963년 이후, 이익단체 역시 이 행진에 참가하게 되었다"[32]고 결론지었다. 활동가들은 더욱 적극적으로 연방정부를 그들의 목표로 유도하기 위해 활동의 장으로 모습을 드러냈던 것이다.

1970년대 후반과 1980년대를 통해 애드보커시 그룹 형성의 주기는 자기강화적이 되었으며, 다른 그룹에 대해 대항적으로 결성되었을 뿐 아니라 스스로 많은 그룹을 만들어냈다. 각 쟁점 영역마다 시민기업가들은 보조금을 요구하거나 특정한 전문 지식을 위해 전문가 그룹을 창설했다. 예를 들면, 새로운 변호그룹이나 정책조사 싱크탱크들은 기존 조직의 파트너로 만들어지거나 쟁점 영역과 이데올로기적 태도로 정의된 집단으로 추가되었다.[33] 연방세법은 입법 로비활동에 직접 관여된 단체들에 여러 종류의 이익과 벌칙을 부여함으로써 그 증식에 일익을 담당했다.[34] 또한 1974년의 중요한 최고재판판결이 정치행동위원회(PAC)에 의한 선거기부금의 공급을 촉진했으며, 그것을 수용하는 형태로 다수의 애드보커시 부문이 조직을 설립했다.[35] 그 이후 이익단체들의 자금은 선거운동으로 유입되었으며, 주요 경합 주(swing state) 또는 선거구에서 특정 후보자를 지원하는 데 신중한 태도를 보인 TV '쟁점 광고'의 자금 조달에 결정적인 역할을 했다.

선거정치에서의 애드보커시

사실 애드보커시 그룹의 대두는 미국 정부뿐 아니라 정당과 선거의 변화와 동시에 일어나고 있다. 회사와 시민들 역시 애드보커시 그룹을 이용하여 정당의 외부 또는 선거 사이에서 정부에 영향을 주고 있기 때문에, 이러한 집단의 폭발적인 증가가 민주·공화 양당에 대한 유권자들의 충성심 쇠약과 병행한다는 사실은 그다지 놀라운 이야기가 아니다. 하지만 이 두 현상이 제로섬 교환(zero-sum trade-off) 관계에 놓여 있다고 생각해서는 안 된다. 애드보커시 그룹과 정당정치가들은 선거정치의 변질된 절차 내에서 행동을 함께하기 때문이다.[36]

최근 1950년대까지 미국의 정당은 ― 모든 경우에서는 아니지만 많은 곳에서 ― 정당간부들이 지명(指名)을 중개하거나 지역에 기반을 둔 멤버십 결사와 협력, 또는 유권자들을 직접 동원하는 지역이나 주 수준의 조직 네트워크였다.[37] 이후 1960년대의 인구 구성의 변화와 선거구 의원

정수의 시정을 둘러싼 정치적 투쟁, 사회 대변동이 이러한 옛 형태의 정당조직을 파괴해버렸다. 정당질서가 변화하면서 지명선거 역시 기존의 당내의 밀실인사보다도 활동가나 후보자를 중심으로 행해지는 노력을 더욱 선호하게 되었다. 이러한 '개혁'은 시민 참여의 증진을 위한 것이었지만, 실제로는 선거과정에서의 과두정치적인 방법이 조장되어왔던 것이다. 이제 미국의 선거운동은 정당조직을 통해서가 아닌 미디어 컨설턴트와 여론조사자, 다이렉트 메일의 전문가, 그리고 (특히) 기금모집자들이 운영하는 데 이르렀다. 선거운동은 유료TV 광고에 크게 의존하고 있기 때문에 결과적으로 투표율이 떨어지더라도 비용은 더 증가하게 된다. 입후보자들은 전문가 어드바이저들을 이용해 투표에 참가할 확률이 높고 설득하기 쉬운 사람들이 좁은 범위에서 메일이나 언론의 메시지 목표를 설정할 수 있도록 도와 유권자의 51%를 획득하기 위해 경쟁한다.[38]

이러한 쇄신된 선거의 경쟁의 장에서 애드보커시 그룹은 후보자를 응원하는 대신 선출공직자와의 접촉을 통해 더 많은 것을 제공할 수 있는 것이다. 투표율이 낮은 당 지명의 획득 경쟁에서는 메일링 리스트의 지지자밖에 없는 단체라도 변화를 가져다주기에 충분한 활동가들(유급과 무급활동가)을 동원할 수 있는 가능성도 있다. 선거과정의 모든 단계에서 애드보커시 그룹들(회원의 유무와는 관계없이)은 언론 또는 다이렉트 메일을 통한 노력으로 유용한 지지 표명을 제공할 수 있으며, 기업이익 또는 공익 목표를 강하게 요구하는 정치행동위원회는 후보자의 당선에 필요한 거대한 자금 조달에 협력할 수 있다.

결사 건설의 새로운 모델

미국의 자발적 결사가 정치가나 공무원에게 영향을 끼치려고 하는 시도와 워싱턴에 단체 사무소를 두는 것 역시 최근 들어 일어난 현상은 아니다. 단지 정부에 대한 영향력 행사라는 목표를 거론하더라도 최근 스태프들이 운영하는 애드보커시 그룹이 번영하는 이유를 설명하기에는 충분하지 못하다. 결사 건설의 새로운 기술과 모델 역시 중요한 요소로서, 이러한 점에서 자발적 결사와 정당에 영향을 끼치는 변화는 동시에 일어난다.

정당의 메시지를 확산하고 되도록 많은 유권자를 투표소로 향하게 하기 위해서 주나 지방 수준의 네트워크를 동원했던 19세기의 정당정치가들과 마찬가지로 전형적인 미국의 결사 건설자들은 전국적인 도덕적·정치적 영향력을 획득하기 위한 최선의 방법이 정기적인 집회와 어느 정도 대표제 거버넌스에 종사하는 전국과 주, 지방 수준 집단의 결합임을 당연시한다.[39] 다수의 미국인을 대변하려는 지도자들은 자동 갱신된 대량의 회원을 입회시키고 대화형 그룹의 네트워크를 구축하는 것이 전진하기 위한 당연한 작업이라는 것을 깨달았다.

이 모델이 1960년대 이전의 전형적인 미국 시민사회에서 당연시된 것은 그 나름대로 이유가 있다. 결성 단계 이후 결사의 재정은 늘 납입회비와 회원, 지역단체들에 대한 소식지나 생활필수품의 판매에 크게 의존했다. 지원자들은 사회적 네트워크나 직접적인 접촉을 통해 지속적으로 보충되어야 했다. 그리고 자발적 연합체들이 정부에 대해 강한 영향력을 지니려면 많은 지구를 횡단하여 입법자나 시민, 신문에 영향을 미칠 필요가 있었다. 적어도 이 모든 이유에서 전국적으로 야심을 지닌 전형적인 시민적 기업가들은 모든 주 또는 각 주의 되도록 많은 타운이나 도시를 횡단하여 활동가나 회원을 빨리 모으기 위해서 움직였다. 부인기독교금주동맹의 프랜시스 윌라드(Frances Willard) — 그녀는 1870년대와 1980년대를 통해 5,000명 이상의 인구가 있는 전국의 도시를 적어도 한번 이상 방문했으며, 이 때문에 언제나 기차를 타고 있거나 '고향'인 일리노이주 에반스톤에는 거의 모습을 드러내지 않았다 — 와 같이 지도자들은 전국을 순회하면서 대면집회를 소집하고, 회원 모집과 재적 회원 유지를 담당할 수 있는 중간지도자를 모아 "교류하라. 아니면 죽음을(Interact or die)"이라고 격려했다. 이 문장은 전형적인 미국의 결사 설립자의 슬로건이었다.

오늘날의 전국적으로 야심을 지닌 시민적 기업가들은 서로 전혀 다른 방법으로 활동하고 있다.[40] 에덜먼은 아이들이나 빈곤자들의 요구를 위한 로비활동을 전개하기 위해 새로운 애드보커시 조사그룹을 설립한다는 영감을 얻어 그 자금을 민간재단에 요구하고 연구원이나 로비스트 등의 전문 스태프를 새롭게 채용했다. 1970년대 초반 존 가드너(John Gardner)는 정치 개혁에 활동의 역점을 두는 전국 규모의 시민로비활동으로서 코먼코즈(Common Cause)를 설립했다. 그는 설립 당초 부유한 몇몇 동료에게서 기부금을 모으고 그 밖의 많은 회원의 기부금 모금을 위해 전국적인 매스컴 기자와 접촉하여 메일링 리스트를 어렵게 입수했다.[41] 이러한 예들은 시민적 영향력이라는 면에서의 새로운 경로가 20세기 후반 미국에서 창출되었다는 사실뿐 아니라, 새로운 기술이나 자원의 이용 가능성을 제시해준다. 후원자 조성금이나 다이렉트 메일의 기술, 매스미디어를 통한 이미지나 메시지의 전달력 등 이 모든 것이 조직의 건설과 유지의 실태를 변화시켰던 것이다.

자금을 추구하다

결사를 건설하는 데 자금은 매우 중요하며, 또한 최근에는 회비와는 별도로 새로운 현금 공급원을 운용할 수 있게 되었다. 이는 1960년대 후반부터 두드러지기 시작한 현상으로, 면세조치를 받은 민간재단이 공공정책에 관한 논의에 영향을 끼치거나 이데올로기적·사회적인 변화를 파악하려는 애드보커시 그룹 및 정책연구 싱크탱크, 그 밖의 다른 종류의 단체들에 자금을 제공하게 되었다.[42] 더욱이 단체의 성격을 좁은 범위로 규정한 일련의 재단이나 조성금 ― 크레이그 젠킨스(J. Craig Jenkins)가 말하는 "과거에 조직화되지 않거나 정치적으로 배제된 집단들의 이익을 조직화 또는 대표하는" 집합적 시도를 지원하는 '사회운동 자선행위(social move-ment philanthropy)'에 열성적인 재단이나 조성금 ― 역시 중요해졌다.[43] 미국의 세금규칙은 재단의 발전을 촉진하고 많은 부유층이 국가적인 문제에 큰 영향을 끼칠 수 있게 하는 방책을 요구한다. "그 결과" 사회평론가인 니콜라스 레만(Nicholas Lemann)이 관찰하고 있는 바와 같이 "재단들은 우리나라의 여러 활동 중에서 가장 강력한 행위자가 되어왔다".[44]

물론 사회변혁을 주장하는 운동단체에 직접 건네는 재단기부금의 비율은 매우 낮지만(젠킨스가 엄밀하게 정의한 바에 의하면 1990년 시점에서 겨우 1%를 넘은 정도였다), 재단이 운용할 수 있는 자금의 양이 확대된다면 특히 단체들이 이전만큼 회비를 주요 자금원으로서 충당하지 못하게 된 시대에는 수많은 공익조직이 큰 영향을 받게 된다.[45] 포드재단(Ford Foundation)을 필두로 하는 자유주의적인 재단의 조성금이 1950년대에 시작된 공민권단체들이나 공익 애드보커시 그룹들로 흘러갔다.[46] 1970년대 이후에는 보수적인 재단들 ― 린드 & 해리 브래들리 재단이나 존 오린

재단 등 - 도 가담하여 고도로 의식적인 방법을 통해 여론을 형성하거나 자유주의적인 조성금 기부단체의 영향력에 대항하기 시작했다. 자칭 보수적인 재단들은 자유주의파 재단들만큼 조성금을 산출할 만한 능력이 없지만, 최근 연구에 의하면 보수주의자들은 경제와 사회정책을 둘러싼 공공적 논의의 용어를 바꾸는 데 꽤 성공한 것으로 보인다.[47]

좌우의 스펙트럼을 초월하여 재단조성금은 전문 스태프를 옹호하는 애드보커시 그룹의 발전을 촉진하는 결과를 낳았다.[48] 이것은 재단의 조성금 담당자들이 전문적으로 운영하는 단체들을 그 전문적 지식이나 안정성의 면에서 좀 더 선호하는 경우에 종종 의도적으로 발생한다. 하지만 재단들에서 자금을 확보할 수 있는 여지는 남아 있으며, 비공식적인 단체나 멤버십 단체들이 신청서류를 작성하고 자금을 관리하는 전문가들의 능력을 향상하려고 노력만 한다면 의도하지 않더라도 동일한 현상이 일어날 가능성이 있다. 더욱 중요한 점은 시민생활과 연관된 많은 재단들 자체가 사회운동에 대한 전문화된 영향력을 초월해 고도의 전문가 집단으로 변모했으며, 직업을 중시하고 사람들이 행하는 시민적 노력을 조성 또는 관리하려는 이들을 고용하는 장이 되어왔다는 것이다.

1980년대 잭 워커(Jack Walker)와 동료들은 워싱턴에 본부를 둔 수백 개의 조직을 조사했다. 조사 대상이 된 조직은 경제단체 회원으로 구성된 업계단체를 비롯해 전문직조직과 비영리단체, 열성적인 지지자로 구성된 시민 애드보커시 그룹이었다. 워커가 언급하는 '후원자 조성금(patron grants)' - 부유한 기부자와 재단, 기업, 정부기관, 기존 조직의 재정 지원 - 은 모든 형태의 조직 설립에서도 가장 두드러졌다. 이는 제도에 의한 후원이 시민단체에 특히 중요하다는 사실을 시사한다. 19세기 이후 단체 설립 시기와는 무관하게 이 연구가 검토한 시민조직의 89%는 재정적 지원의 도움으로 단체가 결성되었다. 1960년대 이전에는 개인 또는 다른 단체로부터 조성한 자금이 전형적인 지원의 원천이었다. 그 이후에 시민단체들은 재단이나 기업, 정부기관의 설립조성금에 크게 의존하게 되었다.[49] 또한 애드보커시 그룹의 경우 창설할 때뿐 아니라 그 이후에도 재단이나 여타 후원자의 재정적 지원을 받고 있다. 더욱이 이러한 사실은 "과단성 있는(purposive)" 호소 — 지지 기반의 의견을 정치나 정책 형성의 장에서 대표한다는 약속 — 를 실천하는 오늘날의 시민단체들에 특히 잘 들어맞는다. 워커의 연구에서 시민단체들은 "재정 지원이라는 점에서 회원들보다도 외부의 후원자에 더 많이 의존하는 경향이 있다. …… 평균적으로 시민단체 예산의 약 40%는 후원자가 제공하고 있다. 그것은 제도적 대표들의 많은 영리 영역 집단이 제공받는 후원보다 평균 4배 이상 많은 것이다".[50]

재단조성금이나 정부자금에 대한 지속적인 의존의 또 다른 방책으로서 오늘날의 애드보커시 그룹은 활동을 시작하기 위해 다양한 후원자 지원을 이용하거나 그 이후 개인의 계속적인 지원을 구축하기 위해 매스컴 광고나 컴퓨터를 이용하여 다이렉트 메일을 보내 권유하는 방법도 쓸 수 있다. 원래는 '신우익' 단체들이 개발한 수법인데, 다이렉트 메일은 1970년대와 1980년대에 보급되었다. 몇몇 구체적인 단체명을 거론하자면, 이 기술은 코먼코즈나 대규모 환경보호단체, 콩코드연맹, 음주운전방지 어머니의 모임이 특히 유익하게 사용해왔다.[51] 시민적 기업가들이 다이렉트 메일의 권유를 시작하기 위해서는 관대한 후원자의 보조금이 필요하다. 이는 적당한 명부를 입수하고 막대한 우편을 우송할 필요가 있기 때문이다. 예를 들면, "존 가드너는 많은 자금을 필요로 하는 새로운 조직을 설립하려고 결정했던 1970년 3월 하순, 대량의 우송비와 신문 광고료로 최저 30만 달러가 필요하다는 사실을 알고 있었다".[52] 메일 발송은 명단의 정교화와 그 활용 때문에 스태프들의 전문적인 의견 역시 필요하며,[53] 단체의 목표에 대한 안내메일이 도착해도 실제로 그것을 읽는 사람은 매우 적다. 게다가 '입회'신청서의 동봉과는 관계없이 기부금을 보내는 사람들은 더욱 적다.[54]

조직 없는 커뮤니케이션

마지막 요인으로, 현대의 결사들은 전국 미디어회사와 쉽게 접촉할 수 있기 때문에 지도자와 회원 간 정기적인 접촉 없이도 운영될 수 있다. TV·뉴스기자들은 대부분 대학을 졸업하고 바로 채용되어 주요한 대도시 중심부에서 지방에 걸쳐 활약한다.[55] 보스턴과 뉴욕, 로스앤젤레스, 워싱턴과 같은 사회적·정치적 평론활동의 중심지에서는 뉴스 해설자를 비롯해 정치가, 애드보커시 그룹의 대변자들이 토크쇼에 끊임없이 등장한다. 또한 활자매체의 기자들은 정치가뿐 아니라 애드보케이트 (advocates)와 늘 전화 연락을 주고받는다.[56] 전국적인 미디어로서는 극적으로 대립하는 대변자들을 다양하게 조합한 토론을 기획하려고 하며, 애드보커시 그룹들은 자신의 목표와 성과를 지속적으로 가시화할 필요가 있다. 그 목표가 전국 미디어에서 드라마틱하게 표현됨으로써 애드보케이트는 정당성을 높이고 후원자나 다이렉트 메일의 지지자로부터 풍부한 기부금을 제공받을 수 있기 때문이다.

요컨대 시민적 유효성 모델 자체가 1960년대 이후 큰 타격을 받은 것이다. 이제 시민 기업가들은 거대한 연합체나 대화식 시민 회원을 권유하려고 하지 않는다. 새로운 목표(또는 전술)가 출현하는 경우, 활동가들은 전국 본부를 설치하고 중앙으로부터 전국 프로젝트와 동일한 조직 창설을 관리하려고 한다. 현대 조직 창설의 수법으로는 시민단체들이 － 업계나 전문직 단체와 마찬가지로 － 연방정부나 전국 미디어의 주변에 효율성 있게 관리되는 본부를 설치하여 거기에서 역량을 집중하는 것이 권장된다. 수많은 미국인의 의견을 대변하려는 단체조차도 이젠 그 어떠한 의미에서도 '회원'을 필요로 하지 않는 것이다.

그렇다면 대량의 지지자들이 메일을 통해 권유된다고 하더라도 집회를 개최할 필요는 없는가? 매니지먼트의 관점에서 본다면 회원단체와 같은 대면식의 상호작용은 전혀 비효율적인 것일지 모른다. 과거 멤버십 연합체에서 매년 실시되었던 지도자 선거와 다수의 대표제를 동반한 거버넌스는 회비나 대화식 집회와 밀접하게 관계되어 있었다. 하지만 현대 애드보커시 조직의 전문적인 간부들에게는 다이렉트 메일 지지자들이 대회에 출석하는 회원들보다도 훨씬 매력적인 것이다. 왜냐하면 케네스 고드윈(Kenneth Godwin)과 로버트 카메론 미첼(Robert Cameron Mitchell)이 설명하는 것처럼, 다이렉트 메일 지지자들은 "쓸데없이 간섭하지 않은 채 돈을 기부하고, 간부 선출이나 정책토의에 참가하지 않기" 때문이다. 개인적으로 관계되어 있기 때문에 "다이렉트 메일 회원들은 조직에 관한 정보를 본부에서 우송한 자료에 의존하며 결과적으로 조작하기 쉬울지도 모른다".[57] 그들은 동료나 시민으로서가 아닌 정치를 선호하는 소비자로서 간주되는 것처럼 보인다. 본부의 전문적인 간부들은 가끔 저마다 '선호'를 지닌 지지자들과 － 모금 의뢰나 투표를 통해 － 접촉할 뿐, 유동적인 입법이나 매스미디어의 세계에서 자유롭게 의제를 설정해 유연하고 전술적으로 전개할 수 있는 것이다.

최고 지위의 변화

그 결과로 나타난 20세기 후반 시민세계에서의 가장 중요한 변화는 대량의 고학력 상층중류계급의 증대이다. 그중에서도 가장 두드러진 것이 실업가와 경영자를 포함한 전문적 기술이나 노하우가 있는 '전문가(expert)'의 등장이다. 마이클 셔드슨(Michael Schudson)의 지적에 의하면, "제2차 세계대전 이후 고등교육이 급속하게 확대되었다. 대학과 대학원 졸업자의 비율은 1911~1920년 사이의 출생자 중 13.5%였으며, 이후 10년 동안에 출생한 집단에서는 18.8%였다. 하지만 1931~1950년에 출생한 자(1950년대에서 1970년대 중반에 성인이 된 집단)의 경우에는 26~27%의 신장을 보였다".[58] 사회학자인 스티븐 브린트(Steven Brint)가 정의한 고등교육의 확대에 따라 "꽤 복잡한 지식의 응용을 통해서 중간 정도의 소득이 있는 사람들", 즉 '전문직(professionals)'이 급증한 것이다. 브린트에 의하면, "제2차 세계대전 이전의 미국에서는 전체 종업원 중에서 대학교육을 받은 사람의 비율이 겨우 1%에 지나지 않았으며, 그들은 국세조사에서 '전문직·기능직과 유사한' 노동자로 분류되었다. 오늘날 그에 상당하는 인구는 12배로 증가했다".[59]

기업의 소유자와 매니저, 그 가족들과 더불어 전문직 가족은 이제 미국 계급구조의 상위 4분의 1 정도를 점하고 있다. 1970년대 이후 최고의 학력을 지닌 이러한 미국인의 소득은 교육 정도가 낮은 급료와 임금 고용자들의 수입이 저하 또는 정체되었던 것과는 대조적으로 크게 증가했다.[60] 미국의 관리직·전문직 가족들(세대주는 직업부부 중 어느 한쪽)은 단지 그 수가 전례 없을 정도로 많다는 것뿐 아니라, 상당히 부유한 특권계급의 일부를 점하고 있는 것이다. 게다가 데이비드 브룩스(David

민주주의의 쇠퇴

Brooks)의 주장에 의하면, 최근에는 과거 실업가 엘리트들과 대립적이었던 지식인 엘리트들 간에 일종의 문화적 화해가 이루어지고 있으며, 상업적 가치와 사적인 자기표현, 사회적 관용, 개인주의적인 문화적 급진주의의 강조가 통합되고 있다.[61] 문화적인 화해가 어떠한 것일지라도 그 가장 중요한 귀결점은 양자 모두 매우 세련된 ─ 그리고 비용이 많이 드는 ─ '생활방식'을 강조한다는 것이다. 하지만 '고지식한' 전통적 가치관에 대한 조용한 경멸은 물론 정치와 커뮤니티 생활에 대한 전문가 중시의 관리운영적인 위치 역시 모든 현대 미국의 엘리트들에게 널리 공유되어 있는지도 모른다.

커뮤니티 관리자에서 전문화된 전문가로

미국의 전문직 종사자들과 비즈니스 엘리트들은 시민적 책임을 새롭고 상호보완적인 방법으로 인식하고 있다. 미국의 전문직 종사자나 실업가들이 국민의 극히 일부분이었으며 지리적으로도 분산된 사회계층이었던 시대에 그들은 스스로를 브린트가 말하는 '커뮤니티 관리자(trustees of community)'로 여기고 있었다.[62] 과거의 변호사나 의사, 성직자, 교사들은 수천 개의 마을이나 시에서 비천하고 교육수준이 낮은 동료시민과 함께 일했으며 폭넓은 계층을 회원으로 영입하는 지방의 자발적 연합체에 참가하는 것을 ─ 결국에는 지도하는 입장에 서게 되지만 ─ 당연하게 생각했다. 이러한 사정은 비즈니스 엘리트들 역시 마찬가지였는데, 그들 대부분은 지방과 주, 일정한 지역과 강한 경제적·개인적 관계를 유지하고 있었다.

지방과 주, 광범한 지역 수준에서 활동의 기초를 닦은 것은 국가적인 관여와 충성심을 희생한 것이 아니었다. 지방 멤버십결사들 대부분은 지방을 초월한 대표제를 통해서 통치되는 연합체의 지부였기 때문이다. 하지만 명사(名士)들은 지방에서 다른 많은 시민들과 관계를 맺음으로써 시민으로서의 활동을 시작했으며, 그러한 노력을 통해서 중요한 위치를 점유해야 했다.

이와는 대조적으로 현대 미국에서는 경영자뿐 아니라 전문직 종사자 역시 그다지 지방을 근거로 생활하지 않는다. 우수한 고등학생들은 일류대학에 합격하여 두 번 다시 귀향하지 않을 만큼 멀리 떨어진 곳에서 생활한다.[63] 전문직이나 관리직의 사람들은 수년 동안 교육을 받고 경력을 쌓은 뒤 그들과 비슷한 동료 사이에서 생활하며 일하고, 대개 사람들로 혼잡한 대도시의 중심이나 근교에 거주한다. 그들은 비즈니스 미팅이나 회의로 전 세계를 돌아다니며, 호화로운 휴양지나 이국적인 곳으로 '탈출하여' 휴가를 보내기 위해 또다시 비행기를 탄다. '커뮤니티'가 오늘날 미국의 엘리트들에 의해 크게 선전되고 있는 것은 사실이지만, 그 방법은 다소 로맨틱하며 철저하게 현실과 동떨어져 있는 것이다〔'사회자본'은 지금 유행하는 이와 같은 추상화(abstraction)와 이탈적 상황(disembeddedness)을 정확하게 파악하고 있다〕. 현대의 부유층이 가치 있는 목표를 위해 여기저기서 기부행위를 하는 성공한 기업가라는 자기상을 형성하려는 것과 마찬가지로, 현대의 전문직 종사자는 복잡한 기술적 또는 사회적 문제에 대처하기 위해 다른 전문직 동료와 함께 활동하면서 국가 또는 지방의 복리에 최대한 공헌할 수 있는 존재라는 이미지를 만드는 데 애쓰고 있다.

다양한 종류의 전문직 중에서 시민으로서의 자각이 가장 강한 직종은 노동인구의 약 8%에 해당하는 약 1,800만 명의 "비영리단체의 유급

직으로 커뮤니티에 봉사하는 복지사업직원이나 기술직, 스태프들"[64]이
다. 비영리전문직 종사자들은 자신의 직업 - 그 대부분은 정부나 부유층
으로부터의 비과세 기부가 재원이다 - 을 그야말로 커뮤니티 책임의 화신
으로 여기는 경향이 있다. 우드나우의 설명에 의하면, "비영리전문직
(nonprofit professionals)"들은 오늘날의 복잡한 사회문제를 "자유롭게 사
용할 수 있는 자원을 풍요롭게 소유하며 모든 시간을 투자할 수 있는 특
별한 기능을 지닌 사람들로써 대처하지 않으면 안 된다"[65]고 믿고 있다.
이와 같은 비영리전문직의 사람들이 현대 미국의 많은 소규모 참가형
단체의 창시자 또는 주최자로서 일하고 있으며, 또한 그들이 커뮤니티
사업에 소집된 볼런티어 활동을 조정하고 있는 것이다.

　주요한 고용의 장이 영리든 비영리든 전문직 종사자들은 자신이 소
속된 멤버십 결사와 회합을 한다. 퍼트넘은 모든 종류의 멤버십 결사가
1950년대와 1960년대 이후를 전후해서 쇠퇴해왔다고 주장한다.[66] 하지
만 실제로 특권적인 전문직 조직들이 회원 수를 감소시켰다고 하더라도
중간계층과 블루칼라 계층의 시민을 포함한 멤버십 집단과 비교하면 그
다지 대단한 수치가 아니다. 물론 일부의 최고 전문직 조직은 - 미국의
사회 소속의 의사와 미국건축가협회 소속의 건축가의 소속 비율이 저하된 것
처럼 - 최근 '시장점유율(market share)'을 잃었지만, <그림 5-9>에서
볼 수 있듯이 퍼트넘 자신의 상세한 자료를 통해서 제2차 세계대전 이
후의 절정기와 1997년 시점에서 단체 회원 수의 차이를 비교해보면 엘
리트 전문직 7개 단체의 회원율 저하는 계급횡단적이며 지부 기반의 21
개 멤버십 연합체에 비해 절반 이상이며, 5개의 주요한 블루칼라 노동
조합의 조직률 저하의 절반 이하이기도 하다는 사실을 알 수 있다.

　이와 비슷한 유형은 <그림 5-10>에서 제시되는 전국 표본의 개인

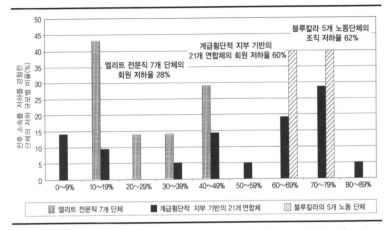

자료: 노동조합에 관해서는 Robert D. Putnam, *Bowling Alone: The Collapse and Revival of American Community* (New York: Simon and Schuster, 2000), p. 82를 참조할 것. 대규모 계급횡단적 결사에 관해서는 같은 책, pp. 438~439를 참조할 것. 엘리트 전문직 단체에 관한 추가 통계는 퍼트넘에게서 제공받은 것.

통계에서도 발견된다. 일반사회조사(GSS)에 의하면, 1974~1994년의 20년간 전문직 조직의 하나 또는 그 이상에 소속된 대학교육을 받은 미국인과 노동조합에 소속된 대학교육을 받지 않은 미국인과의 격차는 50% 이상 벌어졌다. 그 수치는 오랜 기간 엘리트 전문직(예를 들면 변호사나 의사, 엔지니어)을 비롯해 여타의 전문직 조직의 최근의 급성장을 고찰할 필요가 있음을 보여주는 놀라운 증가율이다. 실업가를 포함한 고등교육을 받은 '전문직' 역시 회비를 지불하고 지도자를 선택하며 사교성과 사업적 관심이 강하게 배어 있는 대회에 정기적으로 참가할 가능성이 매우 높은 시민이다. 특권층 사이에서의 조직 형태가 이처럼 오랫동안 지속되어온 것은 물론 역설적인 일이다. 이는 동일한 범주의 사람들이 좀 더 새로운 종류의 시민단체 ― 회원이 없는 단체 또는 메일링 리스

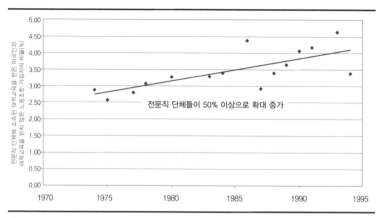

〈그림 5-10〉 전문직 단체에 소속된 대학교육을 받은 미국인과 대학교육을 받지 않은 노동
　　　　　　조합 가입자 간 격차

자료: General Social Survey, 1974~1994.

트의 지지자만으로 구성된 조직 – 에 과도하게 접근했기 때문이다.

결사의 혁신과 뉴 엘리트

　좀 더 큰 변화에 재차 초점을 맞추면, 미국의 새로운 시민생활 – 여전
히 활기 있는 실업가·전문직협회뿐 아니라 애드보커시 그룹이나 비영리단체를
중심으로 한 – 은 계급구조의 변화와 중요한 관계가 있다. 미국의 관리
직과 실업가, 많은 다양한 전문직 종사자들은 워싱턴과 많은 주(州) 도시
에 자신의 애드보커시 그룹과 관련을 맺고 있다. 그중에는 전형적으로
정부의 자금이나 세금정책에 따라 생계를 달리하는 비영리전문직도 포
함된다. 게다가 스태프들이 운영하는 애드보커시와 봉사단체 – 시민단
체부터 업계단체까지 – 의 증가가 변호사나 연구자, 원조전문직, 각종 화
이트칼라나 활동가에게 새로운 직업 영역을 열어준다. 하지만 직업상의

제5장 왜 시민생활은 변모했는가　　　　　　　　　　　　　　　　219

관련과 입신출세주의가 유일한 상승효과를 일으키는 것은 아니다. 고등교육을 받은 특권층과 스태프들이 운영하는 시민단체는 좀 더 근본적인 방식으로 상호 경쟁 관계에 놓여 있는 것이다.

고등교육을 받은 유복한 엘리트들은 바로 스태프가 운영하는 시민단체가 요구하는 형태의 지원 기반인 것이다. 이 남녀 미국인은 단지 많은 수표를 보내주는 사람만이 아니다. 그들은 시간보다 돈쓰기를 더욱 선호하며 또 그렇게 해서 전문가 애드보케이트나 기구관리자들은 방침대로 계획을 진행할 수 있다. 더욱이 고등교육을 받은 사람들은 공공정책 문제에 대한 통찰력을 지니고 있다. 특권적인 미국인은 이상적인 청중이자 전문가 애드보케이트나 기구관리자들이 무엇을 달성하고 또는 그들이 필요로 하는 것이 무엇인지 정확하게 인식할 수 있다.

동시에 목표를 중시하는 애드보커시 그룹이나 전문적으로 운영되는 기구들은, 유복하며 고등교육을 받은 미국인에게 그들의 가치나 이해를 공공생활 속에 반영하기 위해 전문가를 고용할 수 있는 풍부한 기회를 제공한다. 고도로 훈련되고 경제적으로 풍요로운 엘리트들이 애드보커시 그룹에 간단히 수표를 보내거나 서비스 제공자에게 기부하며 자신이 선호하는 자선사업의 임원으로 활동할 수 있다면, 전통적인 멤버십 연합체의 지방이나 주, 전국 수준에서의 지도자로서 출세하는 데 몇 년의 시간을 소비할 필요가 있는가? 특권적인 전문가들은 자신만 원한다면 자선단체나 사회봉사시설의 스태프들이 운영하는 사업에 가끔 시간을 들여 볼런티어로 활동할 수 있다. 스태프들이 운영하는 애드보커시 그룹은 - 기부 또는 선호하는 공공정책을 추구하는 비영리단체를 포함해 - 오늘날 매우 특권적이며 자신감에 넘치는 미국인의 야심과 많은 점에서 일치한다. 직업이 있는 바쁜 남녀와 미국의 전문직 종사자, 관리직은 수

많은 애드보커시 그룹이나 전문화된 시민조직이 제공하는 다양성과 유연성을 높이 평가하는 까다로운 개인주의자들이다. 고등교육을 받은 유복한 사람들은 새로운 시민적 미국(civic America)의 주요한 구성원으로서 ― 애드보커시 그룹이나 시민단체가 그 지원이나 주목도에서 이익을 얻는 것과 마찬가지로 ― 전문적으로 운영되는 단체에서 이익을 얻는다.

재구성된 시민생활

20세기 후반 미국의 시민생활은 갑작스럽게 근본적으로 재편성되었다. 1970~1990년대에 오래된 자발적 멤버십 연합체들은 급속하게 쇠퇴한 반면, 새로운 사회운동이나 전문적으로 운영되는 시민조직이 대거 등장하여 전국의 시민생활 목표나 양식을 새롭게 정의했다.

가장 중요한 변화는 서서히 진행되어온 것도 아니며 단순히 밑에서부터 부풀어 오른 것도 아니다. 정부는 시민활동가에게 새로운 기회와 장벽을 부여했으며 사회적인 이상은 변화했다. 또한 자금 조달의 새로운 기술이나 원천이 시민조직자들에게 새로운 기회나 동기를 창출했던 것이다. 동료 시민을 동원해 회비를 걷고 정기적으로 집회를 여는 대화식의 결사는 야심적인 엘리트에게 더는 의미가 없었다. 대신에 그들은 정부나 전국 언론을 직접 이용할 수 있는 전문적인 조직을 운영할 수 있게 되었다. 새로운 도전과 자원, 그리고 그 이상에 반응하여 ― 전통 있는 멤버십 결사의 결여된 유연성과 편견에서 벗어나기 위해 ― 특권적이며 고등교육을 받은 시민들은 솔선해서 결사의 세계를 새롭게 재구축했다. 계급 횡단적인 멤버십 연합체에서 탈퇴한 주요한 미국인들은 그 시민적 에너지를 전문적인 애드보커시 활동이나 민간재단에서의 지원 획득, 그리고 기구의 위탁 관리로 방향을 전환했다.

그 결과가 바로 변모된 시민적 미국 — 여전히 조직자들의 국가이지만 입회자의 국가와는 동떨어진 — 의 모습이다. 이제 시민지도자들은 진행 중인 회원 활동의 장으로 동료나 시민을 대량 동원하는 데 더는 헌신적인 노력을 기울이지 않는다.

6

우리는 무엇을 잃었는가

만일 현대의 미국이 멤버십 연합체에서 전문적으로 운영되는 단체로의 거대한 시민적 재편성을 경험하고 있다면 과연 무엇이 문제가 되는가? 1960년대 이후의 미국 시민생활의 재수정이 결국 성공적이었다고 생각하는 분석가들은 한두 명이 아니다.[1] 낙관적인 주장에 의하면, 민주주의는 여러 사회적 권리와 공익에 대한 새로운 이해를 위해 투쟁하는 사회운동이나 애드보커시 그룹들로 인해 확대되었다고 볼 수 있다. 미국인은 커뮤니티를 재발명하고 전국을 무대로 중요한 가치를 대변하는 전문가 애드보케이트를 지지하는 한편, 유연성 있는 소집단에 가입해 임시적인 자선활동에 노력을 기울인다. 이제 미국은 반세기 이전과 같은 '입회자의 국가'는 아니지만, 여전히 미국인은 모든 종류의 시민적 사업을 조직화하며 최근에는 사회적 포섭과 공개토론의 전례 없는 경계를 넘어섰다.

이러한 많은 점들은 현대 시민사회의 몰락을 선언한 비관적인 예언자들에게 들려줄 적절한 답변이라는 느낌이 든다.[2] 미국인은 사생활과 직장, 그리고 자원을 지닌 지역에서 서로 이해할 수 있는 새로운 수단을 입수하며, 특정하게 공유된 과제를 달성하기 위한 창조적인 방식을 고안해낸다. 많은 종류의 비영리단체는 새로운 시점과 전례 없는 노하우를 중요한 사회봉사나 문화적 경험 그리고 공공정책에 관한 논의에 주입해왔다. 대부분의 시민적 결사가 흑인이나 비난의 대상이 되는 게이들, 그리고 주변화된 여성을 배제했던 시대로 되돌아가려고 하는 사람들이 과연 얼마나 될 것인가?

하지만 미국 민주주의의 현 상태를 직시하고 권력이나 사회적 수단에 관한 문제를 생각한다면, 낙관론적인 논의는 최근 재편성된 시민생활의 결점을 간과하고 있다. 오랜 시민적 미국에서 가치를 두었던 많은 측면은 전문적인 관리자나 회원이 없는 조직으로 운영되는 새로운 공적 세계에서 재생산되거나 재발견되지 못하고 있다. 보통 대담한 발언을 회피하는 낙관론자들조차 미국에 필요한 것은 - 즉, 미국 민주주의에 필요한 것은 - 1960년대와 1970년대의 스타일이었던 '운동직접행동주의(movement activism)'의 부활로 여기고 있지만, 그러한 시대로는 결코 회귀하지 않을 것이다. 또한 그들은 그 '시대' 직후에 획득했던 것뿐 아니라 잃어버린 것 역시 인식하지 못한다. 그들은 1960년대 이후 사회적 권리나 시민 애드보커시 활동에서의 진전에 대해서 만족하고 있지만, 민주적 능력의 증진을 나타내는 것이 아닌 목소리에는 신경 쓰지 못하고 있다. 게다가 몇몇 사회적 평등의 획득이 계급을 초월한 우정과 민주주의와 동등한 중요한 포괄적 시민동원의 쇠퇴를 동반할 수 있다는 사실을 보려고 하지 않는다. 실제로 그들은 대부분 상상조차 하려고 하지 않는다.

민주주의의 쇠퇴

미국의 새로운 시민세계 내부에서 제기된 다양한 목소리(요구)에도 불구하고 새롭게 출현한 시민세계는 현저하게 과두적(oligarchic)인 것이었다. 이 점은 자발적 결사 — 알렉시스 드 토크빌이 민주주의의 활력의 중심에 위치시켰던 이러한 '결합(combination)' — 의 세계에서도 해당되며 결사생활과 철저하게 결합된 국가 수준의 정치나 공공정책 형성의 영역에서는 더욱 그러했다. 오늘날의 시민적 결핍현상에 대처하기 위해서 과연 무엇을 해야 하는가? 이러한 논의를 위해 우선 20세기 후반의 시민적 분기점에서 얻을 수 있었던 것뿐 아니라 잃어버린 것과 대면할 필요가 있다.

상의하향식 시민세계

오늘날 미국의 시민적 건전성을 논의하고 있는 분석가들은 대부분 1960년대가 시민생활에서 지역제일주의(localism)와 국가주의(nationalism)의 분수령이 되었다고 생각한다. 로버트 퍼트넘과 같은 비관론자들은 중앙집권화된 사업을 통해 나타나는 지역에서의 대면적 그룹의 쇠퇴를 비난하는 한편, 낙관론자들은 전국적인 운동이나 애드보커시 활동을 지지한다. 데브라 민코프는 "지역커뮤니티에서 동원은 이제 불가결한 존재가 아니다"라고 역설하고 있으며, 현대의 애드보커시 그룹들이 사회분쟁에 참가하면서 전국 수준으로 초점화된 '아이덴티티 그룹'이 이제는 "거주지를 기반으로 하는 편협한 경계를 초월하고 있다"[3]며 만족해했다.

하지만 전국적인 프로젝트나 아이덴티티가 최근에 들어서 출현했다고 생각하는 것은 과거 미국의 시민사회를 매우 오해하는 것이기도 하다. 이미 살펴본 바와 같이 거대한 자발적 연합체들은 1800년대 전반부터 활동을 시작하면서, 장소를 초월하여 미국의 조직자들이나 입회자들을 결합했고 광범하게 공유된 가치나 정체성을 주장했다. 도덕적인 영향력이나 정치권력을 추구하는 것은 미국 시민생활에서 항상적인 법칙이었으며 예외적인 것이 아니었다. 또한 대립이나 경쟁 역시 어느 시대를 막론하고 미국 민주주의의 모유(母乳)였다. 정부를 상대로 로비활동을 전개하고 널리 공유된 정체성을 대변하는 전국적인 결사는 20세기 후반의 미국에서 처음 발명된 것이 아니라 늘 존재하던 것이다. 최근의 중요한 변화는 많은 낙관론자들이 생각하는 것만큼 매력적이지 않다. 1960~1990년대에 애드보커시의 분출 과정에서 시민조직자들과 후원자들은 민중과 시민에 기반을 두지 않고 전국적으로 활동하는 수많은 단체를 설립했다.

한정된 범위의 결사들

오늘날 애드보커시 그룹은 다수의 스태프를 두고 로비활동이나 리서치, 미디어 프로젝트에 초점을 맞춘다. 이 때문에 일반 서민을 대변한다고는 하지만 실제 운영은 상의하향식으로 이루어진다. 다수의 지지자를 획득하기 위해서 직접적인 의뢰나 우편물을 이용하는 애드보커시 그룹조차도 상층중류계급의 지지 기반을 좀 더 선호한다. 그 대표적인 예가 '공익(public interest)' 애드보커시 조직의 전형으로 여겨지는 코먼코즈이다. 코먼코즈의 기본적인 입장은 자유주의적 민주당을 지지하는 쪽이지만, 실제로 온건한 공화당원을 포섭하고 있다. 그리고 특권계층은 당파와 관계없이 매우 두드러진다.

1982년 설문 조사에 의하면, 놀랍게도 코먼코즈 일원들 중 42.6%는 대학원 석사 또는 박사 과정 이수자들이고, 14.5%는 이수 기간이 다소 짧은 2~3년제 전문대나 전문대학원에서 교육을 받았으며, 18.7%는 정규 대학 학부 졸업자들이다. 또한 코먼코즈 회원의 평균 세대 수입은 당시 전국적 중간치를 85%나 웃돌았다.[4] 코먼코즈는 이러한 수십만 명의 교양 있는 특권계층 지지자 덕분에 지금까지 유지될 수 있었으며, 실제로 많은 회원과 더 밀접한 접촉을 시도할 필요가 거의 없었다.

여기에서 어떤 아이러니를 발견할 수 있다. 현대의 이른 시기부터 시민적 기업가들은 신규 회원 모집 수단으로서 매스미디어와 메일링 리스트 활용이 전통적인 결사에서 배제되었던 수많은 사람들에게 닿았고 목표와 집단에 대한 잠재적 회원 모집의 장을 확대하면서 세력가들로부터 권력을 변경시켜왔다고 논했다. 하지만 코먼코즈 이외에도 이러한 희망적인 관측에 대해 의심해볼 만한 증거는 있다. 1984년 고드윈과 미첼은 환경보호운동에 사회적인 네트워크를 통해서 가입한 사람과 다이렉트 메일을 통해서 가입한 사람을 비교했다.[5] 전체적으로 환경운동에 관여하는 사람들은 백인 중류계급에 상당히 편향되어 있었는데, 수많은 환경운동조직에는 지부 기반의 조직과 다이렉트 메일에 의존하는 중앙집권화된 조직이 혼재했다. 고드윈과 미첼은 다이렉트 메일 회원 중에 여성이나 단기거주자, 독신, 고령자가 많을 것이라는 가설을 세운 동시에 메일링 리스트에 의한 가입이 시민 참여를 확대할 수 있다는 가능성을 검토했다.

하지만 고드윈과 미첼의 결과가 시사하는 것은 그것과는 정반대였다. 성별에 의한 차이는 전혀 발견되지 않았고 연령에 대한 차이가 유일한 요소였지만 그 방향성은 예상과는 반대의 것이었다. 학생들은 다이렉트 메일보다 사회적인 네트워크를 통해 환경보호단체에 관여하는 경향을 보였다. 전체적으로 환경보호주의에 관한 다이렉트 메일을 통한 신규 가입자들은 고드윈과 미첼이 예상했던 것 이상으로 정착형(established types)이었으며, 거주하는 커뮤니티의 규모도 크고 그곳에 장기간 정착하고 있는 사람들이었다. 게다가 매우 인상적인 점으로 그들은 사회적인 네트워크를 통해 환경단체에 가입한 사람들보다 소득이 높았다.

계급횡단적인 멤버십 연합체를 중심으로 한 1960년 이전의 시민세계에서 부유층이 (그 수는 적지만) 특권적이었던 것 이상으로, 회원이 없는 애드보커시 그룹이나 몇몇 지부를 소유한 애드보커시 그룹들, 그리고 메일링 리스트의 조직이나 비영리단체에서 고등교육을 받은 최상위 부유층은 미국의 변화된 시민세계에서 여전히 특권적인 지위를 누리고 있다는 결론은 부정하기 어렵다. 물론 좀 더 양질의 교육을 받은 유복한 사람들은 노동조합을 제외한 조직의 리더십에 늘 과도하게 관여해왔다. 하지만 1960년대 이전의 멤버십 연합체에는 특권계급층과 더불어 그리 특권적이지 않은 사람들 역시 참가했을 가능성이 컸다. 그러한 조직들은 전국적으로 영향력을 행사할 수 있는 하나의 통로로서 수많은 회원의 영입을 그 목표로 삼고 있었기 때문에, 전형적인 결사에는 다양한 지지 기반을 대상으로 광범한 가치를 역설하려는 동기가 있었다. 오늘날에는 그것과는 대조적으로 전문직 조직의 지도자들은 상당한 식견이 있고 이미 공적 생활에 관여되어 있는 명확한 지지 기반에게만 설득력을 지니는 특정하고 "큰 반향을 불러일으킬 만한" 문제를 찾기 위해 '틈새 시장 전략'을 전개하려는 강한 동기를 지닌다.

지도자의 지위에 대한 동기 역시 전형적인 멤버십 연합체와는 매우

민주주의의 쇠퇴

달랐다. 그리고 이것은 현대 미국의 시민적 세계와의 중요한 대비점이기도 하다. 대규모 멤버십 연합체에서는 지역 지부를 포함해 광범한 지역 또는 주 수준에서 지부가 널리 확대되어 있었으며 사람들을 입회시키려는 중간 지도자나 회원이 다수 존재했다. 지방 그리고 지방을 초월한 수십만 명의 지도자들이 매년 선출되고 임명될 필요가 있었던 것이다. 최고의 교육을 받은 가장 유복한 사람들을 포함해 거대한 멤버십 조직의 계단을 오르고 있는 모든 남녀는 그 과정에서 빈곤하고 장래성 없는 보통 시민과 교류를 하지 않으면 안 되었다. 전형적인 멤버십 연합체들은 지방의 문제와 지방을 초월한 문제와의 간극에 계급과 장소를 초월하는 대면적 가교를 구축했다. 지금의 중앙집권적이며 스태프들이 운영하는 애드보커시 그룹들이 지배하고 있는 미국의 시민세계에서 그러한 가교는 이미 손상되어버렸다.

동료의식(doing with) 대신 시혜의식(doing for)

필자가 지금까지 주장해온 관점은 현대의 시민적 경향에 관한 많은 낙관론자에 의해 뒷받침될 것이다. 하지만 그들은 오늘날의 대인적 지원그룹이나 커뮤니티의 볼런티어 사업, 그리고 '시민'운동을 바라볼 것을 제시하고 있다. 래드나 우드나우와 같은 낙관적인 분석가들은 이러한 사업 속에서 현대 시민생활의 진정한 조직체를 발견할 수 있다고 논하고 있다.[6] 하지만 필자의 견해로는 이렇게 친밀한 지원그룹을 비롯한 산발적인 볼런티어 활동의 노력이 파괴된 시민적 가교를 재건할 수 있다고 쉽게 결론을 내리기는 어렵다.

우드나우가 인정하는 것처럼 대부분의 소집단 ― '12단계' 회복그룹이나 토의그룹 등을 포함하여 − 은 개인적인 문제에 초점을 맞추었다. 유연하고 친밀한 소집단은 전형적으로 내부에 그 초점을 맞추며, 개인들을 주나 지방 또는 전국 수준의 정책 형성은 물론 거대한 커뮤니티 문제와 관련시키지 않는다.[7] 한편 볼런티어 활동은 전문적으로 조정되는 산발적 또는 일회성 사업일 뿐이다.[8] 물론 그것은 가치 있는 노력의 하나지만, 공유된 집단의 지속적인 회원으로서의 동료나 시민들과 '함께 하는' 것이라기보다는 타인을 '위해 하는' − 교회의 무료식당에서 빈민에게 음식을 제공한다거나 방과후 교실에서 아이들을 가르치고, 박물관의 전시회장에서 견학자들을 안내하는 등 − 활동으로 사람들을 동원한다. 각 활동의 장에서 이루어지는 자선활동 역시 중요할지 모르지만 멤버십 연합체가 담당하는 중심적인 시민성 기능을 대신할 수는 없다. 볼런티어들은 결사 회원만큼 호혜적인 유대관계를 구축하지 않으며, 보통 선거를 통해서 책임 있는 지도적 지위에 선출되지도 않는다. 또한 그들은 과거 수백만 명의 회원에게 있었던 형제애 또는 자매애, 미국 시민으로서의 동료의식을 경험하지도 않았을 뿐 아니라 시민캠페인이나 볼런티어 활동을 운영하는 사회봉사시설의 스태프 또는 관리자들에 의해 동료의식이 실현되는 일도 없다.

지역단체나 시민저항활동은 몇몇 분석자들이 언급하는 만큼 그렇게 놀라운 수치가 못된다(제4장 참조). 하지만 그 수치와는 별개로 이러한 활동은 너무 편협한 면이 없지 않다. '님비(Not In My BackYard: NIMBY)형' 환경저항활동이 바로 그와 같은 예에 해당하는데, 더 중요한 것은 분산된 지방의 부분들이 아무리 결집해도 상호 접속된 전체와 동일한 것이 되지는 못한다는 점이다. 래드는 증가하는 지역 PTO가 전국 PTA 지부와 마찬가지로 매우 우수하다고 언급했는데, 그는 주나 전국 수준

민주주의의 쇠퇴

의 PTA 지도자들이 지역의 학교지원그룹을 주나 전국 수준의 입법 캠페인으로 통합하는 데 전통적으로 담당해왔던 역할을 경시했으며, 주와 전국 PTA 대회가 다양한 지방 커뮤니티나 그와는 전혀 다른 사회적 배경을 지닌 부모나 교사들 사이에서 촉진한 많은 가교적 관계를 경시했다.[9] 여러 전형적인 자발적 연합체에서 활동하며 선출된 대표나 지도자들과는 달리 순수한 지방 소집단이나 저항활동은 문제와 해결에 관한 관계를 그다지 학습하지 않는지도 모른다. 또한 지방활동가들은 가장 특권적인 계급의 거주 지역을 대변하지 않는 한 실제적인 변화를 일으킬 만한 ― 다시 말해 기업의 행동을 변화시키는 데 시나 주, 지방정부가 힘쓰도록 설득할 만한 ― 충분한 역량이 없는 것 같다.

편협함과 역량의 결여만이 문제가 되는 것은 아니다. 현의 '지방 조직'이나 '시민'사업 대부분은 자연발생적이며 완전한 상향식 과정이라고 치부되지만, 실제로 그 내용은 겉모습과는 전혀 다르다. 그것들은 유력한 연고를 지닌 지도자들로 인해 활력을 얻으며, 납세의무가 면제된 민간재단으로부터 외부자금을 공급받는다. 이것은 그다지 잘못된 방법은 아니지만 완전한 민주적 과정이라고는 볼 수 없다. 외부자금을 공급받는 운동이나 단체들은 상세한 규정지침을 준수하면서 자원의 신청 또는 재신청을 하지 않으면 안 된다. 따라서 전문가들이 중요한 비선출 지도자로서 활약하는 이유는 단체들이 그들의 전문적인 지식과 외부조성자와의 연고에 의존하기 때문이다.

재단의 역할

크레이그 젠킨스(J. Craig Jenkins)와 아비게일 할클리(Abigail Halcli)는

1950년대부터 현재까지 민간재단의 '사회운동' 조성금에 관해 세밀한 실증조사를 했다. 시민항의가 촉발한 운동을 포함해 많은 사회운동들이 지금까지 이러한 조성금의 혜택을 받아왔는데, 그 결과로 민주화와 탈동원화를 초래했다. 재단의 지원을 통해 단명에 그칠 것 같던 목표가 제도화되었으며 공공정책 형성에 영향을 끼칠 수 있는 운동세력이 고조되었다. 하지만 재단의 조성금은 전문가들이 운영하는 단체를 선호했으며 또한 중간계급의 지지 기반이 선호하는 환경보호주의나 세계평화와 같은 목표에 조금씩 관심을 갖게 되었다. 1970년대 이후 빈곤자나 노동자 계급의 요구와 가치의 실현을 중시하는 단체들은 많은 자금을 공급받았지만 사회운동조성금의 형성 면에서는 상대적으로 후퇴했다.

더욱이 재단자금이 사회운동조직에도 개방되면서 지지 기반을 폭넓게 조직할 필요가 없어졌다. 민간재단에 의한 "사회운동 박애주의는 운동에 필요한 기술적 자원을 제공했으며 운동의 이익을 확보하거나 실현하는 데 사활적으로 중요한 새로운 조직을 창출했다. 하지만 동시에 그로 인해 운동의 지도자들이 자금과 시간을 들여야 했던 시민조직화의 압력에서 다소 해소되었으며, 결과적으로 이러한 운동의 강한 영향력은 잠재적으로 약화되어버렸다"[10]라고 젠킨스와 할클리는 결론지었다.

전체적으로 살펴볼 때 민간재단이 배분하는 조성금은 실제로 면세제도를 통한 자금으로 미국인들은 전국 조직뿐 아니라 '시민'단체들이 크게 의존하는 막대한 자금을 관리하는 제도를 과연 누가 선택하는가 - 특히 누구에게 설명책임이 있는가 - 에 대해 의심해봐야 한다. 1960~1970년대에는 자유주의적인 재단이 사회운동이나 애드보커시 활동에 대한 자금 제공에서 선구자였지만, 지금은 보수계 재단 역시 이러한 사업에 관여한다. 이처럼 필자의 의문은 이데올로기 스펙트럼의 모든 부분을 포괄하는 것이다.

실제로 전국적인 시민 애드보커시뿐 아니라 상당수 '지역' 볼런티어 활동 역시 지역을 횡단하는 기구나 자금의 흐름에 ─ 미국의 결사 활동이 늘 지역을 횡단하는 조직과 자금의 흐름에 의해 지탱된 것처럼 ─ 강하게 연관되어 있다. 차이점은 오늘날의 지역을 초월한 기구들은 설명책임을 지지 않으며 지도자들이 선거로 선출되지 않는다는 점이다. 전문가와 관리자로서 재단 관계자들은 그들이 감독하는 단체 내부에서 실적을 통해 현재의 지위에 오르는 일이 매우 드물다. 그들이 배분하는 자금 역시 회원의 회비가 아니라 기부금에 따른 소득세의 감세, 즉 국민의 감시와 논점에 대한 충분한 이해도 갖추지 못한, 이른바 전 국민의 간접적인 보조금을 제공받는 부유층 계급의 기증자로부터 유출되고 있는 것이다. 재단은 현대 미국의 시민사회와 정치, 공공적 토의를 형성하는 데 중요한 역할을 담당하지만, 그러한 활동은 대부분 미국인을 배제한 채 보이지 않는 곳에서 행해진다.

공공적 토의의 확대와 공공정책의 개선은, 20세기 중반 이후 미국의 시민사회에서 더욱더 중대한 역할을 담당하게 된 재단의 개입이 그 원인으로 작용한 것이 틀림없다. 하지만 민주적인 설명책임은 ─ 조성금의 수령자 측과 기증자 측의 관계 또는 정치체제 전체의 수준에서도 ─ 매우 적다. 상류계급의 영향력 증대에 따라 미국의 장래에도 동일한 영향력이 지배적이며, 부유층은 그들이 선호하는 기구나 싱크탱크, 애드보커시 그룹, (때로는) '시민'운동에 조성금을 기부하기 위한 면세조치를 받는 재단을 발족하려고 결의한다. 거액의 기부금을 제공하는 부유층 개인 또는 그 집단들의 사회복지에 헌신하는 태도를 칭찬할 수는 있지만, 동시에 그 관대함이 민주적 응답성의 저하를 초래한다는 사실을 알 수 있을 것이다. 이는 국고가 상의하향식 시민기금에 보조금을 교부하기 위해 결과적으로 비영리와 자발적 노력이 증가하더라도 폭넓은 민중의 지지를 필요로 하지 않기 때문이다.

민주주의의 쇠퇴

오늘날 미국의 정치체제는 세계에서 가장 다원주의적이지만, 대중을 대변한다고 주장하는 조직은 직접적인 개인적 접촉이나 상호작용적 환경에 대한 관여를 통해서 많은 일반 시민을 동원하려는 동기나 능력이 부족하다. 그리고 지방의 자발적 활동과 전국적 영향력을 추구하는 애드보커시와 보조금 형성자 사이에 큰 공백을 만들어왔다. 이와 유사한 변화가 선거나 결사에 관련된 생활에서도 확대되어 미국의 공적 논의는 중대한 방법 면에서라기보다 피상적인 면에서 분극화되었다. 더욱이 사회적 불평등이 확대되고 있는 시대인데도 공공정책의 형성은 서민을 벗어나 상류 사회계층으로 기울어왔다.

비개인적 호소와 한정된 활동의 부정적인 면

전문적으로 운영되는 상의하향식 시민적 노력은 시민 대부분의 공공생활에 대한 동원을 한정하는 동시에 사회적 정체성의 단편화나 공적 토론에서의 사소한 분열을 조장한다. 그 이유와 과정을 이해하기 위해서는 많은 애드보커시 그룹과 야심만만한 (또는 이미 선거에서 선출된) 정치가들이 자신의 영향력을 구축하기 위해 현재 사용하는 수법이 좀 더 넓은 정치체제에 끼치는 효과를 고찰할 필요가 있다.

정치학자인 스티븐 쉬어(Steven Schier)는 통찰력 있는 저서인 『오직 초대에 의해서(By Invitation Only)』(2000)에서 사회적 네트워크를 통한 선거와 이익집단 동원의 광범하고 포괄적인 형태가 그가 말하는 '한정된 활동(targeted activation)' — 메시지는 좁은 범위로 한정된 인구통계상 범주의 사람을 대상으로 하는 — 으로 변화되었다고 말한다. 쉬어는 주로 선거정치에서 일어난 변화를 다루고 있지만 이와 동일한 변화가 이익집단 활동에서도 관찰된다고 밝혔다. 또한 "과거의 동원 형태는 포괄적이었는데 그 형태에는 단순한…… 메시지와 사회적 네트워크(를 통한)…… 개인적 접촉에 의한 커뮤니케이션, 그리고 시민에게는 그러한…… 메시지를 흡수할 수 있는 충분한 시간이 있었기 때문이다"[11]라고 설명한다. 이와는 대조적으로 '활동'은 비개인적인 방법으로 좁은 범위에 한정된 인구의 일부에게만 메시지가 전달될 수 있도록 한정된 범위에서 만들어진다.

여론분석가인 로렌스 제이콥스(Lawrence Jacobs)와 로버트 샤피로(Robert Shapiro)는 이러한 새로운 수법을 '정교한 담화(crafted talk)'라고 말한다. 이 담화는 빈번하게 실시되는 여론조사의 '공공적 관심'에 반응하는 것처럼 보이지만, 실제로는 엘리트들이 특정한 카테고리의 사람을 원하는 방향으로 유도하는 것을 목적으로 한 메시지를 고안하기 위해 감정이나 언어, 문구에 관한 데이터를 이용하면서 정책목표를 얼마간 추구할 수 있게 한다.[12] 변화의 원동력을 지역의 일차적인 네트워크의 감소라는 측면에서 발견하려고 하는 '사회자본'론과는 대조적으로, 쉬어나 제이콥스, 샤피로가 제시하는 논의는 특정한 정책목표를 추진하려는 야심적인 정치가나 시민활동가, 선출된 공직자들이 직면하는 동원에 대한 기회와 도전에 주의를 집중한다.

좀 더 이른 시기의 야심적인 정치가나 결사의 지도자는 방송에서의 호소와 많은 조직된 매개자들을 통한 동원의 범람을 일으키려고 했다. 그들은 누가 투표를 위한 호소에 반응하거나 결사 가입과 회비 납부, 집회 참여 등의 호소에 귀를 기울이는지에 대한 확신이 없었던 것이다. 이러한 동원 형태의 부산물 중 하나가 특정한 문제나 관심사에 동기부여가 되지 못하는 사람 등 많은 사람들을 관여시키는 것이었다. 엘리트들이 의도하든 안 하든 또는 자신의 행위를 늘 인지하든 안 하든, 권력과 사교성은 서로 융합하여 다수의 유권자와 다양한 직종의 시민이 커뮤니티나 주, 지방, 전국 수준의 문제에 참여하도록 촉진했다.

19세기에 매우 지배적이었던 정당정치의 영역에서의 이러한 포괄적인 동원 형태는 혁신주의 시대에 반(反)정당을 주장하는 '개혁'이 여러 주에서 반복해 일어났을 때 쇠퇴하기 시작했다. 선거와 관계하지 않는 결사 건설의 분야에서는 포괄적인 회원 동원 형태가 훨씬 오래 지속되었다. 하지만 1960년대 이후 겨우 수십 년 사이에 한정된 상의하향식 활동에 대한 새로운 접근이 선거뿐 아니라 결사와 관계하는 생활에서도 승리했다. 이미 살펴본 바와 같이 1970년대 이후 다수의 조직은 미디어를 사용한 호소만으로, 또는 그 밖의 조직들은 주의 깊게 범위를 한정한 청중들의 관심을 끌도록 제작된 메시지를 이메일을 통해 잠재적인 증여자와 연락을 취했다.

최근 시민에 의한 재편성은 이처럼 전문가들이 운영하는 조직이나 선거활동의 상호강화적인 ─ 또는 유해한 ─ 결합을 창출했다. 쉬어가 설명하는 바와 같이, "활동(activation)은 정당의 쇠퇴와 조직된 이익의 증대, 커뮤니케이션 캠페인 기술의 새로운 효능을 특징으로 하는 정치환경에 대한 일종의 합리적인 반응으로 나타났다".[13] 시민지도자들은 특정한 주장에 반응할 것으로 예상되는 대상으로서 (전문가들의 연구를 통해) 확인된 신중하게 범위를 한정한 인구를 선택적으로 겨냥한다. 즉, 특정한 주장에 기부나 투표를 할 것 같지 않은 집단의 일부로 간주되는 많은 미국인은 무시의 대상으로 전락하는 것이다.

미국의 새로운 전문적인 컨설턴트나 애드보커시 엘리트들은 자주 시민적 동원에 관여한다고 자부하지만, 전문가들이 주도하는 비개인적·선택적인 활동의 정치가 불러오는 전체적인 결과는 사람들의 참여 동원을 저해할 가능성이 내포되어 있다. 보통 사람들은 지인에게서 참여를 요청받지 않으면 그다지 투표를 하거나 결사에 가입하고 집회에 참석하지 않는다. 정치학자인 스티븐 로젠스톤(Steven Rosenstone)과 존 마크 한센(John Mark Hansen)이 모은 통계에 의하면, 엘리트에 의한 동원 시도의 감소가 1960년대에서 1980년대까지 미국의 정치 참여를 저해하는 큰 원인 중 하나였다.[14] 또 다른 두 정치학자 앨런 거버(Alan Gerber)와 도널드 그린(Donald Green)은 시민적(nonpartisan) '투표동원(get-out-the-vote: GOTV)'운동의 개인 접촉과 비개인적 다이렉트 메일링, 전화 공세의 효과를 검증할 목적으로 고안된 '현장실험(field experiments)'을 했고, 그 결과 개인 접촉이 훨씬 효과적이었다는 결론을 얻었다. "유권자의 일정 부분은 대면 접촉을 통해서 투표를 권유받지 않으면 투표행위에 그다지 적극적이지 않다." 단, 안타까운 점은 "투표자 동원이 비개인적이 되면서 이러한 권유를 받는 사람이 감소했으며", 결사에 종사하는 생활 역시 결사에 의한 동원이나 투표자 동원의 좀 더 오래된 형태를 부활시키기 어려운 방법으로 변화했다. 거버와 그린이 언급하는 것처럼, "문제는 시민적·정치적 조직의 장기적인 쇠퇴가 더는 우리 사회에서 대규모

의 대면적 권유를 행하는 하부조직을 갖지 않게 된 시점에 도달했는가 하는 점이다".[15]

선거운동이나 이익집단의 조작으로 사용되는 새로운 기술이 사람들의 참여 동원을 저해할 수 있는 것처럼 그것은 세세하게 분극화할 수도 있다. 필자는 이 논의를 더욱 신중하고 명료한 입장에서 전개하고자 한다. 공동체주의자들이 자주 주장하는 바에 의하면 미국의 공공생활은 더 "예의 바르고, 시민적이며," 무균적인 "무당파(無黨派)"일 필요가 있다. 하지만 이것은 필자에게 매우 따분한 관점일 뿐이다. 왜냐하면 보통 사람은 중대한 사항이 문제시될 때에만 공공생활에 관여하기 때문이다. 교양 있는 엘리트들이 그러한 것처럼 감정은 집단생활이나 정치의 장에서 무엇이 옳고 그른지를 이해하는 것과 동일하게 중요하다. 논의의 여지는 있지만 대립이나 격렬한 논의 그리고 치열한 경쟁은 민주적인 시민사회에서나 선거민주주의에서도 유익한 것이 틀림없다. 한편 세세한 문제를 둘러싼 소란과 격노는 오히려 시민을 내모는 결과를 초래하며, 교양 있고 현명한 시민조차 그러하다. 또한 공개토론에서 진행되는 논의가 협소한 가치관이나 정체성을 필요 이상으로 이끌어내게 되면 오히려 다수결 민주주의를 육성해온 폭넓게 공유된 정체성이나 가치를 쉽게 침식하는 경우도 발생한다. 안타까운 사실이지만 과반수의 목표를 둘러싼 중대한 경쟁과 비교하여 사소한 분극화를 조장하는 미국의 애드보커시 정치에는 많은 요인이 작용한다.[16]

전문적인 애드보케이트들은 그들의 주장에 사람의 관심을 끌 필요가 있으며, 반대로 미디어 회사들은 반대세력을 찾는다. 매우 협소한 문제나 지지 기반에 중점을 둔 수천 개의 애드보커시 그룹이 모인 시민세계에서는 모든 그룹이 자기 목소리를 표명하기 위한 강한 동기가 있으며 좁은 범위로 한정된 관심사를 전면에 내세운다. 제휴 구축에 대한 동기는 그다지 강하지 않으며, 충분히 조정된 대범하고 폭넓은 입장을 이해시키려는 동기는 전혀 없을지도 모른다. 상당수의 메일링 리스트 회원을 옹호하는 조직조차 극적인 사건이나 논쟁을 선호하는 동기가 있다는 연구결과도 있다. 사회적인 네트워크를 통해 입회한 회원에 비하여 메일링 리스트 회원은 일관적이지도 않을뿐더러 자극적인 정책 선호로 동기를 부여하는 경향을 보인다.[17] 그들은 이미 강하게 고정된 생각의 정책 선호를 명확히 대변하는 애드보커시 그룹에만 수표를 보낼 것이다. 이처럼 애드보커시 그룹의 스태프들은 한정된 쟁점을 개척하고 극적으로 분극화된 입장을 — 이상적으로는 그러한 입장이 절박한 위협에 대한 반응이다. 그러한 위협을 특정해 — 취하려고 한다. 시민은 많은 쟁점에 관해 기본적으로 명확한 태도가 없을 가능성이 높고, — 또한 기본적인 관심사나 가치관을 공유하고 있어도 — 논쟁을 추구하는 미디어와 공생하는 애드보커시 그룹의 세계는 정치적인 스펙트럼의 중간적 입장 또는 타협의 가능성을 모색하려고 하지 않는다. 그 결과 절규와 교착상태가 쉽게 발생하고 중대한 문제는 배제된다.

위로 치우친 공공정책 형성

현대 미국의 시민세계는 상층부가 너무 다수를 차지하는 탓에, '동료의식'보다 '시혜의식'을 조장하거나 민중의 동원을 제약하고 정치의 장에서 세세한 분극화를 조장함으로써, 전국적인 정치와 공공정책 형성에서 특권계급의 가치관이나 이해관계에 치우치는 결과가 일어나기도 한다. 이러한 주장에 가장 적합한 증거의 일부가 시민 애드보커시 그룹들이 주창하는 '새로운 자유주의(new liberalism)'의 열광적인 지지자인 제프리 베리에게서 나왔다는 점이 흥미롭다. 베리는 입법적 과제와 공적 문제에 관한 미디어 보도에 대한 영향력을 시민 애드보커시 그룹과 전통적인 직업을 기반으로 한 이익집단을 비교하기 위해 면밀한 실증적 연구를 고안했다. 베리와 동료들은 1963년과 1979년, 1991년의 의회 회기에 초점을 맞추어 "의회 공청회의 주제이면서 적어도 신문에서 보도된 적이 있는"[18] 205개의 정책쟁점을 찾아냈다. 이러한 리서치 계획을 통해 베리는 사회조사 과정에서 이전에는 거의 볼 수 없었던 작업 — 공익 애드보커시 그룹이 아직은 생소하고 큰 주목을 받지 못했던 1960년대 전반부터 그 수가 증가하여 중요한 존재가 되는 1970~1980년대를 통한 변화의 궤적을 추적하는 것 — 을 성공적으로 수행할 수 있었다. 베리와 동료들은 어떠한 종류의 집단이 매년 의회에서 발언 기회를 얻었으며, 그것을 통해 공적 과제의 형성을 촉진했는지를 조사했을 뿐 아니라, 각 회기 말까지 다양한 종류의 이익집단이 지지했던 법안을 추적했다. 이러한 단계를 거치면서 애드보케이트들이 공청회에서 발언 기회를 얻었던 사실을 포함하여 입법 성과에 대한 실현 여부에 관한 자료도 수집할 수 있었다.

베리의 연구는 20세기 후반의 시민세계의 변모가 교육 정도나 풍요로움에서 열등한 보통 시민 대부분을 대표하는 조직의 영향력을 소외시킨 반면 증가하는 상층중류계급의 조직화된 영향력을 강화했음을 시사한다(미국인 4분의 3이 학사학위가 없다는 사실을 기억해둘 필요가 있다). 더 폭넓은 시민의 목소리를 지지한다는 측면에서는 중류계급의 관심사를 대변하는 집단의 수가 비즈니스 조직에 비해 증가했다는 점이 지적될 수 있을 것이다. 시민 애드보커시 그룹은 로비의 장(lobbying community)이기도 한 워싱턴 전체에서 증가했을 뿐 아니라 의회 공청회에서의 증

민주주의의 쇠퇴

언과 미디어에 대한 접근도를 통해서도 착실하게 그리고 과잉적일 만큼 진출했다. 1963년에서 1979, 1991년까지 이러한 과정을 거쳐왔기 때문에 연방하원의회는 시민조직이 제기한 '탈물질주의적(postmaterial)'인 쟁점들 — 베리의 정의에 의하면 스스로를 위해 로비활동을 하는 집단의 직업적 사욕에 직접 관계되지 않는 가치관이나 생활양식에 대한 관심, 권리, 또는 사회복지문제와 관련된 쟁점들 — 에 더욱더 주의를 기울였다.

이러한 사실이 민주주의의 진정한 승리였다고 베리는 설득력 있게 주장한다. 이전에 비해 높은 비율의 미국인들(그럼에도 소수파임에는 변함이 없다)은 수준 높은 교육을 받고 풍요로워지면서 탈물질주의적인 문제에 관심을 가지게 되었으며, 이러한 동향에 시민 애드보커시 그룹들이 반응했다. 시민단체들은 자금 조달과 미디어 관계에 대한 핵심을 파악했고, 진정한 공공적 가치와 관심을 대변하기 위해 전통적으로 지배적이었던 비즈니스와 경제로비에 직접적으로 대결하면서 승리할 수 있는 권력을 획득했다. 이와 관련해 베리는 다음과 같이 설명한다. "시민단체와 그것이 대표하는 시민에 대해 정부는 일반 대중이나 기업의 수익 증대를 도와야 한다. 그들에게 정부는 평등과 권리를 확대하고 환경을 보호하며 전통적 핵가족을 지원하는 동시에 기업의 사회적 책임을 강화하기 위해 기업을 감독할 의무를 지닌 중요한 존재인 것이다."[19]

하지만 시민 애드보커시 그룹들은 널리 중시되는 탈물질주의적 관심을 전면에 표출하면서 미국 민주주의를 확대해왔던 것과 동시에, "그들을 지지하는 중류계급들의 주목을 끌기 위한 문제에 집중해온 것도 사실이다".[20] 베리가 인지하고 있는 바와 같이, 강한 영향력이 있는 시민적 로비가 주창하는 탈물질주의적 정치의 대두는 공공적 토의나 연방의회의 입법시책을 보통 미국인의 요구나 관심에서 거리를 두고 다른 종류의 국내적 관심사를 "소외시키는" 것에 조력해왔다고 할 수 있다. 의회가 제기한 '경제적 평등에 관한 문제'를 엄격하게 평가하면서 베리는, 의회에 제출된 국내 문제의 비율을 계산한 결과 이 문제들이 1963~1991년에 약간 후퇴한 것일 뿐임을 보여준다. 하지만 입법시책의 내용과 운명은 "경제적 불평등을 우려하는 사람들에게…… 어두운 그림"[21]으로 묘사되는 형태로 변화했다.

베리의 설명에 의하면, 새로운 애드보커시 정치가 1963~1979년에 급증하면서 의회에 상정된 경제적 입법시책은 "블루칼라 노동자에게 영향을 끼치는 임금이나 직업훈련과 같은 문제에서 점차 벗어났으며, …… 복지나 연금 개혁과 같은 문제들 – 빈곤한 사람과 중류계급을 겨냥한 문제들 – 로 방향이 바뀌었다".[22] 무엇보다 두드러진 점은 실제로 입법한 법안이었다. 베리는 "의회 중에 제기되는 것도 매우 중요하지만 최종적으로 의회를 통과한 법안이야말로 실제적인 변화를 가장 정확하게 검증할 수 있는 자료"라고 지적하면서 "1963년에는 경제적 불평등 축소를 위한 법안이 10건 중 6건이 통과되었다. 그 이후의 수치는 1979년에 7건 중 4건, 1991년에는 7건 중 2건이었다"[23]라고 덧붙였다.

베리의 연구는 중류계급의 관심사를 전면에 내세우는 "시민단체의 고조되는 권력"을 입증할 뿐 아니라, "연방의회가 경제적 불평등의 축소를 추구하는 법률을 점차 구상하지 않게 되었으며, 이러한 종류의 법률이 제기될 때에도 임금 상승이나 직업기능 향상을 의식한 법안에 그다지 관심을 두지 않고 의제로 채택되는 모든 경제적 불평등 관련 법안 중 실제로 법률로서 성립된 법안의 비율 역시 줄었다"[24]는 사실을 제시해준다. 노동조합 쇠퇴와 우파 측의 사회적 직접행동주의를 포함한 다른 권력이 작동했다는 것 역시 사실이다. 베리와 동료들은 또한 좀 더

민주주의의 쇠퇴

넓은 정치적 문맥에 관해 고찰함으로써 '자유주의적' 시민 애드보커시 그룹이 경제적 평등과 노동자계급의 복지 개선 및 향상을 추구하는 단체들과 점차적으로 연계하는 경향을 강화해왔는지 확인하려고 했다. 연합은 워싱턴에서 하나의 강대한 권력 ─ 입법 조작 ─ 이 될 수 있기 때문에, 이 물음에 대한 대답은 현대 자유주의적 정치에서 매우 중요하다.

하지만 그 대답은 부정적이었다. 베리의 자료에 의하면 생활양식의 문제에 초점을 맞추는 애드보커시 그룹들과 사회적 평등을 추구하는 조직들과의 연합은 현재(시민단체들이 물질적 공정성과 사회정의의 추구에 대해 실제로 영향력을 증대할 수 있었던 시대)보다도 1963년(시민 애드보커시 그룹들의 수나 영향력이 저조했던 시대)에 훨씬 일반적이었다.[25] 요컨대 노동조합이나 종교에 기반을 둔 조직을 포함해 사회정의를 중시하는 시민 조직들은 오늘날 애드보커시 정치에서 소외당하고 있을 뿐 아니라 대부호나 상층중류계급의 가치관과 요구를 중시하는 시민단체들에 의해 주도권을 박탈당한 것이다.

포괄적인 사회적 공급에 대한 지지 저하

포괄적이며 관대한 공적인 사회적 공급의 가능성은 멤버십에서 애드보커시로의 거대한 시민적 이행, 그리고 그와 더불어 발생한 네트워크 기반의 동원을 통해 목표로 설정된 토론으로 인해 크게 쇠퇴했다. 포괄적인 사회적 공급의 기회가 상실된 것은 공공적인 가치와 여론에서의 집합적 변화에 대한 반응이었던 것만은 아니다. 물론 현대의 많은 미국인은 탈물질주의적인 생활양식의 문제를 고려하면서도 대다수의 미국인은 사회적 보호나 국민 전체의 기회 증진을 아직까지 희망하는 ─ 또한 거기에 중심적인 관심이 있는 ─ 것 역시 사실이다. 미국 사회정책의 형성사를 살펴볼 때, 가장 인기 있었던 유효한 프로그램의 다수는 널리 공유된 도덕적 가치관을 표명하면서 동시에 많은 미국인에게 좀 더 큰 안전과 기회를 창출하는 것이었다.[26] 공립학교나 퇴역군인과 가족을 대상으로 하는 프로그램, 농장 프로그램, 사회보장제도와 메디케어(노인의료보험제도) 등이 바로 그 예이다. 하지만 오늘날 시민적 기업가들은 다수의 관심사에 대한 이해를 표명하기보다 특정한 문제나 정체성에 기초한 지지 기반을 조직화 또는 대변하게 되었다. 동시에 정치가들은 투표장에서 멀어지는 유권자의 좁은 일부분을 겨냥한 미디어 캠페인을 벌이기 위해 많은 자금을 이익압력단체에서 조절하면서 자주 선거에 승리하여 중요한 직책에 오른다. 자발적 연합체들은 쇠퇴를 거듭했으며, 일반 가정이나 그들의 관심사와 관련된 자발적 연합체들은 거의 찾아볼 수 없게 되었다. 그리고 대규모 자금 제공자들에게 허용될 수 있는 한정된 범위의 품사별로 분석된 쟁점을 추구하는 정치가나 애드보커시 그룹이 군집하는 공공 영역은 널리 공유된 관심사에 대한 정부의 행동에 그다지 순종적이지 않다. 교육수준이 높은 사람들이나 경제적 특권계급의 이해관계와 가치관이 이처럼 변모된 미국 시민사회에서 훨씬 더 많은 주목을 끌고 있는 것이다.

만일 제1차 클린턴 정권이 제안한 의료보험개혁안에 대해 1993~1994년에 심의한 정치체제와 흡사한 상황에서, 1944년 GI법안(제대군인원호법)이 심의 또는 입법화되었다면 상황은 과연 어떠했을지 상상해 보라. 이러한 대비가 결코 비현실적인 공상만은 아니다. 왜냐하면 대다수의 미국인이 지지한 목표는 이 두 시기에 가장 중요한 논의 대상이었기 때문이다. 제2차 세계대전에 참전했던 수백만 명의 제대군인에 대한 원조와 기회를 어떻게 제공하는가는 1940년대에 가장 중요한 — 일반적으로 수용된 — 목표의 하나였다. 그리고 1990년대 초에는 국민 전원에게 비록 소액일지라도 의료보험의 수급권을 어떻게 보증하는가 — 근대적인 여론조사가 반세기 이전에 시작된 이후로 늘 과반수의 지지를 얻었던 목표 — 가 가장 중요한 과제였다.

더군다나 1940년대에는 당시 그들의 계획을 방치해 두었더라면 입법적인 고착상태와 직결되거나, 제대군인원호법이 실현한 수준을 현저하게 밑도는 제대군인 수당만 만들었을지도 모를 엘리트 주체들 — 대학학장과 자유주의적 지식인, 보수적인 연방의회의원들 — 도 있었다.[27] 대학학장이나 자유주의파 새로운 협상자들(New Dealers)은 당시 제대군인원호법의 관료적인 까다로움과 인색한 공적 지출의 제약적인 내용 — 신중하게 선별된 소수의 제대군인만이 1년 이상의 학비 전액 면제로 대학에 다닐 수 있다는 내용 — 을 지지했다. 제2차 세계대전 이후 제대군인의 입법시책에 관한 엘리트들의 생각은 1990년대 엘리트들의 의료보험제도 개혁 프로그램과 크게 다르지 않았다. 제대군인원호법이 현대의 애드보커시 세계에서 심의된다면 관대한 경제적 급부와 가족수당이 다수의 미국인에게 확대되는 일은 없었을 것이며, 전문대학이나 종합대학, 직업학교 등이 노동자계급의 제대군인 수백만 명에게 개방되는 일 또한 불가능할 것이다.

하지만 1940년대의 실제적인 시민생활에서는 경영자와 전문가들이 공공적 토의 또는 입법시책의 지배권을 유지하지 못했다. 대신에 대규모 자발적 멤버십 연합체였던 미국재향군인회가 제대군인 전원에게 가족·고용수당과 사업융자, 주택융자를 비롯해 고등학교 졸업 후 4년 한도로 고등교육을 받을 수 있는 기회를 보장하는 법안을 지지하고 그 초안을 작성했다. 미국재향군인회는 결코 자유주의적이지도 복지국가를 지지하는 조직도 아니었다. 실제로 많은 자유주의파들은 1940년대의 재향군인회를 매우 반동적인 조직이라고 여겼다(그들의 이데올로기적 계승자들은 지금도 그렇게 생각하고 있을 것이다). 하지만 그것은 문제가 되지 않는다. 재향군인회는 대규모 회원을 기반으로 한 조직으로, 제2차 세계대전에 종군한 제대군인들을 여러 차례 회원으로 영입하려고 했으며, 민중의 포섭과 신속한 대응에 대한 동기를 지녔다. 또한 재향군인회는 대표제를 동반하는 로지 체계로 조직된 전국 규모의 연합체였기 때문에 연방의회를 상대로 로비활동을 벌였으며 자신을 대표하는 의원들에게 압력을 행사하기 위해 지방이나 주 수준의 조직을 동원할 수 있는 잠재적인 권력을 지니고 있었다. 재향군인회의 전국지도부가 지명한 위원회가 미국 역사상 가장 관대한 사회입법 중 하나를 기초했으며, 수천 명의 재향군인회 지부나 수십 개의 주 조직이 보수파 의원들로 하여금 이 새로운 입법시책에 찬성표를 던지게 하기 위해서 대규모 공공교육과 로비를 벌였다.

반세기 이후 1990년대의 의료보험 문제는 재단이 지원하는 애드보커시 그룹들과 메일링 리스트 조직, 격렬한 싱크탱크, 여론조사원, 거액을 투자한 미디어 캠페인이 지배하는 변모된 시민세계에서 다루어졌다.[28] 다수의 상층부가 있는 애드보커시 그룹들은 양식을 갖춘 개혁 프로그램에 대해서 대규모의 지지를 동원하지 않았다(실제로는 동원할 수 없었다). 클린턴 대통령의 의료보험개혁입법은 자칭 전문가들로 구성된 500명의 위원회에서 비밀스럽게 이루어졌다. 그 결과물인 1,342쪽짜리 법안은 대다수 사람이 이해할 수 없을 분량이었기에 여론에 의한 지지를 동원하기 위해 사용되는 일은 없었다. 수백 개의 비즈니스 전문직 단체들이 클린턴 정권의 복잡한 정책계획에 영향을 끼쳤다. 결국은 새로운 의료보험법의 제정을 저지하기 위해 의회 로비활동을 감정적으로, 그리고 신중하게 한정된 미디어 캠페인과 결합하여 사용하는 것에 그쳤다. 미국인, 특히 그다지 유복하지 않은 가족들은 국민 전원의 보험화를 원했지만 결국 실현되지 않았으며, 고용자지급보험에 가입되어 있는 시민들은 경비 삭감을 주장하는 이들에게서 소외되어 민간보험시장에 방치된 채 자력으로 해결할 수밖에 없었다.

1990년대 전반 이후 국정 수준의 정치가들은 국민 전원의 보험화를 위한 노력을 재개하려고 하지 않았다. 그 가장 큰 이유는 애드보커시 그룹들이 거액의 비용이 드는 미디어 공격에 늘 준비되어 있었으며, 결정적인 입법〔그것은 수많은 대안의 하나로서 기초(起草)될지도 모른다〕에 대한 잠재적인 대중의 지지를 결집할 수 있는 운동이나 조직이 전혀 존재하지 않았다는 데 있다. 물론 정치가들이나 이익단체들은 늘 '의료보험 개혁'에 대한 사항을 언급해왔지만, 그것은 단지 그들이 고용하는 여론조사원이나 선거 컨설턴트들이 그렇게 조언했기 때문이었다. 그들은 극히 평범하거나 공허한 수단 ─ 예를 들면 보험료가 싸거나 당사자 보험보상이 없는 부모에 의해 보험에 가입되지 않은 아이를 보험 대상으로 한다고 말할 뿐이었다 ─ 을 상세히 설명하기 위해서 극적인 선전문구를 사용한다. 그 이면의 의회위원회에서는 실제로 고액 보상의 민간보험에 이미 가입한 상대적으로 특권적인 미국인이 만족할 만한 정책조치가 논의의 중심을 이룬다. 지금까지 매년 약 100만 명의 미국인이 무보험자가 되고 있는데도 주요한 미해결 문제들 ─ 증가하는 다수의 무보험자들이나 그에 가까운 사람들에 대한 보상의 인상 ─ 에 관해서는 공허한 수사문구만이 교차하며 그 어떠한 대책도 강구되지 않은 상태이다. 이 문제는 그 심각성이 점점 더해가지만, 상의하향식 정치는 교묘하게 만들어진 한정된 정치적 선전문구의 담화로 전락했으며 광범한 민주적 관심을 소외시켰다.

공공적 삶에 대한 신뢰 저하

2001년 늦은 여름에 발생한 '9·11' 테러사건 이후로 그 동향은 갑작스럽게 역전되었지만, 그 이전에는 정부 — 그리고 대표적인 여타 제도들 — 에 대한 국민의 불신이 연구자나 평론가들의 관심을 모았던 화젯거리였으며, 그들은 다음과 같은 문항을 사용하여 조사를 거듭했다. "당신은 미국 정부가 얼마나 정당하게 행위를 할 것이라고 믿는가?" — "항상, 대부분의 경우, 때때로" 아니면 전혀? 1960년대 초기에는 국민의 약 75%가 미국 정부를 "항상" 또는 "대부분의 경우" 신뢰했지만, 1990년대에는 정부를 신뢰한다고 대답한 사람의 비율이 5명 중 1명에서 3명 중 1명으로 줄었다.[29] 분석자들은 이 급격한 신뢰 저하를 대중의 비합리성의 반영 또는 사회 붕괴의 부산물로 논하고 있지만, 실제로 미국인은 연방정부에 대한 실제적인 실망감을 이러한 형태로 표현했는지도 모른다. 신뢰 저하는 인종폭동이나 연방정부의 사회프로그램에 관해 인종을 이분화하는 당파적 논의의 결과로 발생했을 뿐 아니라, 베트남전쟁이 계기가 된 대변동이나 워터게이트 사건, 1970년대에 수정되지 않고 있던 경제 조류가 출현해 대부분의 노동자 가족을 힘겹게 한 현상과 상응한다. 더욱이 중요한 점은 공적인 신뢰의 급격한 저하가 상의하향식의 선거와 조직정치 출현, 워싱턴에서 엘리트들에 의한 로비활동이 폭발적으로 성장한 사실과 더불어 발생했다는 것이다.

조사응답자들은 엘리트들과 그 이외의 회원 사이에 격차가 확대되고 있음을 확실히 인식했다. 정치학자 게리 오렌(Gary Orren)에 의하면, 1960년대 중반부터 1990년대 중반까지 30년 동안 "자기이익만을 추구하는 소수 이해관계자가 정부를 지배했다"고 느끼는 미국인의 수는 76%로 늘어났으며, "공무원들은 일반 시민의 의향 따위에는 관심도 없다"고 생각하는 사람들은 36%에서 66%로 증가했다.[30] 게다가 1995년에 행해진 조사에서는 10명 중 6명 이상이 정부를 신뢰하지 않는 이유로 특수이익이 과대한 권력을 소유하고 있다는 점을 지적했다.[31] 다수의 상층부로 구성된 시민조직과 공공적 토의에서의 분열과 대립, 동원 해제, 상층계급으로 편향된 정치는 1960~1990년대에 행해진 이러한 여론조사의 회답을 충분히 이해할 수 있는 근거가 된다. 늘 그랬듯이 공공적 삶은 20세기 말 — 국내는 평화롭고 경제는 호조를 이루지만, 정치는 실망의 대상이며 대부분의 조직화된 시민 활동이 보통 시민들과는 별개의 전문가들의 책략으로 인해 이루어지는 시대 — 미국인 대부분에게 그다지 매력적이지 못했던 것이다.

2001년 9·11 이후의 시민성 회복

미국인들의 시민적 태도는 적어도 2001년 9월 11일의 폭력적인 테러 공격 직후에 일변했다. TV는 세계무역센터와 펜타곤(미국 국방성)에 항공기가 충돌하는 테러공격의 참상을 방영했으며, 그 광경을 본 미국인 사이에는 애국심이나 사회적 연대감이 급속하게 고조되었고, 적극적 정부에 대한 새로운 희망을 품게 되었다. 대참사 이후 한 달도 되지 않아 미국인 5명 중 4명 이상이 집이나 옷, 자동차를 성조기로 장식했으며,[32]

약 70%의 사람들이 '9·11' 테러사건을 통해 자선 기부를 했다고 보고되었다.[33] 사회적 연대감의 분출은 그때까지 불신감이 지배하던 민족적·인종적 경계를 초월하게 했으며,[34] 미국인들은 돌연히 연방정부에 대한 신뢰를 표명했다. 2001년 11월 시점까지 "미국인 3명 중 2명 정도가 연방정부는 '거의 항상' 또는 '대부분의 경우' 정당한 행위를 한다고 믿는다고 밝혔다. 이 수치는 2000년 4월의…… 수치의 두 배를 넘는다".[35] 정치분석가인 스탠리 그린버그(Stanley B. Greenberg)가 보고하고 있듯이, 국민들은 '9·11' 이후 사회적 연대감의 존재 방식을 이해하고 있었으며, 그들의 우선순위를 변경하면서 "내(me)가 아닌, 우리(we)를" 새롭게 강조하기 시작했다. 포커스 그룹의 한 참가자의 말을 빌리면 이렇다. "우리에게는 치유가 필요하고 서로를 필요로 합니다. …… 우리나라에 도움이 될 것으로 관심을 돌립시다."[36]

미국 역사상 좀 더 이전의 전쟁 촉발과 마찬가지로, '9·11'은 시민성 회복에 대한 거대한 가능성을 창출했다. 집단적인 사고가 변화했으며, 미국인들은 서로 협력하고 원조의 손길을 뻗는 볼런티어에 대한 열성을 되찾았다. 하지만 무엇을 위한 볼런티어인가? 새로운 활동을 위한 새로운 태도인가? 국민적 연대감에 대한 희망은 과연 현실로 옮겨질 것인가? '9·11' 이후의 노력은 결국 어느 정도 지속가능한 것인가? 이와 같은 우려의 징후가 곧 나타났다.

자선활동의 불균형이 그 하나의 예였다. 현재 미국의 자선단체들은 매우 전문화되어 있으며 미디어를 통한 보도에 의존하고 있기 때문에 테러공격으로 발생한 인명 살상에 대한 민중의 반응은 풍요 속의 빈곤이라는 상황을 낳았다. 즉, 빈곤한 사람들과 그 이외의 상처받기 쉬운 약자들을 지속적으로 지원해온 자선단체들이 기부금 부족이라는 현실과 조우하게 된 것이다. 그러한 상황 속에서 '9·11'의 직접적인 희생자의 구제를 표명한 자선단체들은 약 20억 달러의 기부금을 제공받았다.[37] 2001년 추수감사절 때 ≪뉴욕타임스≫는 "'9·11' 관련 단체들에 기부된 선의는 푸드뱅크(food banks)와는 무관한 것이다"고 언급했으며,[38] 2001년 크리스마스가 가까운 시점에 ≪크로니클 오브 필랜트로피(Chronicle of Philanthropy)≫는 자선단체들이 "크리스마스 휴가에 기대될 수 있는 자선금 총액을 삭감하고 있다"고 평했다. 이것은 경기의 후퇴도 어느 정도 관련이 있지만, "'9·11' 희생자에 대한 지원의 범람에 기부자 일부는 자신의 기부행위를 모두 완료했다는 기분이 들어 그와 관련 없는 자선단체에는 여분의 수표를 많이 보내지 않게 되었기"[39] 때문이다.

과거 미국에서 전쟁이 있을 때에는 전국 각지의 커뮤니티에 조직을 둔 자발적 연합체들이 자신의 재원 또는 조직의 하부구조를 건설하거나 자신의 커뮤니티를 초월한 좀 더 폭넓은 사회적 요구에 관여하여 평시의 보유를 유지하기 위해서라도 전시의 기부금 일부를 사용했다. 또한 연합체들은 필요하다면 자원을 다양한 현장에 투입할 수 있었다. 하지만 오늘날의 많은 자선단체들은 조직상 자립적이며 봉사의 장 역시 한 곳에 집중되어 있고, 또한 전국 조직은 전국의 미디어를 통해 매우 특정한 목적을 위한 기부금 사용을 약속한다. 2001년의 위기로 인해 전국 각지의 미국인은 뉴욕과 워싱턴의 '9·11' 테러 희생자들에게 직접 헌금하려고 했다. 미국적십자 ― 전문가들이 운영하는 전국적이며 관료적인 조직으로서 여전히 멤버십 연합체이기도 하다 ― 는 그 리버티 기금(Liberty Fund)을 통해 모은 50만 달러 이상의 기부금 일부를 일반적인 복지수당이나 조직 건설에 사용하려고 했지만, 일반인의 불만과 미디어 캠페인의 압력으로 그 방침을 바꿀 수밖에 없어서 기부금 전액을 '9·11' 희생자들에게 제공하기로 약속했다.[40] 좀 더 일반화하여 말하면, '9·11' 위기에 초점을 맞춘 전국과 뉴욕을 기반으로 한 자선단체들은 결국 희생자들에게 충당하는 명목으로 유효하게 사용할 수 없을 만큼 막대한 기부금을 모을 수 있었다.[41]

번영하는 멤버십 연합체의 부재는 약간의 헌금 이외에 개인적인 관여를 원하는 미국인들에게도 절실한 문제였다. '9·11' 이후, 사람들은 진행 중인 공공 프로젝트에 시민으로서의 열정을 불어넣을 기회가 거의 없었다. 민주주의 체제에서 전쟁은 어느 시대를 막론하고 시민으로서 역할을 하는 절호의 기회이다. 미국 역사상 주요한 전쟁은 정부가 획책한 공적 활동의 확대를 촉진했으며, 증세(增稅)와 단결된 희생의 요청, 그리고 활발한 대중동원이 동반되었다. 여기에 특권적인 시민들이 솔선을 보였다. 몇 가지 측면에서 '9·11'에 대한 반응은 부시 정권이 국민적 단결을 소리 높여 요구하고 군사분쟁을 위한 군대 동원, 전쟁과 본토방위를 위한 새로운 연방 지출을 제안했던 것처럼 틀에 박힌 결정노선을 따랐다. 하지만 부시 대통령은 부유층에게 재정적 희생을 요구하는 것은 피했다. 그 대신 연방정부의 능력을 장기적으로 크게 훼손한 상류층 편향적인 감세 촉진을 지지했다. 국가가 불평등주의의 '황금시대(Gilded Age)'로 출현한 제1차 세계대전 기간에도 최고 부유층 미국인을 대상으로 세금을 인상한 적은 있었지만, 이처럼 세금을 인하한 적은 없었다.[42]

국내에 거주하는 미국인을 향한 부시 대통령의 메시지는 전체적으로 민간인들은 "평시로 되돌아가도록" ― 그리고 정체된 경제의 부흥을 위해서 쇼핑몰에 가도록 ― 강하게 촉구하는 것이었다. 사적인 소비에 돈을 쓰게 하는 것이 애국적 의무의 최고의 표현으로 선전되었다. '9·11' 직후의 수개월에 걸쳐 전국 언론에 가장 자주 등장하여 지지를 받은 대통령의 호소는 전국여행업협회 광고에 '주역'으로 등장하는 형태로 표현되었다. 성조기가 물결을 이루고 있는 이 광고는 "국민들이 '우리는 무엇을 할 수 있는가'라고 질문하는" 장면으로 시작되는데, 대통령은 이에 더욱 여행을 하고 휴가를 떠나 국민의 '용기'를 보여주라고 대답한다. 미국 대통령의 이미지가 민간기업이 후원하는 광고에 사용된 것은 이것이 처음이었다.[43] 국민의 3분의 2가 이 광고를 보았고, 그 시청자 수는 대통령이 자선단체에 대한 헌금이나 지방의 본토방위사업을 위한 자선활동을 촉구하는 것을 경청했던 사람의 수보다 훨씬 많았다.[44]

국가 지도자가 행한 선택을 넘어 '9·11' 이후 미국의 '새로운 전쟁'은 또한 시민에 의한 영향력을 제약할 수 있는 방식에서 이전의 분쟁들과는 달랐다.[45] 군사행동은 정규군과 주 병력에서 지원을 받는 소수의 고도로 전문화된 직업군대가 수행했다. 탄저균 공격이 국내의 치안문제에 대한 관심을 불러일으키고 공중위생안전기구에 이전보다 훨씬 많은 인력이 필요하다고 역설한 이후에도 연방정부의 지도자들은 다수의 새로운 볼런티어 종사자들의 가치에 대해 무지했다. 과거의 전쟁에서는 연방기관들이 식량 보존이나 자유공채모금운동의 분야에서 유용한 자발적 공헌을 조직화하는 데 거대한 전국적 규모의 멤버십 연합체들에 의존했다. 하지만 변모된 시민세계에서 실행된 이 새로운 대(對)테러전쟁에서는 전문가주의를 좀 더 신용하게 되었다. 또한 훈련을 받지 않은 대량의 볼런티어들을 어떻게 결집하여 관리하고 유용하게 활용할지에 관해서는 불명확한 상태였다. 부시 정권의 미국 국토안전부(Department of Homeland Security)의 톰 리지(Tom Ridge) 장관은 "국경을 감시하는 데 볼런티어 종사자들을 보내서는 안 된다"고 말했다. "진정으로 전문가들의 개입을 원하는 곳에는 법의 집행이 일정 수준 존재한다".[46]

이 모든 것을 전제로 한다면, 2001년의 '9·11' 이후 수개월에 걸친 여론조사가 변모된 시민적 태도와 크게 변하지 않는 행동 사이의 분기점을 실증한다는 사실은 그리 놀랄 만한 것이 아니다. '9·11' 이후, 미국인들은 종교를 좀 더 중요시하게 되었다고 여론조사원에게 언급했지만, 신앙심이 깊거나 실천적인 교회 출석자만은 이미 더 자주 기도를 올리거나 예배에 참석했다. 종교적 활동과 조직에 관계를 하지 않는 미국인의 행동은 변함이 없었다.[47] 이와 마찬가지로 일반적인 미국인은 사회적·종교적 신뢰를 더 자주 표명했으며, 이전에 비해 자선적인 감정을 더욱 지지했다. 하지만 <그림 6-1>이 시사하는 바와 같이, 그들은 조직의 회원들 또는 볼런티어로서 실제적인 **행동**을 더 많이 시작하지는 않았다. 전문적으로 운영되는 기구들이 시간이 아닌 자금을 추구하고, 중앙의 정부 지도자들이 공공적 활동보다도 소비주의를 장려할 때 그들은 도대체 무엇을 해야 하는가?

따라서 2001년 9월 11일에 발생한 끔찍한 사건은 미국 국민의 시민생활과 공공생활의 성격을 크게 바꾸어놓지는 못할 것이다. 국가 엘리트들은 여전히 정부의 확대와 대중 참여의 동원을 회피하고 있으며, 또한 부시 대통령에 의한 국가봉사계획의 조심스러운 확대는 2002년 중반까지 미국 시민들에게 거의 영향을 미치지 못했다.[48] 20세기 후반의 거대한 재편성은 전국적인 활동과 지방에서의 활동을 잇는 가교적 역할을 여전히 곤란하게 만들며, 다수의 시민을 조직화된 시민적 노력에 참여시키는 것을 가로막는다. 대중의 참여를 고취할 수 있는 가능성이 모두 사라진 것은 아니다. 애국심과 국민공동체 의식을 더욱 강화할 수 있는 매혹적인 사건이 시민적 활력과 시민성 회복에 일조할 것이기 때문이다. 하지만 이 책에서 논한 바와 같이 집단적 자발성만으로는 충분하

민주주의의 쇠퇴

<그림 6-1> 2001년 '9·11' 이후, 행동보다 변화된 시민적 태도

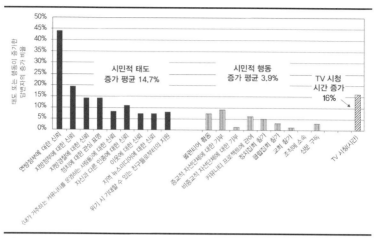

자료: Robert D. Putnam, "Bowling Together," *American Prospect* 13, no. 3 (2002): 22.

지 않다. 제도나 조직이 사람들의 참여 기회를 제공하지 않으면 안 된다. 만일 시민성 회복의 약속이 실현될 수 있다면 연방임원들을 포함한 국가 지도자들이 미국 시민을 조직화하고 관여시키기 위해 현장으로 뛰어들어야 한다.

미국 역사를 통해 반복되어온 전시의 위기는 시민성 회복의 시대가 되는 계기를 마련했다. 그러나 군사적 충돌 그 자체가 ― 대중 속에 뿌리내린 조직들이 중요한 공공적 과제를 담당하도록 유도하거나 또는 설립의 기회를 잡으려는 지도자들을 제외하고 ― 시민성 회복을 이끌지는 않았다. 21세기 초 미국에는 국민적인 사업을 공유하는 시민을 동원하려 하거나 그럴 수 있는 조직 또는 지도자들이 거의 존재하지 않았다. 2001년의 '9·11'은 공공적 사업의 확대에 대해 절망감을 심어주었지만, 시민성 회복의 기회는 미국의 제도와 지도자들이 미처 미국 국민을 따라잡기 전에 너무도 쉽게 사라질 수 있다.

7

미국 시민민주주의의 재구축을 향하여

우리 시대 시민세계의 대변모는 미국의 민주주의를 쇠퇴시켰으며, 그 결과 사회적·정치적 삶의 기본구조에 큰 공백을 남겼다. 물론 과거의 시민사회를 그대로 부활시키는 것은 불가능할 뿐 아니라 그렇게 해서도 안 된다. 20세기 후반의 권리혁명 이전에는 수많은 사람이 주변화되어 권리를 상실했으며, 또한 최근의 시민 애드보커시 그룹이 증가하기 이전에는 수많은 중요한 가치가 공공적 토의 의제에서 배제되었다. 그렇지만 우리가 상실한 전형적인 미국 시민사회의 중대한 측면들 — 공유된 민주적 가치와 계급의 구분을 초월한 우정, 대다수의 사람이 소수의 엘리트들과 더불어 조직화된 노력에 참가하는 기회를 포함하여 — 은 재구축되어야 할 필요가 있다.

민주주의를 강화하기 위해서는 국민들이 '결합(combination)'이라는 정초된 민주적 기술의 실천자로서 스스로를 다지고 시민생활을 개혁할 필요가 있다. 하지만 어떠한 방식의 개혁에 착수해야 하는가? 최근 유행하는 제안은 정부 축소와 지역 수준의 시민적 역량 결집, 공적 사회봉사의 종교적 회중으로의 이양 등을 요구한다. 이 책에서 상술한 역사적 관점에서 생각해본다면, 이러한 종류의 제안이 이롭기는커녕 해가 되는 이유를 쉽게 이해할 수 있을 것이다. 그러한 이해를 기초로 전국 수준에서의 개혁을 고찰하는 작업으로 이행할 수 있는 것이다. 이러한 개혁에는 시민의 참신한 조직화 전략을 비롯해 전국 언론과 선거, 정부가 미국 시민사회의 재개된 민주적 활력을 지원하기 위해 실천해야 할 정책이 포함되어 있다.

유해한 처방

때때로 모든 평론가들과 연구자들이 미국 시민사회를 회복할 처방을 가지고 있는 것처럼 보인다. 오늘날 가장 두드러지는 개혁그룹은 좀 더 지역적인 커뮤니티와 친밀한 사회 참여를 조장해서 미국 민주주의의 뿌리를 강화하려고 분투하는 다양한 공동체주의자들 ─ 동일한 계열로 간주되는 '사회자본'론자들 ─ 이다. 이들의 논리를 따르자면 가까운 이웃이 사회적 활동에 참가하고 더 많은 커뮤니티 프로젝트에 참가하게 되면 민주적인 효력이 증가한다. 정부 그 자체를 신뢰하지 않는 일부 우파 공동체주의자들은 더 나아가 큰 폭의 감세를 주장하고, 또한 '신앙공동체'가 세속적인 관료보다도 빈곤에 고통스러워하는 육체(그리고 영혼)에 손길을 뻗을 수 있다는 이유로 많은 공적 사회봉사의 관리를 종교적 회중이 담당하게 해야 한다고 주장한다.[1] 하지만 미국에서 시민생활의 역사를 통한 교훈은 이처럼 최근 유행하는 처방이 오히려 상황을 더욱 악화할 위험성이 있다고 시사해준다.

지역적인 사교성의 한계

중도파인 로버트 퍼트넘과 윌리엄 골스턴, 그리고 진 베스키 엘슈테인에서 보수파인 돈 에벌리(Don Eberly)와 윌리엄 샴브라에 이르기까지 오늘날 시민의 적극적인 참여를 둘러싼 논의에서 가장 설득력 있는 평론가들은 미국의 시민생활이 무엇이 잘못되었는지에 대한 진단과 그 해법에 관해 놀랄 정도로 비정치적이고 지역적인 사고로 수렴해왔다.[2] 실로 우스꽝스럽고 아이러니한 일이 아닐 수 없다. 주목할 만한 유력자들은 바로 유력한 기구를 통솔하고 있으며, 비행기로 각지를 돌아다니면서 전국적인 회의에서 강연하고, 국가 개혁에 대한 성명을 준비하기 위해 컴퓨터 화면과 마주하는 남녀 전문가들인 것이다. 게다가 그들은 미국의 민주적인 활력이 마치 매우 지역적인 데다가 분쟁이나 정치권력에 대한 야심과는 동떨어진 것처럼 과거 시민사회를 묘사하고 현재를 진단한다.

이미 살펴본 바와 같이 이 견해는 과거의 실태와는 매우 거리가 있다. 전형적인 미국의 자발적 집단은 발전도상에 있던 국가의 시민에 의해 시민을 위해서 결성된 것이었다. 이러한 결사들은 널리 공유된 정체성과 가치관을 표명했으며 서로의 갈등에 관여하면서 지역의 사람을 주와 광범한 지역, 전국 수준의 권력 중심과 결합했다. 자발적 연합체들은 또한 정부에 영향력을 행사하기 위해 많은 경우 정부를 상대로 긴밀한 작업을 펼쳐왔다. 하지만 미국인을 정치와는 무관한 지역적인 노력으로 향하게 하기 위해 장려하는 오늘날의 시민적 공동체주의자들은 이러한 사실을 외면한다.

시민재생전국위원회(National Commission on Civic Renewal)는 '행동주의자의 정부(activist government)'와 정치적 운동이 대안은 아니라고 표명한다. 이는 시민성 회복을 위한 진정한 에너지가 실제로 "미국의 거리와 마을, 지역 커뮤니티에서"[3] 발생하기 때문이다. 『나 홀로 볼링』의 결론에서 퍼트넘 역시 이와 동일한 내용의 "'사회자본'론자들을 위한 과제"[4]를 제시한다. 직장은 가족과 커뮤니티에 좀 더 '친밀한' 장이 되어야 한다. 물론 이는 매우 가치 있는 목표이다. 하지만 퍼트넘이 제시하는 목표란 기업주의 작은 권고만으로도 충분히 달성될 수 있다. 민주주의는 이론적으로 지역적인 것이다. 따라서 선거나 정부는 "되도록 지방분권을 추진하고 의사결정을 작은 지역의 관할로 이전"해야 하며, 학교는 젊은이들에게 공민교육을 더 제공해야 한다. 또한 커뮤니티는 "재차 친구나 이웃과 관계를 맺으려는 결의"를 하도록 설계되어야 한다. 퍼트넘의 견해에 따르면 미국인은 "집단적인 춤이나 노래모임, 대중극단부터 랩 페스티벌"에 이르기까지 정신적인 커뮤니티나 문화적 활동에 더 적극적으로 참가할 필요가 있다. 즉, 무엇보다도 "이동하는 시간을 줄이고 이웃과 관계를 맺는 데 더 많은 시간을 소비"해야 하는 것이다.

이러한 처방은 실제로 고된 노동과 곤궁한 가족생활로 지친, 광적인 세계에서 도피할 수 없는 사람들의 마음에 온화하고 유연한 감각을 제공한다. 하지만 미국 민주주의의 재흥 전략으로서 이러한 지역적 사회생활에 대한 몰두 ― 경제적 불평등, 권력격차, 정치적 동원 문제를 무시하는 대책 ― 는 타당하지 않다. 사람들이 소풍이나 노래자랑대회 등의 횟수를 거듭한다고 투표 참가율이나 조직화된 공적 활동이 급속히 개선될 것으로는 생각되지 않는다. 경영자나 전문직 종사자들이 이웃들과 좀

민주주의의 쇠퇴

더 자주 잡담을 나눈다고 미국의 엘리트들이 상류층을 위한 감세를 포기하고, 화려하고 호화로운 개인적 소비를 멈출 수 있을 것인가? 게다가 과연 좀 더 민주적이고 응답적인 방법으로 행동하기 시작할 것인가? 지역제일주의가 널리 확대된다면 보통의 미국 시민이 중대한 사항에 영향력을 끼칠 수 있는가?

실제로 우리는 부자나 상층중류계급과 그 외의 사람들 사이에 격차가 확대되는 국가 — 특권계층이 특권지역이나 포템킨의 휴가지, 구별된 학교, 그리고 스포츠 관전을 위해 값비싼 좌석으로 몰려가는 — 에서 살고 있다. 미국의 시민생활은 멤버십 동원에서 애드보커시와 매니지먼트로, 그리고 공유된 가치관이나 목표에서 전문화된 이해관계 추구로 변화한 것이다. 고등교육을 받은 유복한 사람들이 모든 종류의 구별된 특권적인 편성 내에서 쾌적하고 안전한 생활을 중시하는 시대에, 그리고 조직된 정치나 결사생활에서 돈과 상층부의 과도한 주도권의 중요성이 강조되는 시대에 우리의 국가적 민주주의는 어떻게 모든 종류의 지역적인 사교와 우호적인 자선의 증가를 통해 회복될 수 있는가? 필자는 이처럼 지역 커뮤니티와 '사회자본론'을 가장 진지하게 수용하는 것처럼 보이는 사람들 — 그것들을 통해 이익을 얻고 자기만족을 느끼는 사람들 — 이 단지 오래된 미국 자본주의의 정부가 경시되었던 경향 속에서 민영화 방식으로 활약 중인 사람들과 동류가 아닌지 의심스럽다.[5] 지역 커뮤니티 또는 일반적인 사회생활을 개선하는 것뿐 아니라 그와 일치된 국가적 관여가 부재하다면 문제를 해결하는 데 충분한 민주적 역량은 창출되지 않을 것이다.

예를 들면 메인 주는 매우 훌륭한 시민적 지역이자 퍼트넘의 주별 사회자본지수에서 최상위권에 든 곳이다.[6] 하지만 그것은 그리 놀랄 만한 사실이 아니다. 메인 주는 강한 시민적 전통과 진보적인 공정선거법, 매우 높은 투표율을 자랑하며, 동시에 근린관계 면에서 매우 양호한 지역이자 활발한 비영리·시민단체, 개인이 접근하기 쉬운 선출공직자, 공공 라디오와 TV 방송국, 최고의 시민 저널리즘으로 유명한 ≪뱅거 데일리 뉴스(Bangor Daily News)≫, 메인 주 각지의 커뮤니티 사업에 관대하고 현명한 방법으로 기부를 하는 지역 부유층(소설가 스티븐 킹과 부인 타비타를 포함하여) 등으로 유명하다. 즉, 공동체주의자들이나 '사회자본론자'들이 권하는 요소들이 모두 이 메인 주에서 일어나고 있다.[7] 그런데도 메인 주의 주민들에게는 광대한 전국 커뮤니티의 일부가 되거나 진정한 정치적 영향력을 지니는 민주적 정치가 필요하다. 1990년대의 약 10년간에 걸쳐 메인 주에 거주하는 가족의 5분의 4는 실질적인 소득 면에서 점진적인 악화를 경험했다.[8] 게다가 건강보험이 점차 붕괴되면서 빈곤층뿐 아니라 실업가나 중류계급까지도 전국 규모로 전개되는 유력한 보험회사의 요금 설정에 고통을 받는다.[9] 다시 말하면, 지방의 시민적 활력에도 불구하고 메인 주의 많은 커뮤니티나 사람들은 미국의 적극적인 민주적 정부의 쇠퇴로 깊은 상처를 입어왔던 것이다.

이와 유사한 사태가 전국 각지에서 벌어지고 있다. 최근 퓨재단(Pew Foundation)의 연구에 의하면, 미국인의 77%가 "자신이 거주하는 커뮤니티와의 관계를 실감하고 있고 생활의 질적인 면에 대해 매우 양호하다"[10]고 평가하며, 비교적 상세한 결과를 통해 "미국인은 가정이나 직장에서 고립되어 있다는 널리 유포되어 있는 신화"가 사실이 아님을 제시해준다. 또한 이 조사는 "사람들이 거주지의 커뮤니티와 깊은 관계를 맺고 있다는 감각을 지니고 있으며 기록적인 인원수의 볼런티어와 문제 해결을 위해 마을을 돕고 장래에 대해 매우 낙관적"[11]이라는 사실을 증명했다. "그렇지만 미국인에게는 아직 많은 걱정거리가 남아 있다"며 '시민적 변화를 위한 퓨 파트너십(the Pew Partnership for Civic Change)'의 전무이사인 수잔 모스(Suzanne W. Morse)는 결론짓는다. 불안 요소의 순위에 대해 질문을 받은 응답자들에게 "전국의 커뮤니티가 직면한……최우선적인 문제"는 "생활자금을 충족할 수 있는 직업의 부족", "감당할 수 있는 건강보험의 이용"으로 판명되었다.[12] 이것들은 물론 능동적인 민주적 정부가 대처해야 할 필요가 있는 수많은 사람들에게 공통된 문제이며, 또한 산발적인 지역활동이나 양호한 이웃관계, 그리고 때때로 교회의 회중이나 비영리단체가 조직하는 볼런티어 활동을 통해 해결될 수 있는 문제가 아니다. 결국 퓨재단의 조사 결과는 오늘날 시민적 적극 참여에 관한 논의에 많은 평론가들이 문제를 오진하고 있다는 사실을 시사한다.

신앙에 기초하는 서비스의 시민적 위험성

도움이 되기보다 오히려 피해를 가져다줄 수 있는, 유행하는 또 하나의 개선책은 신앙에 기초하는 사회봉사에 대한 연방정부 보조금이다. 2000년 대통령 선거에서 민주당의 앨 고어(Al Gore)와 공화당의 조지 부시는 서로 의견 대립이 첨예했지만, "신앙에 기초하는 커뮤니티"가 빈곤한 사람들과 마약 복용자, 십대 어머니들, 죄수의 가족들을 대상으로 하는 사회봉사를 행하기 위해 더욱 적극적인 공적 자금을 신청해야 한다는 점에서는 의견이 일치했다. 부시 대통령은 취임 후 바로 '동정적인 보수주의(compassionate conservatism)'의 비전을 추진하기 위해 신앙에 기초한 커뮤니티 이니셔티브 추진실을 백악관에 신설했다. 대통령은

"미국에서의 사회적 요구들을 살펴볼 때 우리 정당은 우선 다양한 삶을 구제하고 변화시켜온 신앙에 기초하는 프로그램과 지역단체에 관심을 둘 것이다"[13]라고 선언했다. 이후 대통령이 좀 더 상세하게 설명한 바와 같이, "연방정부의 정책은 실적보다도 과정을 중시하는 냉담한 관료조직이 범했던 실패한 해결책을 수용해서는 안 된다. …… 성공적인 정부에 의한 사업계획은 커뮤니티에 봉사하는 신앙에 기초하는 조직과 효과적으로 협력해야 가능하다는 전국적인 합의에 귀를 기울여야 할 필요가 있을 것이다".[14]

어떤 의미에서 여기에는 그다지 새로운 제언이 있는 것은 아니다. 구세군이나 루터파의 사회봉사에서 유대교 가족봉사와 가톨릭 자선활동까지 종교 관련 조직들은 지금껏 공적 자금에 의한 사회봉사의 전국적 운용 면에서 비종교적인 비영리단체와 함께 주요한 역할을 오랫동안 해온 것이 사실이다. 하지만 현재의 신앙에 기초한 개혁은 공적 자금에 의한 사업계획을 단편화 또는 분권화하는 방향으로 유도할 것이며, 그 결과 수만 개의 지역 종교단체들이 공적 조성금을 둘러싸고 경쟁할 것이다. 또한 공적 기관이나 비종교적 비영리단체에 적용되는 비차별적인 고용기준과 안전, 효율, 재정적 청렴함을 만족시키라고 종교 관련 조직에도 요구해서 연방과 주의 많은 법 규제를 무시 또는 완화하는 것을 조장할 것이다. 신앙에 기초하는 절차가 수천 개의 종교 회중이 지원하는 사업계획이 공적 실업수당에 추가될 가능성도 있다. 또는 적어도 회중에 의한 자선단체를 위해 세금을 이용할 수도 있는 '절차'에 대한 성직자들의 기대를 고양한다.

이처럼 신앙에 기초한 개혁의 제안에 대해 자유주의파는 헌법과 법률을 근거로 하여 논란을 전개해왔으며,[15] 또한 사회평론가들은 신앙에

민주주의의 쇠퇴

기초한 사회계획이 정부와 비종교 사업계획보다도 빈곤자나 장애자, 많은 문제가 있는 사람들에게 손길을 건네어 원조한다는 점에서 유효하다는 주장이 경험적으로 실증되지 않은 불확실한 것이라고 지적한다. 이러한 비판이 적절한 것일지는 몰라도 필자에게는 신앙에 기초하는 제안의 최대의 위험성 ― 즉, 멤버십에 기초하는 결사생활을 더욱 침식하게 될지도 모른다는 위험성 ― 을 간과하는 것처럼 보인다. 부시가 정권을 장악하고 민주당 정권 이상으로 신앙에 기초하는 사회적 지급을 추진하려는 의도를 언명한 이후, ≪뉴욕타임스≫는 한 논설에서 주나 일정 지역이 "종교적 자선단체들에 정부자금 신청을 장려하는 전례 없는 노력"을 하고 있다고 설명했다. 결국 주나 일정 지역은 사회복지사업에 충당할 수 있는 자금이 항상 부족한 상태에 있기 때문에 많은 재원을 약속해주는 것이라면 뭐든지 편승하려고 한다. 그 결과 국내의 관계 조직들이 대회를 소집하여 "성직자 회원들과 주의 사회복지사업국 간 새로운 연계가" 장려된 것이다. 버지니아 주의 어느 전형적인 주(州) 후원 세미나에서 책임자가 교회에 유보할 수 있는 잉여 재원이 없음을 설명했는데도 "회장을 가득 메운 목사들과 신청서류를 작성한 이들은 메모를 하는 데 여념이 없었다". 그들은 이제 "유한한 자금을 둘러싸고 다른 커뮤니티 협회와 경쟁할 수도 있으며, …… 헌금통을 돌리는 것보다 쉽게 많은 자금을 모을 수 있기 때문에 무엇이든 할 용의가 있다고 말했다. 그리고 그들은 대부분 이미 사업계획에 착수했으며 사업의 전문화와 확대를 꾀하고 있었다".[16]

"신앙에 기초한" 사회적 지급의 체제에서 빈곤한 사람들이나 약자들에 대한 사회 프로그램에 정부가 공금지출을 꺼리는 것도 무리는 아닐 것이다. 빈곤하고 문제가 많은 사람들을 지원할 추가 재원이 없다면, 종교 회중의 지도자들은 재정적으로 어려워진 사회봉사를 실시하기 위해 거액은 아닐지라도 보조금을 둘러싸고 공공기관이나 기존의 비종교적 또는 종교적인 비영리단체와의 경쟁을 장려하게 될 것이다.[17] 이러한 현실적인 시나리오는 결국 시민성에 대한 하나의 부정적인 요소로 작용한다. 즉, 재정이 감소한다 해도 더 많은 사업을 실행할 것이라고 약속하는 박봉의 스태프나 볼런티어들과 같은 종교 회중에게 사회봉사를 주문하는 정부의 정책으로 인하여 조직화된 관공노조 공무원들이 해고되기 쉽다는 것이다. 공무원 노동조합이 미국노동총동맹 산업별조합회의(AFL-CIO)에서 최근 유일하게 신장하는 조합이기도 하기 때문에 신앙에 기초하는 사회봉사가 낳을 수 있는 이러한 부작용은 공화당 지지자들을 만족시키는 반면, 많은 민주당 지지자들을 불안하게 만들고 있다. 하지만 당파적인 이유와는 무관하게 시민생활의 활력을 우려하는 모든 미국인들은 종교적으로 실시되는 사회봉사가 현재 아직 멤버십과 우정, 임의적인 회비에 크게 의존하는 미국 시민사회의 하나의 주요 부문에서 전문적인 매니지먼트와 "시민적 기업가 정신"을 증대할 가능성이 없는지에 관해 걱정해야 한다.

역사적으로 미국의 일반적인 볼런티어주의와 마찬가지로 미국의 종교는, 공식적인 지원금과 금전적인 후원을 제약하는 한편 경쟁적인 조직을 촉진하고 집단들에게 공적인 무대로의 접근을 제공하는 거버넌스 조직망에서 번영해왔다. 노동조합의 결성과 공공연한 발언의 권리는 아무리 막연한 형태일지라도 미국 헌법과 권리장전을 통해 확립되었으며, 연방주의와 대표제 민주주의는 비종교와 종교를 불문하고 자발적 결사에 접근할 수 있는 통로를 만들었다. 이러한 공적 용이성(public facilitation)의 형태를 통해 다양한 자발적 집단과 운동이 육성되었으며, 각각 여론의 지지를 추구하며 경쟁해야 했다. 경우에 따라서는 정부 관계자가 퇴역군인단체나 농업단체와 같은 자발적 결사를 활성화했다. 게다가 더욱 중요한 것은 연방이나 주 당국이 성공적으로 정착된 결사들과 협력하여 캠페인을 전개하거나 법률을 실행했다는 점이다. 그렇지만 지속적인 공적 자금이 전형적인 자발적 멤버십 결사들에게 이용된 적은 거의 없었다. 다른 형태의 멤버십 집단의 지도자들과 마찬가지로 미국의 종교지도자들은 회비 납입 회원들 ― 그 자신들이 원한다면 시간과 헌금을 다른 곳에 사용할 수도 있다 ― 에게 의존할 필요가 있었다. 만일 결사의 지도자나 성직자들이 실행하려고 하는 프로젝트를 착수하거나 전문 스태프들을 유지하려면 회비 납입 회원들에게서 그만큼의 지속적인 후원을 받지 않아야 했던 것이다.

자유롭고 경쟁적인 환경에서 동원되는 자발적 평신도의 지지에 성직자들이 의존하게 된 것은 미국의 종교에 매우 좋은 경향이었다. 근대의 모든 세계에서 정부가 금전적으로 후원하는 교회들은 세력과 여론에 의한 지지를 상실했다. 하지만 미국의 종교는 여전히 활력적이며 또한 늘 활발하고 새로운 종교운동이 주기적으로 대두하여 오래되고 관례화·관료제화된 종파에 도전하거나 우회하고 있다.[18] 만일 미국의 전국과 주, 지방정부가 성직자들과 그 스태프들이 운영하는 전문적인 프로젝트에 보조금을 지원하고 사회봉사계획을 지역의 회중에게 강요하기 시작한다면 미국의 종교적 활력은 쉽게 위협당할 수 있다. 역설적으로 성직자들이 민간재단에게서 조성금 획득에 이미 많은 정력을 쏟는 교회의 빈곤한 회중이 가장 많은 피해를 입게 된다.[19] 회중을 인도하기보다 조직의 선두에 선 종교지도자들은 미국의 시민사회를 해치게 될 것이다. 결국 성직자들은 그들의 회중을 중시하지 않게 될 것이며, 그러한 조직종교는 멤버십에서 매니지먼트로 현대 시민사회의 다른 영역에서 이미 진행되고 있는 경로와 거의 동일한 방향으로 진행될 것이다.

요컨대 지역 수준에서의 시민성 회복에 집중하는 노력뿐 아니라 신앙에 기초하는 '개혁' 역시 미국의 시민민주주의에 도움이 되기는커녕 오히려 피해를 주게 된다는 것이다. 그 최종적인 결과는 특권계급 사이에서의 사교성이나 연대의 증대, 멤버십보다도 매니지먼트, 그리고 가끔 특권계급의 자선가인 체하는 사람들이 하는 일부 빈곤한 사람에 대한 자선행위뿐이다 — 그 외의 사람들은 감소하는 공적 지원으로 겨우 충격을 완화할 수 있는 가혹한 경제 속에 방치된다. 지역제일주의자(localists)와 '사회자본'론자, 신앙에 기초하는 개혁론자들은 몇 가지 기본적인 요점을 이해하지 못하고 있다. 민주주의는 사교성이나 신뢰 그 이상의 것이며, 아마 특권계급과 그 밖의 시민 사이의 자선적인 관계보다도 훨씬 많은 것을 요구하는 것이다. 유효한 민주주의는 강력한 대의정부와 다수자에 의한 다수자를 위한 집합적 권력을 제공하는 강력한 포섭적인 결사를 필요로 하는 것이다.

최근의 시민성 쇠퇴를 바로잡고 미국 민주주의의 재흥을 실현하기 위해서 지역 커뮤니티뿐 아니라 전국적인 연대를 육성할 수 있는 방법을 창출하지 않으면 안 된다. 그리고 강력한 제도와 전국적으로 야심적인 활동가들을 목표로 하는 전국 수준의 개혁이 필요한 것이다. 미국의 시민적 경향을 연구해온 연구자로서 필자만큼 즉각적인 시민성 재흥을 창출할 수 있는 마법의 지팡이를 지니지 못한 사람도 드물 것이다. 하지만 이러한 이해를 바탕으로 필자는 여기에서 몇 가지 대담하고 억측에 가까운 조언 — 그 대부분은 현재 유행하는 시민 개혁과 그 성격을 달리한다 — 을 제시하려고 한다.

시민민주주의의 새로운 모델

제4장과 제5장에서 살펴본 바와 같이 시민세계의 변모는 20세기 후반의 미국에서 급격하게 이루어졌다. 이 변모는 오래된 멤버십 연합체들을 뛰어넘어 새로운 사회운동을 개시하고 결국 소외된 사람들의 권리를 주장하는 전문적인 애드보커시 활동의 새로운 모델과 공익에 관한 참신한 해석을 지닌 젊은 활동가들에 의해 추진되었다. 사회적·정치적·기술적인 요인이 하나로 결합되어 1970년대에서 1990년까지 시민세계의 변모가 촉진되었는데, 거기에는 전문직 조직 건설의 중요성에 관한 새로운 아이디어 역시 결정적으로 중요했다. 또한 좀 더 초기 변화의 결점이 부상하는 동시에 미국의 시민민주주의를 증진하는 데 필요한 요소를 새롭게 이해하려는 여지는 아직 남아 있다. 과도하게 전문화된 엘리트주의적인 현대 시민사회가 지닌 민주주의의 결함을 이해하고 있는 지도자들이 미국의 오랜 시민성과 새로운 시민성의 가장 좋은 요소를 융합해 조직 건설의 새로운 모델을 고안하는 것이 가능한 것이다.

혁신을 진공 속에서 진행할 필요는 없다. 왜냐하면 기대해도 좋을 만한 재발명이 이미 진행 중이기 때문이다. 넓은 안목에서 보자면, 전문적인 매니지먼트나 애드보커시가 대중동원형 정치나 멤버십 기반의 결사활동을 대신하게 된 것은 1960년대 이후의 일이다. 하지만 사회운동 조직자들은 자금 조달과 로비활동에서 최신의 커뮤니케이션 전술을 활용하는 동시에, 많은 미국인을 조직의 네트워크나 조직화되고 공유된 활동으로 이끌어, 시민적인 조직화의 고전적인 형태와 혁신적인 형태를 거의 의식적으로 결합해왔다. 이와 동일한 많은 운동이나 조직은 회원과 그 동료, 이웃을 정치적인 캠페인으로 이끌기 위해 사회적 접촉을 이용하는 것의 효용을 재발견했다. 최근의 정치학 연구에 의하면, 유권자들을 투표일에 투표소로 향하게 하는 데에는 비개인적인 TV 광고는 물론 수차례의 우편물을 우송하거나 무명의 전화로 투표를 의뢰하는 것보다 친밀한 개인적 접촉이 훨씬 효과적이다.[20] 조직에 대한 참여 강화는 이처럼 시민성 회복뿐 아니라 정치적 재흥 과정에서도 열쇠가 될 수 있다. 1990년대를 통해 몇몇 현실세계의 사회조직이나 운동이 이러한 진리를 독자적으로 발견하고 실천했던 것이다.

노동조합주의자, 환경보호주의자, 보수파 기독교도

예를 들면 미국 최대 노동조합인 미국노동총동맹 산업별조합회의(AFL-CIO)는 1995년에 존 스위니(John Sweeney)를 위원장으로 선출한 이래 그 활동이 재차 활성화되었으며, 스태프가 운영하는 로비활동이 직장이나 선거운동 내에서 시민의 조직화와 결합하게 되었다. AFL-CIO는 전국 본부의 대표위원 일부(전원은 아니지만)와 함께 새로운 직장의 조직화나 지금까지 조합관료주의에 의해 주변화되었던 소수민족과 여성 노동자들을 활성화하는 데 착수하여 관례를 벗어난 활동가들을 환영하고 육성하고 있다. 이러한 새로운 신입 조직자들의 보충은 블루칼라와 전문직 직장에서뿐 아니라 대학 캠퍼스나 그 밖의 사회운동, 종교적 세미나를 통해 이루어졌으며, 이러한 AFL-CIO의 육성활동에는 '하계대회(Union Summer)'나 '하계 세미나(Seminary Summer)'와 같은 혁신적인 활동이 포함되어 있다.[21]

AFL-CIO의 조직화를 향한 구상은 공무원과 서비스업 종사자, 전문직 종사자와 같은 새로운 그룹을 포섭하고, 로스앤젤레스와 같은 일부

도시를 라틴계 이민노동자들을 필두로 하는 '신노동조합주의(new uni-onism)'의 양성기지로 변모시키면서 성공했다.[22] 1950년대 이후 노동조합원의 감소 경향을 역전시키는 것은 조합에 가입한 블루칼라 종업원들의 오랜 고립된 장을 파괴하는 미국 경제의 변화와 더불어 불리한 규제적 환경을 고려한다면 여전히 힘든 싸움일 뿐이다. 그렇지만 직장의 조직화를 회복하면서 새로운 AFL-CIO는 교회나 지역단체와 연합을 구축하게 되었으며, 선거의 입후보자나 입법부의 정책입안에 대한 강한 영향력을 확대하기 위해 네트워크를 기반으로 하는 전략과 최신의 미디어 전략을 융합하게 되었다.[23] AFL-CIO는 신중하게 제작된 TV 광고비의 지출 일부에 조합비를 사용 - 보수파는 강력히 비판하고 있지만 - 하는 것뿐 아니라, 투표자의 교육과 동원을 위해 직장과 커뮤니티를 기반으로 한 유권자 교육과 동원 캠페인을 고안하고 이러한 네트워크 기반의 노력을 지원하기 위한 인터넷을 혁신적으로 이용하면서 선거운동에서 강력한 행위주체가 되었다.

　AFL-CIO만이 다수의 비엘리트 미국인에게 영향을 끼치려는 혁신적인 결사 또는 정치적 실천의 장은 아니다. 그 밖에도 이와 유사하게 주목할 만한 방식을 통해 근년의 환경운동이나 현대 미국의 기독교 보수주의는 애드보커시 전략을 회원의 신규 보충이나 공공목적을 위한 민주적 리더십의 훈련과 결합하고 있다. 쇄신된 현대 미국의 노동조합운동과 마찬가지로 모든 다른 운동은 활력 있는 시민민주주의의 근본적인 구성요소를 공유한다. 각각의 운동은 다양한 방법을 통해 도덕적인 세계관에 호소하며 널리 공유된 사회적 정체성을 주장한다. 또한 지역적인 뿌리를 넓은 세력권과 결합하며 사회적 동료의식을 공적인 영향력과 통합한다.

제4장에서 살펴본 바와 같이, 1970년대 이후 발족된 새로운 환경보호단체들은 스태프 조직, 또는 메일링 리스트의 지지를 기반으로 전문적으로 운영되는 조직이었다. 현대의 환경보호운동 역시 전체적으로는 싱크탱크나 애드보커시 그룹에서 특정한 커뮤니티나 직장 지부를 기반으로 하는 멤버십 연합체에 이르기까지 일부 경합하는 경우도 있지만, 대부분의 경우에는 서로 협력하는 다양한 단체들이 포함되어 있다.[24] 이러한 조직 중 어느 곳에도 소속되지 않은 수많은 미국인들 역시 환경문제에 정통하며 환경보호조직의 활동에 공감하고 있는 것이 사실이다.

환경보호주의(environmentalism)는 하나의 거대한 전국적인 지부를 기반으로 하는 멤버십 연합체로 조직화되어 있지는 않지만, 어떤 의미에서 운동 전체를 구성하는 모든 조직이나 지지 기반 사이의 상호작용이 시민결사주의(civic associationalism)의 전형적인 형태와 매우 유사한 국가적·지역적·정치사회적인 사업을 조합하고 있으며, 전형적인 형태의 결사주의와 동일한 기능을 지니고 있다. 환경보호운동에는 조사연구나 공적 논의, 연방의회나 주 의회 그리고 공공기관에 로비활동을 전문적으로 행하는 지도자나 전문가들이 존재한다. 또한 특정한 프로젝트(예를 들면 환경보호용지의 검사나 공립공원의 청소 등)를 지속하거나 레크리에이션 활동(사이클링, 하이킹, 버드워칭 등)을 위해 모인 시민그룹들 역시 포함되어 있다. 즉, 본질적으로 전혀 이질적인 환경보호주의자들의 활동이 상호연락도 없이 진행되고 있다. 하지만 가끔 주말에 버드워칭 여행을 위해 모이는 환경보호주의단체들 역시 주와 지방, 그리고 전국 수준의 정책을 둘러싼 토론에 관심이 있다. 게다가 더욱 중요한 것은 시에라 클럽 같은 일부 환경보호단체들은 공공정책을 둘러싼 캠페인을 지지할 뿐 아니라, 공공정책에 영향을 끼칠 수 있는 대표제 거버넌스 체계를 지탱하는 지부망을 의식적으로 유지하고 있다는 점이다.

현대 미국의 신우익 보수주의는 멤버십에 기초하는 활동을 비용이 많이 드는 전문가의 전국적 애드보커시 활동과 융합하는 데 성공했다. 퍼트넘이 논하는 바와 같이, 우파 정치활동가들은 멤버십을 기초로 한 제도 그 이전부터 존재했던 네트워크 ― 즉, 종교 회중과 성직자 사이에서의 교도 간 유대관계 ― 와 접속할 수 있었다.[25] 하지만 우파의 더욱 폭넓은 시민적 적극 참여는 밀도 있는 종교적 사회자본만을 통해서 자동적으로 창출된 것은 아니었다. 복음주의자들은 최근 수십 년에 걸쳐 증가해왔지만, 보수적인 정치적 의견을 지닌 미국인의 수는 그다지 변화하지 않았다. 1970년대 중반 이전의 종교적 보수주의자들은 정치에 비교적 온건한 집단으로 여겨졌지만, 그 이후 그들이 시민적 또는 정치적인 참여에 활발해진 이유는 단순히 교회의 시민 네트워크의 존재라기보다 리더십의 전략과 기독교 우파조직의 결성 그 자체에 직접적으로 기인한다. 예컨대 중절을 반대하는 활동가들은 복음파 교회나 가톨릭 교회를 이용해 성공할 수 있지만, 그 교회들에 의해 직접적으로 지배되지 않는 쟁점들에 초점을 맞추고, 지방에 뿌리를 내리는 조직을 설립하기 위해 대법원 판결이나 법률 제정에 따른 위협을 드라마틱하게 표현해왔다.[26]

1970년대 전반 원래의 신우익 집단은 전문적으로 운영되는 애드보커시의 공작으로 비교적 한정된 잠재적 지지층에게서 실제로 자금을 모으거나 그들의 의견에 영향을 끼치기 위해 다이렉트 메일 전술을 개발했다. 그러나 이러한 전술 역시 결국 아무런 효과를 보지 못했다. 더욱이 1980년에 보수적인 레이건 정권이 들어서 좀 더 유리한 조건이 마련되었는데도, 기독교 우파들은 새롭게 큰 비약을 이루지 못했다. 조직적인 활동의 전개를 포함하여 막대한 자금이 1988년 공화당의 대통령 지명을 두고 경쟁한 기독교 우파의 후보였던 팻 로버트슨(Pat Robertson)의 선거운동에 투입되었지만 선거운동은 실패로 끝났다. 하지만 그 이후 로버트슨은 랠프 리드(Ralph Reed)가 주도한 새로운 동원방법을 활성화했다. 옛 탄원서나 메일링 리스트로 작성한 명부는 많은 액수의 헌금 의뢰를 위해서뿐만 아니라 연방화된 조직의 기독교연합 ─ 전국 수준뿐 아니라 지방 커뮤니티, 하원의원의 모든 선거구, 각 주에서 집단 동원과 리더십 훈련을 시작했다 ─ 을 결성하기 위해서도 유효하게 이용되었다. 기독교 우파 활동가들이 모였으며 메시지는 교회를 통해 확산되었지만 성직자들은 다소 무시되었다. 이러한 모습은 19세기의 부인기독교금주동맹의 경우와 동일했다. 더욱 중요한 것은 기독교 우파 참가자에게는 주 수준의 공화당이나 지방 하원의원 선거운동에 개입할 수 있도록 집단의 자원이나 리더십의 영향력을 신장할 수 있는 기회가 부여되었다는 점이다. 연방화된 조직 건설 과정이 진행되면서 보수계 재단들은 조성금을 사용하여 모든 우파단체들을 대중화하기 위해 새로운 아이디어를 구축했으며, 전문가들이 운영하는 싱크탱크나 애드보커시 그룹들이 워싱턴에서 활동했다. 환경보호운동에서는 이 정도에 그쳤지만 주나 일정 지역에서는 단결되고 조직화된 노력들과 더불어 신우파는 상의하달식의 정책 애드보커시 활동을 업데이트된 회원의 조직자와 융합했다.

결사조직의 옛 방식과 새로운 방식을 융합한 현대의 운동이 공공연하게 정치적 야심을 품고 있었다는 점은 주목할 만하다. 권력 추구를 위한 전략적 마인드를 지닌 지도자들은 더 간단한 방법을 발견하지 못한 채 시민적 선량함과 더불어 '정치적' 이유로 ─ 사실 그렇게 인정된 정치적 위협에 반응하여 ─ 민중에 의한 적극적 참여에 의존할 수밖에 없었다. 민중 중시 전략이 늘 우선적인 선택사항은 아니었다. 내부 로비활동의 성과가 수십 년에 걸쳐 감소하면서 AFL-CIO는 결국 새로운 직장 캠페인이나 커뮤니티 복지활동, 선거 기간 중의 미디어 정치와 네트워크를 통한 연락을 결합하려고 했다. 기독교의 우파 정치가들은 다이렉트 메일의 노력에서 얻을 수 있는 성과의 감소와 대통령 선거운동의 실패로 결국 지방이나 주 수준의 조직화에 자금을 투입했다. 이러한 전술 자체가 연방의회에 공화당의 영향력을 구축할 필요성과 기회를 통해 장려되었다.

산업지역재단

AFL-CIO나 환경보호주의자, 기독교 우파만큼 전국적으로 크게 두드러지지는 않지만, 시민적 장에서 혁신적이고 효과적이라고 판명된 또 다른 운동이 있다. 그것은 산업지역재단(Industrial Areas Foundation: IAF)이 운영하는 상호 연결된 광대한 지역의 조직화 과정에서의 운동이다. 가장 유명한 대변자인 어네스토 코르테스(Ernesto Cortes)에 의하면, IAF는 "주로 빈곤한 저소득층의 커뮤니티에 폭넓은 기반을 두고 있으며, 다민족주의적이고 이종파간적인 조직의 전국적 네트워크 센터"이다. 그리고 "IAF 조직의 중심적인 역할은 보통의 시민들이나 납세자들이 그들의 커뮤니티에서 권력과 정치관계를 재편성할 수 있는 능력과 자신감을 구축하는 것이다".[27] IAF 조직은 전국의 다양하고 광대한 지역에 걸쳐 존재하며, 그중에는 보스턴 광역도시권의 새로운 조직인 보스턴 인터페이스 기구(the Greater Boston Interfaith Organization)도 포함되어 있다. 이 조직은 도심부와 교외지역과의 관계를 구축하고 가톨릭과 개신교 교회, 유대교도단, 그 밖의 종파회중이나 노동자 단체들의 열성적인 참가자들로 구성되어 있다.

가장 잘 알려진 IAF 네트워크는 텍사스나 그 밖의 남서부 도시에서 볼 수 있는 상호관계적인 조직이다.[28] 이 커뮤니티 조직들은 자진하여 회비를 납부하고 사람들을 커뮤니티 조직 구축 과정에 끌어들이려 애쓰는 교회 회중에게서 많은 지지를 받는다. IAF 조직자들은 커뮤니티 지도자들의 훈련을 지원할 뿐 아니라 그 지도자들이 정부기관이나 유력한 민간단체에 요구하는 중요한 공적 문제를 확인할 수 있는 지도자들과 참가자들로 구성되는 보충적인 광대한 네트워크를 형성한다. IAF의 조직화는 그 지역에 뿌리를 내리는 동시에 연방화의 과정도 이루어지고 있다. 또한 조직화 과정에는 공유된 도덕적 관심을 표현하기 위해 성서나 그 밖의 종교적인 이야기들이 이용되었으며, 조직자의 전문적 훈련을 개인 대 개인의 접촉을 통한 '관계형 조직화(relational organizing)'를 향해 장기적인 관여와 결합하고 있었다. 결과적으로 그것은 강한 인상을 부여했는데, IAF의 시나 지방 수준 조직은 학교 개혁과 주택가 개선, 그리고 생활자금이나 수당을 보증할 수 있는 지위와 결합된 직업훈련 프로그램의 확립이라는 문제에 잘 대처해왔기 때문이다.

오늘날 미국의 일반적인 '민중동원형' 운동과는 달리 IAF 조직은 정당이 관여하지 않는 정치적 입장을 유지하고 있기 때문에 공화·민주 양당의 정치가들이나 공무원들에게 직접적인 요구가 가능하다. 그리고 더욱 중요한 것은 IAF 조직이 조직 내의 유명한 '스타들(stars)'에 대한 우려 때문에 미디어를 통한 선전활동을 거의 하지 않는다는 점이다. 대신에 지방운동을 민족이나 인종의 구분을 초월하여 공유된 관심을 표명하기 위해 주의 깊게 선정된 문제들에 관해 대도시권이나 주, 광대한 지역 수준의 캠페인과 관련시켜 민중의 지도자나 집단능력을 육성한다. 텍사스 주에서의 노력을 주의 깊게 연구한 사회학자 마크 워런(Mark Warren)은 다음과 같이 결론짓는다. "IAF는 민주적 정치에 대한 다이내믹한 형태의 개입을 창출하기 위해 권위와 참여를 결합한다. …… 기초지식을 충분히 습득한 다수의 지역단체는 그들이 활동하는 현장에서 약화되고 고립된 채 남아 있으며, 한편 대부분의 애드보커시 그룹은 과다한 상층부와 조직적인 기반이 결여된 채 워싱턴에서 로비활동을 전개하고 있다. IAF는 이 두 그룹의 균형을 취하는 방법을 발견하여 좀 더 높은 수준의 권력을 활용하는 한편 지방의 조직화에 고집하여 그 작업을 집중적으로 추진하고 있다."[29]

시민적 혁신을 위한 가능성

현대의 활동가들은 미국의 오랜 시민 역사에서뿐 아니라 민중에 의한 시민동원의 이미 존재하는 모델을 진지하게 받아들여 새로운 조직을 발족하거나 기존 조직을 재수정하고 또는 사회적·정치적 변화를 추진하는 다집단운동에 참여하면서 그들에게 열린 다양한 전략을 동원했다.

시민적 활동가들(또는 그들의 활동 개시를 위해 원조하는 후원자들)은 지부 네트워크의 구축과 대표자 집회의 개최, 그리고 회원들 – 또는 우호단체들 – 로부터의 회비를 통한 지속적인 자원 조달을 고려할 수 있다. 하지만 1960년대 이후 미국의 '시민적 기업가들'은 이러한 경로를 거의 따르지 않게 되었다. 미디어 담당자들과 로비스트, 컴퓨터로 처리되는 메일링 리스트를 겸비한 본부를 설치하는 편이 훨씬 간편하다고 생각되었기 때문이다. 하지만 IAF의 경험이 시사하는 것처럼 더 오래 대화를 나누고 더 큰 헌신을 요구하여 그 대가가 증가할지도 모른다. 지속적인 하부구조의 구축은 — 만일 그것이 지방뿐 아니라 지방을 초월한 것이라면 — 워싱턴에 집중된 집권화된 노력 또는 전국 미디어의 주목을 끄는 일시적인 연출보다도 훨씬 큰 영향을 끼칠 수 있다. 지도자들이나 회원들을 장소와 제도를 초월하여 상호 결합하는 작업은 시간이 드는 일이지만, 이것이야말로 다수의 사람들을 운동에 관여시킬 수 있는 유일한 방법이자 단일한 쟁점형 투쟁 또는 선거를 초월하여 변화를 가져다줄 수 있고 지속적인 원동력을 창출할 수 있는 최선의 방법인 것이다.

흥미로운 점은 워싱턴을 기반으로 활동하는 애드보커시 그룹들의 일부가 연방화된 지부 설립에 이전보다 더 많은 관심을 가지기 시작했다는 것이다. 미국퇴직자협회(AARP)는 최근 들어 새로운 주와 지역 지부를 개척하기 위해 전문적인 조직자들을 고용하고 있으며, 또한 전문적으로 운영되는 아동보호기금(Children's Defense Fund) 지도자의 아들인 조나 에덜먼(Jonah Edelman)은 아이들을 대상으로 한다는 연합체 내에서 힘든 경험을 쌓은 지부 네트워크를 증강하려고 노력하고 있다.[30] 이러한 접근방법의 뚜렷한 특징은 리더십의 훈련과 외부로 향하는 방사선형의 접촉 네트워크를 통한 안정적인 회원 모집이다. 그리고 그 밖의 회원을 조직하거나 모집하는 지도자는 스스로가 회원을 대표하는 단체에서 중요한 통치 역할을 담당해야 한다.

어느 특정 지역에 기반을 두고 옛 대표제를 동반하는 연합체는 하나의 모델일 뿐 그것이 유일한 모델이라고 할 수는 없다. 장래 미국의 자발적 연합체들은 직장 단위나 종교 회중 또는 그 밖의 비지리적으로 규정된 환경 사이에서 관계를 구축할지도 모른다. 중요한 것은 리더십의 훈련과 장소를 초월한 네트워크의 구축, 그리고 대표제를 통한 투명한 의사결정 절차이다. 결사 설립 자금을 지원하는 후원자들은 대량메일에 자금을 지원하거나 전문적으로 운영되는 사무소의 유지를 위해 보조금을 배분하기보다 리더십 훈련이나 멤버십에 기초하는 조직화를 지원하는 데 필요한 자원 투입을 검토해야 할 것이다. 또한 시민적 활동가들은 현재의 지지 기반이나 기술에 상응하는 새로운 방침을 따라 전국 각지를 돌아다니면서 멤버십의 조직화를 재현할 수 있는 방법을 모색하는 데 상상력을 동원해야 한다.

전문적으로 운영되는 애드보커시 그룹이나 연구기관 역시 멤버십 결사와 지속적인 제휴를 구축할 수 있는 방법을 모색할 수 있다. 모든 시민조직이 성숙한 멤버십 네트워크가 될 필요는 없으며 조직의 연혁과는 관계가 없다. 애드보커시 그룹과 연구기관, 그 밖의 회원이 없는 시민조직은 멤버십 집단 및 단체와 연계하는 동시에 전문적인 임무에 최선을 다할 수 있다. 역사상 가장 성공한 대부분의 사회운동이나 입법운동은 이처럼 계획된 상승효과를 통해 세력 확장에 성공했다. 따라서 워싱턴을 기반으로 활동하는 애드보커시 그룹들이 현대의 동맹상대로서 이질적인(유사한 것 이외의) 파트너를 찾을 수 없는 것은 아니다. '벨트웨이 내부(Inside the Beltway)'*는 애드보커시 활동가들에게 — 특히 가장 강력한 기득권이 선호하지 않는 목표에 관심을 지니는 활동가들에게는 — 이미 유행이 지난 문구나 다름없다. 물론 민주적인 변혁을 원하는 사람들은 워싱턴을 기반으로 활동하는 집단들을 위해 그 집단들과 더불어 활동을

---

* 'Beltway', 즉 'belt highway'는 원래 워싱턴DC와 메릴랜드 주 그리고 버지니아 주를 둘러싼 수도고속도로를 일컫는 것인데, 흔히 미국 정치체제나 워싱턴 정계를 상징하는 표현으로도 사용된다. 또한 연방정부와 정책결정자, 로비스트, 그리고 미디어를 포함한 미국의 정치시스템이나 신문사설과 TV쇼, 인터넷, 블로그를 포함한 국내 정치에 관한 다양한 토론의 조합적인 의미로 쓰이기도 한다. — 옮긴이

지속해야 한다. 하지만 시민 애드보커시 그룹들은 광범위하게 서로 영향을 주고받는 멤버십을 지닌 조직들과 협력할 수 있는 – 그리고 자극을 부여하고 거기에서 학습할 수 있는 – 방법을 늘 모색해야 한다.

종교조직과 회중은 우리 시대의 가장 유력한 민주적 운동 – 우파 기독교연합에서부터 중도좌파의 IAF 조직, 그리고 넓은 지역 수준의 이종파동맹에 이르기까지 – 의 중핵적인 담당자가 되어왔다. 교회는 사람들이 직업의 구분을 초월하여 모일 수 있는 적합한 장소인 동시에 가정생활이나 지속적인 멤버십 활동이 교차하는 곳이며 사람들이 자신의 가치관이나 도덕적 판단을 발언하기에 적합한 곳의 하나이다. 하지만 교회만이 변혁을 지향하는 조직 간 동맹에 관여하는 유일한 멤버십 기반의 조직은 아니다. 그 밖의 많은 가능성들이 전문가주의와 우정이나 지속적인 일상활동을 기반으로 하는 단체들과 융합하는 것의 중요성을 잘 이해하고 있는 지도자들에 의한 창의적인 동맹 구축을 기다리고 있다.

미디어와 민주주의 되살리기

미국 시민민주주의의 재구축은 시민적 결사를 설립하고 유지하는 미국 국민의 새로운 전략을 통해서 시작되지 않으면 안 된다. 하지만 국가적인 제도 역시 중요하다. 그것은 국가 제도가 시민적 조직자나 사회운동에 기회와 동기를 부여하는 영향력과 권력의 규칙을 창출하기 때문이다. 간단하게는 선거정치와 정부의 영향을 생각해볼 수 있지만, 필자는 먼저 전국의 미디어에 관해 언급해두고자 한다.

건전한 시민사회에서 사회적 커뮤니케이션은 매우 중요한 요소로,

주요 신문이나 시사 정기간행물의 작업, 그리고 TV 프로듀서의 선택은 혜택받은 또는 해택받지 못한 시민적·정치적 활동에 중대한 영향을 끼친다. 설령 의도적인 것이 아니라 해도 전국의 미디어 회사들은 대표성이 의심스러운 리더십을 지지하고 조직적인 단체활동을 폄훼하거나 대표제 정치를 무시 또는 비난하는 정보를 표현하고 수집하는 전략을 취해왔다. 최근의 미디어 전문가들은 시민에 대한 자신들의 영향력과 책임을 이전보다 훨씬 더 의식하게 되었다. 주요 회사들은 '시민 저널리즘'운동에 관여해왔으며, 이 운동은 많은 시민의 관심사를 발견하여 그 문제에 대처하기 위해 실제로 심층 여론조사나 포커스 그룹(focus-group) 기법의 활용을 장려한다.[31] 이러한 기술은 그 나름대로 도움이 될 수 있을지 모르지만, 반대로 엘리트주의를 조장하고 결사들의 노력을 침식하는 관습을 여전히 남기고 있다.

모든 공공생활 영역에서 '여론'을 측정하는 전략으로서 여론조사기법이 민중에 기반을 둔 조직과 공선 지도자의 의견을 청취하는 형식으로 바뀌었다. 측정의 포괄성과 대표성이 높아졌다는 사실은 기뻐할 만하지만, 여론조사를 이용하는 것만으로는 '여론'과 민주적 능력의 전체적인 분리가 더욱 촉진될 수밖에 없다. 여론조사는 전문가들이 질문 내용을 고안하여 응답자에게 질문하고, 응답자가 실제 사안의 문맥과는 다른 준비된 답변을 행하는 하향식(top-down) 절차인 것이다. 게다가 그것은 사람들의 집단이 - 당장에는 - 무엇을 생각하고 있는지는 보여주지만, 조직적인 집단이 무엇을 할 수 있고 무엇을 하려고 하는지에 관한 정보는 거의 제공해주지 못한다.

TV 못지않게 여론조사는 앞으로도 사라지지 않을 것이지만, 그것을 과도하게 사용할 필요는 없다. 예를 들면 오랜 시간 연장을 거듭했던

2000년의 대통령 선거 기간에 전국의 미디어 회사들은 예측선거와 민주·공화당의 전국대회, 수개월에 걸친 — 실제로 이 기간에 미국인 대부분은 대통령 선거에 그다지 크게 주목하지 않았다 — 전국조사의 여론 동향에 좌우되며 동요했다. 부시의 우세와 고어의 패배 원인, 그리고 여론조사에 선거운동이 어떻게 반영되었는지에 관한 기사가 무수히 게재되었으며, 그러한 화제가 TV나 라디오를 통해 방송되었다. 이것은 단순한 자원이나 주의력의 낭비였을 뿐 아니라 기회의 상실이기도 했다. 대통령 선거 시기에 매스컴은 왜 대중을 기반으로 하는 운동이나 조직의 행동에 주의를 집중하지 않았는가? 그 회원들은 과연 문제를 어떻게 정식화해서 생각했는가? 그리고 가을에 있을 대통령 선거를 준비하기 위해 그들은 무엇을 했는가?

때때로 미디어가 이러한 문제를 보도하는 경우는 있지만, 거의 모든 경우에 그것은 비난 섞인 논조로 이루어졌다. 정치과정에 능동적인 집단들은 — AFL-CIO 또는 기독교연합과 같이 수백만 명의 지지자를 옹호하고 있어도 — 자주 '특수이익'으로 묘사되곤 하며, 연방의회의 활동 역시 조직이나 운동 내부의 정치적 논의는 성격의 불일치와 분열적인 당쟁에 관해 상세하게 보도된다. 리더십이나 쟁점에 관한 민주적 결정의 유용하고 풍부한 정보나 경의를 표하는 보도는 거의 찾아볼 수 없다. 전국 미디어는 전문가 애드보케이트의 증진을 위해 많은 시간과 에너지를 쏟으며, 그 결과 그들을 유명인사로 만들고 발언의 기회를 부여해온 것이다. 하지만 몇몇 유명한 스타 정치가들을 제외한다면, 선거를 통해 선출된 조직대표의 지도자들은 방송 프로그램에 등장하는 일이 거의 없다. 예를 들면 <짐 레러의 뉴스아워(The Newshour with Jim Lehrer)>*는 다수의 전문가 애드보케이트와 평론가를 포섭한다. 게다가 최근에는 다른

민주주의의 쇠퇴

미디어 관계자에 대해 언급하는 동업자나 미디어 전문가가 점차 늘어나고 있다. 이처럼 시민적 성격을 지닌 뉴스 프로그램에서조차 시청자는 급성장하는 복음파 지도자들은 물론 주요 조합이나 시민조직의 선거에서 선출된 지도자들의 얼굴을 볼 기회가 거의 없다. 사람을 조직하거나 대표하는 시민지도자들은 미국인의 시민생활에 거의 등장하지 않는 것이다.

물론 미디어가 이와 같은 형식을 취할 필연성은 전혀 없다. 미디어의 역할은 현존하는 '사실'을 단순히 묘사하는 것에 그치지 않는다. 현재 미디어는 사물을 비민주적인 방향으로 이끄는 것을 돕는 역할을 하지만, 이러한 악습은 모두 고칠 수 있다. 뉴스보도를 좀 더 완전하게 하며 민주적인 실천을 향한 의도적이지 않은 경멸을 피하기 위해 미디어 관계자들은 새로운 방향성을 지닌 일련의 대책을 강구할 수 있는 것이다. 그 한 가지는 주요한 공공쟁점에 관한 의견을 얻기 위해 조직의 선거에서 선출된 대표자들을 정기적으로 초대하는 것이다. TV와 신문 모두 정치와 공공정책의 쟁점에 대한 수석 논평자로서 회원이 없는 싱크탱크나 애드보커시 그룹 또는 학계로부터의 '전문가'에 대한 의존을 경감할 수 있다. 대신 많은 사람들을 정당하게 대변할 수 있는 지도자들 ─ 이상적으로는 대표제를 통해 선출된 인물들 ─ 을 찾는 것이다. "TV에 나오는 '뉴스 캐스터'들은 더 적게, '대변자'들은 더 많게"라는 슬로건을 설정해야 할 것이다. 이러한 조언은 아카데믹한 화자(話者)로서 필자의 사적인 이

---

* 미국 공공네트워크 PBS가 방송하는 평일 저녁시간대 뉴스 프로그램. 1975년 로버트 맥닐의 단독앵커로 진행된 <The Robert MacNeil Report>를 시작으로 1976년 짐 레러와 공동앵커로 진행되는 <MacNeil/Lehrer Newshour>로 개편, 이후 1995년 맥닐의 은퇴로 레러가 단독으로 진행하게 되었다. ─ 옮긴이

익과 충돌하지만 그렇게 해야 한다. 민주주의에서 TV나 출판미디어의 지명도로 선정된 사람들 내에 동료 시민을 조직·지도·대표해온 사람들을 포함해야 하는 것이다.

미디어 회사들은 또한 대표제를 통한 의사결정 과정에서 좀 더 유용하고 풍부한 정보를 제공하는 것과 더불어 경의(敬意)를 가지고 보도해야 할 것이다. 이것은 민주·공화 양당의 강령에 관한 논의나 조직대표의 선거에서부터, 강조되어야 할 문제들과 전략을 둘러싼 조직 내의 논의에 이르기까지 모든 쟁점에서 그러하다. 신문이나 TV 기자들은 정치체제 전체에서는 중추가 되는 결정은 물론, 조직과 기구에서 결정을 둘러싸고 일어나는 활발한 정치적 논의나 경쟁 또는 동원의 의미와 중요성에 관한 이해를 촉진하면서 미국 민주주의에 공헌할 수 있을 것이다. 이러한 사실들을 단지 매니지먼트 규율의 붕괴로 단언해서는 안 된다. 어느 단체들이 관심을 가지고 있고, 그러한 단체들이 어떻게 경쟁에서 이기며, 타협안을 성립하기 위해 사람들을 참여시키는지에 관한 보도야말로 민주주의의 목표가 될 것이다.

필자의 가장 논쟁적인 제안은 TV와 신문들이 여론조사나 인위적으로 집결한 포커스 그룹에만 과도하게 의존해서는 안 된다는 점이다. 물론 미디어 기관들은 여론의 동향 전체를 파악하기 위해 심층적인 여론조사를 계속 활용하겠지만, 기자들은 자연적으로 발생하는 단체나 조직 또는 결사의 동향을 동시에 추적할 수 있을지 모른다. 정기적인 교류를 갖는 미국인들(일회적으로 만나는 단순한 포커스 그룹 사람들이 아니다!)은 쟁점에 관해 고민하면서 그에 반대하여 어떤 입장 변화를 거치는가? 정치가나 다른 제도 엘리트들이 제시하는 선택과 자신의 가치관 사이에서 차이를 발견할 때 사람들은 과연 무엇을 생각하고 어떻게 행동하는가?

조직의 지도자들에게는 이와 같이 예측되는 행동에 대한 추측이 요구될 수도 있다. 또한 미디어에 등장하는 평론가들에게도 현재와 장래의 예측에 관한 코멘트를 해달라는 요구가 있지만, 그러한 끊임없는 예측보다는 오히려 유용하고 풍부한 정보를 제공하는 데 중점을 두어야 한다. 전국적인 미디어 회사들의 엄청난 전달력을 생각했을 때, 멤버십에 기반을 둔 단체나 운동에 대해 주목도를 높이고 대표제를 통해 선출된 리더십과 성실한 정치적 논의에 대해서 좀 더 경의를 갖고 보도한다면, 미국의 민주주의 되살리기 과정을 좀 더 촉진할 수 있을 것이다.

국가적 정치 개혁

마지막으로 정부와 정치의 개혁의 필요성에 관해 언급해보자. 시민 세계의 변모를 다루고 있는 이 책을 정치와 선거정치의 변화에 관한 논의로 마무리하는 것은 어쩌면 순서가 뒤바뀐 것처럼 생각될 수 있다. 하지만 이 역사적 여정은 대의정부와 정치가 결사 활동의 **모델**과 **기회구조**로 작용했다는 측면을 보여주었다. 미국인들은 우선 대의정부의 일상적 과정을 모방한 자발적 결사를 구축하면서 시민적인 존재가 되었으며, 자발적 연합체들은 정부에 영향을 끼치거나 협력하려고 했다. 최근 멤버십에서 매니지먼트로 변화한 것은 단순한 우연이 아니라 워싱턴의 규제정치(regulatory politics)로의 전환과 동시에 일어난 것이었다. 그리고 최근의 시민적 변화는, 전문적으로 운영되며 TV 중심으로 이루어지는 선거운동으로의 이행과 병행하여 전개되었다. 집권화되어 전문적으로 운영되는 제도나 애드보커시 그룹들이 정부와 미디어에 우월적으로 접근할 수 있는 한, 또한 애드보커시 그룹들이나 여론조사원들이 다른 행위자들보다도 임원직을 추구하는 정치가들에게 더 많은 것을 제공할 수 있는 한, 미국의 시민민주주의는 결코 포괄적인 것이 될 수 없다. 그리고 지역의 자발적 활동 역시 권력의 전국적인 중추로부터 소외되고 말 것이다.

따라서 시민성을 회복하기 위해 정치와 정부의 작동구조를 수정하지 않으면 안 된다. 하지만 오늘날 많이 선전되는 '정치 개혁' 수법은 실제로 필요로 하지 않는 것일지도 모른다. 선거정치에서 거액의 자금을 모으는 것이 시민적 개혁의 '열쇠(the master key)'라고 하는 관념에 사로잡혀 있는 자유주의적 개혁론자들이 너무 많은 것이 사실이다. 이제 선거에서 자금 모집은 유권자 동원 이상으로 중요한 과정이 되어버렸으며, 후보자나 정부 관계자는 부유층과 자금 모집자에 관한 화제에 많은 시간을 소비한다. 그리고 자금을 제공하는 특수이익군집이 연방의회의 모든 입법을 둘러싼 전쟁으로 모여드는 것이다. 그 때문에 코먼코즈나 그 밖의 '선한 정부(good government)' 그룹들이 정치적 자금에 관해 고민하는 이유를 쉽게 알 수 있다. 하지만 문제는 '선한 정부' 개혁 전략이 부유층의 정치적 이점을 감소시키는 데 거의 성공적이지 못할 뿐 아니라, 남아 있는 조직화된 민중적 기반의 정치적 동원이 쉽게 위협받을 가능성이 있다는 점이다.[32] 거액의 선거자금을 제한한다는 명목으로 진행되는 몇몇 '선한 정부' 개혁은 선거 기간에 노동조합이나 민중그룹에 의한 문제제기 능력을 오히려 제약하게 될 것이다. 또한 그중에는 새로운 유권자를 동원하려는 정당의 노력을 크게 약화할 가능성이 있는 것이다.

미국의 정치 개혁의 오랜 전통은 1900년경의 중도주의자들(the Mugwumps)이나 엘리트주의적인 혁신주의자들에게까지 거슬러 올라간다.

민주주의의 쇠퇴

그 개혁자들은 19세기의 결의기관을 부패를 촉진하는 원흉으로 혐오했다. 이 때문에 그들은 감정적이지 않은 훈육적인 정치형태를 강조하는 대책 – 또는 이상적으로 평등한 발언권을 모든 시민에게 부여하는 방책 – 을 추구하며 활동했다.[33] 하지만 중도주의자들이 혐오했던 대립경쟁은 격화되었으며 조직화된 정당기구 역시 유권자를 조직하고 활성화해서 투표소를 향하게 만드는 데 능숙했다. 미국의 투표 참가율 – 자격이 있는 유권자 중에 – 은 현재까지 결의기관의 번성기를 넘어선 적이 한 번도 없다.[34]

미국은 1세기 이상에 걸쳐 '신중도주의자(neo-Mugwump)' 개혁 – 모든 종류의 집단 동원에 앞서 분별력 있는 개인의 품격을 높여서 민주주의에 대한 새로운 활력을 부여할 것을 약속했다 – 을 경험해왔지만 결과적으로는 만족스럽지 않았다. 근년에 미국인들은 새로운 활력을 되찾아 정치의 장으로부터 자금을 추출하려는 법률을 제정하고 있지만, 결국 새로운 '개혁'은 매번 지지부진하다. 최근에는 시민조직이나 협회의 '당파적'인 활동에 참가하는 것을 저지하기 위한 세법도 가결되었지만, 실제로 이러한 법률은 직접적인 민중의 정치동원을 회피하는 한편, 전문적으로 운영되는 집단, 특히 '리서치'와 '교육적' 로비활동과 관련된 단체의 증가를 조장할 뿐이다.[35] 의도적이든 또는 그렇지 않든, 20세기 후반의 신중도주의 개혁은 정치적 장에서 – 그리고 다른 결사들의 영역 역시 마찬가지로 – 진정한 대중의 정치적 동원으로부터 멀어지게 한다. 만일 모든 종류의 집단들로 하여금 민중의 정치적 관여를 한층 어렵게 만드는 법률을 통과시키는 것으로 신중도주의 개혁의 방향이 계속 진행된다면, 21세기의 미국 국민은 부유층과 고등교육을 받은 계층으로의 편향이 더욱 격화되는 세계를 목격하게 될 것이다.[36] 따라서 일반인으로 구성되고 광범위하게 조직된 집단을 정치적 장으로 끌어내는 것을 목적으로 하는 개혁을 구상하고 제정할 필요가 있다.

2000년의 대통령 선거가 결과적으로 일련의 값싼 법률상·사법상 공작으로 종결된 이후 선거의 실시 방법에 대한 관심이 재차 고조된 것은 그리 이해하기 어렵지 않다. 다양한 그룹이 개혁안을 제출했으며 그중에는 전 대통령 지미 카터(Jimmy Carter)와 제럴드 포드(Gerald Ford)가 공동의장을 맡고 있는 전국연방선거개혁위원회의 개혁안도 포함되어 있었다.[37] 물론 국민적인 논의의 고조는 건전한 것이었지만, 논의의 구체적인 내용에서는 되도록 많은 국민을 정치에 참여시키는 방법에 관한 것보다도 오히려 투표 종료 후 표의 산출방법에 대해 과도하게 관심이 집중되었다. 원래 국정선거나 대접전의 선거에서조차 유권자의 반수 정도만이 투표에 참가하는데, 안타깝게도 가장 주목되는 개혁에 관한 아이디어가 기술적·규제적 해결책이었던 것이다. 가장 기대되었던 위원회의 제안, 즉 연방선거 투표일을 국경일로 정하자는 제언에는 누구도 주목하지 않았다.

연구자들이 이미 밝힌 바와 같이 국정선거는 시민의 적극적인 참여를 촉진한다. 왜냐하면 이러한 종류의 선거는 민중에 의한 관여를 촉진하고 국민적인 연대감을 형성하기 때문이다.[38] 바로 이 같은 사실에 주목해야 하며, 국정투표일에 극적인 상황이나 집단적 노력 및 활력이 이루어지기 위해 할 수 있는 것은 무엇이든 해야 한다. 흥미롭게도 푸에르토리코는 미국의 속령(屬領) 중 하나이지만 현재의 투표율은 드물게도 매우 높다. 대통령 선거년에는 평균 83%, '중간선거년(off years)'에도 70%를 기록하고 있으며, 미국 본토의 투표율보다 35%나 웃돌고 있다. 푸에르토리코의 이런 사정을 조사한 경제학자인 리처드 프리먼(Richard Freeman)은 이러한 높은 투표율이 개인적 요인보다도 제도적 요인과 관계가 있다고 주장한다. 푸에르토리코인이 미국 본토로 건너오면 투표율 역시 미국인 수준으로 급격히 떨어질 것이기 때문이다. 푸에르토리코에서는 중간선거년의 선거가 일요일에 실시되며 대통령 선거는 국경일인 화요일에 실시되어 최고의 투표율을 기록하는 것이다. "투표비용을 감소시키고 투표일을 선거를 위한 특별행사로 정함으로써" 푸에르토리코는 투표율을 크게 신장했다고 프리먼은 시사한다. "시간적인 제약을 느끼는 시민은 국경일인 화요일이나 일요일에 투표하는 것이 수월하다는 것을 알고", 다른 요일에 선거가 "실시되면 선거에 가지 않았을 시민도 투표할 마음을 갖게끔 투표일을 정당이나 정당활동에 활력을 줄 수 있는 특별행사일로 정했던 것이다".[39] 실제로 투표휴일에 푸에르토리코는 19세기 미국 선거의 특징이었던 오락과 드라마, 집단으로서 연대의 일부를 재구축했다.[40]

푸에르토리코의 화요 휴일처럼, 대통령 선거년의 새로운 '대통령 선거일'은 단순한 '휴일'로 끝나서는 안 된다. 경험상 개인의 유권자 등록이나 투표에 대한 장애물을 제거하는 것만으로는 투표율을 향상하기에 불충분하기 때문이다. 마셜 갠즈(Marshall Ganz)가 설명하는 바와 같이 '의욕적인 투표자들'이 필요하며, 그 의욕의 대부분은 사회적인 실례나 조직적인 동원에서 비롯되는 것임이 틀림없다.[41] 21세기의 미국인은 재미있고 거부할 수 없을 정도의 매력적인 선거를 추구해야 한다. 휴일로서 선거일의 주목도가 높아지면 그것 자체가 좀 더 많은 시민의 투표행위를 촉진할 수 있을지 모른다. 하지만 휴일은 무엇보다 노동조합이나 공공기관, 시민조직 등의 모든 종류의 결사들에 의한 집단적 참여에 하나의 기회가 되어야 한다. 정치적으로 활동적인 단체들은 휴일의 일부를 투표소에서 자원봉사하는 사람들이나 '투표동원' 활동가들의 배치를 위해 사용할 수도 있을 것이다. 또한 '대통령 선거일'을 특별한 행사일로 하는 방법도 있을지 모른다. 예컨대 주(州)에서 경연을 공표하여 투표율이 가장 높은 특정 지구에 지역에서 선정된 공적 사업에 대한 특별 조성금을 부여하는 방법은 어떠한가? 직장이나 조직 등에서 어느 부서, 어느 지부가 높은 투표율을 달성하는지 관찰하기 위한 경연을 개최해도 좋을 것이다. 시설이나 조직 등은 사람들에게 투표행위를 촉진하고 투표 후에 파티를 여는 것도 가능하다. 시민성의 사회적 측면을 고조하는 요소라면 무엇이든지 투표율을 개선할 것이다. 그리고 하나의 중요한 부차적 효과는 서로 관여하는 집단 사이에서 결사로서의 유대관계를 강화할 것이다.

정치적 장에서 결사들을 자유롭게 한다

선거 개혁과 마찬가지로 정치적 조직화와 결사에 의한 정치 참여를 촉진하는 대책 역시 중요하다. 신중립주의 전통 내에서 '개혁'이라는 것은 자주 정치를 더러운 것으로 다루고 있으며, 고학력 엘리트의 이상을 정치의 상위 또는 외부로부터 안전하게 지탱하는 것이다. 역설적이게도 자유주의적인 애드보커시 정치는 1960년대와 1970년대의 민중운동에서 생겨난 것인데도 그 대부분이 결과적으로는 신중립주의자의 정치에 대한 민중 참여에 대해 경멸감을 강화했다. 애드보커시 지도자들은 전문적인 견해와 '공공교육'을 선호하는데 — 물론 당연한 것이지만 — 이러한 것들이 그들의 전문가로서의 능력을 반영하기 때문이다. 게다가 미국의 세금규정 역시 결사들을 전문적 의견과 교육적 전략에 의존하게 한다. 하지만 이러한 정치 스타일에 보통 사람들을 끌어들이는 정열이나 영향력 또는 사회적 권력이 미치는 범위가 존재하는지는 확실하지 않으며, 시민 대다수에게 진정한 정치적 영향력을 행사할 수 있게 만드는 일은 불가능하다.

현재 미국의 많은 결사들이 정치에 적극적으로 관여하기 위해서는 복잡하고 법적인 위험한 공작을 대담하게 사용하지 않으면 안 된다. 선거나 조세에 관한 규칙은 '당파' 활동과 '비당파' 활동을 구별하고, 또한 자유주의파나 보수파도 상대의 참여 동원을 방해하려고 이 규칙들을 이용(또는 새로운 규정을 주장)한다. 공화당 보수파인 뉴트 깅리치(Newt Gingrich)는 하원의장 시절에 선거에서 승리하기 위해서(최악의 사태!) 보수적인 사람을 훈련 또는 동원하는 것을 목적으로 한 정치교육작전을 지도했는지의 여부에 관해 조사를 받고 문책처분을 받았다. 이러한 조치에 자유주의파는 박수를 보냈으며, 내국세 수입국이 기독교연합에 의한 투표 가이드의 대량 배포를 조사했을(해당 행위가 면세 종교단체에 의한 당파적 정치에 대한 관여를 방지하는 규칙에 위반한다는 이유로) 때에도 똑같이 반겼다. 당파의 스펙트럼에 또 하나의 단극을 이루는 우파는 AFL-CIO나 미국교원연합의 정치적 지출에 반대하기 위해 끊임없이 여론을 선동했다. 그들은 급료보전법, 즉 조합의 정치 관련 활동에 대한 지출은 개인회비의 일부가 해당 목적에 지출된다는 사실에 대해 미리 조합원들과의 합의가 있어야 비로소 가능하다는 내용의 법률 제정을 의회에 요청했다.

이러한 모든 조치는 똑같이 이치에 닿지 않는 억지에 지나지 않는다. 모든 미국 국민은 민주주의자로서 정치가들이 다른 지도자들을 훈련하고 투표 기반을 동원하는 데 종사할 때 비로소 만족할 수 있을 것이다. 깅리치가 이러한 것을 매우 효과적으로 행했던 것은 미국의 공공생활에 대한 불멸의 기여였던 것이다. 또한 시민적 조직, 특히 기독교연합이나 AFL-CIO와 같은 다수의 회원과 조직의 거버넌스에 어느 정도 대표성을 지닌 집단들이 정치와 관련될 때 크게 기뻐해야 할 것이다. 어떤 특정 집단 또는 그것이 취하는 이슈 포지션을 상상해도 무방하지만, 민중에 뿌리내린 연합체에 의한 정치적 교육과 동원은 리더십의 능력과 미국의 조직화된 민주적 영향력에 대한 가능성을 향상한다. 그리고 조직적 집단의 활동은 개개의 시민이 개인적으로 연락을 받고 정치적 또는 시민적 참가에 적극적으로 도입될 수 있는 가능성을 크게 높일 것이다.

필자의 결론은 미국이 당파활동과 비당파활동의 사이에 방화벽 설치를 목적으로 한 규칙을 폐지 또는 수정해야 한다는 것이다. 이와 같은 제언은 결코 선거운동자금에 관한 개혁의 촉진을 가로막는다는 것을 의미하지 않는다. 실제로 가장 좋은 개혁은 주(州) 수준에서 실시되어왔으며, 자발적으로 규칙을 엄수한 후보자에게는 그 대가로 공적 조성금을 이용할 수 있게 하는 것을 특징으로 한다.[42] 향후의 선거 개혁은 메인 주의 공정선거법을 선례로 삼을 수 있다. 이 공정선거법으로 입후보를 표명한 후보자들은 광고를 위한 자금 모집과 지출에는 제한을 받게 되지만, 단체가 투표자에게 자료를 배포하기 위해 내부 뉴스레터나 커뮤니케이션 장치를 사용하는 것은 허용된다. 이러한 단체의 경비는 법정 지출 한도 면에서 불리하게 작용하지 않는다. 그리고 이러한 조치는 물론 우파나 중도파, 좌파 공히 멤버십을 기반으로 한 선거 접촉을 강화하는 효과가 있다.

국가 수준에서 개혁자들은 선거 개혁과 동시에 세금우대조치에 대한 노력을 기울여야 한다. 세금우대조치는 자금의 상당 부분을 회원의 기부에서 충당하고 조직의 의사결정에 참가할 수 있는 권리를 누릴 수 있는 쌍방향의 회원을 실제적으로 옹호하는 결사에 최대의 이익을 가져다준다. 물론 어느 정도의 세금공제는 조사연구와 교육을 위주로 실시하는 비영리단체나 전문적으로 운영되는 애드보커시 그룹에도 적용된다. 하지만 그 이상의 공제가 지도자 선출을 포함한 의사결정에 참가할 수 있는 권리가 있는 멤버십 조직에 부여되는 것이다. 이러한 내용의 규칙이 적정하게 설계된다면 오래된 지부 기반의 결사들만이 세금공제 자격이 주어질 뿐 아니라, 앞으로의 결사들 역시 멤버십의 참가와 기부, 그리고 협력을 촉진하기 위한 새로운 기술을 활용하는 방법을 발견하게 될 것이다. 선거규칙과 세금제도 시스템이 바로 이러한 것들을 조장하지 않을 리 없다.

멤버십 결사와의 제휴에 의한 거버넌스

당선 후 정치가들이 통치하는 방법 역시 시민생활에 큰 영향을 미친다. 선출공직자나 정당의 지도자들은 요구사항이 많은 이익단체에 둘러싸여 있다고 느끼며, 부유한 기부자의 환심을 사야 한다는 압박에 시달린다. 정치적 지도자들은 그들의 환경에 존재하는 모든 집단의 혼합에 영향을 미칠 수 있는 능력과 그들에게 영향을 끼치려는 행위자의 전략을 형성할 수 있는 능력을 지니고 있음을 쉽게 잊어버린다. 정부 관계자들이 공청회를 열거나 집단들을 소집하여 정책과제나 선택사항에 관해서 조언을 할 때에는 해당 정책영역에서 이미 실적이 있는 전문가나 지지자를 당연하다는 듯 참여시킨다. 하지만 유권자들이 무엇을 생각하는지를 알려고 할 때에는 여론조사자들 — 또는 비영리단체의 전문 스태프나 전문적으로 운영되는 애드보커시 그룹 — 에게 자주 의존한다. 정책의 발안은 정책의 판매에서 분리된다. 수많은 민중 지지자를 옹호하는 — 하지만 워싱턴이나 주 또는 도시에 로비스트, 그리고 전문가들을 거의 상주시키지 않는다 — 결사들이나 운동은 의제 설정이나 정책을 선택할 때에 그다지 중시되지 않는다는 인상을 받는다.

시설과 운동, 많은 회원을 옹호하는 결사에 대해서 의회 공청회나 협의 과정에서 무엇보다도 중요한 역할을 — 상징적인 의미에서뿐 아니라, 입법상의 의사결정에 대한 대중의 이해와 관여를 확립할지도 모르는 방법으로 — 의회 스태프들이 심의할 가능성도 존재한다. 이것은 연방의회의 당 지도부가 회기 전체의 의제 구성을 결정할 때 일어날 수도 있다. 필자가 생각하는 것은 조직의 지도자들에게 공청회에 참석하여 '정책 문제'에 관해 '입장'을 취하도록 단순히 부탁하는 것 이상의 것이다. 조직의 지도자들은 회원들에게 직접 질문을 하고 주와 광대한 지역의 집회 또는 지역 지부의 토의, 회원들과 인터넷에서의 토의 등을 통해 다양한 반응을 수집할 것이 요구될지도 모른다. 의회위원회나 그 스태프들은 모든 종류의 반응과 사람들이 그 반응에 대해 부여하는 이유에 관해 청취하는 것을 존중하도록 명확화할 수도 있다. 좀 더 이후의 시점에서 실제의 법안 심의 중에 정치가들이 해당 정책의 선택사항을 지지하는 집단에 의견을 구하고, 입법시책의 설명이나 좀 더 폭넓은 대중의 지지를 동원하는 데 그 지원을 요청할지도 모른다.

멤버십 기반의 결사를 정책의 의제 설정이나 정책 디자인의 개발에 좀 더 직접적으로 참가시키는 것은 더 좋은 입법시책 — 시민의 일상적인 걱정을 잘 반영하며 원활하게 실시될 가능성이 높은 — 을 창출할지도 모른다. 예를 들면 환자와 의사에게 필요한 건강보험이나 미국 국민이 선호하는 '환자의 권리장전'에 관한 논의에 도움이 되는 견식을 지닌 것이

전문가만은 아니다. 만일 1993~1994년의 의료보험 개혁을 둘러싼 전
국적인 논의가 한창이었을 때 민중에 뿌리내린 단체들과의 협의가 이루
어졌더라면 개혁법안이 연방의회에서 통과되었을 가능성은 더 컸을 뿐
아니라, 그 제안은 공식적인 입안 과정을 지배하던 지지자나 전문가들
이 설계한 불가해한 계획보다도 훨씬 잘 설계되어 더 폭넓은 이해를 얻
을 수 있었을 것이다.[43] 이러한 노력에 멤버십 결사들이 참가하게 했더
라면 결과는 – 1944년의 제대군인원호법의 경우가 그러했듯이 – 그리 나
쁘지 않았을 것이다.

좀 더 나은 정책만이 정부의 정책심의에 멤버십 네트워크를 참가시
키는 것의 유일한 효용은 아닐 것이다. PTA와 조합의 회관, 지역의 환
경클럽에서 이루어진 논의가 연방의회(또는 시의회와 주의회)를 향한 보
고서에 포함되는 아이디어를 구상한다는 소문이 퍼지면서 사람들은 논
의에 대한 참여가 더욱 보람 있는 일이라는 것을 깨닫게 될 것이다. 만
일 정부 관계자가 민중에 뿌리내린 결사의 지명도와 영향력을 향상한다
면 – 정책입안 과정에서 그러한 결사들을 기업 로비나 여론조사자, 전문가들
이 지배하는 싱크탱크, 그리고 애드보커시 그룹과 적어도 동등하게 다룬다면
– 민중에 의한 결사는 매력을 부여하고 참가시키려고 하는 바로 그 사
람들에게 더 의미 있는 것처럼 생각될 수 있을 것이다. 국민들이 폭넓은
관심을 지닌 사안에 관해서 권위적인 정부 결정이 이루어질 때 그 결정
행위 일부를 담당한다면, 만일 멤버십 결사들은 잠재적인 입회자들에게
좀 더 매력적인 존재가 될 것이다.

쇠퇴한 미국 민주주의 되살리기

미국인은 많은 시민이 참여할 수 있고 대표제로 통치되는 시민 결사와 민주적 거버넌스의 관계를 강화할 수 있는 방안을 찾아야 한다. 그리고 이것이 바로 필자가 지금까지 논해왔던 것이다. 이 장에서 그 개요를 서술해왔던 특정한 전략들에 대해 실제로 많은 성과를 기대할 수 있는지는 아직 의문이다. 분명 다른 사상가나 민중에 의한 운동이 훨씬 적합한 아이디어를 떠올릴 수도 있을 것이다. 시민성의 회복 과정은 시행착오를 통해 진전되지 않으면 안 된다. 그리고 실험은 많을수록 좋다. 필자가 개략해온 현재의 딜레마에 대한 처방은 완전한 자신감에서 나온 것이 아니지만, 필자가 제시한 진단에는 좀 더 확신을 가져도 좋다. 이러한 자신감은 과거 미국의 시민사회에 관한 풍부한 이해와 우리 시대의 놀랄 만한 시민적 변화에 관한 현실적인 시점에서 비롯한 것이다.

19세기에서 20세기 중엽까지 미국의 민주주의는 국가와 사회의 독특한 조직망 내부에서 번영해왔다. 미국은 세계에서 처음으로 성인 남성의 민주주의와 대규모 공공교육을 확립한 국가일 뿐 아니라, 독특하고 균형 있는 시민생활을 자랑해왔다. 거기에서 시장은 확대를 거듭했지만 시민사회를 포섭하지 못했으며, 지방자치체의 행정부가 연방화된 자발적 결사의 발전을 의식적 또는 간접적으로 촉진했다. 연방화된 멤버십 결사들은 광대한 국내의 각 지역 사람들을 서로 이어주고, 미국 시민성에 공유된 의미와 조직된 권위를 불어넣었다. 전형적인 미국 시민사회에서는 수백만 명의 보통 남녀가 서로 교류했으며 상대적으로 특권적인 계급과 더불어 집단에 참여하여 커뮤니티와 국가적인 문제에 대해 영향력을 행사해왔다. 최하위 빈곤층은 무시되었지만 다른 많은 사람들은 집단에 가입할 수 있었다. 전국적인 엘리트들은 수백만 명의 보통 미국인의 가치관이나 이익에 주의를 기울일 필요가 있었다.

지난 30여 년간, 미국의 유구한 시민사회는 전문가가 지배하는 애드보커시 그룹이나 비영리단체에 밀려 배척되었고, 멤버십의 명성에 걸맞은 가치를 부여받지도 못했다. 공유된 시민성이라는 이상이나 민주적인 수단이라는 가능성은 그 과정 속에서 위태로워졌다. 1960년대 이후 미국에는 좋은 현상이 무수히 일어났다. 새로운 목소리를 들을 수 있게 되었으며, 평등과 자유라는 측면에서 매우 소중한 진전을 목격할 수 있었다. 하지만 국민의 결사적 생활에서 매우 중요한 유대관계가 허물어졌다. 그리고 만일 미국이 동료의식을 지닌 민주적 시민의 국민공동체가 아니라 관리자와 조작된 관객의 국가가 되는 것을 원치 않는다면, 이러한 관계성을 회복시키는 창조적인 방법을 창출해야 한다.

쇠퇴한 시민적 세계로 다시 되돌아가는 것은 불가능한 일이지만, 미국인은 새로운 민주적 미래와 어울리는 새로운 형태로 과거 시민사회의 가장 뛰어난 부분을 재창조하는 방법을 모색할 수 있으며 또 그렇게 해야 한다. 이러한 과제를 달성하기 위해서는 단순한 도덕적 권장이나 지역선행주의를 초월해야 할 필요성이 있다. 또한 회중의 우정이나 회원의 기부를 통해 지금까지 번성해왔던 종교조직에까지 전문화 경향이나 후원자금 조달을 확대하는 행위를 피해야 한다. 지역을 초월한 결사를 창설하기 위한 새로운 전략이 고안되지 않으면 안 된다. 또한 다수의 동료와 시민을 조직할 수 있는 시민지도자들을 격려하고 그들을 자유롭게 하기 위해 국가적인 제도를 개혁해야 한다.

최근 새롭게 확대된 시민생활에서 전문적인 매니지먼트가 멤버십을 대체하면서 미국은 중요한 방법을 획득했다. 하지만 상실해버린 좋은 경험에 관해 — 그리고 현대의 변모가 가져다준 민주주의의 감소와 계급 구분선을 초월한 우정의 상실에 관해 — 확실히 이해해둘 필요가 있다. 미국의 풍요로운 시민 역사에서 교훈과 영감을 얻고, 먼 옛날 알렉시스 드 토크빌에게 활력 넘치는 시민적이고 정치적인 민주주의 실천에 대한 미국인의 뛰어난 능력을 강하게 인식시켰던 위대한 자발적 결사의 형태를 우리 자신의 시대를 위해 재구축할 수 있는 방법을 모색해야 하는 것이다.

민주주의의 쇠퇴

테다 스카치폴의 『민주주의의 쇠퇴: 미국 시민생활의 변모』는 19세기부터 현재에 이르기까지 미국의 거대한 멤버십 결사의 기원과 변모, 그리고 미국 시민사회의 성립 및 성숙과 대립되는 정부와 제도의 신화적 이미지에 대한 비판적 사유의 응답을 담고 있다.

프랜시스 후쿠야마(Francis Fukuyama)가 '역사의 종언'이라는 예언자적 표상을 통해 민주주의적 가치와 제도의 우월적 권위를 강조한 이후, 네오콘과 부시 정권에 의해 주도된 이라크 전쟁과 아프가니스탄 침공 과정에서 줄곧 수사되어온 '민주주의'라는 이념적 동기 부여, 2008년 오바마 정권의 탄생에 대해 미국 시민민주주의(grass-roots democracy)의 승리라는 의미를 부여하려는 상징화 과정, 심지어는 최근 로켓탄에 실린 테러의 위험을 무릅쓰고 목숨을 걸며 투표소를 찾아 겨우 '민주주의' 제도에 귀화할 수 있었던 이라크 국민에게 쏟아진 국제적 갈채와 이라크 연방의회 선거 과정을 통해, 우리는 이미 '민주주의'와 '미국'을 상호 텍스트적으로 사고해왔으며 그러한 민주주의적 이상과 제도를 포함해 미국의 시민성과 시민적 건전함에 관한 신화적 이미지를 공유하고 있는 것이 사실이다.

하지만 오바마 대통령의 당선 과정에서 정치적 기부금 공방으로 한때 화제가 되었던 정치행동위원회와 로비스트, 각종 이익집단의 정치적 관여로부터 결코 자유로울 수 없는 현재의 미국 시민민주주의와 시민사회를 바라보자면, 각 지역을 기반으로 시민들의 자발적 정치 참여를 통해 정치 지도자를 선출해왔던 과거 미국의 시민민주주의와의 괴리감에 당황스러울 뿐이다.

이 책에서 스카치폴은 현재의 미국 시민민주주의에 대해 이와 같이 바라보고, 활력 있는 민주적 정부와 정치가 참여적인 시민사회를 활성화하고 보완한다고 믿었던 19세기 초 알렉시스 드 토크빌의 정치적 논의를 바탕으로 한 정치와 시민사회의 더욱 복잡한 관계에 주목한다. 실제로 그녀는 조직(결사)이 어떻게 시민 참여를 조정하고 중개해왔는지를 추적하는 역사적·제도적 관점을 토대로 58개의 자발적 결사(미국 성인 1% 이상의 회원을 지녔던 자발적 결사)의 궤적을 추적한다. 이 결사들은 과거 수많은 미국 시민들의 정치적 사회화(political socialization)의 중요한 배경으로 자리매김했으며, 실제로 지방(지역)과 주(州), 국가적인 회합을 통해 시민들에게 커뮤니티에 대한 소속감을 부여해왔다. 또한 이러한 회합의 조직화 과정과 참여 행위를 통해 시민들은 주요한 공적 이슈를 공유할 수 있는 장을 제공받는 동시에 시민성과 리더십의 기술을 배울 수 있는 기회를 얻었다. 특히 다수의 주요 자발적 결사들은 남북전쟁 이후 수백 년 동안 개별 지역을 초월한 연방적 구조를 유지해왔으며 국가적 또는 종교적 연방의 멤버들로 구성되어 있었다. 이러한 조직 형태는 자발적 결사의 발전과 활력의 계기와 배경으로 작용했는데, 이는 정부의 연방적인 구조가 연방적 결사모델에 정통성과 합법성을 부여했고 이에 시민적 결사들이 연방과 주, 지역을 넘나들며 그들이 공공정책에 더 효과적인 영향력을 행사할 수 있도록 정부의 책임 분배를 재생산 해왔기 때문이다. 즉, 미국의 정치시스템은 시민적 결사 형태를 규정해 왔고, 이러한 결사들은 동일한 방식으로 정치 및 정책을 구체화해왔던 것이다. 특히 이러한 연방화된 시민적 결사들(남북전쟁재향군인회, 보훈 연금, 부인클럽총연합, 어린이와 가족에 관한 공공정책, 미국재향군인회, G. I. Bill 등)은 미국 복지정책의 발전 과정에서 매우 두드러진 역할을 해왔다. 스카치폴은 여기서 이러한 시민 볼런티어주의가 정부의 활동이나 민중 의 정치와 철저하게 관련되었던 다양한 존재 방식을 제시하면서 미국 시민사회에 관해 '작은 것이 아름답다'와 같은 지역제일주의(localism)적 인 담론과 논점을 부정한다.

그러나 연방화된 시민적 결사를 중심으로 기능했던 미국의 시민세계 는 1960년대 이후 민주주의적 가치와 더불어 크게 쇠퇴했다. 스카치폴 은 특히 공민권운동을 비롯한 여성운동과 소수파의 권리운동 등 1960 년대에 출현한 일련의 사회운동이 인종 및 성별과 관련한 담론구조를 크게 변화시켰으며 국가적인 시민생활의 목표와 가치를 재정의함으로 써, 사회 전반으로 전개되었던 기존의 시민민주주의적인 연대가 약화되 어 결국 자발적인 멤버십으로 결속했던 연합체가 전문적으로 운영되는 애드보커시 그룹이나 비영리단체에 의한 매니지먼트에 그 자리를 내주 었다고 설명한다. 그 원인으로는 그들의 사회운동이 다수의 자발적 결 사의 이념적 기반을 이루고 있었던 애국주의와 배제원칙을 약화했고, 좀 더 새롭고 중앙집권적이며 영향력 있는 전문적인 경로를 요구하는 사회운동을 수용하고 관리하기 위해 연방적 정부기관과 공공법규가 확 대되었으며, 과거의 엘리트와는 달리 지금의 전문적 관리계층이 더욱 전문화된 조직에 참가하려는 경향이 있다는 점을 든다.

1960년대 이후로 급증한 사회적 권리운동이나 시민 애드보커시 그룹의 활동을 긍정적으로 평가하는 자유주의적 입장과는 반대로, 스카치폴은 현재 미국의 시민사회가 개인주의적이며 특권적인 전문가들이 (역설적이게도) 시민적 자원을 기반으로 조직화하고 있지만 시민 다수의 목소리를 우회하고 있다는 과두적 현상을 강조하며 미국 시민민주주의와 시민성의 퇴조를 우려한다. 또한 '사회자본(social capital)'론자를 대표하는 『나 홀로 볼링』의 로버트 퍼트넘 등을 중심으로 가족생활의 쇠퇴와 지역 커뮤니티의 붕괴를 주요 원인으로 분석하는 지역제일주의적인 제안에 대해서도, 그녀는 정치적 참여와 비정치적 참여의 혼동으로부터 비롯된 오류라고 지적한다.

　　말하자면 스카치폴이 제기하는 미국 시민생활의 변모, 즉 멤버십에서 매니지먼트로의 변화는 결국 조직(결사) 형태가 변화한 결과로 요약될 수 있다. 하지만 그녀는 은연중에 민주주의의 실질적인 가치와 정당성의 관련성을 일견 모호하게 하는 민주주의의 절차적 이해에만 그친다. 예를 들면 그녀는 지역을 초월한 시민적 결사의 계급횡단적인 멤버십을 강조하면서, 전문가들이나 비즈니스 엘리트들이 리더십의 지위를 확보하려는 경향을 지니고 있었는데도 자발적 연합체가 우애를 중시하는 시민적 리더십의 스타일과 다양한 직업에서 전면적으로 참가하는 회원을 입회시키면서 민주화의 효과를 유지했다고 주장한다. 사실 지도자들은 서로 다른 계급적 위치에 놓인 사람들과 소통하고 그들을 동원해야 하기 때문에 자신들의 한정된 이익보다는 일반적인 가치를 구현하고 표현할 수밖에 없었다. 따라서 그것은 '민주화의 역량'이라기보다는 오히려 그람시적인 '헤게모니의 일례'처럼 여겨지는 게 사실이다. 시민 참여는 지배적인 계급의 핵심 이익을 재생산할 수 있는 경계 내에서 이루어진다. 그렇기 때문에 계급횡단적인 멤버십의 존재가 민주주의적 결과를 입증할 수 있는 필요조건이 될 수는 없다. 물론 칼 슈미트가 언급했듯이, 민주주의적인 정치공동체의 동일성은 '우리'와 '그들'의 경계를 획정하는 것과 결코 무관하지 않으며, 민주주의적 원리 자체가 늘 포섭과 배제의 관계를 내포하고 있다는 패러독스를 염두에 두면 민주주의적 평등을 중심으로 표현되는 지금의 '시민성(citizenship)' 자체가 애초부터 데모스(demos)에 귀속하는 자와 그 외부에 있는 자를 구별하는 필연적인 불평등 관계에 놓여 있다는 점을 잊어서는 안 된다. 민주주의라는 근본적인 이념체계는 지배자와 피지배자의 동일성을 기반으로 구성되는 것으로서 데모스의 통일과 그 의지에 의해 구성되는 주권을 의미하지만, 사실 민주주의적 권리를 담보할 수 있는 주체를 결정하는 기준 없이는 결코 민중의 의지는 형성될 수 없다. 그러므로 단순히 민주적인 의지가 시민적 결사 내부의 리더십으로 인해 제한을 받는다는 측면만으로 스카치폴의 작업을 쉽게 폄하하거나 경시할 수는 없다.

이와 더불어, 그녀도 언급하고 있듯이 인종과 젠더에 대한 배외주의적인 목표를 기반으로 한 다수의 연방화된 시민결사(예컨대 큐 클럭스 클랜단 등)의 존재가 사회적 관용이나 평등, 포괄적 시민성을 오히려 저해해왔다는 사실이 본문에서는 그다지 쟁점화되지 않고 있다는 점을 지적할 수 있다.

그럼에도 우리는 이 책을 통해서 그간의 시민 참여에 관한 지역주의자들의 신화적 담론에 대한 비평과 시민성 회복을 위한 민주적이며 대표제 거버넌스 체제를 지닌 시민적 결사의 조직 및 국가적인 제도 개혁 등의 과제를 다시 한 번 숙고해볼 수 있는 기회를 얻을 수 있다.

끝으로 이 책의 번역 과정에서 도움을 주신 도서출판 한울 기획실의 윤순현 과장님과 번역문을 고르게 다듬어주신 편집부의 최규선 씨, 그리고 1960년대의 미국 시민생활과 미국재향군인회에 대한 견해와 정치 사정을 들려주고 번역어에 대한 고민을 나눠준 시니컬한 뉴요커이지만 정다운 벗인 마이클 그린(Michael Green)에게 고마움을 전한다.

2010년 7월
강승훈

제1장

1 더진의 직업은 국립공문서관이 소장한 북군퇴역군인기록의 복사본인 그의 "Soldier's Claim for Pension"(July 14, 1890)을 통해 알 수 있다.

2 이 기록은 더진을 임명한 1865년 '임시명령'(*Lewiston Journal*, February 11, 1933, Maine Section, p. A1에 재수록)에서 인용했다.

3 인터뷰에서 광범위하게 인용한 내용은 이후에 "Lovell was Home of Last Surviving Pall-Bearer"(*Lewiston Journal*, February 11, 1933, Maine Section, p. A1)에 발표되었다. 이 논문에 따르면, 최초로 방문했던 기자는 "메인 주 노르웨이에 수년간 여름 별장을 지니고 있던 것으로 유명한 신문기자인 돈 사이츠(Don Seitz)"였다.

4 이 회상은 그의 증손녀로 인터뷰 당시 87세의 목사였던 헤스터 맥킨 만(Hester McKeen Mann) 부인에 의한 것이다. 헤스터는 1998년 7월에 전화로 수차례 대화를 나눈 적이 있다. 더진 — 이후의 반생은 수십 년간 남북전쟁의 연금수급자로 헤스터의 모친과 동거했다. 헤스터 역시 출생 후 수십 년간 같이 동거했다 — 에 관해 여러 가지 질문을 한 후 헤스터 자신의 결사 활동에 관해 질문했는데, 그녀의 활동은 매우 광범위했다. 그녀는 러벌의 지방교회에서 다양한 단체나 행사에 참가했으며, 지방 그랜지와 포모나(pomona) 그랜지의 활동적 일원이자 남녀 회원을 평등하게 대우하는 농민공제조합의 가장 높은 제7위계에 오르기도 했다. 헤스터는 상당한 기간 피시아스자매들의 회원(그녀의 남편은 피시아스기사단의 회원)이었으며, 또한 동방의 별에서는

부(副)가정부장이 될 만큼 매우 헌신적으로 활동했다. 다른 지방의 부인들과 함께 헤스터는 솔선하여 해외종군군인회의 러벌 보조단을 결성했다. 전체적으로 볼 때 그녀는 숙조부인 워런이 참여했던 것과 같은 계급횡단적 결사에 참가한 매우 시민참여적 여성이었다.

5 빌은 노스 러벌을 차로 달리던 도중에 허름한 가게 반대편의 집 한 채를 발견하고 현관에 앉아 있던 노인과 대화를 나누기 위해 차를 멈췄다. 그 지역의 상세한 이야기를 나누던 중 노인은 더진의 묘비에 관해 언급했고 그곳에 이르는 길을 알려주었다.

6 예를 들면 격년간지인 *Biographical Sketches of the Members of the Senate and House of Representatives of Main*(오가스타에 있는 메인 주 공문서관에서 이용 가능)을 보라.

7 정부 관계자나 그 밖의 엘리트들에 관한 소속 단체명이 기재된 인물평전은 비교적 많이 입수할 수 있다. 1890년 이후 매사추세츠 주에서 매우 드물고 상세한 인물평전이 시대에 따라 제목을 달리하며 매년 편찬되었다. 1900년 전후의 최고 시리즈는 매사추세츠 주 브록턴(Brockton) 브리지먼(A. M. Bridgman)이 매년 발행했던 *A Souvenir of Massachusetts*였으며, 그 다음으로는 여러 인쇄업자들이 주의 후원을 받아 매년 출판했던 *Public Officials of Massachusetts*로 둘 다 매사추세츠 주립도서관에서 열람할 수 있다.

8 Christopher Beem, *The Necessity of Politics: Reclaiming American Public Life* (Chicago: University of Chicago Press, 1999), p. 197.

9 Robert D. Putnam, *Making Democracy Work: Civic Traditions in Modern Italy* (Princeton: Princeton University Press, 1993), 그리고 *Bowling Alone: The Collapse and Revival of American Community* (New York: Simon and Schuster, 2000).

10 퍼트넘의 저작인 *Making Democracy Work*에서는 '사회자본'론을 현대 이탈리아의 각 주에서 달리 나타난 경제발전과 행정효율을 설명하기 위해 사용했다. *Bowling Alone*의 17~20장은 사회자본이 건강과 교육, 행복에 끼치는 영향을 강조했다.

11 Michael Sandel, *Democracy's Discontent: America in Search of a Public Philosophy* (Cambridge, Mass.: Harvard University Press, 1996).

12 Council on Civil Society, *A Call to Civil Society: Why Democracy Needs Moral*

Truths (New York: Institute for American Values, 1998).

13 National Commission on Civic Renewal, *A Nation of Spectators: How Civic Disengagement Weakens America and What We Can Do about It* (College Park: National Commission on Civic Renewal, University of Maryland, 1998).

14 Michael S. Joyce and William A. Schambra, "A New Civic Life," pp. 15, 25.

15 Peter F. Drucker, *The Ecological Vision: Reflections on the American Condition* (New Brunswick, N.J.: Rutgers University Press, 1993), p. 9; 그리고 George Will, "Look at All the Lonely Bowlers," *Washington Post*, January 5, 1995, p. A29.

16 전국 선거조사와 카이저가족재단/하버드 대학 케네디 행정대학원, ≪워싱턴 포스트≫에 의한 여론조사는 지금까지 미국인에게 "미국 정부는 정당한 것을 행하고 있다고 신뢰하는지"에 대해 거듭 질문해왔다. 1964년에는 76%가 연방정부를 '항상' 또는 '대부분의 경우' 신뢰한다고 답변했지만, 그 비율은 1974년에 36%, 2000년에는 29%까지 하락했다. 하지만 이 수치는 2001년 9월 11일 이후 급격히 상승했으며, 미국인 64%가 연방정부를 '항상' 또는 '대부분의 경우' 신뢰한다고 보고했다. 로버트 퍼트넘이 '9·11' 전후에 실행한 조사 역시 연방정부에 대한 미국인의 신뢰가 두 배로 높아졌다는 사실을 보여준다. 더 깊이 있는 분석으로는 Stanley B. Greenberg, "'We'-Not 'Me,'" *American Prospect*, December 17, 2001; Richard Morin and Claudia Deane, "Poll: Americans' Trust in Government Grows," dateline September 28, 2001, available at http://www.washingtonpost.com 참조.

17 Charles Moskos and Paul Glastris, "Now Do You Believe We Need a Draft?" *Washington Monthly*, November, 2001, pp. 9~11; Richard Just, "Suddenly Serviceable: Is This the Moment for National Service?" *American Prospect*, 13, no. 1 (2002), pp. 15~17.

18 아메리코프 확대에 관한 제안은 2002년 부시 대통령의 일반 교서 연설을 보라.

19 2001년 11월 8일 조지아 주 애틀랜타에서 행한 "우리는 테러와의 전쟁에서 승리할 것이다"라는 대통령의 성명은 ≪뉴욕타임스≫(November 9, 2001, p. B6)에 게재되었다. 몇 주 후 부시 대통령은 미국 국민에게 지방자선단체들에 대한 기부를 호소했다("President Urges Support for American's Char-

ities," released by the Office of the White House Press Secretary, November 20, 2001). 부시 대통령이 이 연설을 행한 것은 수백만 명의 미국 국민이 자선 기부를 '9·11' 구제자금으로 전용한 이후 많은 지방 비영리단체들이 기부금 모집의 감소에 직면한 사실을 확인했을 때였다.

20 '이니셔티브'에 관한 정보는 백악관 웹사이트(http://www.whitehouse.gov)에서 입수할 수 있다. '신앙을 기초로 하는 이니셔티브'에 관한 좀 더 많은 논의 및 비판은 제7장에서 다룰 것이다.

21 Alexis de Tocqueville, *Democracy in America*, edited by J. p. Mayer, translated by George Lawrence (New York: Harper-Collins, 1988), p. 244, 522.

22 최근의 시민적 성장에 관한 낙관적 설명에 대해서는 다음의 문헌 참조. Jeffrey M. Berry, *The New Liberalism: The Rising Power of Citizen Groups* (Washington, DC: Brookings Institution Press, 1999); Debra C. Minkoff, *Organizing for Equality: The Evolution of Women's and Racil-Ethnic Organizations in America, 1955~1985* (New Brunswick, N.J.: Rutgers University Press, 1995); Debra C. Minkoff, "Producing Social Capital: National Social Movements and Civil Society," *American Behavioral Scientist* 40, no.5 (March ~April 1997), pp. 606~619; Michael Schudson, *The Good Citizen: A History of American Civic Life* (Cambridge, Mass.: Harvard University Press, 1998), chap. 6; Robert Wuthnow, *Loose Connections: Joining Together in America's Fragmented Communities* (Cambridge, Mass.: Harvard University Press, 1998); Everett Carl Ladd, *The Ladd Report* (New York: Free Press, 1999).

23 마이클 서드슨은 예외에 속하지만 그의 저서 *The Good Citizen*은 미국 역사를 통해 나타난 시민성의 의미와 실천의 일부 측면에 관한 해석적 고찰이다. 단지 그는 체계적인 데이터 분석을 제시하지 않을 뿐이다. 데이터 분석자인 우드나우는 현재 미국의 커뮤니티에 관한 사회조사와 실시관찰을 신뢰한다. 또한 민코프와 베리는 인상적이고 새로운 데이터를 사용했지만, 1950년대 이후 결성된 시민조직만 다루었다. 퍼트넘은 1970년대 이후의 유사한 태도와 자기보고행동을 실증하는 사회조사를 철저하게 발굴하고 있다. 퍼트넘 역시 결사 멤버십의 장기적 경향을 추적하지만, 제2차 세계대전 이후 유력해졌다는 이유로 선정한 지역 지부를 기초로 한 결사의 작위적인 부분집합만을 대상으로 했다. 만일 퍼트넘이 과거의 좀 더 폭넓고 전형적인 결사집합

들을 포함했다면 그의 결론은 분명 바뀌었을 것이다.

24 Gabriel A. Almond and Sidney Verba, *The Civic Culture: Political Attitudes and Democracy in Five Nations* (Princeton: Princeton University Press, 1963).

25 특히 Sidney Verba, Kay Lehman Schlozman, and Henry E. Brady, *Voice and Equality: Civic Voluntarism in American Politics* (Cambridge, Mass.: Harvard University Press, 1995)를 보라.

26 이 책의 연구방법에 관해서는, Paul Pierson and Theda Skocpol, "Historical Institutionalism in Contemporary Political Science," in Ira Katznelsom and Helen Milner(eds.) *Political Science: The State of the Discipline* (New York: W. W. Norton, 2002)에 더 상세히 설명되어 있다.

제2장

1 인용은 Alexis de Tocqueville, *Democracy in America*, p. 513.

2 Arthur Schlesinger, "Biography of a Nation of Joiners," *American Historical Review* 50, no.1 (October 1944), p. 24.

3 Council on Civil Society, *A Call to Civil Society: Why Democracy Needs Moral Trusts* (New York: Institute for American Values, 1998), p. 9.

4 Michael S. Joyce and William A. Schambra, "A New Civic Life," pp. 11~12. 조이스와 샴브라는 보수주의자로, 미국의 과거에 관한 이와 같은 견해는 오늘날 시민의 적극 참여를 둘러싼 논의에 관한 자유주의파도 공유하고 있다. 예를 들면 데브라 민코프는 "집합적인 정체성의 전통적인 기반"은 "지방 커뮤니티"를 기초로 하기 때문에 목표를 지지하고 상징적인 정체성을 제시하는 전국적 결사들은 1950년대 이후의 시민생활에서 새로운 것이었다고 여겼다. 그녀의 "Producing Social Capital: National Social Movements and Civil Society," *American Behavioral Scientist* 40, no. 5 (March-April 1997), p. 613 참조.

5 Tocqueville, *Democracy in America*, p. 516. 이것은 늘 인용되는 장인 "On the Use Which Americans Make of Associations in Civil Life"에 있는 중요한 예이다.

6 James Bryce, *The American Commonwealth* (New York: Macmillan, 1895), vol.2, p. 278.

7 Schlesinger, "Nations of Joiners," pp. 2, 19, 25.

8 같은 책, p. 5.

9 같은 책, p. 11.

10 같은 책, p. 16.

11 지역연구에는 다음과 같은 연구가 포함된다. Stuart M. Blumin, *The Emergence of the Middle Class: Social Experience in the American City, 1760~1900* (Cambridge: Cambridge University Press, 1989); Don H. Doyle, "The Social Functions of Voluntary Associations in a Nineteenth-Century American Town," *Social Science History*, 1, no. 3(1977): 333~355; Mary p. Ryan, *Cradle of the Middle Class: The Family in Oneida County, New York, 1790~1865* (Cambridge: Cambridge University Press, 1981). 유력한 자발적 결사의 사례 연구에는 다음과 같은 문헌이 있다. Christopher J. Kaufman, *Faith and Fraternalism: The History of the Knights of Columbus, 1882~1982* (New York: Harper and Row, 1982); David I. Macleod, *Building Character in the American Boy: The Boy Scouts, YMCA, and Their Forerunners, 1870~1920* (Madison: University of Wisconsin Press, 1983); Stuart McConnell, *Glorious Contentment: The Grand Army of the Republic, 1865~1900* (Chapel Hill: University of North Carolina Press, 1992). 또한 결사 형태에 관한 뛰어난 연구는 다음과 같다. Mary Ann Clawson, *Constructing Brotherhood: Gender, Class, and Fraternalism* (Princeton: Princeton University Press, 1989); Jed Dannenbaum, *Drink and Disorder: Temperance Reform from the Washingtonian Revival to the WCTU* (Urbana: University of Illinois Press, 1984); Wallace Evan Davies, *Patriotism on Parade: The Story of the Veteran's Hereditary Organizations in America, 1783~1900* (Cambridge, Mass.: Harvard University Press, 1955); Anne Firor Scott, *Natural Allies: Women's Associations in American History* (Urbana: University of Illinois Press, 1991).

12 제럴드 갬(Gerald Gamm)과 로버트 퍼트넘(Robert D. Putnam)의 논문, 리처드 브라운(Richard Brown)의 논문 인용에 관해서는 이 장의 주 18과 20 참조.

13 필자가 강조하는 것은 '멤버십' 결사이다. 이는 많은 사람이 '자발적 단체'라는 말을 현대의 비영리 사회봉사조직이나 역사적으로는 빈곤자를 위한 자선 봉사를 전문적으로 제공하는 단체를 가리킬 때 사용하기 때문이다. 이 장과

'시민 참여에 관한 프로젝트'에서 필자는 시민의 자발적 결사, 즉 설령 타인을 위한 자선적 원조나 더 넓은 커뮤니티에 대한 봉사를 제공할지라도 결사의 일원으로 참가해 동료와 함께 행동하는 집단에 초점을 맞춘다.

14 우리는 이 목록이 거의 완전한 것이라고 생각한다. 그 밖에도 거대한 멤버십 결사들이 새롭게 발견되어 증거가 제공될 가능성이 있을지도 모르지만, 그렇다고 해도 이 보고의 전체 유형에는 변함이 없을 것으로 보인다.

15 집단 목록에 관해서는 다음 문헌이 좀 더 유익한 출처를 제공해준다. Sophinisba P. Breckinridge, *Women in the Twentieth Century: A Study of Their Political, Social, and Economic Activities* (New York: McGraw-Hill, 1933), pt. 1; Arthur R. Preuss, *A Dictionary of Secret and Other Societies* (St. Louis: Herder, 1924); Alvin J. Schmidt, *Fraternal Organizations* (Westport, Conn.: Greenwood, 1980); Albert C. Stevens, *Cyclopedia of Fraternities* (New York: Hamilton, 1899).

16 결사 목록은 Schmidt, *Fraternal Organizations*, Appendix 3, pp. 487~489를 포함한 Edward Nelson Palmer, "Negro Secret Societies," *Social Forces* 23 (December 1944), pp. 207~212 및 Stephan Thernstrom, Ann Orlov, and Oscar Handlin (eds.), *Harvard Encyclopedia of American Ethnic Groups* (Cambridge: The Belknap Press of Harvard University Press, 1980)의 개별적인 민족집단에 관한 다수의 논문에서 작성했다.

17 19세기 중반부터 20세기 중반까지는 모든 규모의 시 주소록에 기업이나 시민의 이름, 교회와 자발적 집단이 게재되어 있었다. 하지만 목록의 기재방법이 항상 표준화되었던 것은 아니다. 목록 작성을 담당했던 것이 지방 또는 광대한 지역의 회사였기 때문이다. 하지만 결사의 지지 기반의 문제를 고려할 경우 주소록은 매우 유익한 자료이다. 또한 여기서는 1870년대에서 1920년대에 걸친 모든 지방 커뮤니티 목록을 작성했으며, 주의 주소록인 *Maine Registers*도 이용했다.

18 Gerald Gamm and Robert D. Putnam, "The Growth of Voluntary Associations in America, 1840~1940," *Journal of Interdisciplinary History* 29, no. 4 (Spring 1999), pp. 511~557.

19 우리의 분석의 상세한 설명으로서 Theda Skocpol, Marshall Ganz, and Ziad Munson, "A Nation of Organizers: The Institutional Origins of Civic Voluntarism in the United States," *American Political Science Review* 94, no. 3

(September 2000), pp. 527~546, 표 3과 표 4를 보라.

20 Richard D. Brown, "The Emergence of Urban Society in Rural Massachusetts, 1760~1830," *Journal of American History* 6, no. 1 (1974), p. 47.

21 같은 책, pp. 40~41, 표 1의 자료에 기초한 것이다. 결사의 급증은 대부분 1790~1830년에 일어났다. 이 기간에 매사추세츠 주와 메인 주의 인구는 거의 두 배가 되었다.

22 같은 책, p. 31.

23 같은 책, p. 43.

24 Scott, *Natural Allies*, chap. 1.

25 Carroll Smith-Rosenberg, *Disorderly Conduct: Visions of Gender in Victorian America* (New York: Knopf, 1985), p. 120.

26 Carl Bode, *The American Lyceum: Town Meeting of the Mind* (Chicago: University of Chicago Press, 1968); John A. Monroe, "The Lyceum in America before the Civil War," *Delaware Notes: Bulletin of the University of Delaware* 37, no. 3 (1942), pp. 65~75. 또한 홀부룩은 하위에서 선출된 대표자들로 구성된 주 및 국가 기관들과 마찬가지로 공회당의 조직이 연합될 필요성을 역설했다. 그의 "American Lyceum," *American Annals of Education* 6 (1836), pp. 474~476; 7 (1837), pp. 183~184를 보라.

27 Dannenbaum, *Drink and Disorder*; John Allen Krout, *The Origins of Prohibition* (New York: Knopf, 1925).

28 Milton Maxwell, "The Washingtonian Movement," *Quarterly Journal Studies on Alcohol* 11, no. 3 (1950), pp. 410~451; A. B. Grosh, *Washingtonian Pocket Companion*, 2nd ed. (Utica, N.Y.: R. W. Roberts, 1842).

29 Samuel W. Hodges, "Sons of Temperance: Historical Record of the Order," in *Centennial Temperance Volume* (New York: National Temperance Society and Publication House, 1877), pp. 544~598.

30 William W. Turnbull, *The Good Templars: A History of the Rise and Progress of the Independent Order of Good Templars* (1901).

31 Kathleen Smith Kutolowski, "Freemasonry and Community in the Early Republic: The Case for Antimasonic Anxieties," *American Quarterly* 34 (1982), pp. 543~561; Lorman Ratner, *Antimasonry: The Crusade and the Party* (Engle-

wood Cliffs, N.J.: Prentice-Hall, 1969).

32 Dorothy Ann Lipson, *Freemasonry in Federalist Connecticut, 1789~1835* (Princeton: Princeton University Press, 1977); Steven C. Bullock, *Revolutionary Brotherhood: Freemasonry and the Transformation of the American Social Order, 1730~1840* (Chapel Hill: University of North Carolina Press, 1996). 메이슨의 그랜드 로지(본부)는 독립혁명 이후 미국의 주 단위로 결성되어 주권성을 보유했다. 왜냐하면(기초적, 블루로지) 메이슨은 하나의 전국적인 제도로 센터 설립을 결코 인정하지 않았기 때문이다.

33 Theodore A. Ross, *Odd Fellowship: Its History and Manual* (New York: M. W. Hazen, 1888), chaps. 1~3.

34 같은 책, chap. 14.

35 Paschal Donaldson, *The Odd Fellows' Text Book*, 6th ed. (Philadelphia: Moss and Brother, 1852), p. 9. 흥미롭게도 도널드슨은 그의 책에서, 오드펠로스는 토크빌이 *Democracy in America* 내에서 절찬했던 종류의 뛰어난 결사들 중 하나였다고 논했다.

36 Charles H. Lichtman(ed.), *Official History of the Improved Order of Red Men*, rev. ed. (Boston: Fraternity, 1901), pp. 314~315.

37 John T. Ridge, *Erin's Sons in America: The Ancient Order of Hibernians* (New York: AOH Publications, 1986).

38 Stevens, *Cyclopedia of Fraternities*, pp. 234~235, 282~284.

39 Joseph Martinek, *One Hundred Years of the CSA: The History of the Czechoslovak Society of America*, translated by R. A. Gorman (Cicero, Ill.: Executive Committee of CSA, 1985), p. 22.

40 William Alan Muraskin, *Middle-Class Blacks in a White Society: Prince Hall Freemasonry in America* (Berkeley: University of California Press, 1975).

41 Edward Nelson Palmer, "Negro Secret Societies," *Social Forces* 23, no. 2 (1944), p. 208. 팔머는 "남북전쟁 후 3년 동안에" 노예가 해방된 이후, "흑인 메이슨 일원들에게 남부의 모든 주가 포함된 것을 목격할 수 있었다"고 덧붙였다.

42 Stevens, *Cyclopedia of Fraternities*, pp. 236~237. 또는 Charles H. Brooks, *The Official History and Manual of the Grand United Order of Odd Fellows in America*

(Freeport, N.Y.: Books for Libraries Press, 1971), p. 91을 참조할 것.

43 John H. Aldrich, *Why Parties? The Origin and Transformation of Political Parties in America* (Chicago: University of Chicago Press, 1995), pt. 2.; Martin Shefter, *Political Parties and the State: The American Historical Experience* (Princeton: Princeton Universtiy Press, 1994), pp. 61~71.

44 Kathryn Kish Sklar, "The 'Quickened Conscience': Women's Voluntarism and the State, 1890~1920," *Report from the Institute for Philosophy and Public Policy* 18, no.3 (1998), p. 27.

45 Roger Finke and Rodney Stark, *The Churching of America*, 1776~1990 (New Brunswick, N.J.: Rutgers University Press, 1992).

46 Donald G. Mathews, "The Second Great Awakening as an Organizing Process, 1780~1830: An Hypothesis," *American Quarterly* 21, no. 1 (1969), pp. 23~43; Nathan O. Hatch, *The Democratization of American Christianity* (New Haven: Yale University Press, 1989).

47 미국 여성의 시민적 권한(empowerment)은 다음 문헌에서 개관할 수 있다. Paula Baker, "The Domestication of Politics: Women and American Political Society, 1780~1920," *American Historical Review* 89, no. 3 (1984), pp. 620~647; Scott, *Natural Allies*; Theda Skocpol, *Protecting Soldiers and Mothers: The Political Origins of Social Policy in the United States* (Cambridge, Mass Harvard University Press, 1992), chap. 6.

48 Sklar, "Quickened Conscience," p. 27. 금주운동의 여성들에 관해서는 Dannenbaum, *Drink and Disorder*; Barbara Leslie Epstein, *The Politics of Domesticity: Women, Evangelism, and Temperance in Nineteenth-Century America* (Middletown, Conn.: Wesleyan University Press, 1981)를 보라.

49 Patricia Kelley Hall and Steven Ruggles, "Moving through Time: Internal Migration Patterns of Americans, 1850~1990," paper presented at the annual meeting of the Social Science History Association, Fort Worth, Texas, November 1999. 다음 문헌도 참조할 것. Edward Kopf, "Untarnishing the Dream: Mobility, Opportunity, and Order in Modern America," *Journal of Social History* 11 (Winter 1977), pp. 202~227; Howard Chudacoff, *Mobile Americans: Residential and Social Mobility in Omaha*, 1880~1920 (New York:

Oxford University Press, 1972).

50 Roland Berthoff, *An Unsettled People: Social Order and Disorder in American History* (New York: Harper and Row, 1971), chap. 27.

51 Richard John, *Spreading the News: The American Postal System from Franklin to Morse* (Cambridge, Mass.: Harvard University Press, 1995), p. 31.

52 같은 책, p. 5.

53 같은 책, p. 3.

54 같은 책, chap. 5.

55 같은 책, chaps. 6~7.

56 미국의 역사 전체를 통해 최종적으로 거대화된 모든 멤버십 결사들의 약 4 분의 3이 전국-주-지방의 연방형 조직으로 편성되었으며, 나머지 대부분은 상이한 종류의 3층 구조(예를 들면 매개 수준이 주가 아닌 광범위한 지역 수준으로의 구조)를 제도화했다. 메이슨과 워싱턴금주협회의 두 집단에는 전국적인 조직상 센터가 존재하지 않았다. 하지만 물론 메이슨에는 강대한 주 수준의 그랜드 로지가 존재했다. 58개의 거대결사 중에 겨우 6개의 결사만이 중앙-조직으로 제도화되어왔다. 대표제를 담당하는 매개조직은 옛날부터 미국의 대규모 멤버십 연합의 전형적인 특징이었다.

57 다음 논문을 참조. Herbert p. Kitschelt, "Political Opportunity Structures and Political Protest: Anti-Nuclear Movements in Four Democracies," *British Journal of Political Science* 16 (January 1986), pp. 57~85; Sidney Tarrow, "States and Opportunities: The Political Structuring of Social Movements," in Doug McAdam, John D. McCarthy, and Mayer N. Zald (eds.), *Comparative Perspectives on Social Movements* (Cambridge: Cambridge University Press, 1996), pp. 41~61.

58 Turnbull, *The Good Templars*, pp. 88~89에서 인용.

59 Walter W. Powell and Paul J. DiMaggio(eds.), *The New Institutionalism in Historical Analysis* (Chicago: University of Chicago Press, 1991).

60 Elisabeth S. Clemens, *The People's Lobby: Organizational Innovation and the Rise of Interest Group Politics in the United States, 1890~1925* (Chicago: University of Chicago Press, 1997).

61 Henry Leonard Stillson, *The History and Literature of Odd Fellowship* (Boston:

Fraternity, 1897), p. 214.

62 Independent Order of Odd Fellows, *Journal of Proceedings of the Right Worthy Grand Lodge of the Independent Order of Odd Fellows······ to the Close of the Annual Session, 1843······* (New York: McGowan and Treadwell, 1844), p. xv.

63 예를 들면 Ralph J. Pollard, *Freemasonry in Maine, 1762~1945* (Portland: Grand Lodge of Maine, 1945), pp. 67~68에서 전개되는 국제분쟁에 관한 논의를 보라. 회원들의 거주 자격은 조사를 행한 많은 우애집단들의 헌장에 명료하게 설명되어 있다.

64 Robert H. Wiebe, *The Search for Order, 1877~1920* (New York: Hill and Wang, 1967).

65 Gamm and Putnam, "Growth of Voluntary Associations in America," <그림 2>, pp. 526~527.

66 Jeffrey A. Charles, *Service Clubs in American Society* (Urbana: University of Illinois Press, 1993).

67 같은 책; Clifford Putney, "Service over Secrecy: How Lodge-Style Fraternalism Yielded Popularity to Men's Service Clubs," *Journal of Popular Culture* 27 (1993), pp. 664~683.

68 Gamm and Putnam, "Growth of Voluntary Associations in America," <그림 2>, pp. 526~527.

69 주 16에서 인용한 결사 목록의 양적 분석에 기초한다.

70 전쟁 그 자체로 인하여 수많은 집단이 사라졌다. 수많은 커뮤니티의 지도적인 시민과 남성이 전장에 동원되었던 것이다. 이와는 대조적으로 여성은 전쟁지원단체나 주요한 금주단체로 유입되었다. 그리고 메이슨이나 오드펠로스와 같은 우애단체들은 병역 전이나 병역 중에 있는 많은 젊은이들을 매료했다. 이러한 남성우애회는 고향을 떠나 전장으로 동원된 회원을 지방에서 지원할 수 있는 방법을 이미 마련하고 있었다. 또한 메이슨의 그랜드 로지 중에는 군대 내에 특별하게 '군(軍) 로지' 설립이 허용된 경우도 있었다. 게다가 남북전쟁 종결 직후 2개로 나뉘었던 미국의 멤버십 연합체가 재통합했다. 로스에 의하면, 오드펠로스의 경우 전쟁 중에 열린 전국대회에 상징적의미로 참가하지 않았던 남부의 그랜드 로지를 위해 대표 자리를 남겨둔 채기다리고 있었다(Ross, *Odd Fellowship*, p. 158~179). 대회에서는 대표가 결

석한 주의 이름이 호명되었으며 그들에게 보고서까지 우송되었다. 애퍼매틱스(Appomattox)의 항복 이후 수개월 내에 남부의 그랜드 로지 대표는 오드펠로스의 대회에서 그들 몫으로 비운 자리에 돌아왔다. 하지만 미국 정부와 정당시스템이 복귀하는 데에는 오랜 시일이 소요되었다.

71 이 점은 Skocpol, Ganz, and Munson, "A Nation of Organizers"에서 좀 더 실증적이고 명확하게 밝혔고, 이론적으로도 상세하게 논했다. 다음 연구는 1920년대까지의 결사 형성에 대한 연방군 승리의 지속적인 영향력에 관해 많은 통계분석을 사용해 논증한다. Jocelyn Elise Crowley and Theda Skocpol, "The Rush to Organize: Explaining Associational Formation in the United States, 1860s~1920s," *American Journal of Political Science* 45, no. 4 (October 2001), pp. 813~829.

72 Tocqueville, *Democracy in American*, pp. 395, 646~650를 보라.

73 Linus Pierpont Brockett, *The Philanthropic Results of the War in America. Collected from Official and Authentic Sources from an American Citizen* (New York: Sheldon, 1864).

74 James M. McPherson, *Battle Cry of Freedom: The Civil War Era* (New York: Ballantine Books, 1988), p. 313.

75 같은 책, p. 330. 남북전쟁을 통솔했던 대부분의 장교들은 후방에서 지휘하기보다 오히려 진두에 섰기 때문에 전사자 수 역시 놀랄 만큼 많았다.

76 James W. Geary, *We Need Men: The Union Draft in the Civil War* (Dekalb: University of Northern Illinois Press, 1991), pp. 173~174.

77 McPherson, *Battle Cry of Freedom*, p. 480.

78 특정한 집단에 관해 좀 더 상세한 내용은 Skocpol, Ganz, and Munson, "A Nation of Organizers," p. 530의 표 1을 보라.

79 뉴욕 소로시스(Sorosis)클럽은 전국적으로 흩어져 있는 약 60개 부인클럽에 호소하여 총연합을 결성했다. 그 경위에 관해서는 Mildred White Wells, *Unity in Diversity: The History of the General Federation of Women's Clubs* (Washington, DC: General Federation of Women's Clubs, 1953), chap. 2를 보라.

80 J. J. Upchurch, *The Life, Labors, and Travels of Father J. J. Upchurch, Founder of the Ancient Order of United Workmen, edited by Sam Booth* (San Francisco: A. T.

Dewey, 1887).

81 James R. Carnahan, *Phthian Knighthood: Its History and Literature* (Cincinnati: Pettibone Manufacturing Company, 1890), chaps. 5~6.

82 Sven D. Nordin, *Rich Harvest: A History of the Grange, 1867~1900* (Jackson: University of Mississippi Press, 1974), chap. 1.

83 이러한 의미의 철저하고 중요한 논쟁에 관해서는 Judith Ann Giesberg, *Civil War Sisterhood: The U.S. Sanitary Commission and Women's Politics in Transition* (Boston: Northeastern University Press, 2000)을 보라.

84 같은 책, p. 5.

85 Walter J. Davidson, *History of the American National Red Cross*, vol. 39, General Organization (Washington, DC: American National Red Cross, 1950).

86 Norton Mezvinsky, "The White-Ribbon Reform: 1874~1920"(Ph.D. dissertation, University of Wisconsin, 1959).

87 Reprinted in Helen E. Tyler, *Where Prayer and Purpose Meet: The WCTU Story, 1874~1949*(Evanston, IL: Signal, 1949), p. 18.

88 하지만 남부 백인이 지방의 자발적 집단에서만 한정되어 있었다는 생각은 옳지 않다. 오히려 그들은 남부의 교회종파에서 회중을 조직하고 주 수준의 최상의 그랜드 로지에 지배되는 메이슨조직의 회원이나 강대한 남부관할구에 의해 지배되는 스코티시 라이트(Scottish Rite) 최상의 메이슨결사 회원들을 증가시켰다. 즉, 1860년대 이후 전역한 남군 병사들은 본부를 북부에 두고 있는 전국적 관리센터를 지닌 결사보다도 인구 대비 높은 비율로 광대한 지역과 주 수준에 운영권한이 있는 연합체를 형성하고 거기에 참가했던 것이다.

89 흑인의 우애·상호부조집단에 관한 참고문헌과 이용 가능한 자료를 개괄한 것으로서 다음의 학회보고서를 참조할 것. Theda Skocpol and Jennifer Oser, "Organization despite Diversity: The Origins and Development of African American Fraternal and Mutual Aid Associations," paper presented at the annual meeting of the Social Science History Association, Chicago, Illinois, November 2001. 그다지 이름이 알려지지 않은 몇몇 집단의 공식적인 역사에 관해서는 다음의 문헌을 참조할 것. W. H. Gibson Sr., *History of the United Brothers of Friendship and Sisters of the Mysterious Ten* (Louisville, Ken.:

Bradley & Gilbert, 1897); Wendell P. Dabney, *Maggie L. Walker and the I.O. of Saint Luke* (Cincinnati: Dabney, 1927); A. E. Bush and p. L. Dorman, *History of the Mosaic Templars of America: Its Founders and Officials* (Little Rock, Ark.: Central Publishing Company, 1924).

90 개괄과 추가적인 참고문헌에 관해서는 다음을 참조. Scott, *Natural Allies; Breckinridge, Women in the Twentieth Century*, pt. 1; Elisabeth S. Clemens, *The People's Lobby: Organizational Innovation and the Rise of Interest Group Politics in the United States, 1890~1925*; Elisabeth Clemens, "Securing Political Returns to Social Capital: Women's Associations in the United States, 1880s~ 1920s," *Journal of Interdisciplinary History* 29, no. 3 (1999), pp. 613~638; Skocpol, *Protecting Soldiers and Mothers*, pt. 3.

91 Clawson, *Constructing Brotherhood*, chap. 6.

92 Seymour Martin Lipset and Earl Raab, *The Politics of Unreason: Right-Wing Extremism in America, 1790~1970* (New York: Harper and Row, 1970), pp. 81~104.

93 이것은 Schmidt, *fraternal Organizations*, Appendix 3, pp. 387~389에 게재된 다양한 형태의 우애단체의 설립 연도에 관한 분석을 기초로 한 것임.

94 집단의 급증은 1910년 무렵을 정점으로 한다. 본문의 <표 2-1>및 Skocpol, Ganz and Munson, "A Nation of Organizers"의 자료를 참조. 20세기 초반 이후, 계급횡단적인 자발적 집단의 지부들은 전체적으로 그 급증이 멈추었지만, 이 단락에서 설명된 이유에도 불구하고 이것은 그러한 종류의 결사들의 쇠퇴라기보다 오히려 고정화된 것으로 해석되어야 한다. 예를 들면 갬과 퍼트넘은 1910년 이후 집단의 증식의 쇠퇴를 우애집단에 관해 특히 강조하고 있다. Gamm and Putnam, "Growth of Voluntary Associations in America". 하지만 그들은 엘크스와 무스, 이글스, 콜럼버스기사단과 같은 고정화된 우애집단에서 훨씬 대규모인 도회의 로지들이 증가했다는 점을 고려의 대상으로 삼는다. 인구와의 관련으로 단순히 지방 단체 수를 세는 그들의 방법은 회원 수가 일정 또는 계속 신장되고 있는데도 결사 형성의 규칙이 변화할 때 오해를 불러일으키기 쉽다는 사실을 알 수 있다.

95 뛰어난 개요에 관해서는 다음의 문헌을 참조. David M. Kennedy, *Over Here: The First World War and American Society* (New York: Oxford University

Press, 1980); Ronald Schaffer, *America in the Great War: The Rise of the War Welfare State* (New York: Oxford University Press, 1991); Ellis W. Hawley, *The Great War and the Search for Modern Order: A History of the American People and Their Institutions, 1917~1933* (New York: St. Martin's Press, 1979). 하지만 이 모든 집대성은 계급횡단적인 자발적 연합체들이 전시동원에서 담당했던 주요한 역할에 관해 적절한 주의를 기울이지 않고 있으며, 모두 경영자의 시점에서 작성된 것으로 비즈니스와 정부 간 협력을 강조한다.

96 비즈니스 전문직 결사의 설립에 관해서는 다음을 참조. W. Lloyd Warner (ed.), *The Emergent American Society, Volume 1: Large-Scale Organizations* (New Haven: Yale University Press, 1967), pp. 317~325; W. Lloyd Warner, *National Trade and Professional Associations of the United States, 1966* (Washington, DC: Potomac Books, 1966), pp. v~vii; Joseph E. Bradley, *The Role of Trade Associations and Professional Business Societies in America* (University Park: Pennsylvania State University Press, 1965), chap. 2.

97 전국적으로 연방화된 비즈니스 전문직 여성단체의 전시 중 설립에 관한 논의는 *A History of the Oklahoma Federation of Business and Professional Women, 1919~1993* (Oklahoma Federation of Business and Professional Women, 발행일 불명), pp. 11~12를 보라.

98 William Pencak, *For God and Country: The American Legion, 1919~1941* (Boston: Northeastern University Press, 1989), chaps. 2~4; Thomas A. Rumer, *The American Legion: An Official History, 1919~1989* (New York: M. Evans, 1990), pp. 5~56.

99 Orville Merton Kile, *The Farm Bureau Movement* (New York: Macmillan, 1921).

100 Walton Rawls, *Wake Up, America! World War I and the American Poster*, with foreword by Maurice Rickards (New York: Abbeville Press, 1988).

101 Charles Howard Hopkins, *History of the Y.M.C.A. in North America* (New York: Association Press, 1951), pp. 485~504; Henry P. Davison, *The American Red Cross in the Great War* (New York: Macmillan, 1920); Kaufman, *Faith and Fraternalism*, chaps. 4, 6~9; *National Jewish Welfare Board, Final Report of War Emergency Activities* (New York: National Jewish

Welfare Board, 1920). 배경에 관해서는 Benjamin Rabinnowitz, *The Young Men's Hebrew Associations* (1854~1913) (New York: National Jewish Welfare Board, 1948)도 참조할 것.

102 Mitch Reis, *The Boy Scouts of America during World War I & II*(private publ., 1984), chap. 1.

103 William C. Mullendore, *History of the United States Food Administration, 1917~1919* (Stanford: Stanford University Press, 1941); Ida Clyde Clarke, *American Women and the World War* (New York: D. Appleton, 1918), pp. 61~73; James R. Nicholson, Lee A. Donaldson, and Raymond C. Dobson, *History of the Order of Elks, 1868~1978,* rev. ed. (Chicago: Grand Secretary's Office, 1978), pp. 246~247.

104 Kennedy, *Over Here*, pp. 27~29, 258~259.

105 이 논의는 Theda Skocpol, Ziad Munson, Andrew Karch, and Bayliss Camp, "Patriotic Partnerships: Why Great Wars Nourished American Civic Voluntarism," in Ira katznelson and Martin Shefter (eds.), *Shaped by War and Trade: International Influences on American Political Development* (Princeton: Princeton University Press, 2002), pp. 134~180에서 전개·실증된다.

106 William Preston Jr., *Aliens and Dissenters: Federal Suppressionof Radicals, 1903~1913*, 2nd ed. (Urbana: University of Illinois Press, 1994), chap. 4.

107 다양하고 광대한 지역이나 주에서의 결사의 발전에 관해서는 Ridge, *Erin's Sons*, pt. 2 (passim)을 보라.

108 Frederick C. Luebke, *Bonds of Loyalty: German-Americans and World War I* (DeKalb: Northern Illinois University Press, 1974), chaps. 9~10.

109 같은 책, pp. 269~270; Committee on the Judiciary, U.S. Senate, "National German-American Alliance Hearings Before the Subcommittee of the Committee on the Judiciary United States Senate, Sixty-Fifth Congress, Second Session on S. 3529, February 23~April 13, 1918 (Washington, DC: Government Printing Office).

110 이 내용은 특히 다음 문헌에서 잘 다루었다. Michael E. McGerr, *The Decline of Popular Politics* (New York: Oxford University Press, 1986); Michael Schudson, *The Good Citizen: A History of American Civic Life* (New York: Free

Press, 1998).

111 Putnam, *Bowling Alone*, Appendix 3에서 퍼트넘이 열거한 20세기 지부 기반
   의 결사 목록을 참조할 것.

112 이 효과에 관한 논의는 David T. Beito, *From Mutual Aid to the Welfare State:*
   Fraternal Societies and Social Services, 1890~1967 (Chapel Hill: University of
   North Carolina Press, 2000)에 등장한다. 필자는 베이토의 대체론이 설득력
   이 있다고는 생각하지 않지만, 이 저서는 다양한 우애연합체가 운영하는 중
   요한 사회봉사시설의 풍요로운 사례연구를 제공해준다.

113 베이토가 쓴 앞의 책에 관한 에머리(J. C. Herbert Emery)의 훌륭한 서평인
   From Mutual Aid to the Welfare State, posted on H-URBAN@H-NET.MSU.
   EDU in August 2000을 참조할 것.

114 McConnell, *Glorious Contentment*; Skocpol, *Protecting Soldiers and Mothers*,
   chap. 2.

115 Nordin, *Rich Harvest*; John Mark Hansen, *Gaining Access: Congress and the
   Farm Lobby, 1919~1981* (Chicago: University of Chicago Press, 1991).

116 Skocpol, *Protecting Soldiers and Mothers*, pt. 3.

117 Henry J. Pratt, *The Gray Lobby* (Chicago: University of Chicago Press, 1976).

118 "수백만 명의 정직한 미국인의 새로운 희망과 안전 그리고 새로운 종류의
   우정"을 대표하는 이글스의 활동을 자기만족적으로 개괄하는 것으로
   Richard S. Davis, "Fifty Years of Service," *Eagle* 36, no. 2 (February 1948),
   pp. 7~9가 있다.

119 Michael J. Bennett, *When Dreams Came True: The G.I. Bill and the Making of
   Modern America* (Washington, DC: Brassey's, 1996): Davis R. B. Ross, *Pre-
   paring for Ulysses: Politics and Veterans during World War II* (New York:
   Columbia University Press, 1969); Theda Skocpol, "The G.I. Bill and U.S.
   Social Policy, Past and Future," *Social Philosophy and Policy* 14, no. 2 (1997),
   pp. 95~115.

120 Schlesinger, "Nation of Joiners," p. 2.

제3장

1 Jason Kaufman and David Weintraub, "How 'Local' Were Late 19th Century Fraternal Organizations? A Spatial Analysis of the Knights of Pythias Membership Rolls of Buffalo, New York (1894)" (unpublished paper, Department of Sociology, Harvard University, 2001).

2 Shirley Donnelly, *History of Oddfellowship in Oak Hill, W. Va.* (locally published pamphlet, 1952)의 자료에서 계산.

3 David M. Fahey, *Temperance and Racism: John Bull, Johnny Reb, and the Good Templars* (Lexington: University of Kentucky Press, 1996), pp. 19~20.

4 *Ritual of a Rebekah Lodge under the Jurisdiction of the Sovereign Grand Lodge of the Independent Order of Odd Fellows* (Sovereign Grand Lodge of the I.O.O.F., 1928), p. 50. 이것은 레베카의 딸들의 비밀스러운 옛 원고에서 짧게 인용한 것으로 이 책에서 인용하는 것을 허락해주기 바란다.

5 논의에 관해서는 Theda Skocpol, *Protecting Soldiers and Mothers: The Political Origins of Social Policy in the United States* (Cambridge, Mass.: Belknap Press of Harvard University Press, 1992), pp. 323~340을 보라.

6 *Ritual Veterans of Foreign Wars of the United States* (Kansas City, Mo.: National Headquarters, Veterans of Foreign Wars, 1942), pp. 52~53.

7 필자의 개인적인 수집품인 이 단체의 리본기장을 근거로 한다. 안전을 위한 기사와 숙녀가 1920년대에 안전을 위한 공제조합이 되었을 때, 현대적인 복장의 남성과 부인을 표현하기 위해 기장을 바꾸었다.

8 Guy H. Fuller(ed.), *Loyal Order of Moose and Mooseheart* (Loyal Order of Moose, 1918); Robert W. Wells, *Mooseheart: The City of Children* (Loyal Order of Moose, 1965).

9 이 액자의 증명서는 오클라호마 주 거스리의 골동품 가게에서 1999년 10월에 필자가 구입한 것이다.

10 필자의 개인적인 수집품인 발행일이 불분명한 소책자 "The Maccabees: A Service Organization for the Entire Family"에서 확인.

11 필자의 개인적인 수집품에 있는 결사의 우표와 포스터류에서. 메인 주 머차이어스의 골동품 가게에서 구입했다.

12 이 점에 관한 자료는 Theda Skocpol, Marshall Ganz, and Ziad Munson, "A Nation of Organizers: The Institutional Origins of Civic Voluntarism in the United States," *American Political Science Review* 94, no. 3 (September 2000), pp. 536~537에서 인용.

13 필자의 개인적인 수집품인 그림엽서. 메인 주의 골동품 가게에서 구입했다.

14 Reverand F. E. Clark, "The United Society of Christian Endeavor: State and Local Unions," (United Society of Christian Endeavor, Boston, 1892), p. 4. 강조점은 원문 그대로. 메인 주 엘스월스의 골동품 가게에서 구입했다. 이 소책자는 결사의 우표 및 포스터류 개인 수집품의 하나이다.

15 Skocpol, Ganz, and Munson, "A Nation of Organizers," p. 540의 <그림 5> 참조.

16 제임스 매디슨의 고전 *The Federalist Papers* (New York: Doubleday, 1966), 제10논문. 또한 Theodore Lowi, *The End of Liberalism*, 2nd ed. (New York: Norton, 1979) 참조.

17 Henry Leonard Stillson, *The History and Literature of Odd Fellowship* (Boston: Fraternity, 1897), p. 355에 보고되었다.

18 David Royal, "Introduction of the Order of Knights of Pythias in the Grand Domain of Minnesota," handwritten document, no date[1890s], Knights of Pythias Archives, Quincy, Mass.

19 Maurice Francis Egan and John B. Kennedy, *The Knights of Columbus in Peace and War*, vol. 1 (New Haven: Knights of Columbus, 1920), p. 72.

20 Jennie June Croly, *The History of the Women's Club Movement in America* (New York: Henry G. Allen, 1898), p. 779에 보고되었다.

21 Skocpol, Ganz, and Munson, "A Nation of Organizers," pp. 534~536, <표 3>.

22 W. A. Northcott, *The Woodman's Hand Book* (Davenport, Iowa: Egbert, Fidlar, & Chambers, 1894), p. 83, "the lodge a school"을 논하는 부분.

23 같은 책.

24 메인 주 골동품 가게에서 발견한 서약카드이다. 결사의 우표 및 포스터류 개인 수집품의 하나이다.

25 많은 집단의 헌장에서도 유사한 규칙을 인용할 수 있었다. 이 문장은 *Constitution and General Laws of the Ancient Order Knights of the Mystic Chain of Pennsyl-*

vania (Pittsburgh: Herald Printing Co., 1899), p. 52에서 인용했다.

26 Northcott, *Woodman's Hand Book*, p. 83.

27 Frederick A. Fickardt, "The Order of the Sons of Temperance of North America, as a School for Popular Debate and Eloquence," in S. F. Cary (ed.), *The National Temperance Offering, and Sons and Daughters of Temperance Gift* (New York: R. Vandien, 1850), pp. 168~169. 강조점은 원문 그대로이다.

28 같은 책, pp. 169~170. 강조점은 원문 그대로이다.

29 이 점은 Sidney Verba, Kay Lehman Schlozman, and Henry E. Brady, *Voice and Equality: Civic Voluntarism in American Politics* (Cambridge, Mass.: Harvard University Press, 1995)에서 강조·실증되었다.

30 *Ritual of the Household of Ruth G.U.O. of O.F.* (Philadelphia: Subcommittee of Management, Grand United Order of Odd Fellows, 1902), pp. 37~38. 이것은 비밀스러운 옛 버전에서 짧게 인용한 것이다. 루스 가족에게 이 본문 인용을 허락해주기를 바란다.

31 같은 책, p. 37.

32 모든 인용은 Walter B. Hill, "The Great American Safety-Valve," *Century Magazine* 44, n.s. 22 (May~October 1892), pp. 383~384.

33 이 단락과 다음 단락은 더글러스 라에의 타이프원고 Douglas Rae, "The End of Urbanism: Changing Geographies of Growth, Leadership, and Civic Density in New Haven, 1910~2000" (unpublished manuscript, Yale University, 2000), chapter 5, "Civic Density," pp. 24~28에서 인용했다.

34 지부 수준의 계급적 배경을 기록한 학술적 연구는 다음과 같다. Kaufman and Weintraub, "How 'Local' Were Late 19th Century Fraternal Organizations?"; Stuart McConnell, "Who Joined the Grand Army? Three Case Studies in the Construction of Union Veteranhood, 1866~1900," in Marls A. Vinovskis(ed.), *Toward a Social History of the American Civil War* (Cambridge: Cambridge University Press, 1990), pp. 139~170; Mary Ann Clawson, *Constructing Brotherhood: Gender, Class, and Fraternalism* (Princeton: Princeton University Press, 1989), chap. 3. 우애적 연대의 세계에서 메이슨과 엘크스의 경우는 다수의 회원이 엘리트층에서 상층 블루칼라에 걸쳐 있지만, 오드펠로스와 무스에서는 블루칼라와 하층 화이트칼라가 중심을 이룬다. 이러한

계급적 구성은 각각의 지부에서 발견된다. 하지만 거의 모든 지부에서 일부의 남성들은 엘리트층과 화이트칼라, 블루칼라라는 계급적 구분선을 초월한 관계를 맺었다. 연방화된 다수의 부인클럽의 지부에서는 상류계층의 회원들이 많이 발견되었지만, 거의 모든 경우에서 상당수의 하층 화이트칼라 종업원이나 숙련 블루칼라 노동자, 그리고 (시골에서는) 농민의 부인이 입회하고 있었다.

35 Guy H. Fuller(ed.), *Loyal Order of Moose and Mooseheart* (Mooseheart, Ill.: Mooseheart Press, 1918), p. 166.

36 근대우드맨협회가 발행한 "W. J. Bryan's Speech at the M.W.A. Class Adoption in Lincoln, Nebraska, on May 6, 1903"이라는 널리 유포된 소책자에서 인용했다.

37 1920년대에 전국농업뉴스(the National Farm News)는 *Religious & Fraternal Directory of Your National Government*를 발행하여 "연방의회와 제군들의 연방정부의 행정·사법부문의 종교·우애·정치조직에 대한 입회를 밝혔다". 그리고 하원의원 435명의 70%와 상원의원 100명의 3분의 2가 메이슨 회원임을 공식적으로 표명했다. 그 밖의 많은 우애집단 역시 빈번히 명부에 올려진 결과, 우애단체들은 종교적 소속의 명단을 웃돌았다.

38 Warner Olivier, *Back of the Dream: The Story of the Loyal Order of Moose* (New York: E. P. Dutton, 1952), p. 69.

39 James Michael Curley, *I'd Do It Again* (Englewood Cliffs, N.J.: Prentice-Hall, 1957), pp. 57~60. 또한 pp. 45, 78, 334도 참조. 컬리는 또한 포레스터즈 오브 아메리카, 청년가톨릭협회, 보스턴의 세인트 패트릭 금주·문예협회, 록스베리 타마니 클럽 및 그 밖의 아일랜드계 정치단체와 같은 단체들에 참여할 기회를 얻었다.

40 Royce D. Delmatier, *Rumble of California Politics, 1848~1970* (New York: Wiley, 1970), p. 241.

41 Janann Sherman, *No Place for a Woman: A Life of Senator Margaret Chase Smith* (New Brunswick, N.J.: Rutgers University Press, 2000), pp. 46~47, 82~83.

42 Paschal Donaldson, *The Odd-Fellows Textbook*, 6th ed. (Philadelphia: Moss and Brother, 1852), p. 232.

43 "W. J. Bryan's Speech at the M.W.A. Class Adoption in Lincoln, Nebraska,

on May 6, 1903."

44 "Address by Col. Paul V. McNutt, National Commander of the American Legion, before the 84th Legislature, January 24th, 1929"(발행일 불명 팸플 릿), p. 11.

45 의사록과 삽입메모(필자의 개인 소장품).

46 *Girls' High School Parent-Teacher Program of Meetings 1933~1934* (발행일·발행 처 불명 팸플릿)에 게재된 것임. 필자의 우표 및 소책자류 수집품(인터넷 구입).

47 <표 2-1>의 종행의 하나는 미국의 대규모 자발적 결사의 '정치에 대한 참 여' 경험을 과거와 현재에 걸쳐 제시한다. 여기에서 전쟁 수행을 지원하기 위해 전국적인 협력관계를 거듭했던 4개 주요 결사는 공란으로 남아 있으며 (결사명은 <표 2-1>), 정식적인 전시동원을 지지했던 집단이나 회원이 선 거에서 선출되는 임원직에 가끔 입후보하거나 취임하고 있었던 메이슨과 같 은 우애집단 역시 공백으로 남아 있다. 하지만 정치적 관여의 모든 국면을 생각하고 있었다면 사실상 모든 주요 단체는 '정치에 대한 관여'란에 체크되 어 분류되었을 것이다.

48 "Shall This Iowa Boy Become President?" (Woman's Christian Temperance Union of Iowa, 발행일 불명 팸플릿), p. 4. 필자가 소장한 결사의 우표 및 소 책자류 수집품에서 인용했다.

49 Skocpol, *Protecting Soldiers and Mothers*, pt. 3.

50 이 사례는 Elisabeth S. Clemens, *The People's Lobby* (Chicago: University of Chicago Press, 1997)를 통해 설득력 있게 논증되었다.

51 Gabriel A. Almond and Sidney Verba, *The Civic Culture: Political Attitudes and Democracy in Five Nations* (Princeton: Princeton University Press, 1963).

제4장

1 여기에 제시된 대규모 멤버십 결사 목록의 출처는 제2장에서 언급한 '시민 참여에 관한 프로젝트' 연구이다. 물론 '멤버십'에 관한 의미는 자발적 결사에 따라 매우 다르다. 이 책에서는 각 집단의 독자적인 정의(定義)를 인정하며, 미국적십자나 소아마비구제모금에서는 집단이 의미하는 외연의 회원 일부를 가리킨다. 적십자에서는 정해진 해에 약간의 기부를 행하는 사람들 모두가 '회원'이며, 소아마비구제기금의 경우에는 모금운동에 참가한 볼런티어까지 '회원'으로 포함한다. David Sills, *The Volunteers: Means and Ends in a National Organization* (New York: Free Press, 1957)에서 설명되는 것처럼, 전국소아마비구제모금에는 지역 지부 기반의 회원도 있지만 연 1회의 모금운동 참가자 수보다 훨씬 적다. 이러한 전국적인 의료보건 관계 단체의 일반에 관해서는 Richard Carter, *The Gentle Legions: National Voluntary Health Organizations in America*, rev. ed. (New Brunswick, NJ.: Transaction Books, 1992)를 참조.

2 계산 방법은 조금 다르지만, 제2차 세계대전 이후 다양한 결사들의 회원 경향에 관해서는 Robert Putnam, *Bowling Alone: The Collapse and Revival of American Community* (New York: Simon and Schuster, 2000), Appendix 3 참조.

3 Putnam, *Bowling Alone*; Jeffrey A. Charles, *Service Clubs in American Society: Rotary, Kiwanis, and Lions* (Urbana: University of Illinois Press, 1993), chap. 7; Louise M. Young, *In the Public Interest: The League of Women Voters, 1920~1970* (Westport, Conn.: Greenwood Press, 1989), chaps. 13~15.

4 민족적인 우애조직에 관해서는 Gale Research Company, *The Encyclopedia of Associations*, vol. 1 (Detroit: Gale Research Company, 1955 and after)의 1950년대 후반과 1960년대 전반에 관한 연차별 목록을 참조할 것. 20세기 흑인 엘크스의 신장에 관해서는 Charles H. Wesley, *History of the Improved Benevolent and Protective Order of Elks of the World*, 1898~1954 (Washington, DC: Association for the Study of Negro History, 1955)를 보라.

5 Gabriel A. Almond and Sidney Verba, *The Civic Culture: Political Attitudes and Democracy in Five Nations* (Princeton: Princeton University Press, 1963), p. 302의 <표 2>. 흥미롭게도 이 표의 '우애(fraternal)'라는 범주는 미국에서만 발

견되며, 소속을 표명하는 시민의 비율이 가장 높은 단체 중 하나이다.

6 앨먼드와 버바에 의한 국가별 결사 가입 비교에 관해서는 앞의 책 제11장 <표 1>(같은 책, p. 302)을, 국가별 남녀 비교에 관해서는 같은 장, <표 3>(p. 303), 교육별에 관해서는 같은 장 <표 4>(p. 304)를 참조할 것. '어떤 단체'에 소속되어 있다고 답변한 사람의 교육수준 면에서 '초등교육 이하'에 대한 '대학 정도'의 비율은 미국 1.45, 영국 2.24, 독일 1.51, 이탈리아 1.84, 멕시코 3.23이다(비율이 높을수록 계급분화가 진행되고 있음을 가리킨다). 이처럼 미국의 낮은 지수는 그다지 높지 않은 교육수준의 미국인도 결사에 가입한다는 사실을 보여준다. 어쨌든 미국의 노동조합 가입률은 독일, (특히) 영국보다 낮기 때문이다(같은 장, <표 2>, p. 302 참조).

7 앞의 책 제11장 <표 5> (같은 책, p. 306). 전체적으로 미국인의 24%는 자신이 소속된 단체가 정치문제에 관여한다고 믿고 있다. 그 비율은 영국인 19%, 독일인 18%, 이탈리아인 6%, 멕시코인 11%였다. 물론 미국 이외의 일부 국가나 모든 정당은 조직화 과정에서 정치 관여가 무엇보다도 중요했을지 모른다. 그렇지만 이 자료는 자발적 결사가 1960년 상당량의 정치 관여에 영향을 끼쳤다는 사실을 보여준다.

8 Thomas A. Rumer, *The American Legion: An Official History*, 1919~1989 (New York: M. Evans, 1990), pp. 211~393, passim; Bill Bottoms, *The VFW: An Illustrated History of the Veterans of Foreign War of the United States* (Rockville, Md.: Woodbine House, 1991), chaps. 5~6.

9 Richard S. Davis, "Fifty Years of Service: What the Eagle Record Has Meant to Everyone," *Eagle* 36, no. 2 (February 1948), pp. 7~9; Lloyd Gladfelter, "Your Social Security," *Eagle* 39, no. 3 (March 1951), pp. 7~9. 1948년 발행된 이글스 50주년 기념 대형메달의 한 면에는 이글스가 주와 국내 정치에 호소했던 공적 사회보장 프로그램(어머니연금, 노령연금, 근로자보상, 사회보장)의 지원을 받은 사람들의 그림이 새겨져 있다.

10 John Mark Hansen, *Gaining Access: Congress and the Farm Lobby, 1919~1981*, chaps. 3, 5.

11 Mildred White Wells, *Unity in Diversity: The History of the General Federation of Women's Clubs* (Washington, DC: General Federation of Women's Clubs, 1953), pp. 168~169, 210~211. PTA의 공공정책 문제에 대한 관여를 살펴

보려면 "Historical Information" on the organization's website at http://www. pta.org 참조.

12 Theda Skocpol, "The G.I. Bill and U.S. Social Policy, Past and Future," *Social Philosophy and Policy* 14, no. 2 (1997): 106~109; Michael J. Bennett, *When Dreams Came True: The G.I. Bill and the Making of Modern America* (Washington, DC.: Brassey's, 1996), chaps. 2~3.

13 Doug McAdam, *Political Process and the Development of Black Insurgency* (Chicago: University of Chicago Press, 1982); Aldon D. Morris, *The Origins of the Civil Rights Movement: Black Communities Organizing for Change* (New York: Free Press, 1984).

14 Todd Gitlin, *The Sixties: Days of Hope, Days of Rage* (New York: Bantam, 1989); J. Craig Jenkins and Charles Perrow, "Insurgency of the Powerless," *American Sociological Review* 42 (1977), pp. 249~268; Debra C. Minkoff, *Organizing for Equality: The Evolution of Women's and Racial-Ethnic Organizations in America, 1955~1985* (Philadelphia: Temple University Press, 1995), chap. 2.

15 Elisabeth S. Clemens, *The People's Lobby: Organizational Innovation and the Rise of Interest Group Politics in the United States, 1890~1925*, chap. 2에서 전개되는 유용한 논의를 참조할 것.

16 특히 Morris, *Origins of the Civil Rights Movement*를 보라.

17 같은 책, chaps. 1~2.

18 새로운 페미니즘에 관한 필자의 논의는 겔브와 팰리의 연구에 신세를 지고 있다. Joyce Gelb and Marian Lief Palley, *Women and Public Policies* (Princeton: Princeton University Press, 1982), chap. 2를 참조할 것.

19 Jo Freeman, "The Origins of the Women's Liberation Movement," *American Journal of Sociology* 78 (1973), pp. 792~811.

20 Gelb and Palley, *Women and Public Policies*, pp. 14~15.

21 Rachel Carson, *Silent Spring* (Boston: Houghton Mifflin, 1962).

22 Robert Cameron Mitchell, Angela E. Mertig, and Riley E. Dunlap, "Twenty Years of Environmental Mobilization: Trends among National Environmental Organizations," in Riley E. Dunlap and Angela E. Mertig(eds.), *American*

Environmentalism: The U.S. Environmental Movement, 1970~1990 (New York: Taylor and Francis, 1992), p. 13~14. 그린피스USA는 세계적인 환경보호단체의 미국 지부로 1988년에 설립되었다.

23 같은 책, pp. 12~14. 1960년대 이전의 이 모든 집단들은 매우 소규모의 멤버십 결사들이었다.

24 이 문제의 논의와 몇 가지 실증적인 실험에 관해서는 Frank R. Baumgartner and Bryan D. Jones, *Agendas and Instability in American Politics* (Chicago: University of Chicago Press, 1993), p. 186을 보라.

25 인구 1명당 경향에 관해서는 Putnam, *Bowling Alone*, p. 50의 <그림 7>을 참조.

26 Jeffrey M. Berry, *The Interest Group Society*, 3d ed. (New York: Longman, 1997), chap. 2. 또한 Jack L. Walker Jr., *Mobilizing Interest Groups in America: Patrons, Professions, and Social Movements* (Ann Arbor: University of Michigan Press, 1991)도 보라.

27 Minkoff, *Organizing for Equality*, p. 17.

28 같은 책, p. 61.

29 같은 책, p. 62., <그림 3.1>.

30 같은 책, p. 17.

31 같은 책, p. 62, <그림 3.2>.

32 같은 책, p. 63.

33 Kay Lehman Schlozman, "Representing Women in Washington: Sisterhood and Pressure Politics," in Louise A. Tilly and Patricia Gurin, *Women, Politics, and Change* (New York: Russell Sage Foundation, 1990), pp. 339~382.

34 Gelb and Palley, *Women and Public Policies*, p. 14. 또한 Ann N. Costain, "Representing Women: The Transition from Social Movement to Interest Group," *Western Political Quarterly* 34 (March 1981), pp. 100~113도 참조할 것.

35 Gelb and Palley, *Women and Public Policies*, p. 25.

36 이 결사들에 관한 훌륭한 연구는 다음과 같다. Jeffreey M. Berry, *Lobbying fot the People: The Political Behavior of Public Interest Groups* (Princeton: Princeton University Press, 1977); Jeffrey M. Berry, *The New Liberalism: The Rising Power of Citizen Groups* (Washington, DC: Brookings Institution Press, 1999); Andrew S. McFarland, *Common Cause: Lobbying in the Public Interest* (Chatham,

N.J.: Chatham House, 1984); Walker, *Mobilizing Interest Groups*, pp. 33~35.

[37] Berry, *Lobbying for the People*, chap. 2. 또는, Putnam, *Bowling Alone*, p. 51 참조.

[38] Berry, *Lobbying for the People*, p. 34.

[39] Kay Lehman Schlozman and John C. Tierney, *Organized Interests and American Democracy* (New York: Harper and Row, 1986), p. 75~76.

[40] Walker, *Mobilizing Interest Groups*, chap. 4.

[41] Berry, *Interest Group Society*, pp. 31~37.

[42] Jeffrey M. Berry, "The Rise of Citizen Groups," in Theda Skocpol and Morris P. Fiorina(eds.), *Civic Engagement in American Democracy* (Washington, DC: Brookings Institution Press and New York: Russell Sage Foundation, 1999), pp. 368~369.

[43] Baumgartner and Jones, *Agendas and Instability*, pp. 186~187.

[44] 지금까지의 선행 연구는 Frank R. Baumgartner and Beth L. Leech, *Basic Interests* (Princeton: Princeton University Press, 1998), 특히 pp. 100~101, 105~106에 잘 정리되어 있다.

[45] Walker, *Mobilizing Interest Groups*, chap. 4; Berry, *Interest Group Society*, pp. 37~42; Kevin Phillips, *Arrogant Capital: Washington, Wall Street, and the Frustration of American Politics* (Boston: Little, Brown, 1994), p. 32. 또한 John B. Judis, "The Pressure Elite: Inside the Narrow World of Advocacy Group Politics," *American Prospect*, no. 9 (Spring 1992), pp. 15~29도 참조.

[46] Baumgartner and Jones, *Agendas and Instability*, p. 183.

[47] 같은 책, p. 184.

[48] Jeffrey Berry, "Building an Effective Lobby," paper presented at the annual meeting of the American Political Science Association, San Francisco, California, August 30~September 1, 2001, p. 27. 이 부분과 다음 단락은 베리의 이 보고논문에서 제시된 논의와 연구를 기초로 한 것임.

[49] 같은 책, pp. 2~3.

[50] <표 4-1>에 게재된 미국적십자와 소아마비구제모금의 두 단체는 <표 4-3>에서 생략되었다. 이 단체들은 '회원'이라고 칭하는 회원 수를 연간 기부자나 볼런티어 총수를 기초로 한다. 그리고 최근에는 회원 자격이 확실히 규정되지 않은 채 반복적인 경향으로 증가하고 있다.

51 우애집단 중에서는 무스자선보호회가 수십 년간 다른 결사에 비해 잘 운영되어왔다. 필자는 그 이유에 관해 최종적인 설명하지 않겠지만, 단 무스의 경우 처음부터 엘크스나 이글스보다도 노동자계급의 회원이 비교적 많았기 때문이었을지도 모른다. 제5장에서 필자가 논의하고 있는 것처럼, 현대의 우애단체들은 계급구조의 최상위층 '회원'의 대량 감소를 경험해왔다. 만일 이러한 실태가 맞다면, 회원 구성이 엘리트적인 집단들일수록 1960년대와 1970년대에 회원이 많이 감소했으리라고 추측할 수 있다.

52 Berry, *Interest Group Society*, p. 27, <그림 2.4>.

53 Burdett A. Loomis and Allan J. Cigler, "Introduction: The Changing Nature of Interest Group Politics," in Allan J. Cigler and Burdett A. Loomis(eds.), *Interest Group Politics*, 5th ed. (Washington, DC: CQ Press, 1998), p. 12. 미국 퇴직자협회에 관한 필자의 설명도 Charles R. Morris, *The AARP: America's Most Powerful Lobby and the Clash of Generations* (New York: Times Books, 1996)을 기초한 것임.

54 Loomis and Cigler, "Introduction," p. 12.

55 Allen M. West, *The National Education Association: The Power Base for Education* (New York: Free Press, 1980).

56 Kelly Patterson, "The Political Firepower of the National Rifle Association," in Allan Cigler and Burdett A. Loomis(eds.), *Interest Group Politics*, 5th ed, pp. 119~142.

57 이 도표들에서는 절대적인 규모의 거대한 조직들만을 추적했기 때문에 남성, 여성, 남녀 혼합의 1%를 초월하는 모든 결사들의 목록은 넣지 않았다. 이러한 방법은 성별 집단이 점차 감소하는 시대를 통해 일관적인 척도를 유지하기 위한 조치이다.

58 이 수치들은 『단체명부(Encyclopedia of Association)』와 Mitchell, Mertig, and Dunlap, "Environmental Mobilization," p. 13을 정리한 것임.

59 Gelb and Palley, *Women and Public Policies*, p. 29; *Encyclopedia of Association*.

60 부인클럽총연합의 자료는 이 단체의 기록에서 직접 얻은 것이다. 전국여성기구의 데이터는 1993년도판 『단체명부』에서 인용.

61 이 연구들은 Putnam, *Bowling Alone*, p. 51(참고문헌도 포함하여)에 요약되어 있으며, 퍼트넘 자신의 견해와 계산도 추가되어 있다.

62 게일리서치(Gale Research Company)의 1988년 CD-ROM 데이터에서 필자
가 계산. 이 데이터는 『단체명부』 제34판의 데이터와 일치한다. 설립일시에
관한 회고적 데이터를 사용하는 것이 문제가 될지 모르겠지만, 이 경우에는
전혀 문제가 없다고 생각된다. 1960~1980년대에 설립된 단체로 존속하는
단체에는 당초 목표치까지 회원 수를 증가시킬 수 있는 기회가 있었기 때문
이다. 몇몇 집단은 회원 수에 관해 전혀 공표하지 않고 있으며, 이 중 몇몇 집
단은 실제로 회원이 존재할지도 모르지만, 그 회원 수는 그다지 많지 않았
다. 또한 대부분의 이러한 단체의 이름이나 활동 목표는 보통 회원이 존재하
지 않거나 조직적인 지지 기반을 지닌 집단을 가리킨다.

63 Everett Carl Ladd, *The Ladd Repor*, p. 50.

64 Putnam, *Bowling Alone*, pp. 61~62.

65 이 단락의 모든 인용은 같은 책 pp. 31~43. 강조는 원문 그대로이다.

66 Putnam, *Bowling Alone*, pp. 57, 451 (n. 20). 또한 이하도 참조. Susan
Crawford and Peggy Levitt, "Social Change and Civic Engagement: The Case
of the PTA," in Theda Skocpol and Morris p. Fiorina(eds.), *Civic Engagement in
American Democracy*, pp. 253, 273~275.

67 Crawford and Levitt, "The Case of the PTA," pp. 276~277.

68 같은 책, pp. 275~276; Laura M. Litvan, "Is the PTA now a Teacher's Pet?
Close Ties to Unions Spur Some to Break Away," *Investor's Business Daily*,
October 20, 1997, pp. A1, A40.

69 Ladd, *The Ladd Report*, p. 33.

70 같은 책, p. 49.

71 Michael W. Foley and Bob Edwards, "The Paradox of Civil Society," *Journal of
Democracy* 7, no. 3 (July 1996), p. 44.

72 Nicholas Freudenberg and Carol Steinsapir, "Not in Our Backyards: The
Grassroots Environmental Movement," in Riley E. Dunlap and Angela G.
Mertig (eds.), *American Environmentalism* (New York: Taylor and Francis,
1992); Bob Edwards, "With Liberty and Justice for All: The Emergence and
Challenge of Grassroots Environmentalism in the United States," in Bron
Raymond Taylor (ed.), *Ecological Resistance Movements* (Albany: State University
of New York Press, 1995), pp. 35~55.

73 Foley and Edwards, "Paradox," p. 44.

74 Bob Edwards, "Semiformal Organizational Structure among Social Movement Organizations: An Analysis of the U.S. Peace Movement," *Nonporfit and Voluntary Sector Quarterly* 23, no. 4 (Winter 1994), pp. 309~333. *Grassroots Peace Directory* (Pomfort, Conn.: Topsfield Foundation, 1987)에서 데이터를 이용.

75 Edwards, "U.S. Peace Movement," p. 327.

76 평화운동조직과 그 지지 기반의 다양한 형태에 관해서는 같은 글, p. 314의 <표 1>을 보라. 필자는 이 <표 1>과 에드워드가 예산 총액 규모에 따라 산출한 대규모 예산(7%)과 소규모 예산(93%)을 사용해 전체 비율을 계산했다.

77 같은 글, pp. 327, 328.

78 Robert Wuthnow, *Sharing the Journey: Support Groups and America's New Quest for Community* (New York: Free Press, 1994). 이 연구는 1991년 11월 어느 시점에서 시행된 대표적인 전국조사를 기초로 한다(부록 A 참조). 하지만 우드나우는 세밀한 인터뷰와 전국적인 조직경향에 관한 증거도 함께 사용한다.

79 같은 책, p. 23, chap. 2.

80 같은 책, p. 76.

81 Charles Trueheart, "Welcome to the Next Church," *Atlantic Monthly* 278, no. 2 (August 1996), pp. 37~58.

82 이 점은 Robert Wuthnow, "Mobilizing Civic Engagement: The Changing Impact of Religious Involvement," in Theda Skocpol and Morris P. Fiorina (eds.), *Civic Engagement in American Democracy*, pp. 361~362에서 전개된다.

83 Wuthnow, *Sharing the Journey*, p. 76, <표 3.2>. 또한 p. 65, <표 3.1> 참조.

84 같은 책, pp. 70~75.

85 같은 책, p. 76, <표 3.2>.

86 우드나우의 보고에 의하면, 소집단의 회원 26%가 자신의 소속집단에는 '회비'가 있다고 대답했다. 같은 책, p. 135, <표 5.1>.

87 현대 신우익의 발전에 관해서는 Lisa McGirr, *Suburban Warriors: The Origins of the New American Right* (Princeton: Princeton University Press, 2001)를 참조.

88 복음주의교도는 또한 산발적이 아니라 정기적으로 교회에 출석하는 경향이 있다. Putnam, *Bowling Alone*, pp. 75~78, 161~162를 참조.

제5장

1 Robert D. Putnam, *Bowling Alone: The Collapse and Revival of American Community* (New York: Simon and Schuster, 2000).

2 이 견해를 더욱 구체화한 연구로는 Steven J. Rosenstone and John Mark Hansen, *Mobilization, Participation, and Democracy in America* (New York: Macmillan, 1993)가 있다. 필자는 로젠스톤과 한센이 선거정치에 관해 전개한 논의를 시민생활에 관한 논의에 수용하여 전개한다.

3 몇 가지 주목할 만한 예외가 존재한다. 백인이 지배적인 결사 중에서 노동기사단과 약간의 노동조합은 주로 농업연합체나 일부 금주연합체(즉, 굿템플결사)와 마찬가지로 여성을 수용했다. 더 중요한 것은 흑인의 우애·상조집단은 유사한 백인 집단보다 훨씬 남녀 혼재적이었다는 점이다. 실제로 세인트룩 결사와 같은 몇몇의 남녀 혼합형 집단은 여성 자신들이 결성했으며 조직의 지도 역시 여성에 의해 행해졌다. 세인트룩 결사에 관해서는 Wendell P. Dabney, *Maggie L. Walker and the I.O. of Saint Luke: The Woman and Her Work* (Cincinnati: Dabney Publishing Company, 1927)를 참조.

4 여성의 우애주의자에 관해서는 다음을 참조. Mary Ann Clawson, *Constructing Brotherhood: Gender, Class, and Fraternalism* (Princeton: Princeton University Press, 1989), chap. 6; David T. Beito, *From Mutual Aid to the Welfare State: Fraternal Societies and Social Services, 1890~1967* (Chapel Hill: University of North Carolina Press, 2000), pp. 31~36 passim; Elizabeth B. McGowan, "The Scope of Woman's Influence and Its Greatest Avenue for Good in Fraternal Organizations," *Ladies Review* 7 (January 1, 1901).

5 독립된 여성연합체들은 백인 남성의 우애조직보다도 인종 구분을 초월한 자매애를 성취하려는 경향을 보였다. 기독교여성청년회(YWCA)는 백인과 흑인 간의 집단과 프로그램의 촉진에 전력했으며, 부인기독교금주동맹은 남부지역 이외에서 약간의 인종적으로 통합된 단체를 포함했고, 또 여러 남부 주에서 유사한 흑인협회를 제도화했으며, 여성들은 인종의 틀을 초월하여 전국대회에 백인과 함께 출석할 수 있었다. 부인클럽총연합(GFWC)과 PTA는 남부에서 인종적인 분리가 가장 격심했던 19세기 후반에 결성되었기 때문에 다소 한계가 있었던 것은 사실이다. 이 두 연합체는 남부의 백인 여성이 탈퇴 의

사까지 보였던 전국 수준의 논쟁을 거치고 나서 흑인의 전면적인 방출을 결정했다. 그렇지만 이 두 조직의 전국 수준 지도자들과 각 조직의 몇몇 주 단위 지도자들은 흑인 여성 측에서의 상응하는 멤버십 연합체와 프로그램을 약간 조정하려고 했다. 일반적으로 백인 여성은 술을 반대하거나, 아이들과 가족을 지원하고 공교육을 개선하려는 공유된 목표를 추구할 때, 흑인들 간의 유사한 조직을 파트너로 간주했다.

6 "What It Means to Be an Elk: Information Relating to the Order Collected and Published Specially for the Instruction of Initiates"(발행일·발행처 불명, 1950년대에 발행한 것으로 추정), p. 8. 이것은 필자가 소장한 결사의 우표와 소책자류 수집품의 하나로 종이 표지의 소책자이다.

7 많은 백인들은 우애적인 형제애라는 보편적 이상(理想)에 관여하는 흑인과 단체명이나 상징을 공유하는 것조차 꺼렸다. 많은 백인우애단체들은 흑인 측의 단체가 '엘크스'나 '피시아스기사단'과 비슷한 명칭을 사용하는 것을 저지하는 주법(州法)의 입법을 선동했지만, 재판소는 이러한 시도를 기각했다.

8 상세한 분석은 Susan Crawford and Peggy Levitt, "Social Change and Civic Engagement: The Case of the PTA," in Theda Skocpol and Morris P. Fiorina (eds.), *Civic Engagement in American Democracy*, pp. 249~296에서 찾아볼 수 있다.

9 Robert Wuthnow, *Loose Connection: Joining Together in America's Fragmented Communities* (Cambridge, Mass.: Harvard University Press, 1998), p. 253, n. 51.

10 Putnam, *Bowling Alone*, p. 268과 저자인 퍼트넘에게서 제공받은 도식.

11 Loyal Order of Moose, *Moose Facts*, 4th rev. ed. (Moose-heart, Ill.: Supreme Lodge Supply Department, 1944), p. 29. 이 소책자(필자의 우표와 소책자류의 개인 수집품 중 하나)의 각 페이지에는 영적인 부제가 붙어 있으며, 이를 '아버지와 아들(FATHER-AND-SON)'이라고 부른다.

12 예를 들면 James R. Nicholson, Lee A. Donaldson, and Raymond C. Dobson, *History of the Order of Elks, 1868~1978*, rev. ed. (Chicago: Grand Secretary's Office of the Benevolent and Protective Order of Elks of America, 1978), sections K and L을 보라.

13 대학교육을 받은 적이 있는 미국인 간의 경향은 도식을 보기 쉽게 하기 위해 생략했지만, 우애단체와 퇴역군인단체의 회원 수는 이 형태의 응답자에게서

도 감소하고 있다.

14 매사추세츠 주립도서관은 이 주소 목록(예전에는 *Public Officials of Massachusetts*로 불렸지만, 현재의 제목은 *Public Officers of the Commonwealth of Massachustts*)을 여전히 소장하고 있다.

15 <그림 5-3>은 최근 수십 년간 우애 회원들의 감소를 실제보다 적게 표시하고 있다. 예전에는 많은 매사추세츠 주 상원의원들은 자신이 소속된 복수의 우애단체를 모두 목록화했지만, 1980년대와 1990년대에도 우애적 관계를 계속 표시했던 의원들이 보통 하나의 단체 — 전형적으로는 가톨릭계나 민족계(예를 들면 콜럼버스기사단, 이탈리아의 아들들, 고대히베르니아단) — 밖에 열거하지 않았기 때문이다.

16 Mabel Newcomer, *A Century of Higher Education for American Women* (New York: Harper, 1959), p. 46, <표 2>. 더 많은 논의와 참고문헌에 관해서는 Theda Skocpol, *Protecting Soldiers and Mothers: The Political Origins of Social Policy in the United States* (Cambridge, Mass.: Harvard University Press 1992), pp. 340~343을 참조.

17 다음을 참조. Robert D. Mare, "Changes in Educational Attainment and School Enrollment," pp. 164~167.

18 같은 책, p. 167; Suzanne M. Bianchi, "Changing Economic Roles of Women and Men," in Reynolds Farley (ed.), *State of the Union: American in the 1990s*, vol. 1: Economic Trends (New York: Russell Sage Foundation, 1995), pp. 124~125, <표 3.6>, <표 3.7>.

19 Wuthnow, *Loose Connections*, p. 241, n. 5에 인용된 미국국세조사국의 도표.

20 Wuthnow, *Loose Connections*, p. 76. 또는 Kay Lehman Schlozman, "Did Working Women Kill the PTA?" *American Prospect* 11, no. 20 (September 11, 2000), pp. 14~15도 참조할 것. 이 논문의 제목은 오해를 불러일으키기 쉽다. 논문이 제시하고 있는 사실은 여성 종업자와 비종업자들을 대비한 정치 관여의 집합 수준과 관계된다. 기부를 포함한 모든 종류의 정치적 관여가 계산에 포함되어 있다.

21 Dora L. Costa and Matthew E. Kahn, "Understanding the Decline in Social Capital, 1952~1998" [전미경제조사국(National Bureau of Economic Research: NBER)의 지원으로 연구되어 경제사 워크숍에서 발표된 미출간 논문, Har-

vard University, 2001].

22 Wuthnow, *Loose Connections*, pp. 78~79.

23 퍼트넘은 결국 전통적인 시민 활동 저하의 극히 일부분에 한하여 가족과 커뮤니티, 그리고 직장 내 성역할 변화에서 그 원인을 찾는다. 하지만 이 결론은 통계적 수법을 세밀하게 사용하여 너무 엄밀하게 제시되어 있다. 퍼트넘은 여성을 상근과 파트타임, 주부로 나누어 각각의 참여 수준의 차이만을 고려하고 있다. 그는 가장 학력이 높은 여성들이 시간의 경과와 함께 가입하고 지도해왔던 종류의 단체를 조사하지 않았다. 더 중요한 점은 퍼트넘이 상호작용의 효과를 염두에 두지 않고 있다는 것이다. 고학력 여성이 가입하는 집단의 소속이나 참여 형태를 변경할 때, 그로 인하여 다른 여성들이나 남성들도 영향을 받게 된다. 또한 가사나 유급노동의 분업방식의 변화는 예전의 문화적 이상이나 사람들의 일과에 영향을 끼친다. 시간 부족만이 문제가 되는 것은 아니다. 동등하고 밀접하게 관계하는 것은 사람들이 무상의 활동을 위해 일정한 시간을 조정할 수 있는 가능성이다. 오늘날 고학력 여성은 고학력 남성과 마찬가지로 변함없이 매우 시민적이며 참가적일지 모르지만, 그녀들은 다른 형태를 취하고 있는 것이다. 이러한 탓에 그녀들의 요구에 맞추어 정기적인 집회 계획을 세우는 것은 사실상 불가능하다!

24 아동보호기금의 설명에 관해서는 David Walls, *The Activist Almanac* (New York: Fireside, 1993), p. 279를 참조할 것. 또한 Marian Wright Edelman, *Families in Peril: An Agenda for Social Change* (Cambridge, Mass.: Harvard Univeristy Press, 1987)도 참조할 것.

25 Putnam, *Bowling Alone*, p. 281.

26 Allan J Cigler and Burdett A. Loomis, "Introduction: The Changing Nature of Interest Group Politics," pp. 11~12; Steven Rathgeb Smith and Michael Lipsky, *Nonprofits for Hire: The Welfare State in the Age of Contracting* (Cambridge, MA: Harvard University Press, 1993).

27 이 구절은 Hugh Heclo, "Issue Neworks and the Executive Establishment," in Anthony King (ed.), *The New American Political System* (Washington, DC: American Enterprise Institute, 1978), p. 89에서 인용함.

28 Morris p. Fiorina and Paul E. Peterson, *The New American Democracy* (Boston: Allyn and Bacon, 1998), p. 352, chap. 12.

29 Kevin Philips, *Arrogant Capital: Washington, Wall Street, and the Frustration of American Politics* (Boston: Little, Brown, 1994), pp. 25, 32. 피오리나와 피터 슨에 의하면, 의회 스태프들의 워싱턴DC 주재와 선거구 사무소 주재의 비율 은 현재 6 대 4이다. Fiorina and Peterson, *New American Democracy*, p. 352.

30 Jeffrey M. Berry, *The Interest Group Society*, 3d ed., p. 220.

31 이 변화의 일례에 관해서는 Mark Hansen, *Gaining Access: Congress and the Farm Lobby, 1919~1981*, p. 2를 보라.

32 Jack L. Walker, *Mobilzing Interest Groups in America: Patrons, Professions, and Social Movements* (Ann Arbor: University of Michigan Press, 1991), p. 72.

33 Phillips, *Arrogant Capital*, chap. 2; David M. Ricci, *The Transformation of American Politics: The New Washington and the Rise of Think Tanks* (New Haven: Yale University Press, 1993); Andrew Rich and R. Kent Weaver, "Advocates and Analysts: Think Tanks and the Politicization of Expertise," in Allan J. Cigler and Burdett A. Loomis (eds.), *Interest Group Politics*, 5th ed., pp. 235 ~253.

34 Karen Paget, "Citizen Organizing: Many Movements, No Majority," *American Prospect*, no. 2 (Summer 1990): 115~128.

35 정치행동위원회(PAC)에 관해서는 다음을 참조할 것. Berry, *Interest Group Society*, pp. 55~58, chap. 7; M. Margaret Conway and Joanne Connor Green, "Political Action Committees and Campaign Finance," in Allan J. Cigler and Burdett A. Loomis (eds.), *Interest Group Politics*, 5th ed., pp. 193~214.

36 Berry, *Interest Group Society*, chap. 3.

37 이 단락은 특히 Walker, *Mobilzing Interest Groups*. pp. 23~27를 근거로 한다. 정부 내부와 외부에서의 정당정치의 변모는 John H. Aldrich, *Why Parties? The Origin and Transformation of Political Parties in America* (Chicago: University of Chicago Press, 1995), p. 3에서도 분석되었다.

38 Marshall Ganz, "Voters in the Crosshairs: How Technology and the Market are Destroying Politics," *American Prospect*, no. 16 (Winter 1994), pp. 100~109.

39 19세기 미국의 정당정치가 이용한 민중동원의 폭넓은 스타일에 관한 훌륭 한 논의는 Steven E. Schier, *By Invitation Only: The Rise of Exclusive Politics in*

the United States (Pittsburgh: University of Pittsburgh Press, 2000), 특히 chaps. 2를 보라.

40 이에 관한 좋은 개관은 Michael T. Hayes, "The New Group Universe," in Allan J. Cigler and Burdett A. Loomis (eds.), *Interest Group Politics*, 2nd ed., pp. 133~145.

41 Andrew S. McFarland, *Common Cause: Lobbying in the Public Interest* (Chatham, N. J.: Chatham House, 1984), pp. 1~2, 75~76.

42 미국의 재단에 관한 개괄은 다음을 참조. Joseph C. Kiger and Sara L. Engelhardt, *Philanthropic Foundations of the Twentieth Century* (Westport, Conn.: Greenwood Press, 2000); Teresa Odendahl, *America's Wealthy and the Future of Foundations* (New York: Foundation Center, 1987). 보조금 지출의 최근 경향 및 신재단 설립에 관해서는 파운데이션센터(http://fdncenter.org)가 기록하고 있다.

43 J. Craig Jenkins and Abigail Halcli, "Grassrooting the System? The Development and Impact of Social Movement Philanthropy, 1953~1990," in *Philanthropic Foundations: New Scholarship, New Possibilities* (Bloomington: Indiana University Press, 1999), p. 230, <표 10.1>.

44 Nicholas Lemann, "Citizen 501(c)(3)," *Atlantic Monthly* (February 1997), p. 19.

45 Jenkins and Halcli, "Grassrooting the System." 회비의 중요성이 점차 저하되고 있는 점에 관해서는 Putnam, *Bowling Alone*, p. 63를 보라.

46 다음을 참조하라. J. Craig Jenkins, "Channeling Social Protest: Foundation Patronage of Contemporary Social Movements," in Walter W. Powell and Elisabeth S. Clemens (eds.), *Private Action and the Public Good* (New Haven: Yale University Press, 1998), pp. 206~216; Joyce Gelb and Marian Leif Palley, *Women and Public Policies* (Princeton: Princeton University Press, 1982), pp. 42~50; Berry, *Lobbying for the People*, pp. 71~76. 베리는 1972~1973년에 83개 공익조직을 연구하여 약 반수가 상당한 금액의 조성금을 재단으로부터 얻고 있다는 사실을 발견했다. 안타깝게도 조직의 설립 연도별 조성금의 카테고리 변화는 보고되지 않고 있다.

47 Robert Lerner, Althea K. Nagai, and Stanley Rothman, *Giving for Social Change: Foundations, Public Policy, and the American Political Agenda* (West-

port, Conn.: Praeger, 1994), chap. 8, "Foundations and Their Public Policy Grants"; Sally Covington, *Moving a Public Agenda: The Strategic Philanthropy of Conservative Foundations* (Washington, DC: National Committee for Responsive Philanthropy, 1997). 다문화주의에 영향을 받고 당파적이라는 비난을 우려하는 자유주의적 재단들은 재원의 일부를 확실한 '독립파(nonpartisan)'에게 제공하지만 보수적인 재단은 거의 그렇지 않다. 더 중요한 점은 자유주의적 재단들은 최근 수십 년간 커뮤니티의 조직화 활동이나 특정한 사안을 다루는 애드보커시 그룹에 대해 수많은 소액의 단기 조성금을 부여하는 방향으로 움직였다는 것이다. 결국 이 재단들의 아낌없는 조성금을 받는 수여자 측은 신청서 작성부터 현장방문 주최, 보고서 작성과 같은 번거로운 일에서 벗어날 수 없다. 이와는 대조적으로 보수계 재단의 경우에는 우파 세력의 정치동원을 강화하기 위해 리서치 미디어의 힘을 구축하기 위한 장기적인 조성금을 활용한다.

48 재단조성금과 그 영향에 관해서는 특히 Jenkins and Halcli, "Grassrooting the System"과 Jenkins, "Channeling Social Protest"를 보라. 흑인운동에 대한 영향에 관해서는 특히 Craig Jenkins and Craig M. Eckert, "Channeling Black Insurgency: Elite Patronage and Professional Social Movement Organizations in the Development of the Black Movement," *American Sociological Review* 51 (December 1986), pp. 812~829를 참조.

49 Walker, *Mobilizing Interest Groups*, chap. 5, 특히 <표 5-1>, <표 5-2>.

50 같은 책, pp. 93~94.

51 환경보호단체의 자금 조달 전략의 변화에 관해서는 다음 논문을 참조할 것. Christopher J. Bosso, "The Color of Money: Environmental Groups and the Pathologies of Fund Raising," in Allan J. Cigler and Burdett A. Loomis(eds.), *Interest Group Politics*, 4th ed., pp. 101~130; Paul E. Johnson, "Interest Group Recruiting: Finding Members and Keeping Them," in Allan J. Cigler and Burdett A. Loomis(eds.), *Interest Group Politics*, 5th ed, pp. 35~62.

52 McFarland, *Common Cause*, p. 76.

53 다이렉트 메일의 전술에 관한 개관은 다음을 참조할 것. Berry, *Interest Group Society*, pp. 77~80; R. Kenneth Godwin and Rondo Cameron Mitchell, "The Implication of Direct Mail for Political Organizations," *Social Science Quarterly*

민주주의의 쇠퇴

65, no. 3 (1984), pp. 829~839.

54 Johnson, "Interest Group Recruiting."

55 이 변화는 James M. Fallows, *Breaking the News: How the Media Undermine American Democracy* (New York: Pantheon, 1996)에서 설명한다.

56 Howard Kurtz, *Hot Air: All Talk, All the Time* (New York: Times Books, 1996).

57 Godwin and Mitchell, "Implications of Direct Mail," p. 836.

58 Michael Schudson, "What If Civic Life Didn't Die?" *American Prospect*, no. 25 (March~April 1996), p. 19. 또한 Mare, "Changes in Educational Attainment," pp. 166~167도 참조할 것.

59 Steven Brint, *In an Age of Experts: The Changing Role of Professionals in Politics and Public Life* (Princeton: Princeton University Press, 1994), p. 3.

60 Sheldon Danziger and Peter Gottschalk, *America Unequal* (New York: Russell Sage Foundation; Cambridge, Mass.: Harvard University Press, 1995); Mare, "Changes in Educational Attainment," pp. 203~207.

61 David Brooks, *Bobos in Paradise: The New Upper Class and How They Got There* (New York: Simon and Schuster, 2000).

62 Brint, *Age of Experts*.

63 Robert H. Frank and Philip J. Cook, *The Winner-Take-All Society* (New York: Free Press, 1995), p. 12, chap. 8.

64 Wuthnow, *Loose Connections*, p. 47.

65 같은 책, p. 46.

66 Putnam, *Bowling Alone*, chaps. 3~5.

제6장

1 현대의 시민적 경향을 낙관적으로 보고 있는 분석자들에 의한 관련 연구의 인용에 대해서는 제1장의 주 22를 참조할 것.

2 비관론자들의 연구나 보고서 인용에 관해서는 제1장의 주 9와 11~13을 보라.

3 Debra C. Minkoff, "Producing Social Capital: National Movements and Civil Society," *American Behavioral Scientist* 40 (March~April 1997), pp. 606~607.

4 Andrew S. McFarland, *Common Cause: Lobbying in the Public Interest* (Chatham, N.J.: Chatham House, 1984), pp. 48~49.

5 R. Kenneth Godwin and Robert Cameron Mitchell, "The Implications of Direct Mail for Political Organizations," *Social Science Quarterly* 65, no. 3 (1984), pp. 829~839.

6 Everett Carl Ladd, *The Ladd Report*, chaps. 1~3; Robert Wuthnow, *Sharing the Journey* (New York: Free Press, 1994).

7 Wuthnow, *Sharing the Journey*. pp. 3~6, 358~360.

8 Robert Wuthnow, *Loose Connections: Joining Together in America's Fragmented Communities* (Cambridge, Mass.: Harvard University Press, 1998), pp. 77~78.

9 래드의 논의는 제4장에서 제시되었다.

10 J. Craig Jenkins and Abigail Halcli, "Grassrooting the System? The Development and Impact of Social Movement Philanthropy, 1953~1990," in Ellen Condliff Lagemann(ed.), *Philanthropic Foundations: New Scholarship, New Possibilities* (Bloomington: Indian University Press, 1999), p. 253.

11 Steven E. Schier, *By Invitation Only: The Rise of Exclusive Politics in the United States* (Pittsburgh: University of Pittsburgh Press, 2000), p. 3.

12 Lawrence R. Jacobs and Robert Y. Shapiro, *Politicians Don't Pander: Political Manipulation and the Loss of Democratic Responsiveness* (Chicago: University of Chicago Press, 2000).

13 Schier, *By Invitation Only*, p. 3.

14 Steven J. Rosenstone and John Mark Hansen, *Mobilization, Participation, and Democracy in America* (New York: Macmillan, 1993).

15 Alan S. Gerber and Donald p. Green, "The Effects of Canvassing, Telephone

민주주의의 쇠퇴

Calls, and Direct Mail on Voter Turnout: A Field Experiment," *American Political Science Review* 94, no. 3 (September 2000): 662.

16 모리스 피오리나는 이 현상을 설명하는 데 유익한 논의를 전개해왔다. 다음 문헌들을 참조할 것. Morris P. Fiorina, "Extreme Voices: The Dark Side of Civic Engagement," in Theda Skocpol and Morris P. Fiorina (eds.), *Civic Engagement in American Democracy* (Washington, DC: Brookings Institution Press; New York: Russell Sage Foundation, 1999), pp. 395~425; "Parties, Participation, and Representation in America: Old Theories Face New Realities" (unpublished paper presented at the annual meeting of the American Political Science Association, Washington, DC, August 31~September 3, 2000).

17 Godwin and Mitchell, "Implications of Direct Mail."

18 Jeffrey M. Berry, *The New Liberalism: The Rising Power of Citizen Groups* (Washington, DC: Brookings Institution Press, 1999), p. 9.

19 같은 책, pp. 34~35.

20 같은 책, p. 57.

21 같은 책, pp. 55~56.

22 같은 책.

23 같은 책, p. 56.

24 같은 책.

25 같은 책, pp. 56~57.

26 이 논의를 상세하게 전개한 것으로서는 Theda Skocpol, *The Missing Middle: Working Families and the Future of American Social Policy* (New York: Norton and the Century Foundation, 2000)가 있다.

27 GI법안에 관해서는 특히 다음 문헌을 참조했다. Michael J. Bennett, *When Dreams Came True: The G.I. Bill and the Making of Modern America* (Washington, DC: Brassey's, 1996); Davis R. B. Ross, *Preparing for Ulysses* (New York: Columbia University Press, 1969); Theda Skocpol, "The G.I. Bill and U.S. Social Policy, Past and Future," *Social Philosophy and Policy* 14, no. 2 (1997), pp. 95~115.

28 상세한 분석과 참고문헌에 관해서는 Theda Skocpol, *Boomerang: Health Care*

Reform and the Turn against Government (New York: Norton, 1997)를 참조. 이
에피소드에 대한 여론과 여론조사에 관해서는 Jacobs and Shapiro, *Politicians
Don't Pander*, pt. 2를 참조할 것.

29 Gary Orren, "Fall from Grace: The Public's Loss of Faith in Government," in
Joseph S. Nye Jr., Philip D. Zelikow, and David C. King (eds.), *Why People
Don't Trust Government* (Cambridge, Mass.: Harvard University Press, 1997),
pp. 80~81. 미시간 대학의 전국선거조사(1958~1996년)에서 동일한 질문
에 대한 답변은 <표 3-1>에 제시되어 있다.

30 같은 책, p. 81.

31 Robert J. Blendon, John M. Benson, Richard Morin, Drew E. Altman,
Mollyann Brodie, Mario Brossard, and Matt James, "Changing Attitudes in
America," in Joseph S. Nye Jr., Philip D. Zelikow, and David C. King (eds.),
Why People Don't Trust Government, p. 210.

32 "USA Today Snapshots: Stars and Stripes Are Flying High," *USA Today*,
October 19~21, 2001, p. 1.

33 "A Survey of Charitable Giving after September 11, 2001," prepared for
Independent Sector by Wirthlin Worldwide, October 23, 2001. 개괄에는
http://www.independentsector.org/sept11/survey.html를 참조할 것.

34 퍼트넘이 '9·11' 이전에 실시했던 어느 조사에 대한 답변자를 대상으로 '9·
11' 이후에 실시한 여론조사의 결과에 관해서 퍼트넘이 보내준 이메일. 하지
만 다음과 같은 사실에 관해서는 주의해둘 필요가 있다. 흑인과 히스패닉계
에 대한 새로운 신뢰의 수준에 관해서 보고되었는데도, 뉴욕소방관 기념비
의 스폰서가 3명의 백인 소방관이 세계무역센터빌딩의 파편 위에 성조기를
게양한 그림을 상징적인 의미에서 변경하자고 제언했을 때, 그림을 둘러싼
공공적 논쟁이 끊임없이 전개되었다. 스폰서가 원했던 그림은 백인과 흑인,
히스패닉계의 소방관들이 성조기를 게양한다는 구도였지만 일반 시민들의
비판에 부딪쳐 그러한 주장을 철회했던 것이다.

35 Richard Morin and Claudia Deane, "Poll: Americans' Trust in Government
Grows," *Washington Post Online*, September 28, 2001.

36 Stanley B. Greenberg, "'We'-Not 'Me'," *American Prospect* 12, no. 22
(December 17, 2001): 26.

민주주의의 쇠퇴

37 Fred Kaplan, "Charity Chief Says Giving Far Exceeds Sept. 11 Goal," *Boston Sunday Globe*, January 27, 2002, pp. 1, A24.

38 Winnie Hu, "Outpouring for Sept. 11 Groups Means Less for Food Banks," *New York Times*, November 21, 2001, p. B8.

39 Stephen G. Greene et. al., "Trimming Holiday Hopes," *Chronicle of Philanthropy*, December 13, 2001.

40 "The American Red Cross Hears America," an advertisement in the *New York Times*, November 27, 2001, p. B10을 보라. 미국적십자 역시 내부의 지도권 쟁탈이 격심해졌으며, 그러한 상황이 지속되던 중 '9·11'이후의 긴장으로 인해 더욱 악화되었다. 다음을 참조할 것. Deborah Sontag, "Who Brought Bernadine Healy Down?" *New York Times Magazine,* December 23, 2001, pp. 32~40, 52~55.

41 Kaplan, "Charity Chief."

42 David M. Kennedy, *Over Here: The First World War and American Society* (New York: Oxford University Press, 1980), pp. 106~113.

43 "Bush's Star Role in TV Travel Ad May Shine On," in the "Washington Wire," column of the *Wall Street Journal*, November 21, 2001, p. 1.

44 2002년 1월 14일 월요일에 전국여행업협회는 인터넷(http://www.tia.org)에서 "미국 소비자의 70%가 부시 대통령이 기업의 TV 광고에 출연하는 것을 목격했으며, 미국의 성인 인구의 반수 이상이 그 광고에 대해 정확히 답변할 수 있다"고 공식적으로 발표했다.

45 그는 그 사례에 대해서 과장하고 있지만, 테러에 대한 전쟁과 제2차 세계대전과의 유용한 대비는 Michael Barone, "Not a Victory for Big Government," *Wall Street Journal*, January 15, 2002, p. A16에서 다룬다.

46 Alison Mitchell, "After Asking for Volunteers, Government Tries to Determine What They Will Do," *New York Times*, November 10, 2001, p. B7.

47 "Post 9·11 Attitudes: Religion More Prominent, Muslim-Americans More Accepted," Pew Research Center for the People and the Press, December 6, 2001.

48 Albert R. Hurt, "Waiting for the Call," *Wall Street Journal*, May 30, 2002, p. A15.

제7장

1   이 입장의 가장 명쾌한 설명은 Marvin Olasky, *Compassionate Conservatism: What It Is, What It Does, and How It Can Transform America* (New York: Free Press, 2000), with a foreword by George W. Bush에서 다룬다.

2   샴브라의 지역제일주의적인 견해에 관해서는 Michael S. Joyce and William A. Schambra, "A New Civic Life"를 보라. 골스턴과 엘슈테인은 제1장에서 설명한 전국적인 시민개혁위원회에서 주도적인 역할을 담당했으며, 돈 에벌리는 부시 대통령의 주요 어드바이저 중 한 사람이다. 그의 견해에 관해서는 Don E. Eberly, *America's Promise: Civil Society and the Renewal of American Culture* (Lanham, Md.: Rowman & Littlefield, 1998) 참조.

3   National Commission on Civic Renewal, "A Nation of Spectators: How Civic Disengagement Weakens America and What We Can Do About It" (College Park, Md.: National Commission on Civic Renewal, 1998), pp. 9~20.

4   Robert D. Putnam, *Bowling Alone: The Collapse and Revival of American Community* (New York: Simon and Schuster, 2000), chap. 24. 이 단락의 모든 참고문헌과 인용은 제7장에서 강조한 개혁제언에 있음.

5   퍼트넘이 설명하는 바와 같이, 사회적 유대관계가 촉진되면 많은 사람들이 더 행복하고 건강해질 것이며, 학교나 직장, 그리고 공공기관 역시 원활하게 운영될지도 모른다. Putnam, *Bowling Alone*, pt. 4. 퍼트넘이 그렇게 민주주의(chap. 21을 참조)를 평가하여 내린 결론은 좀 더 지역적인 대면적 교류가 민주적 참여의 원동력이라는 의심스러운 전제에 기초를 두고 있다.

6   Putnam, *Bowling Alone*, chap. 16.

7   사회자본이 매우 풍요로운 주(州)로서 퍼트넘이 즐겨 제기하는 곳은 뉴햄프셔 주이다. Tamar Lewin, "One State Finds Secret to Strong Civic Bonds," *New York Times*, August 26, 2001, pp. 1, 14에서 짧게 언급되고 있는 것처럼, 퍼트넘이 최근 수집한 자료는 뉴햄프셔 주민이 계급의 구분을 초월하여 평등하게 커뮤니티 활동에 참가한다는 사실을 보여준다. 하지만 그들의 참가는 압도적으로 지역집중적인 것으로 이것은 뉴햄프셔의 시민적 건전성에 관한 문제를 제기하고 있다. 뉴햄프셔주는 소득세와 매출세가 없기 때문에 주 정부의 능력이 약하다. 또한 특권적이지 않은 주민(州民)은 메인 주의 주민과

동일한 많은 문제로 고민하지만 그에 대한 지원은 적다. 학교나 공립대학에
도 충분한 자금을 지출하지 못했다. 어쨌든 뉴햄프셔에서는 '지역 커뮤니티'
가 모든 이야기의 전부이다. 왜냐하면 상당수의 고액 납세자들은 바캉스용
별장을 소유한 외지 사람들이며, 급속하게 발전하고 있는 주 남부 지역의 많
은 주민은 주 외부 대학의 학위를 소지하고 있고 인접한 매사추세츠 주에서
일하는 매우 유복하고 사회적 지위도 높은 사람들이기 때문이다.

8 Allan Drury, "Mainers' Pay Slips, Except for the Rich," *Maine Sunday Telegram*, September 3, 2000, pp. 1A, 14A.

9 Tux Turkel, "Health Care Puts Pinch on Workers," *Maine Sunday Telegram*, September 3, 2000, pp. 1A, 14A.

10 "New Survey Dispels Myths on Citizen Engagement," News Release, Pew Partnership for Civic Change, Charlottesville, Virginia, announcing *Ready, Willing, and Able: Citizens Working for Change* (Richmond, Va.: Pew Partnership of Civic Change, 2001). 보고서에 관해서는 www.pewpartnership.org를 참조.

11 *Ready, Willing, and Able, p.* 1 (Executive Summary).

12 "New Survey," pp. 1~2.

13 "Remarks by the President in Announcement of the Faith-based Initiative," Office of the Press Secretary, The White House, January 29, 2001.

14 "Foreword by President George W. Bush," in *Rallying the Armies of Compassion* (Washington, DC: The White House, 2001).

15 "The Bush 'Faith-based' Initiative: Why It's Wrong" (Washington, DC: Americans United for Separation of Church and State, February 20, 2001). www.au.org에서 이용할 수 있다.

16 Laurie Goodstein, "States Steer Religious Charities toward Aid," *New York Times*, July 21, 2001. 프리미엄 아카이브(http://www.nytimes.org)에서 이용할 수 있다.

17 이 가능성은 "Spiritual Poverty," *New Republic* 4, no. 516 (August 6, 2001): 7 에서 상세히 논의된다.

18 Roger Finke and Rodney Stark, *The Churching of America, 1776~1990* (New Brunswick, N.J.: Rutgers University Press, 1992).

19 Peter Dobkin Hall, "Vital Signs: Organizational Population Trends and Civic Engagement in New Haven, Connecticut, 1850~1998," in Theda Skocpol and Morris P. Fiorina (eds.), *Civic Engagement in American Democracy* (Washington, DC: Brookings Institution Press; New York: Russell Sage Foundation, 1999), pp. 211~248에 기재된 경향을 참조할 것.

20 Alan S. Gerber and Donald P. Green, "The Effects of Canvassing, Telephone Calls, and Direct Mail on Voter Turnout: A Field Experiment," *American Political Science Review* 94, no. 3 (September 2000), pp. 653~663에서 보고되고 있는 창의적이고 엄밀한 현장실험을 참조할 것.

21 더 자세한 것은 AFL-CIO의 웹사이트 http://www.aflcio.org를 참조할 것.

22 Harold Meyerson, "California's Progressive Mosaic," *American Prospect* 12, no. 11 (June 18, 2001), pp. 17~23.

23 개혁 이후 AFL-CIO의 전략과 곤경에 관해서는 다음을 참조할 것. John J. Sweeney, *America Needs a Raise: Fighting for Economic Security and Social Justice* (Boston: Houghton Mifflin, 1996); Richard Rothstein, "Toward a More Perfect Union: Labor's Hard Road," *American Prospect*, no. 26 (May~June 1996), pp. 47~53; Kim Voss and Rachel Sherman, "Breaking the Iron Law of Oligarchy: Union Revitalization in the American Labor Movement," *American Journal of Sociology* 106, no. 2 (September 2000), pp. 303~349.

24 이에 관한 훌륭한 개요는 Riley E. Dunlap and Angela G. Mertig (eds.), *American Environmentalism: The U.S. Environmental Movement, 1970~1990* (New York: Taylor and Francis, 1992)를 참조할 것.

25 Putnam, *Bowling Alone*, p. 162.

26 필자의 설명은 특히 다음 연구를 참고했다. Clyde Wilcox, *Onward Christian Soldiers? The Religious Right in American Politics* (Boulder, Colo.: Westview Press, 1996); Robert Wuthnow, "The Political Rebirth of American Evangelicals," in Robert C. Liebman and Robert Wuthnow (eds.), *The New Christian Right: Mobilization and Legitimation* (Hawthorne, N.Y.: Aldine, 1983), pp. 167~185; Ralph Reed, *Politically Incorrect: The Emerging Faith Factor in American Politics* (Dallas: Word Publishing, 1994).

27 Ernesto Cortes Jr., "Reweaving the Fabric: The Iron Rule and the IAF Stategy

for Power and Politics," in Henry G. Cisneros (ed.), *Interwoven Destinies: Cities and the Nation* (New York: Norton, 1993), pp. 691~692.

28 IAF의 특히 미국 남서부에서의 조직화나 업적에 관한 훌륭한 분석은 Mark R. Warren, *Dry Bones Rattling: Community Building to Revitalize American Democracy* (Princeton: Princeton University Press, 2001); Dennis Shirley, *Community Organizing for Urban School Reform* (Austin: University of Texas Press, 1997).

29 Warren, *Dry Bones Rattling*. pp. 35, 253. IAF는 또한 민중의 조직화를 위한 전문화를 수단으로 하는 방법을 발견했다. IAF의 조직자들은 상당한 급료와 성인의 생활 유지를 위한 충분한 수당을 받으며, 전문가적 일을 한다. 또한 그들은 공유된 기풍의 소유자이며 끊임없이 새로운 것을 학습한다. 중요한 의미에서 그들은 경력을 지니고 있으며, 볼런티어의 커뮤니티 지도자들을 훈련시키고 격려하는 데 전념한다. 다음 단계에서는 커뮤니티 지도자들이 IAF의 캠페인 목표를 명확하게 할 수 있도록 그들과 거리를 둔다. IAF 조직은 이처럼 전문적인 의견과 순수하게 민주적인 관여를 통합하고 있다. 새롭게 출현한 시민지도자들은 끊임없이 동원되지만, 베테랑의 전문적 조직자들은 그들의 투쟁을 공유하고 증명된 운동 구축 방법을 통해 훈련을 제공한다.

30 더 자세한 설명은 아이들을 위한 사이트(http://www.stand.org)를 참조할 것. 더 많은 분석에 관해서는 Theda Skocpol and Jillian Dickert, "Speaking for Families and Children in a Changing Civic America," in Carol J. De Vita and Rachel Mosher-Williams (eds.), *Who Speaks for America's Children? The Role of Child Advocates in Public Policy* (Washington, DC: Urban Institute Press, 2001)를 참조할 것.

31 시민 저널리즘 활동에 관해서 더 많은 것을 알고 싶은 사람은 퓨재단의 시민 저널리즘센터(Center for Civic Journalism) 사이트(http://www.pewcenter.org/doingcj)를 참조할 것.

32 현재의 선거자금 개혁의 전략에 관한 개괄과 논평에 관해서는 John B. Judis, "Goo-Goos versus Populists," *American Prospect*, no. 30 (January~February 1997), pp. 12~14를 볼 것.

33 19세기 인민에 의한 정당정치와 그에 대한 엘리트 개혁자의 반발에 관한 훌륭한 설명에 관해서는 Michael E. McGerr, *The Decline of Popular Politics: The*

American North, 1856~1900 (Oxford: Oxford University Press, 1986)를 참조할 것.

34 Paul Kleppner, *Who Voted? The Dynamics of Electoral Turnout, 1870~1980* (New York: Praeger, 1982).

35 Karen M. Paget, "Citizen Organizing: Many Movements, No Majority," *American Prospect*, no. 2 (Summer 1990), 특히 pp. 123~124.

36 이 점은 Judis, "Goo-Goos versus Populists"에서 전개된다.

37 위원회의 최종보고서는 2001년 8월 1일에 공개되었다. 다음 사이트에서 이용할 수 있다. http://www.reformelections.org.

38 특히 다음 논설을 참조할 것. Wendy M. Rahn, John Brehm, and Neil Carlson, "National Elections as Institutions for Generating Social Capital," in Theda Skocpol and Morris P. Fiorina (eds.), *Civic Engagement in American Democracy*, pp. 111~160.

39 Richard B. Freeman. "What, Me Vote?" (discussion paper prepared for the Russell Sage Conference on Inequality, June 2001), p. 14.

40 미국의 19세기 선거의 사회역학에 관해서는 McGerr, *Decline of Popular Politics*를 참조할 것.

41 Marshall Ganz, "Motor Voter or Motivated Voter?" *American Prospect*, no. 28 (September~October 1996), pp. 41~49. 또한 Ganz, "Voters in the Cross Hairs: How Technology and the Market are Destroying Politics," *American Prospect*, no. 16 (Winter 1994), pp. 100~109도 참조할 것.

42 주(州)의 선거운동자금법과 선거운동의 요약에 관해서는 Robert Dreyfuss, "Reform beyond the Beltway: States as Laboratories of Clean Money," *American Prospect*, no. 38 (May Tune 1998), pp. 50~55를 보라.

43 이 점에 관해서는 Theda Skocpol, *Boomerang: Health Care Reform and the Turn against Government* (New York: Norton, 1997)를 참조할 것.

지은이 | **테다 스카치폴**

1975년 하버드 대학에서 박사학위를 받았다. 현재 하버드 대학에서 Victor S. Thomas Professor of Government and Sociology로 재직하고 있다. 대학 내 미국 정치연구센터 소장(2000~2006년)과 인문사회과학 대학원장(2005~2007년), 그리고 미국정치학회장(2002~2003년)을 역임했다.

저서로는 *States and Social Revolutions* (1979), *Protecting Soldiers and Mothers: The Political Origins of Social Policy in the United States* (1992), *Social Policy in the United States* (1995), *Boomerang: Clinton's Health Security Effort and the Turn Against Government in US Politics* (1996), *Civic Engagement in American Democracy* (1999, 공저), *Inequality and American Democracy: What We Know and What We Need to Learn* (2005, 공저), *What a Mighty Power We Can Be: African American Fraternal Groups and The Struggle for Racial Equality* (2006, 공저), *The Transformation of American Politics: Activist Government and the Rise of Conservatism* (2007, 공저) 외 다수가 있다.

옮긴이 | **강승훈**

연세대학교를 졸업하고, 와세다대학교 대학원에서 국제관계학(MA)을 전공했다. 현재 같은 대학원 박사과정에서 한·미·일 관계의 안전보장정책 및 전후 한국 근대화정책과 국제정치학적 정체성 문제에 관해 연구하고 있다. AACF 재단 비상근강사로 재직 중이다. 『세계경제의 현재, 그리고 3년, 5년, 10년 후』(미야자키 마사히로, 예문, 2005), 『승리 이후: 제도와 전략적 억제 그리고 전후의 질서구축』(G. 존 아이켄베리, 도서출판 한울, 2008) 등의 번역서와 다수의 논문이 있다.

한울아카데미 1265

민주주의의 쇠퇴
미국 시민생활의 변모

ⓒ 강승훈, 2010

지은이 • 테다 스카치폴
옮긴이 • 강승훈
펴낸이 • 김종수
펴낸곳 • 도서출판 한울
편집 • 최규선

초판 1쇄 발행 • 2010년 7월 28일
초판 2쇄 발행 • 2011년 10월 20일

주소 • 413-756 파주시 교하읍 문발리 535-7 302 (본사)
121-801 서울시 마포구 공덕동 105-90 서울빌딩 1층 (서울사무소)
전화 • 영업 02-326-0095, 편집 031-955-0606, 02-336-6183
팩스 • 02-333-7543
홈페이지 • www.hanulbooks.co.kr
등록 • 1980년 3월 13일, 제406-2003-051호

Printed in Korea.
ISBN 978-89-460-4515-6 93300

* 책값은 겉표지에 표시되어 있습니다.